KB192626

중직자에게 꼭 필요한

상황별 대표기도문

중직자에게 꼭 필요한
상황별 대표기도문

지은이 이상훈·양재웅
펴낸이 임상진
펴낸곳 (주)넥서스

초판 1쇄 발행 2014년 11월 10일
초판 24쇄 발행 2025년 4월 20일

출판신고 1992년 4월 3일 제311-2002-2호
주소 10880 경기도 파주시 지목로 5
전화 (02)330-5500 팩스 (02)330-5555

ISBN 979-11-5752-116-6 03230

www.nexusbook.com

중직자에게 꼭 필요한

상황별 대표 기도문

이상훈·양재웅 지음

넥서스CROSS

서문

대표기도란?

다음은 이상준 작사 작곡의 〈맛 잃은 소금〉이라는 복음송의 한 대목
이다.

> 드라마 끝까지 보다 지각 예배
> 스포츠 중계 보러 일찍 귀가
> 다음 주는 바캉스를 떠나오니
> 오 주여 해변으로 임하소서
> 장로님의 기도 때는 낮잠 보충
> 목사님의 설교 때는 설교 비판

여기에서 '장로님의 기도 때는 낮잠 보충'이라는 가사가 눈에 띈다. 맛
이 간(?) 성도의 일탈 행위를 풍자한 노래이지만, 교회 안에는 분명 대
표기도를 답답하고 지루한 것으로 생각하는 사람이 있다. 왜 대표기
도는 우리에게 유쾌함과 상쾌함을 넘어서 통쾌함을 줄 수 없는가? 왜

대표기도를 들으면서 감동이 되어 울 수 없는가? 왜 대표기도 중간중간에 "아멘"이 절로 나오게 할 수 없는가? 이런 질문들이 이 책을 내게 된 동기이다.

대표기도란 교회 공동체의 예배나 모임에서 모든 참가자를 대표하여 드리는 공적公的 기도이다. 대표기도는 둘 이상의 참가자의 생각과 마음을 대변하는 동시에 예배나 모임의 목적 의식을 표현해야 하기에 상당히 두렵고 떨리는 일이다. 그래서인지 대다수의 교회에서는 대표기도를 중직자인 장로, 안수집사, 권사에게 맡기거나 모임을 책임지는 임원진에게만 맡긴다. 하지만 대표기도만큼 영광스럽고 복된 사역이 없다. 이 책에 소개된 대표기도문을 참고하여 아래의 몇 가지 사항만 유의하면, 누구나 하나님에게 영광 되고 회중에게 은혜가 되는 대표기도를 할 수 있게 될 것이다.

| 첫째, 대표기도는 개인 기도가 아니다.

기도에 사용되는 용어는 '우리' 또는 '저희'라는 복수 대명사를 사용해야 한다. 더불어 기도의 내용에는 예배나 모임의 참가자들의 상황이 녹아져 있어야 한다.

| 둘째, 대표기도는 설교가 아니다.

대표기도는 예배나 모임에 참여하고 있는 자들에게 훈계나 권면을 하려는 것이 아니다. 때문에 대표기도자는 다음과 같은 내용을 삼가야 한다. 예를 들면, '예배에 지각하거나 설교 시간에 조는 영혼이 있습니

다. 정신 차리게 하소서!'라는 식의 기도 말이다. 그리고 대표기도는 약 3분 이내에 마치는 것이 좋다.

| 셋째, 대표기도는 순서가 있어야 한다.

① 부름 : 기도의 대상인 '하나님 아버지'를 불러야 한다.
② 감사와 찬양 : 회중 전체가 감사해야 할 내용이나 찬양해야 할 내용으로 2~3가지 정도면 알맞다.
③ 회개와 고백 : 회중의 일반적인 죄나 허물에 대해 고백하고 용서를 구한다.
④ 간구 : 나라와 민족의 관심사, 세계적인 문제, 교회의 주요 행사, 모임이나 심방 시 특별한 상황이 반영된 간구를 올린다. 시간이 허락되면 설교자와 예배위원을 위해서도 간구한다.
⑤ 예수님의 이름으로 기도한다.

| 넷째, 대표기도는 준비되어야 한다.

기도문은 A4 용지 1장 정도의 분량으로 미리 작성한다. 예배나 모임 시간을 상상하면서 기도문을 미리 읽어 본다. 기도문 속에 사투리, 은어, 비속어, 지나친 미사여구, 상투적인 표현, 부정적인 감정 등이 들어 있지는 않은지 점검하면서 퇴고해야 한다. 기도할 때에 원고는 손에 들지 않으며 고개를 조금 숙이고 아래를 보며 읽는 것이 좋다. 물론 외우면 금상첨화이다. 마음을 담아서 읽어 보고 감정선(감정 고조 ↗, 정리 ↘ 등)을 표시해 두는 것도 좋다.

| 다섯째, 대표기도를 위해서 기도해야 한다.

가장 기본적인 준비이다. 예수님은 사람에게 보이기 위해 기도하지 말라고 하셨다(마 6:5). 대표기도는 사람에게 보이려는 기도가 아니다. 사람에게 잘 보이려고 준비하다 보면 기도가 막히게 된다. 성령님을 의지하면서 먼저 공동체를 위해서 기도해야 한다. 그리고 가슴이 뜨거워지면 그때 대표기도문을 작성해야 한다.

| 여섯째, 세밀하게 점검해야 한다.

대표기도자와 마이크의 거리, 복장, 목소리, 기도 전 마실 물, 강단에서의 동선 등을 세밀하게 생각하고 점검해야 한다.

대표기도문,
이렇게 활용하자

산소 호흡기는 고압 산소, 압축 공기 따위를 써서 인공적으로 호흡을 조절하여 폐에 산소를 불어넣는 장치이다. 일정한 압력이나 일정량의 공기를 일정한 간격으로 주입하거나 환자의 호흡에 맞추어 불어넣음으로 생명을 유지시켜 주는 중요한 의료기기인 것이다. 모든 병원의 필수품 중의 하나가 산소 호흡기이며, 특히 중환자실에 가면 가장 눈에 띄는 의료기 중의 하나이다. 생사의 갈림길에 있는 중환자들은 산소 호흡기에 의지한 채 가쁜 숨을 내쉬고 있다. 그들에게 산소 호흡기란 생존을 위한 최선이자 최후의 통로이다.

모든 그리스도인에게도 산소 호흡기가 필요하다. 이 산소 호흡기는 바로 기도이다. 기도는 그리스도인들에게 새 생명의 호흡을 가능하게 해 주는 유일한 통로이다. 호흡하지 않는 모든 생명체가 죽음에 이르듯이, 기도하지 않는 그리스도인은 반드시 영적 죽음에 이르게 된다. 기도는 그리스도인들의 영적인 건강을 유지하는 첫걸음이며 최고의 도구이다. 그래서 성경의 핵심 가르침에는 반드시 "기도하라"는 말씀이 빠지지 않는다(살전 5:17). 이 기본의 모델이 바로 대표기도이기에, 대표기도의 중요성을 강조하지 않을 수 없는 것이다. 기도 자체가 영적인 일이기에, 정형화된 기도문을 그대로 인용한다는 것은 모순처럼 느껴질 수도 있다. 그러나 정반대로 영적인 일이기에 온전한 준비가 필요하다. 이런 관점에서 볼 때, 《대표기도문》은 영적인 기도를 위한 온전한 준비 가이드로서 매우 중요한 역할을 한다. 《대표기도문》 활용의 핵심 포인트를 유의하여 하나님이 기뻐 받으시는 신령한 예배를 드리는 데 도움을 얻길 바란다.

✢ 핵심 포인트

1. 《대표기도문》을 활용하기 전, 말씀 읽기와 기도 생활이
   먼저 성실히 이루어져야 한다.

2. 예배나 절기에 맞는 《대표기도문》을 소리 내어 여러 번 읽는다.

3. 《대표기도문》 내용을 깊이 묵상한다.

4. 지교회와 자신의 영적 상태에 따라 아래의 보기 중에 선택한다.
   • 묵상하는 중에 《대표기도문》을 그대로 암송하여 한다.
   • 묵상하는 중에 《대표기도문》을 교회의 상황에 맞게 가감 및 조정하여 한다.
   • 《대표기도문》의 핵심 단어나 핵심 내용만 인용하여 새롭게 작성한다.

5. 《대표기도문》을 통해서 준비를 한 후,
   마지막에는 성령님의 도우심을 구한다.

목차

1부 공예배 대표기도문

2부 각종 심방 대표기도문

Representatives of prayer

1부

공예배
대표기도문

대표기도는 하나님에게 찬양과 영광과 존귀를
예배에 참석한 성도들을 대표하여 드리는 의식이다.

1장

주일 대예배
대표기도문

1월 첫째 주

너희는 이전 일을 기억하지 말며 옛날 일을 생각하지 말라 보라 내가 새 일을
행하리니 이제 나타낼 것이라 _〈이사야서〉 43장 18~19절

새 일을 행하시는 하나님 아버지!

이 시간 아버지가 사랑하는 자녀들이 한자리에 모여 새해 첫 주일 대
예배를 드릴 수 있게 해 주시니 감사합니다. 다사다난했던 지난해를
보내고 새로운 한 해를 시작할 수 있도록 기회를 주심 또한 감사합니
다. 지금까지 지내 온 것이 주님의 크신 은혜였음을 고백합니다. 새로
운 한 해에도 주님의 은총을 덧입어 살아가게 하시고 주님의 은혜에
보답하는 보은의 삶을 살기를 원합니다.

지난해를 뒤돌아보면 순종보다는 불순종이, 감사보다는 불평이, 평안
보다는 불안이, 만족보다는 불만이 가득했던 삶이었음에 다시 한 번
용서를 구합니다. 이제는 하나님의 뜻대로 온전히 순종하고, 범사에
감사하며 살게 하소서. 하늘의 평안을 바라보며 자족하는 삶을 살게
하소서.

아버지 하나님, 한민족 공동체를 바라볼 때에 마음이 안타깝습니다.

이 민족을 불쌍히 여겨 주소서. 남과 북이 등을 돌리고 갈라선 지 수십 년이 흐르고 있습니다. 제2의 예루살렘이라 불리던 북한 땅에는 교회가 무너진 지 오래이며, 한때 부흥을 자랑하던 대한민국의 교회도 영광이 사라지고 있습니다. 간절히 바라오니, 북한의 무너진 교회를 다시 세워 주시고 회복과 부흥을 주소서. 더불어 물질주의와 세속주의에 물든 대한민국의 교회도 치유되고 갱신되어 다시금 부흥하게 하소서.

대한민국 정부를 비롯한 정치, 경제, 사회, 문화, 모든 분야에서 하나님의 뜻이 이루어지기를 원합니다. 우리 교회가 올 한 해 동안 힘쓰고자 하는 사역들 위에 성령의 기름을 부어 주소서. 오늘 이 시간 새해 첫 주일 대예배를 시작으로 하여 올 한 해에도 주일을 성수할 수 있는 은혜를 내려 주소서.

우리 교회를 주님의 존전에 올려 드립니다. 올 한 해도 진리와 성령에 사로잡혀 하나님에게만 영광을 돌리는 교회가 되게 하소서. 지난해에도 선교와 나눔의 사명을 잘 감당하게 하신 것처럼 올해의 사명도 잘 감당하게 하소서. 세워 주신 모든 직분자에게 사명을 감당할 수 있는 능력을 덧입혀 주옵소서.

말씀을 대언할 목사님을 위해서 기도합니다. 늘 영육 간에 강건하게 하시고, 하나님의 말씀을 가감 없이 전하는 말씀의 종이 되게 하소서. 성가대를 비롯한 예배위원들의 섬김을 받으시고 온 회중의 중심의 예배를 흠향하여 주소서. 이 시간 예배하는 모든 이가 그 옛날 사도 요한이 밧모섬에서 경험하였던 천상 예배의 감격을 맛보게 하소서.

예배를 받기에 합당하신 거룩하신 우리 주 예수님의 이름으로 기도합니다. 아멘.

1월 둘째 주

오직 너희의 심령이 새롭게 되어 하나님을 따라 의와 진리의 거룩함으로
지으심을 받은 새 사람을 입으라 _〈에베소서〉 4장 23~24절

우리의 심령을 새롭게 하시는 하나님 아버지!

오늘도 주일 대예배를 통해 살아 계신 하나님의 보좌 앞으로 나아갈
수 있게 하심을 감사합니다. 이 예배를 통해서 하늘의 영광이 우리의
마음속에 가득 넘쳐나게 하심도 감사합니다. 지난 한 주간을 뒤돌아
봅니다. 새해를 시작하며 새롭게 결심했던 다짐들을 실천하지 못했음
을 고백합니다. 다시 새롭게 시작하는 한 주 동안 그 다짐들을 기억하
며 순종하게 하소서.

이 민족을 주님의 손에 의탁드립니다. 주님의 손길이 남북을 어루만
지실 때 봄날에 눈이 녹아내리듯 평화 통일의 그날이 속히 올 줄 믿습
니다. 남북의 위정자들이 민족의 미래를 걱정할 수 있는 지혜를 주소
서. 급박하게 돌아가는 동북아시아의 국제 정세 속에서 많은 백성이
걱정하며 기도하고 있습니다. 오직 이 민족을 구원할 분은 하나님밖
에 없음을 고백하게 하소서.

우리 교회가 _____년도에 _____라는 표어를 정하여 새롭게 출발했습니다. 모든 교우가 한마음 한뜻으로 주님이 주신 비전을 향해 전진하게 하소서. 하나님의 말씀을 사랑하고 열심히 배우는 배움의 공동체가 되게 하소서. 하나님만 높여 드리고 우리의 물질과 재능을 아낌없이 올려 드리는 드림의 공동체가 되게 하소서. 모든 교우가 성령 안에서 벽을 허물고 영육 간에 필요를 채워 주며 나눠 주는 나눔의 공동체가 되게 하소서. 더불어 복음을 민족과 열방과 지역에 전하는 전함의 공동체가 되게 하소서.

오늘도 주일 대예배를 섬기는 분들에게 성령의 능력을 덧입혀 주소서. 말씀을 들고 서실 목사님의 심장과 입술에 성령의 불을 내려 주소서. 성가대에 영감을 더해 주시어 악신을 몰아냈던 다윗의 수금과 같은 찬양의 능력을 주소서. 빛도 없이 이름도 없이 숨은 곳에서 섬기는 모든 지체에게 은총을 더하여 주소서. 예배하는 우리도 하나님이 받으시는 참된 예배를 드리게 하소서. 하나님이 가인의 예배를 거절하고 아벨의 예배만 받으신 것을 기억하게 하사 믿음으로, 중심으로 예배하게 하소서.

다가오는 한 주 동안에도 우리에게 많은 일이 기다리고 있을 것입니다. 형통할 때에는 기뻐하고 곤고할 때에는 묵상하게 하소서. 즐거운 일이 있을 때에는 찬송하게 하시고 고난이 올 때에는 기도하게 하소서. 앞으로 기다리고 있을 많은 영적 도전 앞에서 모든 교우가 다시 일어날 수 있는 영적인 탄력성을 주소서. 주님이 공급해 주시는 새 힘으로 오뚝이처럼 다시 일어나 전진하게 하소서.

우리를 승리하게 하실 예수님의 이름으로 기도합니다. 아멘.

1월 셋째 주

누구든지 그리스도 안에 있으면 새로운 피조물이라 이전 것은 지나갔으니
보라 새 것이 되었도다 _〈고린도후서〉 5장 17절

우리를 새로운 피조물로 창조해 가시는 하나님 아버지!

한 주간 동안 베풀어 주신 하나님의 은혜와 사랑에 감사합니다. 하나님의 보호하시는 손길이 없었다면 우리는 단 하루도 살 수 없음을 고백합니다. 하나님의 인도하신 손길이 없었다면 우리는 단 한순간도 안전할 수 없음을 고백합니다. 주일 대예배를 통해 드리는 하나님 자녀들의 감사와 찬양과 경배를 홀로 받아 주소서.

지나온 일주일의 시간들을 뒤돌아볼 때 또다시 불순종으로 얼룩진 삶이었음을 고백하오니 용서해 주소서. 언제나 우리의 모습은 부끄럽지만 예수님 보혈의 공로를 의지하여 아버지에게 나아가오니 불쌍히 여겨 받아 주소서. 예배를 통해 공급해 주시는 하나님의 은총을 기대합니다. 주의 은혜 바다에 푹 담겨 다시 새로워지길 원하오니 오늘도 충만한 은혜를 내려 주소서.

하나님 나라 대한민국을 위해서 기도합니다. 대통령을 비롯한 정부

각료들에게 바르게 판단할 수 있는 명철을 주소서. 국회의원과 지방의회 의원들에게 민심을 읽을 수 있고 반영할 수 있는 지혜를 주소서. 법원 판사들에게 하나님의 공의를 실현할 수 있는 신실함을 주소서. 정치, 경제, 문화, 사회, 종교의 모든 지도자가 사심을 버리고 이 나라의 백성을 온전히 사랑할 수 있는 마음을 허락하여 주소서. 그래서 대한민국이 하나님이 원하시는 나라가 되어 열방의 빛과 소금이 되게 하소서. 민족 통일의 그날을 속히 보길 원합니다. 북한 지도자들의 완악한 마음을 녹여 주시고, 고통당하는 북한 동포들의 신음 소리를 불쌍히 여겨 주소서.

우리 교회를 위해 기도합니다. 말씀이 살아 숨 쉬는 교회가 되게 하시고, 말씀대로 순종하는 교회가 되게 하소서. 하나님에게만 영광 돌리는 진정한 예배가 살아 있는 교회가 되게 하소서. 섬김과 헌신을 아낌없이 드리는 교회가 되게 하시고, 사랑의 불꽃이 활활 타오르는 교회가 되게 하소서. 하나님의 사랑을 닮아 이웃을 사랑하는 교회가 되게 하사 세상으로부터 칭찬을 받는 교회가 되게 하소서.

항상 목양 일념으로 교회를 섬기는 목사님을 주님의 손으로 붙들어 주소서. 이 시간 하나님의 말씀을 대언하실 때 갑절의 영감으로 담대하게 하나님의 말씀만 선포하게 하소서. 말씀을 듣는 우리도 마음 문을 활짝 열고 옥토의 마음으로 말씀을 받게 하소서. 병원에 입원 중인 환우들, 군과 경찰에서 복무 중인 자녀들에게도 동일한 은혜를 부어 주소서.

언제나 우리를 사랑으로 품어 주시는 거룩하신 예수님의 이름으로 기도합니다. 아멘.

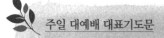

1월 넷째 주

오직 여호와를 앙망하는 자는 새 힘을 얻으리니 독수리가 날개치며 올라감
같을 것이요 _〈이사야서〉 40장 31절

여호와를 앙망하는 자에게 새 힘을 주시는 하나님!

오늘도 하나님 아버지의 얼굴을 구하며 새 힘을 주시는 은총의 잔치
에 초청해 주시니 감사합니다. 무질서와 혼돈이 가득한 세상 속에서
지치고 힘든 우리에게 오늘도 다시 일어날 수 있는 새 힘이 되어 주시
니 감사합니다. 하나님의 팔은 언제나 든든하고, 하나님의 품은 항상
따뜻합니다.

새해가 시작된 지 엊그제 같은데 벌써 한 달을 보냈습니다. 주님이 허
락하신 새로운 한 해가 하나님과 세상 사람들 앞에서 부끄럽지 않게
해 달라고 기도하며 시작했지만, 또다시 세상에 살면서 거룩한 주의
자녀답게 구별되어 살지 못하고 하나님이 입혀 주신 깨끗한 옷을 죄
와 허물로 물들였음을 고백합니다. 주 앞에 흐르는 생명수로 우리의
죄를 다시 씻어 주사 새롭게 출발할 수 있는 용기를 주소서.

하늘에 계신 하나님! 한반도의 영적인 황무함을 긍휼히 여겨 주소서.

무너져 있는 예루살렘 성에 대한 소식을 듣고 수일 동안 울고 슬퍼하며 금식했던 느헤미야의 마음을 우리 가슴에 부어 주소서. 북한의 무너진 교회와 남한의 변질된 교회를 다시 세워 주사 새롭게 하소서. 창세 전부터 한민족을 복의 통로로 사용하고자 하셨던 아버지의 뜻이 다시 이루어지게 하소서.

우리 교회는 하나님이 피로 값 주고 사신 귀한 교회입니다. 오직 예수, 오직 말씀, 오직 기도로 무장하여 주님의 마음을 시원하게 해 드리는 교회가 되게 하소서. 하나님이 우리 교회에 주신 새해의 비전과 사명을 다시 한 번 기억하게 하소서. 모든 교우가 사명을 생명보다 귀하게 여기며 각자의 자리에서 한마음과 한뜻으로 섬기게 하소서.

우리 교회에 속한 모든 가정에 하나님의 은총을 부어 주소서. 가정마다 하나님의 통치를 인정하는 하나님 나라가 되게 하소서. 가정이 작은 교회가 되게 하셔서 말씀과 기도와 찬양이 충만하게 하소서.

우리 교회가 후원하며 기도하고 있는 선교사님들을 붙들어 주소서. 말이 통하지 않고 문화와 관습이 다른 곳에서 생명의 위협 가운데 담대히 복음을 전하고 있는 선교사님들을 지켜 주소서. 국내의 미자립 교회들에게도 은총을 베풀어 주시고, 어렵고 힘들더라도 주님이 주신 자리에서 최선을 다하게 하소서. 또한 우리도 그들에게 작은 힘이 될 수 있게 은혜를 주소서. 오늘도 말씀으로 섬기실 목사님에게 성령의 두루마리를 입혀 주시고 예배를 돕는 모든 분에게 성령의 능력으로 함께하소서.

언제 어디서나 새 힘을 공급하여 주시는 예수님의 이름으로 기도합니다. 아멘.

2월 첫째 주

너희 안에서 착한 일을 시작하신 이가 그리스도 예수의 날까지 이루실 줄을
우리는 확신하노라 _〈빌립보서〉1장 6절

그리스도 예수의 날까지 은혜를 베푸시는 하나님!

새해 첫 달을 은혜 가운데 지내게 하시고 새로운 달 2월을 맞이하게
하시니 감사합니다. 돌아보면 모든 날이 주 안에서 의미 있는 날들이
었고 하나님의 은총이 넘치는 날들이었음을 고백합니다.

하지만 하나님의 은총에도 불구하고 우리는 늘 연약하여 유혹에 쉽게
넘어집니다. 지난 한 주 동안에도 마음과 생각과 행동으로 하나님의
뜻에 순종하기보다는 정반대의 길을 선택했음을 고백하오니 용서하
여 주소서.

이 나라와 민족을 위해 기도할 때마다 가슴이 저며 옵니다. 휴전선
250킬로미터의 철조망이 남북을 갈라놓은 지 수십 년이 흘렀건만, 차
가운 철의 장막은 무너질 희망도 보이지 않습니다. 하루 속히 남북이
하나 되어 하나님 아버지를 함께 예배하는 날이 올 수 있도록 얼어붙
은 이 땅에 은총을 베푸소서.

양극화로 몸살을 앓고 있는 대한민국을 예수 그리스도의 복음으로 치유하여 주소서. 진보와 보수의 대립, 기성세대와 성장 세대의 이해 갈등, 빈부의 격차가 점점 심해지고 있습니다. 예수님은 희생의 십자가로 막힌 담을 허셨습니다. 십자가 앞에서는 남녀노소, 빈부 격차, 유대인이나 이방인이나 모두 평등하게 하셨습니다. 예수님의 몸 된 교회가 희생의 사랑을 실천할 때 이 나라도 치유될 수 있음을 믿습니다. 예수님의 제자인 우리가 먼저 희생의 사랑을 실천할 때 이 땅의 모든 공동체가 치유될 수 있음을 믿습니다.

신앙 공동체인 우리 교회가 건강한 공동체가 되게 하소서. 머리 되신 예수님만 높여 드리게 하소서. 한 몸의 지체된 성도들이 서로 사랑하며 섬기게 하소서. 서로의 연약함을 보며 불평하기보다는 기도로 품어 주게 하소서. 사회적인 약자들을 진심으로 배려하게 하시고, 주의 사랑으로 돕게 하소서.

교회에 속한 모든 가정 공동체가 건강하게 하소서. 우리 세대뿐만 아니라 다음 세대로 신앙이 전수되어지는 은혜를 주소서. 부모가 다음 세대를 신앙으로 양육하는 데 힘을 다하게 하소서. 그들을 돕는 교회학교의 교역자와 교사들에게도 힘을 주시어 어려운 시대 가운데 기독교 교육의 사명을 잘 감당하게 하소서.

강단에서 말씀을 선포하실 목사님과 천상을 향해 거룩한 노래를 올려 드릴 성가대 그리고 곳곳에서 수고하는 예배위원들에게 한량없는 은혜로 함께하소서.

언제나 우리를 새롭게 하시는 거룩하신 우리 주 예수님의 이름으로 기도합니다. 아멘.

2월 둘째 주

만왕의 왕이신 하나님 아버지!

거룩한 주일에 하나님의 보좌 앞에 나아와 온 맘 다해 예배를 드리게
하시니 감사합니다. 70억의 많고 많은 사람들 중에서 먼저 우리에게
구원의 은총을 베풀어 주시고 예수님 안에서 구원의 기쁨을 누리게
하시니 감사합니다. 오늘도 그 구원의 은혜를 충만히 누리게 하소서.

지난 한 주 지내 온 168시간의 삶을 주님 앞에 내려놓습니다. 하나님
의 말씀대로 살려고 힘쓰고 애써 봤지만 여전히 부족한 점이 많았음
을 고백합니다. 다시 한 번 사죄의 은총을 베풀어 주시고 실패의 자리
에서 일어나 주님의 뜻대로 살아갈 수 있는 용기를 주소서.

며칠 후면 민족의 명절 설날을 맞게 됩니다. 오랜만에 만나는 친지들
과 화목한 시간을 보내게 하소서. 예수님이 제자들의 발을 닦아 주셨
던 것처럼 우리가 먼저 사랑하는 가족을 섬기게 하소서. 먼저 낮아지
고, 먼저 배려하며, 먼저 사랑하게 하소서.

교우들 가운데는 종교가 달라서 가족 간에 갈등을 겪고 있는 자들도 있습니다. 진리가 아닌 것에는 양보와 관용의 미덕으로 행동하게 하시되 진리의 문제 앞에서는 타협하지 않게 하소서. 바벨론의 학문과 문화를 수용하되 우상숭배는 절대로 허용하지 않았던 다니엘에게서 교훈을 얻게 하소서. 여호수아와 같이 강하고 담대한 심령을 주사 영적 전쟁에서 승리하고 돌아오게 하소서. 뱀같이 지혜롭고 비둘기같이 순결하게 행동하되, 결단의 순간에는 백여 년 전 이 땅 위에서 우상숭배를 거부하다 순교당한 믿음의 선조들을 기억하게 하소서.

우리 교회에 허락하신 다음 세대들을 지켜 주소서. 영유아, 어린이, 청소년, 청년과 새롭게 가정을 꾸린 신혼부부까지 모든 세대가 교회를 사랑하게 하소서. 우리 교회의 미래를 책임져 나가야 한다는 사명감을 가슴마다 심어 주소서. 거룩하고 성결한 백성이 되게 하시고, 말씀으로 무장하여 세상을 이길 수 있는 믿음의 대장부가 다 되게 하소서.

각 부서별로 동계 수련회가 진행되고 있습니다. 부서의 각 지체들이 수련회를 통해 재충전되고 재무장되는 은혜로운 시간이 되게 하소서. 예수님과 제자들이 가이사랴 빌립보에서 수련회를 가질 때 베드로가 예수님을 향해 "주는 그리스도시요 살아 계신 하나님의 아들"이라고 고백한 것처럼 수련회에 참석하는 지체들의 입술에서 참된 신앙의 고백이 터져 나오게 하소서.

오늘도 사슴이 시냇물을 찾기에 갈급함같이 하나님의 말씀과 찬양의 은혜를 사모합니다. 말씀 전하시는 목사님과 은혜로운 성가대를 성령의 은총으로 붙잡아 주소서.

만유의 주가 되신 예수님의 이름으로 기도합니다. 아멘.

2월 셋째 주

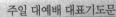

여호와여 우리가 주께 바라는 대로 주의 인자하심을 우리에게 베푸소서
_〈시편〉 33편 22절

하늘에서 인생을 굽어살피시는 하나님 아버지!

꽃샘추위가 기승을 부리는 추운 날씨에도 불구하고 어김없이 주일 대예배에 참여할 수 있게 하시니 감사합니다. 사랑하는 지체들과 함께 사랑하는 아버지 하나님 앞에서 사랑의 마음을 드릴 수 있게 해 주심을 감사합니다. 매일 매 순간 호흡하며 숨 쉬게 하심에 감사드리며, 우리가 속한 공동체 안에서 각자의 역할과 일을 주심에 감사합니다.

하지만 우리는 습관적으로 하나님이 주신 좋은 것보다는 나쁘다고 생각하는 것을 불평했습니다. 긍정적인 것으로 가득찬 세상 속에서 애써 부정적인 것으로 보이는 것만 찾아 불만스러워했습니다. 한없이 부족하고 연약한 우리를 오늘도 용서하여 주시고, 다시 한 번 일으켜 세워 주소서.

우리의 조국 대한민국을 아버지의 손에 의탁합니다. 아버지 능력의 손으로 붙드실 때 조국 대한민국이 변화되어지고 회복되어질 줄 믿습니다. 우리의 동포 북한도 불쌍히 여겨 주소서. 한반도 주변의 열강들로 인해 국제 정세가 복잡하게 돌아가는 이때 하나님만을 의지합니다. 한반도의 평화는 만왕의 왕이신 하나님의 손에 달려 있음을 고백합니다. 왕의 왕이신 하나님이 한반도를 통치하고 다스려 주소서.

고난당하는 지체들을 위해서 간절히 기도합니다. 병환 중에 있는 지체들에게 주님의 치료의 광선을 비춰 주소서. 주님의 은총이 없으면 치유의 기적은 일어나지 않음을 믿사오니, 우리 교회에 속한 환우들에게 은총을 더하소서.

경제적 어려움 가운데 있는 지체들에게 주님의 용기를 주소서. 자녀 문제로 아파하는 지체들에게 주님의 위로를 주소서. 가족의 갈등으로 고심하는 지체들에게 주님의 격려를 주소서. 추위가 기승을 부리는 겨울이 가면 봄날이 오고 가장 어두운 새벽이 지나면 햇살이 비추는 아침이 오듯이, 고난의 터널이 끝나기 전까지 주님의 손을 꼭 붙잡고 잘 견디어 나가게 하소서.

우리 교회를 이끌어 가시는 지도자들을 위해서 기도합니다. 담임목사님을 비롯한 교역자들에게 강건함을 부어 주소서. 예수 그리스도의 심장으로 교회와 성도를 사랑으로 품게 하시고, 섬김의 리더십으로 무장되게 하소서. 직분자들은 하나님이 맡겨 주신 사명을 충성으로 감당하게 하소서. 사명을 목숨보다 귀하게 여기게 하시고, 사역을 삶의 가장 우선순위에 두게 하소서. 주일마다 말씀의 종으로 강단에 서는 목사님에게 한량없는 은총으로 함께하소서.

우리의 영원한 생명이 되시는 거룩하신 주 예수님의 이름으로 기도합니다. 아멘.

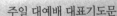
2월 넷째 주

주 하나님이 이르시되 나는 알파와 오메가라 이제도 있고 전에도 있었고
장차 올 자요 전능한 자라 하시더라 _〈요한계시록〉 1장 8절

알파와 오메가 되신 하나님 아버지!

2월의 마지막 주일에 감사하는 마음으로 교회에 나와 주일 대예배로
하나님에게 영광을 돌리게 하시니 감사합니다. 하나님 앞에 나아올
때 소풍 가는 어린아이와 같이 사모하는 심령을 가지고 나오게 하시
니 감사합니다. 오늘도 어김없이 베풀어 주실 은혜와 은총을 기대하
며 기다립니다. 우리 중에 마음이 상한 자가 있다면 고쳐 주시고, 포로
된 자가 있다면 자유하게 하소서. 우리 가운데 마음이 가난한 자에게
는 부요함을 주시고, 여러 가지 고난의 상황 가운데 갇혀 있는 자가 있
다면 놓임을 받게 하소서.

지난 일주일의 시간을 뒤돌아보게 됩니다. 생명의 샘이 되신 예수님
에게 나아가 생명수를 마시기보다는 세상의 썩은 물로 영혼을 채우려
고 했습니다. 마시면 마실수록 갈증만 나는 세상 것들로 채워 보려고
했음을 고백하오니 용서하여 주소서. 이 시간 예배를 통해서 삶의 방

향을 예수 그리스도에게로 다시금 돌리게 하소서.

하나님 나라, 대한민국에 풍요로움과 성장을 허락하여 주심에 감사합니다. 하나님이 이 나라에 많은 것을 맡기심은 큰 사명을 감당하라고 허락하여 주신 줄 믿습니다. 우리 주변에는 여전히 우리가 돌보아야 하는 사회적 약자들이 있습니다. 고아와 과부를 적극적으로 돌보았던 〈사도행전〉의 초대 교회를 본받아 우리 교회도 복지의 사각지대를 향해 사랑과 나눔의 손길을 계속 이어가게 하소서. 더 사랑하고 섬기며 봉사하고자 하는 열정이 식어지지 않게 하소서. 우리 교회가 연초에 실행하기로 계획했던 사업들이 은혜 가운데 진행되게 하시니 감사합니다. 모든 사업이 하나님의 뜻을 실현하는 데 초점이 맞추어지게 하시고 초심을 잃어버리지 않게 하소서.

이 나라를 이끌어 가는 지도자들을 붙들어 주소서. 정부와 국회의 지도자들에게 국민을 사랑하는 마음을 주소서. 사법부의 지도자들에게 하나님의 지혜와 공의를 가지고 백성의 문제를 공정하고 평화롭게 해결하게 하소서. 사회 각 분야의 지도자들에게 사리사욕을 좇지 않게 하시고, 국민의 공적 유익을 위해서 일할 수 있는 선한 마음을 주소서. 국가 안보를 위해서 수고하는 군과 경찰을 붙들어 주시고, 겨울철 국민의 안전을 위해 헌신하는 소방대원과도 함께하여 주소서.

오늘도 말씀을 통해 흐트러진 우리의 생각과 마음이 정돈되어지길 원합니다. 언제나 동일한 방향을 가리키는 나침반같이 우리에게 올곧은 메시지를 전해 주시는 목사님에게 은총을 더해 주소서. 예배를 위해서 말없이 봉사하는 듬직한 지체들에게도 은총을 더해 주소서.

이 땅에 다시 오실 예수님의 이름으로 기도합니다. 아멘.

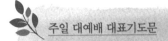

3월 첫째 주

여호와의 보좌는 하늘에 있음이여 그의 눈이 인생을 통촉하시고 그의
안목이 그들을 감찰하시도다 _〈시편〉 11편 4절

보좌에서 인생을 통촉하시고 감찰하시는 하나님 아버지!

우리에게 예배하는 열정과 찬송하는 입술 그리고 기도하는 심령과 봉
사하는 손발을 허락하시어 주님에게 영광을 돌리게 하시니 감사합니
다. 거룩한 주일을 맞이하여 사랑하는 지체들을 다시 만나 주의 이름
으로 문안하게 하시고, 우리의 마음을 모아 은혜의 예배를 드리게 하
시니 감사합니다. 오늘도 하늘 문이 열리고 은혜의 빛줄기가 이곳에
임할 것을 기대합니다.

지나온 한 주간을 뒤돌아봅니다. 또다시 죄악에 물들어 버린 우리를
주의 보혈로 깨끗하게 씻어 주소서. 주님 임재의 강가로 나아가 죄로
물든 세마포를 씻어 눈보다 더 희어지게 되기를 소망합니다. 우리의
죄를 씻을 수 있는 능력은 오직 예수 그리스도 보혈의 능력밖에는 없
음을 고백하오니 우리를 정결하게 하소서.

지난주에는 온 국민이 삼일절을 기념하였습니다. 삼일 운동은 이 땅

의 그리스도인들이 앞장서서 일으킨 나라 사랑과 민족 사랑의 운동이었음을 기억합니다. 하나님이 사랑하고 아끼는 이 나라와 이 민족을 붙들어 주소서. 외형적으로 독립한 대한민국이 이제는 죄로부터 독립하게 하소서. 사회 각 분야에서 하나님의 공의를 실현하는 나라가 되게 하소서. 부정과 부패가 사라지게 하시고 음지에서 독버섯처럼 자라나는 음란하고 퇴폐한 문화가 무너지게 하소서.

세계 방방곡곡 오대양 육대주에서 주의 복음을 위해 헌신하고 있는 선교사들과 함께하여 주소서. 지금도 선교사들을 통해 쓰여지고 있는 〈사도행전〉 29장의 생생한 선교 역사가 주님 다시 오시는 그날까지 계속 이어지게 하소서. 특히 기독교 박해 국가에서 믿음을 지키고 있는 그리스도인들을 하나님의 손에 의탁합니다. 박해의 어두운 세력을 하루 속히 물리쳐 주시고 무질서와 혼돈의 세력이 물러가게 하소서.

우리 교회에서 기도와 물질로 후원하고 있는 선교지마다 성령의 능력을 더하여 주소서. 우리 교회가 속해 있는 지역에 복음을 전하는 일에도 힘을 다하게 하소서. 잃어버린 양을 찾아 나서는 목자의 마음을 잊어버리지 않게 하소서. 개신교가 신뢰를 잃어버림으로 땅에 밟히는 소금이 되어 가고 있음에 가슴이 미어집니다. 우리 교회를 비롯한 이 땅의 그리스도인들이 다시 기본으로 돌아가 초심을 회복하게 하소서.

오늘도 선지자의 마음으로 말씀을 선포하시는 목사님을 성령으로 붙잡아 주시고, 말씀을 듣는 우리도 말씀의 거울 앞에 서서 철저하게 점검받게 하소서.

오늘도 우리를 새롭게 하실 거룩하신 예수님의 이름으로 기도합니다. 아멘.

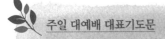

3월 둘째 주

주의 영을 보내어 그들을 창조하사 지면을 새롭게 하시나이다
_〈시편〉 104편 30절

권능의 손으로 세상을 창조하신 하나님 아버지!

산과 들에 연둣빛 생명들이 솟아나고 형형색색의 봄꽃들이 피어나는 생명의 계절을 맞이하게 하시니 감사합니다. 이 싱그러운 계절에 주의 백성이 한자리에 모여 주일 대예배를 드리게 하시니 감사합니다. 만물이 다시 생동하듯 예배를 드리는 우리도 다시 살아나게 하소서.

우리는 예수님을 통해 복음의 푸르른 계절 속에 살고 있습니다. 하지만 우리의 삶은 여전히 적막한 계절 속에 갇혀 있는 것과 같음을 인정합니다. 이미 하나님의 자녀로서 수많은 특권을 받았음에도 여전히 죄의 노예인 것처럼 생활했음을 용서하소서. 하나님의 자녀답게, 하나님의 온전하심처럼 우리도 온전한 삶으로 나아가게 하소서. 신앙의 겨울옷을 벗고 믿음의 새 옷으로 갈아입게 하소서.

세계적인 경제 불황이 계속되는 가운데 이 나라의 경제도 불황이 이어지고 있습니다. 요셉이 애굽의 7년 가뭄을 지혜롭게 이겨 낸 것처럼 우리도 불황의 시대에 근면하며 검소한 생활 습관으로 잘 이겨 내게 하소서. 사랑하는 주의 자녀들의 일터와 사업처마다 주님의 은총을 내려 주소서.

한국 교회를 생각할 때마다 말라기 선지자의 시대를 떠올리게 됩니다. 그 옛날 이스라엘은 예루살렘 성전과 성벽 재건이라는 놀라운 부흥을 경험했지만, 시간이 흐르면서 예배를 소홀히 여기고 이방 여인과 결혼하며 온전한 헌신을 포기했음을 기억합니다. 한국 교회는 말라기 시대의 교회가 되지 않길 소원합니다.

우리 교회가 이 땅의 세속화된 문화를 회복시키게 하소서. 모든 교우가 삶 속에서 순결한 생활을 살아가게 하소서. 세상 속에서 빛의 문화를 창조하게 하시고 문화가 더 이상 부패되지 않도록 세상의 소금이되게 하소서. 주일 성수를 통해 하나님이 우리 인생의 주인이심을 고백하게 하시고, 온전한 헌금 생활로 하나님이 우리가 가진 모든 소유의 주인이심을 고백하게 하소서.

특히 이 시간 목회자를 훈련하고 배출하는 신학대학원을 위해서 기도합니다. 교수님들에게 지혜와 명철을 주시어 메마른 신학 지식을 전달하는 것이 아닌 성령에 사로잡힌 생명의 지식을 전수하게 하소서. 엘리야가 키워 낸 선지생도들이 그 시대를 변화시킨 것처럼 이 땅의 신학대학원이 참된 선지의 동산이 되게 하소서. 오늘도 강단에서 선포될 하나님의 말씀을 사모하며 기다립니다. 은혜의 말씀을 전하실 목사님을 능력의 장중에 붙들어 주소서. 한결같이 예배를 위해 헌신하는 봉사자들에게도 은혜를 더해 주소서.

우리의 생명이 되시는 예수님의 이름으로 기도합니다. 아멘.

3월 셋째 주

온 땅이여 하나님께 즐거운 소리를 낼지어다 그의 이름의 영광을 찬양하고
영화롭게 찬송할지어다 _〈시편〉 66편 1~2절

생명의 근원이며 복의 근원이 되신 하나님 아버지!

온누리에 따뜻한 봄 햇살을 비춰 주시고 온 땅에 촉촉한 단비를 내려
주사 모든 만물이 새 생명을 누리게 하시니 감사합니다. 우리도 봄의
새 기운으로 움츠렸던 마음을 활짝 열고 주일 대예배를 드리게 하시
니 진심으로 감사합니다. 오늘도 하나님이 베풀어 주실 하늘의 은총
을 기대하며 기다리오니 우리의 심령에 충만한 은혜를 부어 주소서.

하나님만이 생명수의 근원임을 잘 알고 있으면서도, 또다시 하나님을
까맣게 잊어버린 채 한 주간을 흘려보냈음을 고백합니다. 우리는 왜
물을 가두지도 못하는 웅덩이를 스스로 파려는 헛수고를 하려는지 모
르겠습니다. 주님, 미련하고 연약한 우리를 용서하여 주시고 이 예배
를 통하여 주님에게로 삶의 방향을 다시금 전환할 수 있게 하소서.

하나님 아버지! 각계각층에 세워 주신 지도자들을 위해서 기도합니
다. 국민의 뜻을 대변하는 국회의원들에게 지혜와 명철을 주소서. 당

리당략보다 국민의 눈물을 더욱 살피게 하소서. 정부를 비롯한 국가 기관의 지도자들에게는 백성만 사랑하는 마음을 주소서. 사법부의 판관들에게는 법으로 세상을 공의롭게 하려는 열정을 주소서. 경제를 이끌어 가는 지도자들에게는 사욕을 버리고 널리 인간을 이롭게 하는 정신을 주소서.

하나님이 뜻하신 바가 계셔서 이 지역에 우리 교회를 세워 주셨습니다. 우리 교회가 기도하는 교회가 되길 원합니다. 모든 교우가 하루의 삶을 기도로 시작하고 생활 중에도 쉬지 않고 기도하며 기도에 응답하는 살아 계신 하나님만을 경험하는 교회가 되길 원합니다. 우리 교회가 찬송이 넘치는 교회가 되게 하소서. 예배 가운데 찬송할 뿐만 아니라 삶의 현장 속에서도 생활의 찬송을 올려 드리게 하소서. 더불어 우리 교회가 말씀으로 충만한 교회가 되길 소원합니다. 말씀을 통해 성경적인 세계관으로 무장하여 영적 전쟁에서 승리하게 하소서.

지금도 소외된 곳에서 이름도 없이 빛도 없이 사역하는 이 땅의 모든 목회자를 위로하여 주소서. 섬마을의 외딴 교회를 지키는 목회자들과 함께하여 주소서. 두메산골의 외로운 교회의 강단을 끝까지 지키는 주의 종들에게도 힘을 주소서.

오늘도 말씀을 사모합니다. 목사님의 설교를 들을 때 하나님의 말씀으로 "아멘" 하게 하시고 위로과 격려 그리고 찔림과 떨림이 있게 하소서. 찬양대의 경배와 찬양을 기뻐 받아 주시고 예배를 위해 수고하는 모든 지체의 섬김을 받아 주소서.

언제나 우리의 든든한 방패가 되어 주시는 거룩하신 예수 그리스도의 이름으로 기도합니다. 아멘.

3월 넷째 주

우리가 약할 때에 너희가 강한 것을 기뻐하고 또 이것을 위하여 구하니
곧 너희가 온전하게 되는 것이라 _〈고린도후서〉 13장 9절

우리의 약함을 인자한 손길로 어루만져 주시는 하나님!

한 주간 보고 싶었던 지체들이 한자리에 모여 찬송과 기도와 말씀의
축제를 열게 하시니 감사합니다. 주님의 말씀이 영혼의 양식이 되어
우리를 부요하게 하시고 찬송과 기도가 영혼을 숨 쉬게 하시니 감사
합니다. 이 시간 예배하는 자들이 온 맘과 정성을 다해 하나님 한 분만
을 높이며 경배하는 예배가 되게 하소서.

오늘도 우리의 모습을 돌아볼 때 악하고 추한 모습밖에 없음을 고백
합니다. 바울이 가슴을 치며 자신을 죄인 중에 괴수라고 외쳤던 것처
럼 우리의 죄를 자백하오니 용서하여 주소서. 우리의 죄를 정케 하실
분은 오직 주님밖에 없음을 인정하며 두 손 들고 주께 갑니다. 십자가
의 보혈로 우리를 씻어 주시고 매 순간 주 뜻대로 살아가게 하소서.

예루살렘을 보고 울며 탄식하셨던 주님이 이 나라를 보면서도 울고
탄식하며 계실 것입니다. 총체적 혼란에 빠져 있는 대한민국을 불쌍

히 여겨 주소서. 엉킨 실타래처럼 꼬여 있는 문제들이 풀어질 기미가 보이지 않습니다. 보수와 진보가 대립하고 빈부의 경제적 차이가 깊어지며 세대 간의 갈등과 계층 간의 갈등의 골이 점점 깊어져 가고 있습니다. 문화 속에서는 하나님을 찾아볼 수 없고 소돔과 고모라의 시대처럼 음란하고 세속화되어 있습니다. 하지만 하나님이 이 나라의 왕으로 임재하실 때 돌파구가 보이지 않는 국가적인 문제들도 하나하나 풀려지게 될 줄 믿습니다. 하나님이 이 나라 위에 하늘의 은총을 부으심으로 다시금 일어서게 하소서.

우리 교회가 봄을 맞이하여 각 기관별로 단합 대회와 봄 소풍을 가지고 있습니다. 아무 일에든지 다툼이나 허영으로 하지 말고 오직 겸손한 마음으로 각각 자기보다 남을 낫게 여기라는 말씀을 따라 봄 소풍이 겸손과 섬김으로 채워지는 시간이 되게 하소서. 농부가 가을 추수를 소망하며 봄에 땀 흘리며 씨를 뿌리듯, 우리도 가을 전도 축제에 열매를 거두기 위해 지금부터 복음의 씨앗을 열심히 뿌리게 하소서. 잃은 양 한 마리를 찾기 위해 어둔 밤, 길을 나선 목자의 마음을 주소서. 잃은 양을 찾을 때까지 찾아다닌 목자의 열정을 주소서. 하나님이 가장 기뻐하시는 일은 죄인 한 사람이 회개하는 것임을 기억하고 전도의 사명을 열심히 감당하게 하소서.

모든 성도가 한 주간을 살아갈 때에 어떠한 형편과 사정이 있든지 주님의 손을 놓지 않게 하소서. 우리가 약할 때 주님은 강함을 주시고, 우리가 가난할 때 주님은 우리에게 부요함을 주시는 줄 믿습니다.

우리의 믿음을 부요하게 하시는 거룩하신 예수님의 이름으로 기도합니다. 아멘.

3월 다섯째 주

하나님이 세상을 이처럼 사랑하사 독생자를 주셨으니 이는 그를 믿는 자마다
멸망하지 않고 영생을 얻게 하려 하심이라 _〈요한복음〉 3장 16절

독생자 예수님을 이 땅에 보내 주신 하나님 아버지!

십자가의 고난을 위해 예루살렘 성에 입성하신 주님을 기억하는 종려
주일 대예배에 우리를 초청하여 주시니 감사합니다. 예수님이 고난의
길을 기꺼이 걸어가셨기에 우리가 아무런 공로 없이 구원의 길을 걸
어갈 수 있게 되었습니다. 예수님이 참혹한 죽음의 자리에 놓이셨기
에 우리가 생명의 자리에 머무를 수 있음을 고백합니다. 오늘도 그 십
자가의 공로로 평화를 누리고 있음에 무한한 감사를 드립니다.

그러나 우리는 이미 엄청난 구원의 은혜를 받았음에도 여전히 옛 사
람의 자리에만 머물러 있음을 용서해 주소서. 예수님이 죽음의 길을
걷고 계신지도 모른 채 종려 가지를 흔들며 막연히 찬송을 외쳐댔던
군중들처럼, 우리도 주님을 애매하게 믿고 막연하게 찬송했음을 고백
합니다. 주님을 은 삼십에 팔아넘긴 가룟 유다처럼 우리도 눈앞의 이
익 때문에 주님을 포기한 적이 한두 번이 아니었습니다. 주님을 모른

다고 세 번이나 저주한 베드로처럼 우리 역시 세상 속에서 주님을 부인하며 부끄러워했음을 인정합니다. 입술로는 주님을 사랑한다고 수없이 고백하지만, 결정적인 순간에는 주님을 버렸던 부끄러운 죄를 고백하오니 용서하여 주소서.

사순절 기간 동안 나라와 민족의 고통을 끌어안고 기도하게 하심을 감사합니다. 한반도의 백성이 예루살렘 성을 바라보며 우셨던 주님처럼 나라와 민족의 아픔을 껴안고 눈물을 흘릴 수 있게 하소서. 이 땅의 지도자들이 나귀를 타고 입성하셨던 주님처럼 겸손의 자리에 앉아 하나님과 백성을 두려움으로 섬기게 하소서.

우리 교회가 예수님이 걸어가신 십자가의 길을 걸어가는 교회가 되게 하소서. 우리 교회가 주님을 뜨겁게 사랑하는 교회 되게 하소서. 말로만 주님을 사랑하지 않게 하시고 몸과 행동으로 주님을 사랑하게 하소서. 우리의 말에 주가 주신 진리가 머물게 하시고, 우리의 입술에는 찬양의 향기가 가득하게 하소서. 우리의 두 손에는 주를 닮은 섬김이 있게 하시고, 우리의 삶에는 주의 흔적이 남게 하소서.

3월을 끝으로 한 해의 사분의 일을 은혜 가운데 보내게 하시니 감사합니다. 남은 사분의 삼도 주님이 책임져 주실 줄 믿습니다. 여기까지 도우신 에벤에셀의 하나님이 여호와 이레의 하나님도 되어 주실 줄 믿습니다. 오늘도 목사님의 말씀을 통해 새로운 통찰력을 얻기 원합니다. 전하는 자나 듣는 자 모두 진리의 영이신 성령으로 충만하게 하소서. 찬양과 경배로 돕는 성가대에 복을 내려 주시고 예배를 돕는 모든 지체에게도 은총을 더하소서.

우리의 영원한 소망이 되시는 예수님의 이름으로 기도합니다. 아멘.

4월 첫째 주

하나님께서 그를 사망의 고통에서 풀어 살리셨으니 이는 그가 사망에 매여
있을 수 없었음이라 _〈사도행전〉 2장 24절

사망 권세를 이기고 부활하신 주님!

하늘의 만나처럼 하나님의 크신 사랑이 임하는 기쁜 주일에 사랑하는
아버지 앞에 나와 예배를 드리게 하시니 감사합니다. 봄꽃들이 꽃망
울을 터트리듯 예배하는 우리의 마음도 활짝 피어나게 하시니 감사합
니다. 땅에서 솟구치는 새싹들처럼 경배하는 우리의 심령이 생명력으
로 가득 차게 하소서.

한 주를 뒤돌아보면, 또다시 하나님의 사랑을 등지고 하나님의 말씀
을 망각한 채 살았음을 고백합니다. 요나처럼 우리의 뜻대로만 행동
하고 도마처럼 하나님의 말씀을 의심하며 심지어 베드로처럼 주님을
부인하며 살아왔음을 용서하여 주소서. 오늘도 염치없이 주님의 십자
가 공로를 의지합니다.

삼천리 반도 남북한을 주님의 품에 품어 주소서. 무질서와 혼돈의 세
력이 여전히 남과 북을 지배하고 있음을 보소서. 마치 포도원을 망치

는 여우처럼 남은 남대로, 북은 북대로 무질서와 혼돈에 사로잡혀 있음을 불쌍히 여기소서. 부활의 능력으로 사망 권세를 깨뜨리신 하나님의 능력으로 한민족을 다시 살려 주소서. 하나님이 주신 동산에 사랑과 평화가 드높아지게 하시고 통일의 축제가 하루 속히 열리게 하소서.

우리 교회가 하나님의 말씀을 사랑하고 열심을 다해 배우는 배움의 공동체가 되게 하소서. 혼신의 힘을 다해 새가족을 양육하는 새가족 교사들을 격려하여 주소서. 성숙자 반과 사명자 반을 통해 장년들을 제자로 양육하는 교사들에게 지혜와 명철을 주소서. 양육반을 통해 신실한 주의 일꾼들이 풍성하게 배출되게 하소서. 우리 교회의 20년 후 미래를 준비하는 교회학교 위에 은총을 내리소서. 교회학교를 통해 믿음의 새싹들이 잘 자라나고 신앙의 묘목들이 잘 성장하여 조국의 교회와 민족과 열방을 책임질 수 있는 강한 용사로 훈련되게 하소서. 교회학교 교사들이 어려운 여건 속에서 땀과 눈물로 최선을 다하고 있사오니 그들의 노력이 헛되지 않게 하소서. 각 부서 교역자들과 부장들에게 통찰력과 판단력을 주셔서 교육 정책을 잘 세우게 하시고 열정으로 다음 세대를 일으키게 하소서.

예배하는 모든 교우의 눈을 밝혀 주사 주의 보좌를 보게 하소서. 우리의 귀를 열어 주의 음성을 듣게 하시고 우리의 맘을 활짝 열어 하나님을 소망함으로 다시 살게 하소서. 하나님의 말씀을 선포하시는 목사님을 붙들어 주시고 예배위원들의 섬김을 받아 주소서.

언제나 우리에게 생명을 주시는 거룩하신 예수님의 이름으로 기도합니다. 아멘.

4월 둘째 주

찬송하라 하나님을 찬송하라 찬송하라 우리 왕을 찬송하라 하나님은
온 땅의 왕이심이라 지혜의 시로 찬송할지어다 _〈시편〉 47편 6~7절

온 땅의 왕이신 하나님 아버지!

찬양받기에 합당하신 하나님의 보좌 앞에 나아와 주님을 경배할 수
있게 하시니 감사합니다. 천지만물이 하나님을 경배하고 찬양하는 기
쁜 날에 미천한 우리를 거룩한 예배로 초대하여 주시니 감사합니다.

주님 앞에서 지나간 시간을 뒤돌아봅니다. 하나님은 하루 종일 우리
만 바라보고 계시는데 우리는 얼굴을 돌린 채 세상만 바라보고 있었
음을 고백합니다. 주님은 언제나 우리에게 말씀하시는데 우리는 귀를
막고 세상의 소리에만 귀 기울였음을 인정합니다. 주님은 모든 일에
손 내밀어 도와주시려 했지만 우리는 교만하여 우리 자신의 손으로
무언가를 해 보려고 애를 썼음을 고백하오니 용서하여 주소서.

공의로우신 하나님 아버지, 이 달 19일은 공평과 정의를 사랑했던 이
땅의 선배들이 선거 부정을 통해 권력을 유지하려던 세력에 항거하
여 분연히 일어났던 날입니다. 이제 우리도 이 시대의 주인공으로서

하나님을 닮아 공의를 사랑하게 하소서. 구약의 선지자들이 하나님의 마음으로 왕과 백성의 불의에 맞선 것을 기억하게 하소서. 예수님이 로마 제국의 압제자들과 유대 종교 지도자들의 불의에 침묵하지 않은 것을 기억하게 하소서. 이 땅의 남과 북 그리고 동과 서에서 일어나는 불의에 더 이상 침묵하지 않게 하소서. 하나님의 땅, 한반도에 공의가 하수처럼 흐르도록 세상의 소금이 되게 하소서. 사리사욕 때문에 믿음을 팔아넘기지 않게 하소서. "죽으면 죽으리이다"라고 결심하며 진리를 위해 용감하게 나아갔던 에스더의 결단으로 살게 하소서.

이 민족이 살 길은 복음과 사랑밖에 없음을 고백합니다. 동방의 예루살렘이었던 북한의 교회가 무너진 지 오래입니다. 대한민국의 교회도 급격한 세속화로 맛을 잃어버린 소금과 같습니다. 남과 북의 교회를 살리사 이 민족을 구원하여 주소서.

우리 교회가 소외된 이웃을 돌아보는 교회가 되게 하소서. 현재 진행되고 있는 나눔 사역이 더 활발하게 진행되게 하시고 작정된 나눔 헌금도 차고 넘치게 하소서. 고통받는 이웃들의 얼굴에 미소가 지어지도록 나눔 사역에 열심을 다하게 하소서. 이 시대의 바나바가 되어 우리의 잉여물을 궁핍한 곳으로 아낌없이 흘려보내게 하소서. 예루살렘의 초대 교회 성도들이 고아와 과부를 위해서 자신의 소유를 아낌없이 흘려보낸 것을 기억하게 하소서.

오늘도 목사님이 전하실 말씀을 통해 우리의 심령이 하늘에 접속되길 원합니다. 하나님이 주시는 새 능력, 새 소망, 새 위로를 받아 새롭게 시작되는 한 주간도 승리하게 하소서.

온 땅의 주인 되신 예수님의 이름으로 기도합니다. 아멘.

4월 셋째 주

온 땅이여 하나님께 즐거운 소리를 낼지어다 그의 이름의 영광을 찬양하고
영화롭게 찬송할지어다 _〈시편〉66편 1~2절

생명의 빛으로 언제나 우리를 지켜 주시는 하나님!

한 주간도 주님의 품 안에 보호해 주셨다가 거룩한 주일에 주님의 존
전에 나와 경배와 찬양을 드리게 하시니 감사합니다. 천지를 지으신
하나님이 우리도 창조하시고 생명 주심을 찬양합니다. 이 땅에 오신
예수님을 믿게 하심으로 하나님의 자녀가 되게 하시니 감사합니다.
이 시간 성삼위 하나님만을 바라보며 경배하고 하나님에게만 영광을
돌리길 원합니다.

거룩하신 하나님 앞에 서면 언제나 우리의 모습은 부끄럽기 짝이 없
음을 고백합니다. 바울이 가슴을 치며 "오호라 나는 곤고한 사람이라"
고 했던 그 고백이 우리의 고백입니다. 성령님이 거하시는 마음의 성
전에 담지 말아야 할 세상 것들을 열심히 주워 담았음을 자백하오니
용서하여 주소서. 성령의 인도하심을 따르기보다는 육신의 정욕을 따
라 살았습니다. 예수 그리스도를 자랑하기 위해 사는 것이 아니라 우

리 자랑을 위해 살았습니다. 주님이 바라보시는 곳을 보기보다는 안목의 정욕을 채우기 위해 애썼습니다. 여전히 남아 있는 옛 사람의 모습에 탄식하오니 죄인 중의 괴수인 우리를 용서하여 주소서.

역사의 주관자이신 하나님, 대한민국을 통치하고 다스려 주소서. 사람이 다스리기에 이 땅에 사랑이 사라지며 공의가 무너지고 있습니다. 애굽 총리 요셉과 같이 하나님과 만국 백성을 사랑하는 지도자들을 일으키소서. 바벨론 총리 다니엘과 같이 하나님만을 두려워하는 지도자들을 세워 주소서.

특히 이 달 20일은 나라가 정한 '장애인의 날'이었습니다. 원치 않는 장애로 고통을 감수하며 살아가는 지체들을 붙들어 주소서. 이 땅에 오신 예수님이 장애인의 동반자가 되셨듯이 우리도 이 땅의 장애인을 기억하고 함께 걸어가게 하소서.

우리 교회가 하나님만을 예배하는 살아 있는 예배 공동체가 되게 하소서. 드려지는 모든 예배가 생명력이 넘쳐나길 기도합니다. 수고하고 무거운 짐을 진 영혼들은 참된 안식을 얻게 하소서. 지치고 상한 영혼들은 쉼과 자유를 얻게 하소서. 식어진 영혼들은 은사를 불 일 듯하게 일으키는 회복의 예배가 되게 하소서. 죄로 물든 영혼들은 죄와 허물을 자복하고 다시 돌이키는 회개의 예배가 되게 하소서.

오늘도 목사님을 통해 선포되는 말씀을 사모합니다. 말씀이 우리의 힘이 되어 예배하는 가슴마다 새 희망이 솟아나게 하소서. 새롭게 시작되는 일주일도 예수님의 손을 굳게 잡고 승리하게 하소서.

우리의 새 희망이 되시는 예수님의 이름으로 기도합니다. 아멘.

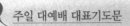

4월 넷째 주

내 영혼이 여호와를 자랑하리니 곤고한 자들이 이를 듣고 기뻐하리로다
_〈시편〉 34편 2절

우리의 자랑과 기쁨이 되시는 하나님 아버지!

거룩한 주일에 기쁨과 설레는 마음으로 주님 앞에 나아오게 하시니 감사합니다. 돌아온 탕자를 문 밖에 나와 맞이하는 아버지처럼 하늘문을 활짝 열고 우리를 맞아 주시니 감사합니다. 오늘도 행복한 예배를 통해 우리의 마음이 영원으로 이어질 것을 기대하며 소망합니다.

하지만 우리는 세상에 살면서 또다시 탕자처럼 살았음을 고백합니다. 예수님의 값진 희생으로 입혀 주신 깨끗한 세마포를 추하고 더러운 죄로 물들였음을 고백합니다. 우리 모두 두 손 들고 보혈의 샘물로 다시 나아가오니 주의 크신 사랑으로 용서하시고 영접하여 주소서. 주홍같이 붉은 죄로 물든 우리 마음의 옷을 보혈로 씻어 깨끗하게 되길 원하오니 사죄의 은총을 베풀어 주소서.

하나님은 백여 년 전 아무런 소망 없는 이 땅에 복음을 심어 주셨습니다. 복음의 꽃이 만발하여 방방곡곡 교회가 세워지고 주일마다 찬송이 울려 퍼지게 하셨습니다. 하지만 지금은 남과 북의 교회가 황폐해지고 교회의 영광은 땅에 밟히고 있음을 통촉洞燭하여 주소서. 교회에 희망이 보이지 않고 소망을 품을 수 없음을 고백하오니 이 땅의 교회를 불쌍히 여기소서. 이 땅에도 바알에게 무릎 꿇지 않은 칠천 명의 남은 자들이 있다면 그들을 통해 교회의 부흥이 있기를 소망합니다.

우리 교회가 잃어버린 영혼을 주님에게로 돌아오게 하는 교회가 되길 원합니다. 전도의 문이 닫히고 있는 시대라고 주저앉아 있지 않게 하소서. 우리 교회 전도부가 지혜롭고 창의적인 접근 방법으로 잃은 양들을 찾아 복음을 전하게 하소서. 교우 각자가 태신자를 품고 영혼을 위해 기도하는 일을 포기하지 않게 하소서. 태신자를 사랑하고 섬기게 하시고 인내를 가지고 품게 하소서. 우리는 포기할지 몰라도 주님은 결코 한 영혼도 포기하지 않으신다는 것을 깨달아 우리도 지치지 않고 끝까지 복음을 전하게 하소서.

우리 교회가 돕는 선교지마다 성령의 능력으로 덮어 주소서. 각 구역이 자매결연한 선교지를 위해 기도하며 헌금하는 일을 게을리하지 않게 하소서. 선교사 자녀들을 주의 손에 의탁합니다. 주님이 키워 주시고 그들의 미래를 책임져 주소서. 선교사 자녀를 교육하는 사역 단체에 능력을 더하시고 효율적인 사역으로 진보가 있게 하소서.

말씀의 종으로 세워 주신 목사님에게 성령의 능력으로 함께해 주소서. 찬양의 종으로 부름받은 성가대의 찬양에 성령의 기름을 부어 주소서. 예배의 종으로 섬기는 모든 교우에게 부흥을 경험하는 예배되게 하소서.

우리를 부흥케 하시는 예수님의 이름으로 기도합니다. 아멘.

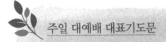

5월 첫째 주

여호와여 주께서 지으신 모든 것들이 주께 감사하며 주의 성도들이 주를
송축하리이다 _〈시편〉 145편 10절

우리의 요새이시며 산성이 되시는 하나님 아버지!

5월의 아침 햇살이 온 세상에 신선함을 더하는 주일에 주님을 사모하는 마음으로 예배하게 하시니 감사합니다. 오늘도 우리의 발걸음이 세상을 향하지 않게 하시고 주님의 임재 앞으로 나아오도록 인도하시니 감사합니다. 이 시간 주 앞에 모인 모든 성도가 한마음과 한뜻으로 아버지만을 경배하오니 우리의 마음과 뜻을 받아 주소서.

험한 세상에 살다가 성산에 올라온 우리의 모습을 돌아봅니다. 언덕 위에 세워 놓은 수레처럼 어느덧 뒷걸음쳐 주님의 뜻과 동떨어진 삶을 살았음을 고백합니다. 돌같이 굳어 버린 우리의 마음을 주의 사랑으로 다시 녹여 주소서. 방전되어 버린 우리의 비고 빈 심령에 주님의 능력을 충전하여 주소서.

지난 1일은 노동의 의미를 되새겨 보는 '근로자의 날'이었습니다. "일하기 싫은 자는 먹지도 말라"고 하신 주님, 땀 흘려 일하는 이 땅의 근로자들을 위로하소서. 하나님이 허락하신 일터에서 구슬땀을 흘리며 맡은 직무를 성실히 감당하는 이들을 격려하여 주소서. 부한 자는 더 부해지고 가난한 자는 더 가난해지는 이 땅의 경제 부조리가 해결되게 하소서. 근로자의 흘린 땀의 가치를 인정해 주는 대한민국이 되게 하시고 일한 만큼 열매를 거둘 수 있는 공정한 나라가 되게 하소서.

어린이주일을 기쁨으로 맞이하는 우리 교회의 어린이를 위해서 기도합니다. 주님이 사랑하시는 어린이가 주 안에서 슬기롭게 성장하게 하소서. 솔로몬처럼 지혜롭고 요셉처럼 고난을 이겨 내는 강인한 어린이가 되게 하소서. 다니엘처럼 하나님만을 두려워하는 믿음의 지도자가 되게 하시고 여호수아처럼 강하고 담대한 리더가 되게 하소서. 아직 어리지만 주의 진리를 깨달아 알게 하소서.

모든 교우가 어린이주일을 축하하고 기뻐합니다. 우리 교회의 어린이가 신앙 안에서 잘 자라나 교회의 미래를 이끌어 가기에 부족함이 없게 하소서. 더불어 지금도 세계 곳곳에서 전쟁과 기아로 고통받고 있는 어린이들을 주님의 손에 의탁합니다. 그들을 돕고 있는 구호 단체에 능력을 더하시고 우리 교우도 이 일에 협력하게 하소서.

새롭게 시작되는 한 주간도 주 안에서 승리하길 원합니다. 오늘 목사님의 입술을 통해 선포될 하나님의 말씀을 기대합니다. 말씀을 마음 판에 새겨 넣고 한 주간 적용하며 실천하여 주님의 뜻을 삶의 현장에서 이루어지게 하소서. 성가대의 아름다운 찬양을 받아 주시고 헌신자들의 기쁨의 섬김을 받아 주소서.

항상 우리를 지켜 주사 승리하게 하시는 예수님의 이름으로 기도합니다. 아멘.

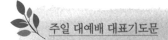
5월 둘째 주

영원하신 왕 곧 썩지 아니하고 보이지 아니하고 홀로 하나이신 하나님께
존귀와 영광이 영원무궁하도록 있을지어다 _〈디모데전서〉 1장 17절

존귀와 영광을 받으시기에 합당하신 하나님 아버지!

산과 들의 나무들은 신록을 더해 가고 아름다운 꽃들은 향기를 더해
가는 좋은 계절에 하나님과 함께 은총의 시간을 갖게 하시니 감사합
니다. 우리는 늘 주님을 실망시켜 드리지만 주님은 여전히 우리를 사
랑하사 용서해 주시니 감사합니다. 우리가 주님에게 드리는 것은 항
상 궁색하여도 주님은 언제나 풍성한 은혜로 채워 주시니 감사합니
다. 오늘도 주님의 그 사랑과 은혜가 그리워 아버지의 집으로 달려나
왔사오니 우리를 붙들어 주시고 새롭게 하소서.

대한민국의 가정을 긍휼히 여겨 주소서. 이혼율이 급증하며 가정이
깨어지고 있음에 가슴이 아픕니다. 이 땅의 부부들이 더 이상 음란과
쾌락의 제물이 되지 않게 하시고 강인한 사랑으로 가정을 끝까지 지
키게 하소서. 젊은 부부들은 새 생명 잉태를 피하고 젊은이들은 결혼
을 꺼려하고 있습니다. 젊은 가정이 생육하고 번성하라고 하신 주의

말씀에 순종하게 하소서. 청년들은 부모를 떠나 한 몸을 이루라는 주의 명령을 경청하게 하소서. 우리 교회의 모든 가정부터 깨어 돌아보게 하시고 회복되게 하소서. 가정마다 안고 있는 오랜 상처들을 외면하지 않고 직면하게 하소서. 주님의 치유의 손길에 가정의 문제들을 의탁하게 하소서. 가정이 천국이 될 때 비로소 교회와 국가와 민족도 하나님 나라가 되는 줄 믿습니다.

어버이주일을 맞이하면서 우리 교회의 어버이 되신 지체들을 위해 기도합니다. 인생을 아버지와 어머니로 헌신하신 귀한 분들에게 주의 복을 내려 주소서. 자녀 된 자들은 어버이의 은혜를 기억하며 순종하게 하소서. 주께 하듯 부모님을 섬기게 하소서. 마땅히 드려야 할 존경을 드리게 하시고 부모의 필요를 구체적으로 신속하게 채우게 하소서. 병환 중에 있는 어르신들의 연약함을 굽어살피시고, 혹여 예수님을 알지 못하는 부모님이 계시다면 세상에서 가장 큰 은총인 구원의 은혜를 하루 속히 베풀어 주소서.

한민족을 긍휼히 여겨 주소서. 대자연은 이미 푸르른 계절이 되었건만 남북의 계절은 아직도 싸늘하기만 합니다. 평화적 통일을 위해 기도한 지도 수십 년이 지나고 있습니다. 불가능을 가능하게 하실 역전의 하나님이 이 민족을 새롭게 하실 줄 믿고 기다립니다.

오늘도 말씀의 은혜를 사모하며 귀를 엽니다. 찬양의 은혜를 사모하며 마음을 엽니다. 목사님의 설교와 성가대의 찬양이 우리의 영혼에 양식과 에너지가 되게 하소서. 오늘 받은 말씀들이 삶으로 열매 맺게 하시고 오늘 드린 이 찬양이 우리의 평생의 찬양이 되게 하소서.

우리의 소망이 되시는 예수님의 이름으로 기도합니다. 아멘.

5월 셋째 주

나는 알파와 오메가요 처음과 마지막이요 시작과 마침이라
_〈요한계시록〉 22장 13절

온 세상의 처음과 마지막이 되시는 하나님 아버지!

영원히 사망 가운데 거할 수밖에 없는 우리를 구원해 주심도 감사한데, 우리의 영안을 열어 주사 하나님의 빛나는 보좌를 바라보게 하시니 더욱 감사합니다. 믿음의 눈을 떠서 예수님의 빛나는 얼굴을 바라볼 수 있게 하소서.

하지만 우리는 또다시 한 주간 동안 주님을 떠나 세상 연락에 기웃거리고 세상 웅덩이에 빠져 허우적거렸습니다. 이 시간, 주의 지팡이로 우리를 이끌어 내시고 주의 막대기로 우리를 인도하소서.

하나님 아버지가 세워 주신 우리 교회의 스승들을 주의 이름으로 축복합니다. 늘 변함없이 한결같은 모습으로 교회의 스승이 되어 주시는 담임목사님과 교역자님들을 사랑하며 축복합니다. 구역의 스승인 구역장들과 교회학교의 스승인 교사들을 보내 주심도 감사합니다. 귀한 헌신자들이 있기에 우리 교회가 말씀의 반석 위에 든든히 세워질

수 있었음을 고백합니다.

새벽이슬과 같은 주의 청년들을 일으켜 주시니 감사합니다. 이들이 있기에 아직 조국 교회에 희망이 있음을 느낍니다. 특히 내일 성년의 날을 맞이하는 청년들을 주님의 손에 올려 드립니다. 이제 한 인간으로서 독립하게 된 청년들이 잘 성장하고 성숙하여 교회와 나라 그리고 민족과 열방에 쓰임을 받는 역군이 되게 하소서.

이달 18일은 아픔으로 기억되는 날입니다. 수십 년 전 이 땅에서 폭력으로 나라를 장악하려던 세력에 항거하다 군홧발에 목숨을 빼앗긴 이들이 많았음을 기억합니다. 아직도 세상에는 또 다른 얼굴의 폭력들이 난무하고 있음을 주님이 알고 계십니다. 로마 총독과 헤롯 왕가의 귀족들 앞에서도, 대제사장들과 종교 지도자들 앞에서도 늘 당당하셨던 예수님을 기억하게 하소서. 우리도 세상의 폭력 앞에서 뜻없이 무릎을 꿇지 않게 하소서. 하늘의 진리를 아는 자로서 운명에 맡겨 살지 않게 하소서. 해 아래의 압박이 있는 곳에서 삶으로, 실천으로 주님의 뜻이 이루어 드리게 하소서.

싱그러운 아카시아 향기가 우리의 마음을 설레게 하듯 선포되어질 말씀을 기대합니다. 목마른 사슴이 시냇물에서 목을 축이듯 말씀을 잘 받게 하소서. 메마른 대지가 봄비를 흡수하듯 말씀을 마음에 잘 새기게 하소서. 말씀을 전하시는 목사님을 오늘도 붙들어 주소서. 예배를 위해 주방과 주차장에서, 유아실과 방송실에서, 성가대실과 로비에서 보이지 않게 섬기는 모든 지체에게 한량없는 하나님의 은총을 부어 주소서.

우리를 승리하게 하실 예수님의 이름으로 기도합니다. 아멘.

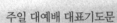

5월 넷째 주

할렐루야 그의 성소에서 하나님을 찬양하며 그의 권능의 궁창에서 그를
찬양할지어다 _〈시편〉 150편 1~2절

지극히 위대하신 하나님 아버지!

불평뿐이던 우리의 입술에서 감사가 나오게 하시고, 한숨뿐이던 우리
의 가슴에서 찬송이 솟아나게 하시니 감사합니다. 불안이 지배하던
우리의 심령에 하늘의 평안을 가득 채워 주심도 감사합니다. 모든 것
을 가졌음에도 만족하지 못하던 우리가 가진 것이 없어도 배부름을
느끼게 하시니 감사합니다. 모든 것이 주 안에 있기 때문이고, 모든 것
이 주님의 은총 때문임을 고백합니다.

그러나 때때로 우리의 마음이 교만해질 때가 있음을 고백합니다. 불
타는 소돔과 고모라를 뒤돌아보다가 소금 기둥이 된 롯의 아내처럼
우리도 종종 세상을 부러워할 때가 있음을 고백합니다. 연약한 육신
에서 나오는 욕망의 목소리가 들릴 때마다 흔들리고 또 흔들렸음을
용서하여 주소서. 예배를 통해 우리의 마음이 초심으로 돌아가길 원
합니다. 주님을 처음 만났을 때 감격에 벅차오르던 그때를 다시 기억

하게 하소서. 휘장을 지나 담대하게 주님의 보좌 앞으로 나아가 하나님만을 예배하게 하소서.

성령강림주일을 맞이하여 성령님의 은혜를 더 깊이 묵상하며 사모합니다. 언제 어디서나 한결같이 우리와 동행하여 주시는 성령님을 찬양합니다. 꺼져 가는 제단 불처럼 우리의 능력이 사그라질 때마다 성령의 불을 내려 주소서. 빈들의 마른 풀같이 우리의 영혼이 시들 때마다 성령의 단비를 내려 주소서. 비어 버린 우리의 마음에 충만하게 임하시고 갈급한 우리의 심령이 만족함을 누리게 하소서. 우리의 거친 맘을 어루만져 주실 분은 오직 성령님뿐입니다. 오늘도 살아 계신 성령님이 우리를 새롭게 하여 주실 줄 믿습니다.

남자와 여자를 창조하시고 둘이 하나가 되게 하시는 하나님, 부부의 날을 맞이하는 우리 교회의 부부들을 기억하소서. 주님이 부탁하신대로 서로 돕는 배필로 살아가게 하소서. 남편은 자신의 몸처럼 아내를 사랑하게 하소서. 아내는 남편을 주께 하듯 존귀히 여기게 하소서. 이혼율이 급증하는 이 시대에 모범이 될 수 있는 부부가 우리 교회 안에 가득하게 하소서.

하나님의 땅 한반도를 긍휼히 여겨 주소서. 하나님의 통치가 한반도에 가득하길 기도합니다. 특히 남북의 교회들을 살려 주소서. 반도 남쪽의 교회들에는 갱신更新을 주소서. 교회가 새롭게 되고 회개할 때만이 대한민국이 다시 살 수 있음을 고백합니다. 반도 북쪽의 교회들에는 회복과 부흥을 주소서. 한반도의 평화가 주님 손에 달려 있습니다. 한반도의 주변 열강들도 하나님의 평화 정책에 잘 순종하게 하소서.

예배를 기뻐 받으시는 예수님의 이름으로 기도합니다. 아멘.

5월 다섯째 주

할렐루야 내 영혼아 여호와를 찬양하라 나의 생전에 여호와를 찬양하며
나의 평생에 내 하나님을 찬송하리로다 _〈시편〉146편 1~2절

만유의 주재이신 하나님 아버지!

두세 사람이 주의 이름으로 모인 곳 어디에나 함께하시겠다고 약속하
신 대로 주일 대예배를 드리는 이곳에 임하여 주시니 진심으로 감사
합니다. 여기 모인 하나님의 백성에게 큰 영광을 나타내시고 세상이
알 수 없는 평안을 주의 자녀들에게 충만하게 베풀어 주소서. 봄 장미
가 꽃망울을 터트리며 세상에 향기를 가득 채우듯 우리의 삶 가운데
에도 은혜의 향기로 채워 주시니 감사합니다.

하지만 우리는 그 은혜에 감사하기보다는 늘 불평뿐이었음을 고백합
니다. 아름다운 장미꽃에도 가시는 있기 마련인 것을, 우리는 삶의 고
난만 묵상하며 아파했습니다. 우리를 연단하시려고 허락하신 인생의
고난을 나만 겪는 것이라고 원망했습니다. 이 예배를 통해 우리의 마
음이 변화되길 원합니다. 주님으로부터 받은 복을 세어 보게 하소서.
잃은 것보다 받은 것이 더 많다는 것을 감사할 수 있게 하소서.

이번 주에는 가정의 달을 맞이하여 교회의 온 가정이 모여 야유 예배를 갖고자 합니다. 영유아부터 어르신까지 모든 가족이 한마음 될 수 있도록 인도하소서. 행사를 준비하는 모든 준비위원에게 지혜와 능력을 주소서. 날씨를 주관하여 주시고 한 영혼도 상하지 않도록 안전으로 지켜 주소서. 하나님이 지으신 자연 속에서 만물과 함께 호흡하며 예배하는 의미 있고 뜻깊은 시간이 되게 하소서. 주님의 높고 위대하심을 온 교우가 함께 찬양하고 느끼는 시간이 되게 하소서. 이 예배에 나아올 때보다 돌아갈 때에 그 마음에 은혜가 넘쳐나게 하소서.

우리 교회가 복음을 민족과 열방에 전하는 전함 공동체가 되길 원합니다. 교우들의 마음속에 한 영혼을 사랑하는 뜨거운 열정을 주소서. 복음과 사랑에 빚진 자로서 남은 삶을 전도와 선교에 헌신하게 하소서. 세상 사람들은 노후를 걱정하며 대책을 세우기에 분주하지만, 주의 자녀 된 우리는 남은 삶 속에서 무엇을 어떻게 주님에게 드릴지를 고민하게 하소서.

이 시간에도 말씀을 전해 주실 목사님을 능력의 팔로 붙들어 주소서. 독수리가 날개를 치며 올라감 같은 새 힘을 공급해 주셔서 말씀을 선포하실 때 피곤하지 않게 하소서. 말씀을 듣는 우리는 열린 가슴으로 받게 하시고 마음에 잘 새겨 한 주간을 살아가는 데 필요한 영적 양식으로 삼게 하소서. 오늘도 여러 모양으로 섬기며 봉사하는 지체들을 기억하여 주소서. 모든 교우가 주일의 복을 마음껏 누리게 하시고 주님의 품 안에서 안식하게 하소서.

우리에게 안식과 평안을 주시는 거룩하신 예수님의 이름으로 기도합니다. 아멘.

6월 첫째 주

곧 그가 거하시는 곳에서 세상의 모든 거민들을 굽어살피시는도다
_〈시편〉 33편 14절

우리 인생을 굽어살펴 주시는 하나님 아버지!

녹음이 우거지는 계절에 6월 첫 주일 대예배를 기쁘고 즐거운 마음으로 드리게 하시니 감사합니다. 언제나 우리를 있는 모습 그대로 받아 주시고 용납해 주심을 감사합니다. 이 시간 예배를 통해 올려 드리는 우리의 찬양이 향기가 되게 하시고 우리의 경배가 주님의 보좌에 기둥이 되게 하소서.

때로는 예배 드리는 우리의 중심이 흐트러질 때가 있음을 솔직하게 고백합니다. 습관적으로 찬양을 하고 형식적으로 예배 순서에 참여할 때가 있습니다. 예배를 실패할 때 어떤 열매가 맺어지는지 늘 기억하게 하소서. 가인의 예배를 기억하게 하시고 홉니와 비느하스의 예배를 기억하게 하소서.

평화를 사랑하는 하나님, 이 달 6일은 온 국민이 현충일로 지키는 날입니다. 나라를 위해 목숨을 바친 선열의 정신을 우리 교우들도 잊지

않게 하소서. 주님은 나라도 모르고 이웃도 모르는 집단 이기주의에 갇힌 교회를 원하지 않는 줄 믿습니다. "나는 그리스도인인 고로 거짓 없는 내 양심은 죽음을 초월하여 나라를 사랑하였다."라는 김구 선생의 말처럼 이 땅의 교회가 나라를 사랑하는 자들이 되게 하소서.

교회학교가 여름성경학교와 하계 수련회를 준비하고 있습니다. 올 여름에도 어김없이 부어 주실 하나님의 은혜를 사모하며 열심히 준비하고 있는 교사들을 격려하여 주소서. 이번 주 총회에서 주관하는 교사 강습회에 참여할 때 도전받는 귀한 시간이 되게 하소서. 영혼을 사랑하는 열정이 불타오르게 하시고 기독교 교육의 전문성도 훈련되는 기회가 되게 하소서.

환경의 날을 맞이하여 하나님의 문화 명령을 다시 한 번 기억하길 원합니다. 하나님은 우리에게 지구의 자연 환경을 잘 다스리고 보존하라고 명령하셨지만 우리는 눈앞의 이익과 편리함 때문에 알게 모르게 환경을 파괴하고 있음을 고백합니다. 후손들에게 깨끗한 환경을 넘겨주어야 할 책임감을 갖고 그리스도인들이 먼저 환경 보전의 실천에 앞장서게 하소서.

오늘도 강단 위에서 진리의 등불을 밝히실 목사님을 붙잡아 주소서. 말씀의 빛이 비출 때 우리 영혼의 문을 활짝 열고 그 빛을 받게 하소서. 변화가 필요한 자에게 변화를, 주저하고 있는 자에게 결단을, 두려워하는 자에게 용기를, 낙심해 있는 자에게 소망을 주는 말씀이 되게 하소서. 주님은 언제나 우리를 실망시키지 않으심을 믿습니다.

오늘도 모든 영광을 오직 하나님 한 분에게만 올려 드리며 예수님의 이름으로 기도합니다. 아멘.

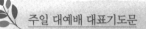

6월 둘째 주

감사함으로 그의 문에 들어가며 찬송함으로 그의 궁정에 들어가서 그에게
감사하며 그의 이름을 송축할지어다 _〈시편〉 100편 4절

우리의 감사와 찬송을 기쁘게 받으시는 하나님 아버지!

보리밭에 청보리가 익어 가고 유월의 싱그러움이 초여름을 재촉하는
날에 주님의 친절한 팔은 오늘도 우리를 은혜의 성소로 인도하셨습니
다. 오늘 우리가 살아가는 평범함이 더 이상 평범함이 아님을 고백합
니다. 우리가 하나님의 자녀로 다시 태어나 찬송하고 기도하며 말씀
을 듣고 행할 수 있는 그리스도의 심장을 갖게 하심을 감사합니다. 모
든 것이 하나님의 은혜요, 모든 것이 하나님의 은총임을 고백합니다.

그러나 지난 한 주간 동안 하나님의 뜻대로 살기보다는 우리의 뜻대
로 살기에 바빴음을 고백합니다. 주님이 항상 기뻐하라고 하셨지만
우리는 항상 낙심을 했습니다. 쉬지 말고 기도하라 하셨지만 쉬지 않
고 원망했고, 범사에 감사하라 하셨지만 매사에 불평했음을 용서하여
주소서. 다시 시작되는 한 주도 환경의 지배를 받지 않고 삶의 공간을
기쁨과 감사로 다시 채움으로 하나님의 풍요를 누리게 하소서.

하나님 아버지, 이 나라 백성에게 6월은 6·25 전쟁과 더불어 또 하나의 아픔이 있는 달입니다. 수십 년 전, 6월 10일에는 이 땅의 선배들이 백성을 죽인 군사 권력과 대통령을 국민이 직접 뽑지 못하는 불의에 항거한 날임을 기억합니다. 하나님이 선배들을 통해 허락하신 자유를 소중히 지켜 나가게 하소서. 오늘은 어제의 결과이며 내일은 오늘의 결과이듯, 오늘의 역사가 뒷걸음질치지 않도록 깨어 기도하며 나라 사랑을 실천하게 하소서.

선교위원회가 주관하고 있는 단기선교가 은혜 가운데 잘 준비되게 도와주소서. 참가자들이 매주 모여 뜨겁게 기도하고 있습니다. 기도하는 가슴마다 열정으로 불붙여 주소서. 현지 언어로 복음 제시를 연습하고 있사오니 지혜를 덧입혀 주소서. 선교사님과 현지인 교회에 전달할 후원 물품 모집에 모든 교우가 동참할 수 있도록 열린 마음을 주소서. 현지에서 기도하며 기다리시는 선교사님에게도 은혜를 덧입혀 주소서. 단기선교 중에 일어날 영적 전쟁을 능히 진두지휘하실 수 있는 영육 간의 강건함을 주소서. 단기선교에 필요한 재정도 채워 주시고 모든 절차와 환경도 주관하여 주실 줄 믿습니다.

우리 교우들이 한 주간도 사랑 안에 거하길 원합니다. 하나님을 사랑하고 이웃을 사랑하는 사랑이 충만한 한 주가 되게 하소서. 가정을 사랑하고 교회를 사랑하게 하소서. 나라를 품고 열방을 품어 기도하게 하소서. 오늘도 목사님과 성가대를 통해 주실 말씀과 찬양의 은혜를 기대합니다.

예배의 처음과 끝을 주관하여 주실 예수님의 이름으로 기도합니다. 아멘.

6월 셋째 주

내가 두려워하는 날에는 내가 주를 의지하리이다 내가 하나님을 의지하고
그 말씀을 찬송하올지라 _〈시편〉 56편 3~4절

어제나 오늘이나 영원토록 동일하신 하나님 아버지!

하나님이 기르시는 산새 한 마리도 아침부터 찬양을 하며 하나님이
돌보시는 들풀이 물방울을 머금고 새벽부터 기도하는 복된 주일을 맞
이하게 하시니 감사합니다. 언제나 하나님은 거기에 계셔서 우리의
곤한 영혼이 편히 쉴 곳 되어 주시니 감사합니다. 주님에게로만 피하
면 우리는 안전할 수 있음을 잘 압니다. 사람을 보며 세상을 볼 때에는
만족함이 없지만 하나님을 뵐 때에는 늘 만족함뿐입니다. 오늘도 주
일 대예배를 통해 부어 주실 평안함을 기대하며 소망합니다.

하지만 주님 앞에 나아온 우리의 모습은 또다시 쓰러져 지저분한 모
습임을 고백하며 용서를 구합니다. 먹보다도 더 검게 물든 우리의 마
음을 주의 사랑으로 받아 주소서. 참으로 염치없고 얼굴이 두꺼운 우
리지만 오늘도 예수 그리스도의 보혈을 지나 하나님 품으로 다시 담
대하게 나아갑니다. 연약하고 부족한 우리를 받아 주소서.

세상은 점점 사랑이 식어 가고 있음을 깨닫게 하소서. 곳곳마다 사랑을 달라고 영혼들이 소리치고 있는 부르짖음을 듣게 하소서. 그들의 사랑을 채워 줄 수 있는 것은 오직 예수님의 사랑밖에 없음을 믿습니다. 너희가 가서 사랑을 채워 주라는 하나님의 명령을 듣고 순종하게 하소서. 우리 교회가 진행하고 있는 긍휼 사역에 성령의 기름을 부어 주소서. 복지의 사각지대에 있는 이웃을 지혜롭게 돕고 그들에게 작은 힘이 되게 하소서. 교우들이 봉헌하는 사랑의 나눔 헌금을 통해 오병이어의 놀라운 기적이 일어나게 하소서.

농부가 추수를 바라보며 여름에 열심히 땀을 흘리듯 우리 교우들도 하나님 나라의 일을 열심히 감당하고 있습니다. 예수님의 산상수훈이 말씀에 주린 수천 명의 영혼들을 배불리 먹이신 것처럼 교회학교의 여름 행사가 말씀 축제가 되게 하소서. 바울의 선교 여행의 발걸음이 로마 제국을 하나님 나라로 변화시켰던 것처럼 단기선교팀의 발걸음도 하나님 나라 확장의 힘찬 전진이 되게 하소서. 초여름 더위가 우리의 열정을 막지 못할 것입니다. 때 이른 장마도 우리의 비전을 멈추지 못할 것입니다. 살아 계신 성령님이 담임목사님을 비롯한 모든 교역자와 중직자들에게 충만하게 임하사 온 교회가 사도행전적 교회로 무장되게 하소서.

우리를 예수 그리스도의 좋은 군사로 임명하신 하나님, 새로 시작되는 한 주간 삶의 현장에서 펼쳐지는 영적 전투에서 승리하길 원합니다. 오늘도 예배를 통해 전신갑주로 무장하길 원하오니 우리를 돕는 하늘의 천군 천사를 보내 주소서.

만군의 대장 되시는 예수님의 이름으로 기도합니다. 아멘.

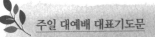

6월 넷째 주

나를 눈동자 같이 지키시고 주의 날개 그늘 아래에 감추사 내 앞에서 나를
압제하는 악인들과 나의 목숨을 노리는 원수들에게서 벗어나게 하소서
_〈시편〉 17편 8~9절

우리를 눈동자같이 지켜 주시는 하나님 아버지!

하나님의 백성이 왕 되신 하나님 앞에 모여 향기로운 예배를 올려 드
리게 하시니 감사합니다. 지난 한 주간도 주의 은혜로 복된 나날들을
보낼 수 있었음에 감사합니다. 때로는 곤고하고 고난 가운데 있었지
만 함께하시는 주님을 바라봄으로 승리할 수 있었기에 감사합니다. 6
월의 마지막은 우리 민족의 아픈 역사가 새겨져 있기에 우리의 마음
이 무겁습니다. 지난 1세기에 일제 식민 통치와 참혹한 6·25 전쟁의
아픔을 겪고 민주화와 산업화의 시련을 겪었지만 하나님의 은혜로 시
련과 아픔을 잘 딛고 일어나 열방을 이끌어 가는 나라가 되게 하셨으
니 감사합니다.

하지만 이 땅에는 여전히 분단의 아픔을 간직한 채 살아가는 이산가
족들이 있으며 늘 전쟁의 불안 속에 살아가는 백성이 있음을 긍휼히
여기소서. 성장과 부흥이 멈춘 한국 교회를 불쌍히 여기소서. 1907년

평양대부흥과 일제 시대의 순교 정신으로 다시 돌아가 순결한 교회로 거듭나게 하소서. 1970~1980년대 전도의 열정과 부흥의 정신이 회복되게 하소서. 사명을 생명보다 귀하게 여겼던 헌신의 정신을 회복하게 하소서. 제국의 탄압과 전재戰災의 아픔과 기아의 고통 속에서도 하나님만을 사랑했던 순수한 믿음으로 다시 돌아가게 하소서. 하나님이 부어 주신 이 땅의 부요함은 하나님 나라의 확장과 세계 선교를 위한 것임을 잊지 않게 하소서.

두려움의 영에 사로잡혀 있는 수십 억의 이슬람 교도들을 긍휼히 여겨 주소서. 그들이 믿는 우주 저 멀리에 있는 창조주 알라의 자리에 예수 그리스도가 자리할 수 있게 하소서. 종교적 악습의 노예로 살아가는 저들을 불쌍히 여겨 주소서. 일부다처제로 인한 여성 인권 탄압의 장벽이 무너지게 하소서. 목숨을 걸고 이슬람 지역에서 살아가시는 선교사님들을 보호해 주소서. 그 땅에서 살아가는 것 자체가 선교임을 알고 그곳에서 예배할 때마다 하나님의 임재하심이 함께하게 하소서. 엘리야가 바알과 아세라 선지자와 850대 1로 싸웠지만 살아 계신 하나님의 함께하심으로 승리한 것처럼 모든 선교사님도 선교 현장에서 승리를 맛보게 하소서.

십자군 전쟁이라는 아픈 역사가 복음 전파에 방해가 되고 있습니다. 사랑과 희생과 섬김의 종교인 기독교를 바로 이해할 수 있도록 은총을 베풀어 주소서. 오늘도 민족과 열방을 구원하실 하나님만을 바라보며 예배합니다. 우리를 구원하신 것처럼 온 땅도 구원해 주소서.

예배를 통해 주실 은혜를 사모하며 거룩하신 예수님의 이름으로 기도합니다. 아멘.

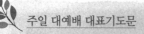

7월 첫째 주

이 날은 여호와께서 정하신 것이라 이 날에 우리가 즐거워하고 기뻐하리로다
_〈시편〉 118편 24절

우리 인생의 주인이 되시는 하나님 아버지!

한 해의 반환점을 돌아 7월 첫 주일 예배로 영광을 돌리게 하시니 감사합니다. 지난 6개월을 뒤돌아볼 때 모든 것이 하나님의 은혜였음을 고백합니다. 국가적으로나 교회적으로 많은 어려움이 있었지만, 그때마다 주의 도우심으로 우리를 건져내 주셨음을 고백합니다. 다윗이 골리앗과 싸우기 직전에 선포했던 고백을 기억합니다. "여호와께서 나를 사자의 발톱과 곰의 발톱에서 건져내셨은즉 나를 이 블레셋 사람의 손에서도 건져내시리이다"라고 담대하게 고백했던 것처럼 우리도 남은 6개월을 믿음으로 담대히 살게 하소서.

하지만 지난 6개월을 뒤돌아볼 때에 부끄러운 모습밖에 없음을 고백합니다. 예수님이 겟세마네 동산에서 땀과 피를 흘리며 기도하실 때 그 옆에서 잠만 자던 제자들처럼 우리도 죄의 깊은 잠을 잘 때가 있었음을 자백합니다. 예수님이 변화 산에서 고난을 준비하실 때 그 옆에서 초막 셋의 꿈만 꾸었던 베드로처럼 우리도 뜬세상의 꿈을 꿀 때가 있었음을 인정합니다. 하나님은 지금이 은혜받을 만한 때요 구원의 날이라고 선언하시지만 우리는 은혜받는 일을 내일로 미루었음을 고백하오니 용서하여 주소서.

한겨레 한 핏줄로 시작된 한민족 공동체를 하나님의 손에 올려 드립니다. 남과 북을 정결하게 씻어 하나로 다시 만나는 날이 속히 오게 하소서. 대한민국이 거룩함과 순결함으로 다시 태어나게 하소서. 경제적인 부유함은 누리고 있지만 교회는 영적으로 타락하고 백성은 쾌락에 물들어 가고 있음을 불쌍히 여겨 주소서. 북한 동포들을 긍휼히 여기시고 하루 빨리 자유와 평화를 허락하소서.

특히 오늘은 온 교우가 한마음으로 맥추감사주일을 지키게 하시니 감사합니다. 맥추감사주일을 통해 뿌림과 거둠의 진리를 깨닫게 하시니 감사합니다. 이 세상은 대박을 꿈꾸고 땀 흘리지 않은 재물을 소원합니다. 눈물을 흘리지 않고 열매를 얻으면 그것을 복 받은 것이라고 생각합니다. 하나님의 백성 된 우리부터 뿌린 대로 거두는 하나님의 법칙을 존중하게 하소서. 열매로 그들을 알리라고 하신 예수님의 엄위하신 말씀을 기억하게 하소서. 우리 삶의 남은 시간 속에서 하나님의 백성다운 아름다운 열매를 많이 맺게 하소서.

주가 지으신 복된 날, 주 안에서 온 교우가 즐거워하게 하시고 안식을 누리게 하소서. 오늘도 목사님을 통해 선포되는 말씀으로, 푸르른 복음을 옷 입기 원합니다.

사랑하는 주의 자녀가 한마음 한뜻으로 예배함을 기뻐 받으시는 예수님의 이름으로 기도합니다. 아멘.

7월 둘째 주

주께서 나의 슬픔이 변하여 내게 춤이 되게 하시며 나의 베옷을 벗기고
기쁨으로 띠 띠우셨나이다 _〈시편〉 30편 11절

우리의 삶을 역전시키시는 능력의 하나님 아버지!

시원한 빗줄기가 더위에 지친 세상을 위로하는 주일, 주의 백성을 하나님의 지성소로 초대하여 주시니 감사합니다. 한 주간 동안 메마르고 거친 세상에 지쳐 버린 우리의 영혼을 은혜의 빗줄기로 시원하게 하시니 감사합니다. 주님의 기쁨이 우리의 기쁨이 되고 우리의 기쁨이 주님의 기쁨이 되는 신비로운 영적 연합이 일어나게 하소서.

제사장들이 성소에 들어가기 전, 물두멍에서 손과 발을 씻었듯이 우리도 예수 그리스도 보혈의 샘으로 나아갑니다. 우리의 죄를 씻을 수 있는 것은 예수 그리스도의 피밖에 없고 우리의 죄를 정케 할 수 있는 것도 예수 그리스도의 피밖에 없음을 고백합니다. 죄로 물든 우리를 눈보다 희게 씻어 주소서. 이 시간 보혈을 지나 하나님의 품으로 나아갈 때 우리의 슬픔이 역전되어 춤이 되며 우리의 베옷이 기쁨의 옷으로 변화될 줄 믿습니다.

제헌절을 맞이하는 대한민국이 법질서가 바로 서는 건강한 나라가 되길 소원합니다. 국민은 헌법의 정신대로 국민의 의무를 다하며, 국가는 국민의 권리와 인권을 존중해 주는 공의로운 나라가 되게 하소서. 재판부는 하나님을 두려워함으로 법에 따라 국민의 분쟁을 잘 중재하고 국민의 억울함을 잘 해결하게 하소서. 검찰과 경찰은 국민의 눈물을 닦아 주는 국민의 지팡이가 되게 하소서. 권력의 시녀가 아니라 국민만을 든든히 보호하는 선한 공권력으로 서게 하소서. 존재의 두 영역 속에 사는 우리는 대한민국과 하나님 나라의 법질서를 잘 따르는 순종하는 백성이 되게 하소서. 하나님 나라의 법인 성경을 사랑하고 말씀대로 실천하며 적용하게 하소서.

교회가 준비하고 있는 여름 행사를 하나님 능력의 손에 맡겨 드립니다. 여름성경학교와 하계 수련회를 통해 우리 교회의 다음 세대들이 말씀으로 무장되게 하소서. 예수 그리스도의 좋은 군사로 훈련되어 다가오는 2학기도 영적으로 승리할 수 있도록 도와주소서. 각 부서들도 전반기를 결산하며 후반기 사역을 시작합니다. 지난 연초에 송구영신예배와 신년예배 때 우리가 결심하고 결단했던 것을 다시 기억하게 하소서. 초심으로 돌아가 처음 사랑을 회복하게 하소서.

오늘도 주의 종들을 통로 삼아 부어 주실 은혜를 사모합니다. 목사님을 통로 삼아 부어 주실 말씀의 은혜를 잘 간직하게 하소서. 성가대를 통로 삼아 부어 주실 찬양의 은혜도 잘 담게 하소서. 다시 시작되는 한 주간도 하나님이 베풀어 주신 헤아릴 수 없는 복을 세어 보며 감사하는 나날이 되게 하소서.

우리의 삶의 역전시켜 주실 예수님의 이름으로 기도합니다. 아멘.

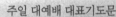
7월 셋째 주

여호와는 나의 목자시니 내게 부족함이 없으리로다 그가 나를 푸른 풀밭에
누이시며 쉴 만한 물 가로 인도하시는도다 _〈시편〉 23편 1~2절

우리의 선한 목자가 되어 주시는 하나님 아버지!

한 주간도 우리를 지켜 보호하여 주셨다가 거룩한 주일에 여호와의
집으로 나아오게 하시니 감사합니다. 언제나 우리의 영혼을 소생시켜
주시고 의로운 길을 걷게 하시니 감사합니다. 오늘도 예배를 통해 영
혼의 푸른 풀밭에 눕기를 원합니다. 영혼의 쉴 만한 물가에 누워 기도
하며 찬송하고 말씀을 들음으로 안식하기를 원합니다. 주의 선하심과
인자하심이 충만한 이곳에서 우리 모두 평안을 누리게 하소서.

하지만 지난 한 주간도 양과 같이 각기 자기의 길로 가고자 했음을 고
백합니다. 한 치 앞도 볼 수 없는 인생이면서 백년 천년을 내다보는 것
처럼 우리 마음대로 선택하고 결정했음을 용서하소서. 넘어지면 스스
로 일어날 수 없는 양과 같이 우리 스스로 일어날 수 없음에도 주님의
도우심을 구하지 않았음을 용서하소서. 목자 없는 양이 있을 수 없듯
이 하나님 없는 우리가 있을 수 없음을 고백합니다. 오늘 예배를 통해

74

다시 좋은 목자 되신 주님의 품으로 돌아가게 하소서.

무더위 속에서도 나라를 지키는 국군 장병들을 지켜 주소서. 폭우 속에서도 국가의 질서와 안전을 유지하기 위해 불철주야 애쓰는 경찰과 소방 당국을 보호하여 주소서. 나라 곳곳에서 이름 없이 수고하는 모든 이에게 주의 은총을 부어 주소서. 그들의 헌신이 있기에 오늘도 우리가 평안한 가운데 예배 드릴 수 있음을 기억하게 하소서.

그동안 기도의 눈물과 훈련의 땀으로 준비해 왔던 단기선교를 떠나게 하심을 감사합니다. 단기선교팀의 모든 일정을 함께하여 주시고 계획하는 모든 목적을 성취하고 돌아오게 하소서. 팀장 목사님을 비롯한 모든 팀원이 혼연일체가 되어 하나님 나라를 확장하고 개선가를 부르며 귀국하게 하소서. 더불어 농어촌 미자립 교회들도 어려운 환경이지만 여름 행사를 준비하며 진행하고 있습니다. 그곳에서도 풍성한 영적 열매의 결실이 맺어지도록 도와주소서.

무더위가 시작되었습니다. 사랑하는 교우들이 무더위를 핑계로 영적 무기력에 빠지지 않게 도와주소서. 성경 속 신앙의 선배들을 기억하며 더욱 부지런히 주님을 섬겨 나아가게 하소서. 기독교 박해 국가의 성도들을 생각하며 주님이 주신 은총들이 헛되지 않게 하소서.

이 시간에도 말씀의 반석 위에 서길 원합니다. 은혜의 말씀으로 우리를 인도할 목사님에게 영적 통찰력과 성령의 감화력을 덧입혀 주소서. 듣는 우리도 좋은 밭의 마음으로 말씀을 경청하게 하소서. 늘 영감 있는 찬양으로 영광 돌리는 성가대의 찬양을 받아 주소서.

영광받으실 우리 구주 예수님의 이름으로 기도합니다. 아멘.

7월 넷째 주

그는 시냇가에 심은 나무가 철을 따라 열매를 맺으며 그 잎사귀가 마르지 아니함
같으니 그가 하는 모든 일이 다 형통하리로다 _〈시편〉 1편 3절

언제 어디서나 우리와 함께하시는 하나님 아버지!

뜨거운 태양이 하나님의 강렬한 사랑을 나타내고 산과 들을 가득 채운 초록빛이 하나님의 생명력을 드러내는 7월의 마지막 주일, 오늘도 하나님을 잊지 않고 주의 전으로 나오게 하시니 감사합니다.

입으로는 주 없이 살 수 없다고 고백하지만 우리의 실상은 주 없이 살고 있음을 고백합니다. 주 예수보다 더 귀한 것 없다고 선포하지만 우리의 양손은 여전히 세상을 꼭 부여잡고 놓지 않으려 함을 고백합니다. 입술로는 하나님의 자녀라고 자부하면서도 삶의 모양은 하나님의 마음을 답답하게 하는 불효자임을 고백하오니 용서하여 주소서.

고요한 아침의 나라 한반도를 주님 능력의 손으로 어루만져 주소서. 남북의 정치가들을 붙들어 주소서. 보수와 진보 그리고 동과 서로 나뉘어 서로 조화를 이루지 못하는 남쪽의 정치가를 불쌍히 여기소서. 공산 이념을 무기 삼아 사리사욕으로 독재를 일삼는 북쪽의 정치가를

긍휼히 여기소서. 남북의 정치가들이 자신을 내려놓고 겨레의 미래를 생각하게 하소서. 오직 하나님만이 우리 민족의 해답이요 대안임을 고백하오니, 이 땅에 왕으로 좌정하시고 통치하여 주소서.

이번 주에 열리는 여름성경학교를 하나님의 존전에 올려 드립니다. 여름성경학교가 말 그대로 성경을 배우고 익히는 말씀의 축제가 되게 하소서. 새로 익히는 찬양과 율동을 통해 진리가 어린이의 몸과 마음 속 깊이 새겨지게 하소서. 특별 활동을 통해 교제하며 소통할 때 어린이 공동체가 한 몸으로 더욱 다져지게 하소서. 교역자와 부서장을 주님 능력의 손으로 붙들어 주시고, 교육 현장에서 땀 흘리며 수고할 교사들에게 활력과 생명력을 허락하소서. 특별히 여름성경학교를 통해 예수님을 알지 못하는 어린이가 주님의 품으로 돌아오는 전도의 역사가 일어나길 소망합니다. 참석하는 모든 어린이가 예수 그리스도를 주님으로 영접하고 확신하는 구원의 축제가 되게 하소서.

여름 휴가를 떠나는 교우들을 위해서 기도합니다. 가족과 함께 보내는 시간을 통해 그동안 못다 했던 대화가 풍성해지게 하소서. 소통을 통해 가족 공동체가 더욱 하나로 묶어지게 하소서. 안식의 시간 동안 지친 몸과 영혼이 쉼을 누리게 하소서. 지난 6개월의 삶을 돌아볼 때 그동안 믿음의 삶도 점검하게 하소서. 하나님이 선물로 주신 자연 속에서 질서와 호흡하며 창조주 하나님을 깊이 묵상하는 시간이 되게 하소서. 휴가 기간에도 사탄의 유혹은 쉬지 않는다는 것을 기억하며 타락과 방종으로 빠지지 않게 지켜 주소서.

오늘도 목마른 사슴처럼 말씀을 사모하며 예수님의 이름으로 기도합니다. 아멘.

8월 첫째 주

나는 여호와 너희의 거룩한 이요 이스라엘의 창조자요 너희의 왕이니라
_〈이사야〉 43장 15절

우리의 창조자이시며 구원자이신 하나님 아버지!

거룩한 주일에 하나님을 사랑하는 백성이 찬양과 경배를 드리며 주 앞에 나아갑니다. 오늘도 우리를 은혜의 강가로 초대해 주셔서 생명수를 마시게 하시니 감사합니다. 엄마 품을 그리워하는 아이처럼 하나님의 품이 그리워 달려 나왔사오니 우리를 안아 주소서. 하나님만을 의지하며 두 손을 들고 나아가오니 우리의 삶을 받아 주소서.

부활의 주님은 우리를 살려 주셨건만 우리는 영혼을 살리는 일보다 죽이는 일에 더 집중했음을 고백합니다. 풀의 꽃과 같이 빨리 없어져 버리는 인생사에 너무 집착했음을 용서하소서. 오늘도 부끄러운 모습으로 주께 가오니 주의 크신 자비로 우리를 받아 주소서.

하나님의 아픈 손가락인 이 민족을 불쌍히 여겨 주소서. 나무가 모여서 큰 숲을 이루고 별들이 모여서 은하수를 이루듯 남북으로 갈라진 한민족 동포들이 하루 속히 하나 되어 온전한 하나님 나라로 회복되

게 하소서. 남북의 위정자들이 민족을 사랑하고 겨레의 미래를 생각하는 데 한마음이 되게 하소서. 서독과 동독을 하나 되게 하셨던 하나님이 이 민족에게도 은총을 베풀어 주소서.

우리 교회의 청소년들과 청년들의 영적 부흥을 위해 개최되는 하계 수련회를 붙잡아 주소서. 수련회 기간 동안 일체의 안전사고가 생기지 않도록 불꽃같은 눈동자로 지켜 주소서. 준비한 프로그램들을 진행하기에 알맞은 날씨와 환경으로 인도하여 주소서. 해충과 질병으로부터 안전하게 지켜 주시고 식중독의 위험으로부터 보호하여 주소서. 집회를 인도하시는 교역자님과 예배 실행팀을 성령으로 충만하게 하사 다음 세대를 영적으로 무장시키는 데 부족함이 없게 하소서. 성경 공부와 선택 특강으로 수고할 교사들에게 지혜와 명철을 주소서. 행정과 운영을 맡은 진행팀에게 성실함을 주사 수련회를 잘 섬기게 하소서.

무엇보다도 다음 세대가 수련회를 통해 하나님을 만나게 하여 주소서. 오순절에 임하셨던 강력한 성령의 임재가 있게 하소서. 다메섹으로 가던 사울에게 임재하셨듯이 강력한 하늘의 빛으로 임재하소서. 사랑하는 우리 교회 청소년과 청년들이 살아 계신 주님을 인격적으로 만남으로 인생에 드라마 같은 역전극이 펼쳐지게 하소서.

오늘도 예배 가운데 임하신 말씀이 우리를 감찰하실 때 우리에게도 말씀을 볼 수 있는 눈을 열어 주시고 들을 수 있는 귀와 느낄 수 있는 심장을 허락해 주소서. 하나님의 진리로 우리를 무장시키사 한 주간도 세상에서 승리하게 하소서.

오직 사랑이신 예수님의 이름으로 기도합니다. 아멘.

8월 둘째 주

그 옷과 그 다리에 이름을 쓴 것이 있으니 만왕의 왕이요 만주의 주라
하였더라 _〈요한계시록〉 19장 16절

왕의 왕이시며 주의 주가 되신 하나님 아버지!

행복한 주일에 보고 싶었던 사람들이 모여 주일 대예배를 드림으로 하늘의 기쁨을 맛보게 하시니 진심으로 감사드립니다. 오늘도 변함없이 우리에게 임재하시어 상한 심령을 위로해 주시고 병든 몸과 마음을 치유해 주시니 감사합니다. 세상의 그 어떤 일보다 예배드리는 것이 가장 기쁜 일임을 고백합니다. 이 시간 주님의 빛난 영광만을 바라보며 영으로 찬양하며 경배하게 하소서.

구원의 감격을 잃어버린 채 종교적 의무만 남아 있지는 않은지 돌아봅니다. 깨어서 기도하라고 하셨는데 영혼의 깊은 잠을 자고 있었음을 고백합니다. 정결한 삶을 살아야 함에도 불결한 세상 쾌락을 곁눈질하며 나뒹굴었음을 고백합니다. 신기루와 같이 잡으려고 해도 잡혀지지 않는 헛된 욕망만 좇으려고 했사오니 용서하여 주소서. 헛된 것만 좇아다녔던 우물가의 여인이 예수님을 만나 참된 것을 붙잡은 것

처럼 우리도 이 시간 참되신 주님만을 다시 붙잡는 귀한 은혜의 시간이 되게 하소서.

나라와 민족을 위해서 간절히 기도합니다. 남과 북의 하늘은 둘이 아닌 하나이고 남과 북의 바다도 둘이 아닌 하나인데, 땅 위에 사는 사람들은 원수지간이 되어 수십 년 동안 싸우고 있음을 불쌍히 여겨 주소서. 우리를 하나 되게 하실 분은 오직 하늘에 계신 하나님 한 분밖에 없음을 고백합니다. 우리의 마음을 모아 간절히 소망하오니 평화 통일의 은총을 이 땅에 내려주소서.

우리 교회가 예수님이 2천 년 전에 이 땅에 세우고자 하셨던 바로 그 교회가 되게 하소서. 그리고 예수님의 지상 명령을 준행하는 교회가 되게 하소서. 모든 민족을 제자 삼는 교회가 되게 하소서. 현재 진행되고 있는 제자 모임과 제자 양육이 잘 이루어지게 하소서. 지식만 배우는 것이 아니라 제자의 삶을 경험하고 훈련해서 구체적인 열매로 나타나게 하소서. 제자 삼는 사역을 우리 교회뿐만 아니라 형제 된 이웃 교회들과 함께 나누게 하소서. 우리 교회가 기도하며 후원하고 있는 선교사님들을 축복합니다. 〈사도행전〉에 기록된 성령의 역사가 우리 교회와 선교사님들을 통해 재현되게 하소서.

우리의 눈을 들어 주님만을 바라봅니다. 목사님을 통해 전해 주실 하나님의 말씀을 기대합니다. 주의 음성을 들을 수 있도록 영적인 귀를 열어 주소서. 주의 말씀을 새겨 넣을 수 있도록 마음의 문을 열어 주소서. 성가대의 찬양을 느낄 수 있도록 가슴을 활짝 열어 주소서.

오늘도 하나님 우편에 앉아 계셔서 우리를 위해 간구하시는 예수님의 이름으로 기도합니다. 아멘.

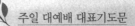

8월 셋째 주

여호와라 여호와라 자비롭고 은혜롭고 노하기를 더디하고 인자와 진실이
많은 하나님이라 _〈출애굽기〉 34장 6절

인자하고 자비로우신 하나님 아버지!

우리를 하늘의 지성소로 초대하시고 아름다운 주님을 바라보며 주일
대예배를 드리게 하시니 감사합니다. 우리가 주님을 사랑하기 전에
주님이 우리를 먼저 사랑해 주심으로 우리가 하나님의 자녀가 되었음
을 고백합니다. 오늘도 보혈을 의지하여 담대히 주의 보좌로 나아가
오니 우리를 용납하여 주소서.

온 우주가 왕 되신 하나님에게 순종하는데 우리만 불순종하는 자들임
을 고백합니다. 온 세상 만물이 주 되신 하나님을 사랑하는데 우리만
주님을 사랑하지 않았음을 고백합니다. 완악하고 딱딱하게 굳어 버린
우리의 영혼을 불쌍히 여겨 주소서. 우리를 만져 주시려는 주님의 손
길을 외면했던 죄를 용서하소서. 곧아진 목을 부드럽게 하사 머리 숙
여 주님을 경배하게 하시고 굳어져 무릎 꿇지 못하는 다리는 부드럽
게 하사 주님에게 기도로 나아가게 하소서.

집중 호우로 피해를 입은 이들의 간구를 올려 드립니다. 하루아침에 삶의 터전을 잃어버린 수재민들의 상실감을 어루만져 주소서. 국민 모두 이 고통에 동감하여 아픔을 나누게 하소서. 복구와 지원을 책임 지고 있는 정부 부처에 지혜를 주소서. 우리 교회도 구제 헌금에 마음 을 모아 도움의 손길을 베풀길 원합니다. 성도들이 자원하는 마음으 로 물질을 흘려보낼 수 있도록 도와주소서.

방종과 일탈에 빠진 대한민국을 구해 주소서. 소돔과 고모라처럼 성 적 타락이 심각하고 반인륜적인 범죄들이 나날이 늘어가고 있습니다. 불륜으로 인한 이혼 가정이 증가하고 낙태가 성행하는 부끄러운 자화 상을 걷어내게 하소서. 이 나라 백성이 죄를 죄로 알고 회개하게 하소 서. 그리스도인이 먼저 빛과 소금의 역할을 함으로 죄의 세력을 물리 치며 썩지 않게 만드는 방부제 역할을 하게 하소서.

병환으로 인해 병원에 입원 중인 환우들을 위해서 기도합니다. 육체 의 아픔만큼 마음의 상심도 크리라 생각됩니다. 하나님 위로의 손으 로 영과 육을 어루만져 주소서. 다윗처럼 "내가 어느 때에 나아가서 하 나님의 얼굴을 뵈올까"라고 탄식하며 주일 대예배를 사모하고 있는 환우들에게 주의 은총을 베풀어 주소서.

오늘도 예배위원으로 섬기는 분들을 주의 이름으로 축복합니다. 주님 만 바라보고 섬기는 지체들의 섬김이 하늘에서 해같이 빛나게 될 줄 믿습니다. 목사님을 통해서 선포되는 말씀이 우리의 인생을 바꾸는 능력 있는 말씀이 되길 원합니다. 오늘도 성령으로 충만하여 능력의 말씀을 전할 수 있게 하소서.

거룩하신 예수님의 이름으로 기도합니다. 아멘.

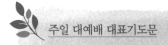
8월 넷째 주

천지는 없어지려니와 주는 영존하시겠고 그것들은 다 옷 같이 낡으리니
의복 같이 바꾸시면 바뀌려니와 _〈시편〉 102편 26절

언제나 한결같으신 하나님 아버지!

믿음의 가족이 한자리에 모여 주의 이름을 높이며 경배와 찬양을 드
리게 하시니 감사합니다. 주일 대예배를 통해 올려 드리는 찬양의 제
사, 감사의 제사, 기쁨의 제사를 받아 주소서. 오늘도 주 앞에 나올 때
가난한 마음과 갈급한 심령으로 나왔사오니 생명의 떡으로 배부르게
하시고 생명수로 채워지게 하소서.

먼저 지난 일주일의 삶을 뒤돌아봅니다. 쉼을 얻게 하는 주님의 멍에
는 내려놓고 세상의 무거운 죄 짐을 다시 지고 가려 했음을 고백합니
다. 걱정과 괴로움에 사로잡혀 생활했음을 고백합니다. 낙망하며 불
안해 했음을 고백합니다. 완악해진 우리의 영혼을 불쌍히 여겨 주소
서. 주님의 은혜만이 우리를 쉬게 하는 줄 믿습니다.

우리 민족의 미래를 하나님에게 맡겨 드립니다. 최근 한반도의 국제
정세는 복잡 미묘하던 구한말과 너무나도 비슷하게 위태롭습니다. 민

족의 흥망성쇠는 오직 온 땅의 왕이신 하나님의 손에 있음을 고백합니다. 한반도에 평화를 내리시고 또다시 국제 분쟁에 휘둘려 전쟁을 겪지 않도록 이 땅과 이 백성을 불쌍히 여기소서. 출애굽 백성이 르비딤 골짜기에서 아말렉과 싸울 때 모세가 손을 들면 이기고 손을 내리면 진 것을 기억합니다. 우리 믿는 자들이 먼저 민족의 미래를 위해 하나님에게 기도하게 하소서.

우리 교회도 지역 공동체의 일원으로 지역 사회를 위한 은혜의 통로가 되게 하소서. 교우들이 자원하는 심정으로 드리는 나눔 헌금이 지역 사회에 꼭 필요한 곳에 흘러가게 하소서. 특히 여전도회에서 주관하고 있는 '사랑나눔바자회'와 함께하여 주소서. 초대 교회가 서로 물건을 통용하고 자신의 물질을 아낌없이 나눈 것처럼 온 교우들도 기쁨으로 동참하게 하소서.

교우 중에 해외에 체류 중인 지체들을 위해서 기도합니다. 한인 교회에 잘 연결이 되어 믿음을 꼭 지켜 나가게 하소서. 군 복무 중인 지체들도 군인 교회와 잘 연결이 되어 믿음이 성장되게 하소서. 다니엘이 바벨론에 살면서도 믿음의 선을 끝까지 지킨 것처럼 해외와 군대에 나가 있는 젊은이들도 믿음의 마지노선을 끝까지 지켜 나가게 하소서.

오늘도 주님의 말씀으로 우리의 정직한 영을 깨워 주소서. 목사님의 말씀이 우리 자신을 깨뜨리는 정과 망치가 되게 하소서. 주님 앞에서 깨지고 또 깨지는 시간이 되게 하소서. 말씀을 선포하실 목사님의 건강을 붙들어 주시고, 늘 영적인 민감함으로 하나님의 뜻을 온전히 분별하게 하소서.

우리를 위해 죽으신 예수님의 이름으로 기도합니다. 아멘.

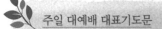

8월 다섯째 주

하나님이여 내 마음이 확정되었고 내 마음이 확정되었사오니 내가 노래하고
내가 찬송하리이다 _〈시편〉 57편 7절

우리의 노래가 되시는 하나님 아버지!

무더운 여름의 끝자락에서 하나님의 공동체가 모여 마음을 다해 주
일 대예배를 드리게 하시니 감사합니다. 하나님은 우리가 살아가는
데 필요한 모든 것을 공급해 주시는 좋으신 아버지이심을 찬양합니
다. 우리가 발을 딛고 설 수 있는 땅, 숨 쉴 수 있는 공기, 마실 수 있는
물을 주심에 감사합니다. 먹을 수 있는 음식과 잠을 잘 수 있는 장막도
주심에 감사합니다. 걸을 수 있는 발을 주셨기에 주님의 성전에 올 수
있고, 노래할 수 있는 혀를 주셨기에 찬양할 수 있음을 고백합니다. 우
리 삶의 모든 것이 하나님이 베풀어 주신 은혜임을 고백하며 찬양합
니다.

하지만 지난 한 주간 동안 우리 입술의 말과 마음의 묵상들을 생각해
보면 부끄럽기 짝이 없음을 고백합니다. 먼저 하나님 나라와 그 의를
구하라 하셨건만, 우리는 무엇을 먹을까 무엇을 마실까에만 관심이 있

었음을 용서하소서. 세상 것들을 염려하고 걱정하며 근심했습니다. 전심으로 주님을 향하지 않았고 두 마음을 품고 살았음을 용서하소서.

북한의 지하 교회에서 숨어서 예배하고 있는 수십만 명의 성도들을 위해서 기도합니다. 바알에게 무릎 꿇지 않은 칠천 명의 남은 자들과 같이 주님이 돌보시고 지켜 주소서. 이제는 지하가 아닌 해 아래에서 예배할 수 있는 날이 속히 오게 하소서. 남과 북의 사회적 약자들을 지켜 보호하여 주소서. 과부와 고아와 나그네를 사랑하며 돌보라고 하신 하나님의 마음을 깨달아 양국이 그들을 살피는 일에 게으르지 않게 하소서.

우리 교회를 붙잡아 주소서. 늦여름 태양의 열기로 모든 열매가 알차게 익어 가는 것처럼 우리 교회의 사역도 열매를 맺기 위해 더욱 힘쓰고 애쓰게 하여 주소서. 특히 단기선교팀들은 선교 보고를 준비하고 있습니다. 선교지에서 역사하신 하나님의 손길을 함께 나누는 소중한 시간이 되게 하소서. 교육 부서들이 여름 행사 후에 후속 프로그램을 진행하고 있습니다. 여름성경학교와 하계 수련회 때 받은 은혜를 삶 가운데 잘 적용하고 실천하도록 도와주소서.

오늘도 말씀을 통해서 우리의 우둔한 생각이 지혜롭게 변화되게 하소서. 우리를 향하신 하나님의 뜻을 온전히 알게 하소서. 말씀의 거울 앞에 우리 자신을 비추어 보는 시간이 되게 하소서. 하나님의 말씀을 '아멘'으로 받아 우리 삶의 영적 양식으로 삼게 하소서. 성가대의 거룩한 노래가 하늘 보좌를 울리게 하시고 우리의 가슴도 울리게 하소서.

은혜가 풍성하신 예수님의 이름으로 기도합니다. 아멘.

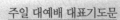

9월 첫째 주

너희가 기도할 때에 무엇이든지 믿고 구하는 것은 다 받으리라
_〈마태복음〉 21장 22절

사랑이 풍성하신 하나님 아버지!

가을의 문턱에 서 있는 9월 첫 주일 대예배를 기쁨 가운데 드리게 하시니 감사합니다. 모든 여름 행사를 은혜 중에 마치고 다시금 하나님 앞에서 온 교우가 조용히 자신을 돌아보는 시간을 갖게 하시니 감사합니다. 바쁜 사역 일정 중에도 한적한 곳을 찾아 기도하셨던 예수님처럼 우리도 골방으로 들어가 주님을 깊이 만나는 기도의 계절이 되게 하소서.

세상과 일터에서 그리고 가정과 교회에서 바쁘다는 핑계로 우리 기도의 맥박은 서서히 느려지고 있었음을 고백합니다. 예수 그리스도의 심장을 이식 받은 그리스도인으로 살지 않고 여전히 세상의 물결과 문화에 가슴 떨려 했음을 고백하오니 용서하소서. 이 예배를 통해 우리를 새롭게 하여 주소서.

대한민국이 더불어 사는 나라가 되길 원합니다. 소외된 이웃들이 외롭지 않은 나라가 되게 하소서. 더불어 사는 이웃의 작은 나눔을 통해 용기를 갖고 힘을 내는 그런 나라가 되게 하소서. 우리 교회도 그런 교회가 되게 하소서. 예수님이 선한 사마리아인의 비유로 이미 말씀해 주신 것처럼 가만히 있지 않고 우리도 가서 이웃을 만나고 작은 나눔을 실천하게 하소서.

북녘땅의 동포들과도 더불어 사는 날이 속히 오게 하소서. 평화 통일을 통해 남북이 하나 되어 하나님이 주시는 사명으로 열방을 향해 함께 나아갈 수 있도록 하소서. 주변 나라들과도 평화적인 관계가 지속되도록 주의 자비를 동북아시아에 부어 주소서.

각 교단 총회를 위해서 기도합니다. 교회 역사의 중대한 순간마다 진리를 수호했던 공의회처럼 각 교단 총회도 진리의 파수꾼이 되게 하소서. 사리사욕을 채우는 목회자가 없게 하시고 총회를 자신의 야망을 채우는 도구가 되지 않게 하소서. 냄새나는 세상 정치의 부정적인 모습을 본받지 말게 하소서. 예수님 당시의 대제사장을 비롯한 바리새인과 서기관이 범죄했던 잘못을 범치 않게 하소서. 한국 교회의 교단들이 하나님만을 총회장으로 보는 하나님 나라가 되게 하소서.

이 시간 말씀을 받는 우리의 마음이 옥토가 되게 하소서. 돌밭과 같은 마음에서 돌을 거두어 주소서. 말씀에 집중하고 경청하게 하소서. 세상의 염려와 돈 걱정 그리고 수면의 욕구가 말씀 듣는 것을 방해하지 못하도록 도와주소서. 말씀을 전하시는 목사님과 찬양으로 영광 돌리는 성가대 그리고 이 모습 저 모습으로 예배를 돕는 주의 일꾼들이 성령의 감동으로 섬기게 하소서.

오직 사랑이신 예수님의 이름으로 기도합니다. 아멘.

9월 둘째 주

야곱의 하나님을 자기의 도움으로 삼으며 여호와 자기 하나님에게 자기의
소망을 두는 자는 복이 있도다 _〈시편〉 146편 5절

천지 만물을 질서 있게 운행하시는 하나님 아버지!

무더운 여름이 가고 청명한 가을이 왔습니다. 이 좋은 계절에 하나님
의 가족과 함께 천국의 예배를 드리게 하시니 감사합니다. 오늘도 길
이요 진리요 생명이신 예수님을 통해 하나님의 보좌로 담대히 나아갑
니다. 부족한 우리의 모습이지만 정성을 다해 예배드릴 때 우리의 예
배를 열납하여 주소서.

조용히 어제의 삶을 돌아봅니다. 때때로 삶에 지쳐서 기쁨이 사라질
때도 있었음을 고백합니다. 의욕을 잃은 채 소망 없는 사람처럼 세상
과 환경만 탓하며 생활했음을 고백합니다. 우리의 상처를 주께 보여
드리지 않았고 치유를 받아 다시 일어나려고 하지도 않았음을 용서하
소서. 부끄러운 모습으로 주 앞에 왔사오니 용기를 주시고 다시 일어
나게 도와주소서. 주님은 우리가 과거에 머물러 죄책감의 늪 속에 빠
져 있기를 원치 않으시는 줄 믿습니다. 오늘도 영적인 탄력성을 가지

고 믿음으로 다시 일어납니다. 우리의 손을 잡아 일으켜 주소서.

시원한 가을바람이 불어오는 것처럼 한반도 삼천리 방방곡곡에도 성령의 바람이 불기를 원합니다. 이 땅에 무너진 기초가 다시 쌓아지게 하소서. 한국 교회의 성도들이 주일을 거룩하게 지키고 헌신의 봉사를 하며 교회를 더욱 사랑하게 하소서. 세상 쾌락의 우상을 성령의 불로 태우소서. 부흥의 불길이 다시 타오르게 하소서. 우리의 죄악과 영적 황무함이 갱신되길 간절히 소망합니다.

그동안 나태했던 신앙 생활을 정비하게 하소서. 전도의 열매를 맺게 하소서. 우리의 마음속에 품고 기도하는 태신자를 가을에는 출산하게 하소서. 태아를 사랑하는 산모의 마음으로 영혼 구원을 위한 해산의 수고를 아끼지 않게 하소서. 기도의 열매를 맺게 하소서. 나라와 민족과 열방을 품고 기도하게 하소서. 기도가 필요한 지체들을 위해 기도의 무릎을 다시 꿇고 두 손을 들게 하소서. 예배의 열매를 맺게 하소서. 모이기를 폐하는 세상의 습관을 좇지 않게 하소서. 예배 시간을 삶의 가장 우선순위로 두게 하소서. 우리가 사는 모든 삶의 현장에서 생활의 열매를 맺게 하소서. 더 낮아지고 섬기며 사랑함으로 작은 예수라는 칭찬을 받게 하소서.

오늘도 하나님의 진리 등대에서 말씀의 등불이 비추일 때 말씀의 빛을 따라가게 하소서. 우리에게 성실한 등대지기 목사님을 보내 주셔서 감사합니다. 말씀을 전하실 때 지치지 않게 붙잡아 주시고 세상의 험한 바다에 빠져 가는 우리를 건져 내게 하소서.

어제도 오늘도 그리고 내일도 우리와 함께하시는 예수님의 이름으로 기도합니다. 아멘.

9월 셋째 주

마리아는 지극히 비싼 향유 곧 순전한 나드 한 근을 가져다가 예수의 발에
붓고 자기 머리털로 그의 발을 닦으니 _〈요한복음〉 12장 3절

우리 삶의 이유가 되시는 하나님 아버지!

값비싼 향유 옥합을 깨뜨린 여인의 마음으로 우리의 마음을 깨뜨리며
주께로 더 가까이 나아갑니다. 주의 거룩한 백성이 모이는 이곳에 우
리가 서 있게 하시니 감사합니다. 아무런 자격이 없고 공로도 없는 우
리를 예수 그리스도로 하나님의 자녀 삼아 주시고 세상이 알 수 없는
평안을 맛보게 하심을 감사합니다.

갖가지 가을의 열매들이 풍성하게 열매 맺음을 보면서 뿌림이 없으면
거둠도 없다는 교훈을 받게 됩니다. 우리는 십자가가 없으면 면류관
도 없고 고난이 없으면 영광이 없음을 잘 알면서도, 삶의 현장에서는
십자가를 외면하고 고난을 유익으로 여기지 않으며 원망하고 불평했
음을 용서하여 주소서.

이 가을에는 기도로 씨를 뿌리고 말씀을 더욱 묵상하게 하소서. 이웃
에게 복음을 전하고 사랑을 심게 하여 주소서. 눈물을 흘리며 씨를 뿌

리는 자는 기쁨으로 거두리라는 약속의 말씀을 굳게 믿고 영적 씨앗을 다시금 심게 도와주소서.

예수님은 십자가를 통해 막힌 담을 허물고 세상 가운데 평화를 심으셨건만 인간은 평화를 파괴하고 있습니다. 지금도 지구촌 곳곳이 전쟁으로 아파하고 있음을 긍휼히 여겨 주소서. 백성을 전쟁으로 몰아넣는 악한 지도자들을 주님의 권능으로 멸하소서. 기독교 국가들이 앞장서서 군비를 감축함으로 세계 평화에 앞장서게 하소서. 한반도에도 평화가 깃들기를 간절히 원합니다. 끊어진 남북 교류가 다시 활발히 재개되게 하소서.

부활하신 예수님이 하늘로 오르시며 제자들에게 부탁하신 세계 선교의 사명을 우리도 감당하게 하시니 감사합니다. 특히 우리 교회에서 각 나라의 선교사님을 돕게 하시니 감사합니다. 우리 교회가 협력하는 각국의 선교사님의 건강과 안전을 지켜 주시고 사역함에 부족함이 없도록 필요한 것을 공급해 주소서. 우리 교우들이 매월 작정한 선교헌금을 약속대로 드릴 수 있게 도와주소서. 구역별로 자매결연 하여 중보기도를 하고 있사오니 그 기도가 열정적으로 올려지게 하소서.

오늘도 말씀으로 인해 우리의 배에서 생수의 강이 흐르게 하소서. 배고픈 자만이 배부름을 알고 목마른 자만이 시원함을 알 듯이, 말씀의 갈급함으로 나아갈 때 영혼의 만족함이 있는 줄 믿습니다. 말씀의 대언자이신 목사님을 붙잡아 주시고 오늘도 능력 있게 하소서. 성가대를 비롯한 예배위원들을 붙들어 주실 줄 믿습니다.

참 소망과 참 평안이 되시는 거룩하신 우리 주 예수님의 이름으로 기도합니다. 아멘.

9월 넷째 주

여호와는 내 편이시라 내가 두려워하지 아니하리니 사람이 내게 어찌할까
_〈시편〉 118편 6절

항상 우리 편이 되어 주시는 하나님 아버지!

오곡백과가 풍성하게 열매 맺는 가을에 거룩한 주일을 기뻐하며 주님의 부활하심을 기념하게 하시니 감사합니다. 이 복된 주님의 날에 사랑하는 지체들을 만나 함께 찬송하고 기도하며 영혼의 양식인 말씀을 듣고 헌신하며 봉사할 수 있는 행복의 기회를 주셔서 감사합니다. 오늘도 전심으로 높이 계신 주님을 예배하오니 기쁨으로 받아 주소서.

서서히 물들어 가는 가을 단풍처럼 우리의 삶도 예수님으로 물들어가야 하는데 여전히 우리는 세상에 찌들어 있지는 않은지 돌아봅니다. 주일 대예배를 통해 살아 계신 주님과 교제함으로 우리의 영혼이 그리스도로 다시 채색되게 하소서. 한 주간 동안 살면서 왜 나만 겪는 고난이냐고, 왜 나에게만 이런 슬픈 일이 생기는 거냐고 불평하고 원망한 우리를 용서하소서. 오늘 예배를 통해 그동안 베풀어 주셨던 하나님의 은혜를 다시금 기억하게 하소서.

추석 명절을 맞이하여 많은 지체가 고향으로 내려갔습니다. 오랜만에 가족과 함께하는 시간을 주 안에서 행복하게 하소서. 그동안 쌓였던 이야기를 나눌 때 마음과 마음이 이어지게 하소서. 오고 가는 길을 안전함으로 붙들어 주시고 사고의 위험으로부터 건져 주소서. 먹고 마실 때 건강을 붙들어 주시고 시험에 들지 않도록 늘 깨어 있게 하소서. 예수님을 믿지 않는 가족에게 본이 되게 하시고 하나님의 영광을 가리는 일이 없도록 인도하소서.

하나님이 기뻐하시는 우리 교회가 되길 원합니다. 교회를 이끌어 가는 담임목사님과 교역자님들에게 영력靈力을 일곱 배나 더해 주소서. 이천 년 전 초대 교회의 사도들처럼 말씀과 기도에 전력하실 때 성령의 조명 아래에서 성경을 해석하고 적용하실 수 있도록 인도하소서. 목자의 마음으로 교우 한 영혼 한 영혼을 위해 기도할 때에 그 기도에 응답하여 주소서. 당회와 제직회 회원들에게 초대 교회의 일곱 집사와 같이 성령과 지혜가 충만하게 하소서. 지혜와 명철을 주사 하나님의 뜻대로 선택하고 결정하게 하소서. 각 부서를 이끌어 가는 부서장들과 남녀 전도회 임원들이 교회를 떠받드는 기둥이 되게 하소서. 영유아부에서 청년부까지 다음 세대가 하나님의 말씀으로 무장되길 원합니다.

오늘도 주의 말씀을 들을 때 우리의 눈이 밝아지고 우리의 맘이 평안해지게 하소서. 말씀을 선포하실 목사님을 붙잡아 주소서. 진리의 파수꾼 사명을 늘 감당하게 하소서. 한결같이 예배를 섬기는 예배위원들도 붙잡아 주소서.

모든 것에 감사드리며 예수님의 이름으로 기도합니다. 아멘.

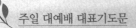
10월 첫째 주

내 영혼이 여호와의 궁정을 사모하여 쇠약함이여 내 마음과 육체가 살아
계시는 하나님께 부르짖나이다 _〈시편〉 84편 2절

살아 계시며 우리를 돌보시는 하나님 아버지!

10월의 첫 주일에 주님의 보좌 앞으로 나아와 참된 안식과 기쁨을 누리게 하시니 감사합니다. 모든 교우가 주의 날개 아래 모여 지치고 힘든 영혼을 쉬게 하시니 감사합니다. 한 번도 우리를 실망시킨 적이 없고 언제나 우리에게 은혜를 부어 주셨듯이 오늘도 흡족한 은혜를 부어 주실 줄 믿습니다.

다윗은 주의 궁정에서의 하루가 다른 곳에서의 천 날보다 낫다고 고백했지만, 우리는 반대로 세상에서의 천 날을 더 좋게 여기고 공적 예배를 소홀히 여기지는 않는지 돌아보게 하소서. 말라기 선지자 시대의 책망으로 우리를 점검하게 하소서. 예배를 번거로운 것으로 생각하고 온전하지 못한 헌신을 드렸던 우리를 용서하소서.

국군의 날과 경찰의 날이 있는 10월에 우리를 지키고 보호하는 군경을 위해서 기도합니다. 계절과 밤낮을 가리지 않고 대한민국과 국민을 위해 헌신하는 그들의 노고를 격려하여 주소서. 군경을 이끄는 지휘관들에게 명철함을 주소서. 고넬료와 같은 믿음의 지휘관이 되게 하사 자신들의 지식과 경험을 앞세우기보다는 하나님이 앞장서 가시도록 늘 겸손하게 하소서. 열악한 환경 속에서도 전방의 철책을 지키는 국군 장병들을 안전하게 지켜 주소서. 후방에서 국민의 안전과 질서를 책임지는 경찰들을 주의 손으로 보호하여 주소서.

우리도 하나님 나라를 지키는 그리스도의 좋은 군사가 되게 하소서. 날마다 전신갑주로 무장하여 마귀의 세력을 능히 대적하게 하소서. 지금도 우는 사자와 같이 삼킬 자를 찾고 있음을 기억하게 하소서. 이미 예수 그리스도는 사망 권세를 이기고 부활 승천하여 천군 천사를 통솔하고 계심을 믿습니다. 만군의 지휘관이신 예수님만을 바라보게 하소서. 우리의 대장 되신 예수 그리스도의 명령을 잘 듣고 순종함으로 언제 어디서나 개선가를 부를 수 있게 하소서.

우리 교회를 하나님 나라의 정병으로 불러 주시니 감사합니다. 우리 교회가 하나님의 군사들을 훈련하는 훈련소가 되게 하소서. 현재 진행하고 있는 제자 양육과 성경 강좌를 통해 성령의 검인 하나님의 말씀으로 온 교우들이 무장되게 하소서. 그리하여 세상과 맞서 싸워 능히 승리할 수 있도록 인도하소서.

주를 앙모하는 자에게 새 힘을 주시는 하나님, 새로 시작되는 한 주간에도 많은 일들이 있을 것입니다. 솔로몬이 〈전도서〉에서 노래한 대로 형통과 곤고가 교차되는 인생의 파도 속에서 주님의 손을 꼭 붙잡고 승리하게 하소서.

우리 구주 예수님의 이름으로 기도합니다. 아멘.

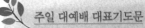

10월 둘째 주

큰 음성으로 이르되 죽임을 당하신 어린 양은 능력과 부와 지혜와 힘과 존귀와
영광과 찬송을 받으시기에 합당하도다 _〈요한계시록〉 5장 12절

찬양받기에 합당하신 하나님 아버지!

거룩한 주일에 주님의 발 앞에 기꺼이 나아와 경배 드리게 하시니 감
사합니다. 오늘도 성전 가득히 새 마음을 담은 새 노래로 하나님을 찬
양하게 하소서. 우리에게 하나님을 찬양하고 경배해야 할 이유를 가
르쳐 주시니 감사합니다. 존귀와 영광과 찬송을 받으시기에 합당하신
주님만 홀로 예배를 받아 주소서.

지난 한 주를 돌아볼 때 만족함이 없는 세상을 기웃거리며 만족함을
주지 못하는 인간의 사랑에 목이 메었음을 고백합니다. 생명수가 우
리 안에 있음에도 목말라했고 생명의 떡이 우리 속에 있음에도 우리
는 늘 배고파했음을 고백합니다. 사랑의 주님, 우리가 다시 돌아서게
하소서. 우리의 얼굴을 주님에게로 향하게 하소서. 하늘의 생명수로
우리의 갈한 영혼을 채우게 하시고 하늘의 만나로 우리의 주린 영혼
을 배부르게 하소서.

하나님이 제사장 나라로 삼으신 대한민국이 처음 사랑을 회복하게 하소서. 부흥의 정체기를 맞이하고 있는 한국 교회가 다시 일어나기를 간절히 소원합니다. 예수님이 에베소 교회에 하신 말씀을 기억하게 하소서. "어디서 떨어졌는지를 생각하고 회개하여 처음 행위를 가지라"는 말씀을 가슴 깊이 새기고 회개와 갱신의 운동이 일어나게 하소서.

북한의 교회도 다시 일으켜 주소서. 얼어붙은 대지를 뚫고 새봄의 싹들이 피어오르듯 북한의 지하 교회도 이제는 새싹으로 피어나게 하소서. 백여 년 전 평양대부흥의 그루터기가 아직도 남아 있을 줄 믿습니다. 신종 전염병으로 고통받고 있는 전 세계의 영혼들을 불쌍히 여겨 주소서. 열악한 시설과 기후 환경으로 인해 무고한 어린이가 죽어 가고 있음을 긍휼히 여기소서.

우리 교회가 하나님이 주신 문화 명령을 잘 받드는 교회가 되게 하소서. 하나님의 백성이 땅의 문화를 잘 다스리고 정복하게 하소서. 가인의 후손처럼 하나님 없는 문명을 만들지 않게 하소서. 성경적인 가치관과 세계관으로 무장된 하나님의 문화를 창조해 나아가게 하소서.

오늘도 말씀을 통해서 우리의 못난 아집과 교만이 깨어지게 하소서. 우리 영혼에 깊이 숨겨진 죄악들이 드러나게 하시고 말씀의 검으로 치유함을 받아 시원하게 하소서. 말씀을 전해 주실 목사님을 붙들어 주소서. 주님의 능력의 손으로 사로잡아 주셔서 준비한 말씀을 담대히 전하게 하소서. 예배를 돕는 모든 손길 위에도 주님의 권능의 팔로 덮어 주소서.

길이요 진리요 생명이 되시는 우리 주 예수님의 이름으로 기도합니다. 아멘.

10월 셋째 주

좋은 것으로 네 소원을 만족하게 하사 네 청춘을 독수리 같이 새롭게
하시는도다 _〈시편〉 103편 5절

좋으신 하나님 아버지!

온 땅과 만물들이 주를 즐거워하고 기뻐하는 주일에 우리도 주 앞에
나아와 즐거이 예배 드리게 하시니 감사합니다. 흑암에 사로잡혀 있
던 우리 영혼에 구원의 등불을 밝혀 주심으로 오늘도 하나님을 예배
할 수 있음을 고백합니다. 오늘도 주님을 예배할 수 있는 엄청난 특권
을 받은 자로서 전심으로 하나님만을 예배하게 하소서.

그러나 오늘도 우리의 부족함을 고백하지 않을 수 없습니다. 샤론의
꽃 예수님만 아름답게 피어 있어야 할 우리 마음의 정원에 세상의 가
시덤불과 엉겅퀴만 무성함을 불쌍히 여겨 주소서. 우리 마음의 주인
은 오직 예수님 한 분뿐임에도 우리는 또다시 주인 행세를 하며 우리
마음대로 살았음을 용서하여 주소서. 하나님이 십자가의 희생을 통해
우리에 대한 사랑을 보여 주신 것처럼 이제 우리도 우리의 십자가를
기꺼이 지고 감으로 하나님을 향한 사랑을 증명하게 하소서.

예배를 통해 영광을 받으시고 은혜를 베푸시는 하나님! 우리 교회의 예배가 살아 있는 공동체가 되길 원합니다. 주일에 드려지는 모든 예배 가운데 성령의 기름을 부어 주소서. 어린이에서 어르신에 이르기까지 주님의 모든 권속이 한마음과 한뜻으로 예배하게 하소서. 각 사람을 만지시는 성령의 놀라운 역사가 예배마다 나타나게 하소서. 수요예배와 금요기도회 가운데도 함께하여 주소서. 찬양과 기도를 통해 하나님을 더 깊이 만나게 하소서. 새벽기도회를 살려 주소서. 새벽마다 울부짖으며 기도하는 목소리가 커지게 하소서. 구국의 기도와 중보의 기도가 끊임없이 올라가게 하시고, 기도의 불이 꺼지지 않는 교회가 되게 하소서.

우리 교회에 세워 주신 전도대를 위해서 기도합니다. 전도대에게 용기를 주사 사망의 권세에 사로잡혀 있는 영혼들을 담대히 찾아가게 하소서. 성령의 능력을 주사 죄의 결박을 풀어 주고 구원의 방주로 구출하게 하소서. 교우들은 중보기도로 전도 사역을 지원하게 하소서. 전도대가 전하고 우리가 기도할 때 구원의 역사가 나타나게 될 줄 믿습니다. 전도의 문이 닫힌 시대라고 하지만 복음의 능력은 어제나 오늘이나 동일한 줄 믿고 나아가게 하소서.

오늘도 우리를 말씀의 반석 위에 세워 주소서. 목사님이 전해 주시는 말씀을 통해 흔들렸던 우리의 마음과 생각이 하나님에게로 다시 고정되게 하소서. 찬송의 은사를 주사 하나님의 성호를 높이게 하신 성가대의 특별한 찬송을 기뻐 받아 주소서. 말씀을 듣고 찬송을 듣는 우리도 '아멘'으로 영광 돌리게 하소서.

우리를 위해 죽으신 예수님의 이름으로 기도합니다. 아멘.

10월 넷째 주

여호와께서 다스리시니 만민이 떨 것이요 여호와께서 그룹 사이에 좌정하시니
땅이 흔들릴 것이로다 _〈시편〉 99편 1절

세상의 빛이 되시는 하나님 아버지!

시온의 빛나는 영광이 온누리를 밝게 비추는 10월의 마지막 주일에
주님의 빛나는 보좌 앞으로 나아오게 하시니 감사합니다. 주님보다
더 귀한 분은 없음을 고백하며 찬양합니다.

하늘을 종이 삼고 바다를 잉크 삼아도 한이 없는 주님의 사랑을 다 기
록할 수 없음을 고백합니다. 그러나 하나님의 측량할 수 없는 사랑에
도 불구하고 우리는 늘 그 사랑이 너무 작다고 불평하며 불안해했음
을 고백하오니 용서하여 주소서.

종교개혁주일을 맞이하면서 믿음의 선배들이 걸어갔던 좁은 길을 묵
상해 봅니다. 우리도 신앙의 선배들처럼 성경을 사랑하고 교회를 사
랑하게 하소서. 교회 안에서 하나님보다 더 높아진 것이 있다면 과감
하게 개혁하고 갱신해 나가게 하소서. 이미 자정 능력을 상실한 한국
교회를 불쌍히 여겨 주소서. 그 누구를 탓할 것이 아니라 우리 자신부

터 개혁하며 갱신해 나아가게 하소서.

우리 교회가 오직 믿음으로 나아가는 교회가 되길 원합니다. 창조주 하나님과 우리 사이에 있는 무한한 격차를 인정하게 하소서. 돈의 힘을 의지하는 것이 아니라 하나님의 능력을 의지하는 교회가 되게 하소서. 비록 돈은 없을지라도 여호와 한 분만으로 즐거워하는 교회가 되게 하소서.

우리 교회가 오직 말씀으로 나아가는 교회가 되길 소망합니다. 성경적인 목회자와 성경적인 예배 그리고 성경적인 교육과 성경적인 선교가 이루어지게 하소서. 말씀을 기준으로 모든 것을 선택하고 판단하며 결정하는 교회가 되게 하소서. 주님의 말씀이 나아가라고 하시면 나아가게 하소서. 하지만 주님의 말씀이 멈추라고 하시면 멈춰 설 수 있는 용기를 주소서.

우리 교회가 오직 주의 은혜를 구하는 교회가 되게 하소서. 구원의 시작점은 우리 인간이 될 수 없음을 인정하게 하소서. 모든 종교에 구원이 있다고 주장하는 종교 다원주의를 경계하게 하소서. 오직 자신들에만 구원이 있다고 주장하는 이단들도 경계하게 하소서. 십자가의 보혈로 표현된 완전하신 하나님의 사랑과 은혜만을 의지하게 하소서.

오늘도 성전 뜰만 밟고 돌아가는 안타까운 영혼이 없게 하소서. 무감각한 우리의 마음을 살려 주소서. 냉랭한 우리의 가슴을 뜨겁게 하소서. 목양 일념으로 오늘도 단 위에 서신 목사님을 붙들어 주소서. 우리를 향한 주님의 마음을 가감 없이 선포하게 하소서.

은혜가 풍성하신 예수님의 이름으로 기도합니다. 아멘.

11월 첫째 주

주는 나의 피난처시요 원수를 피하는 견고한 망대이심이니이다
_〈시편〉 61편 3절

우리의 영원한 피난처 되시는 하나님 아버지!

아름다운 단풍이 물들어 가는 11월 첫 주일에 하나님의 백성이 한자리에 모여 예배하게 하시니 감사합니다. 우리를 언제나 환영해 주시고 영접해 주시니 감사합니다. 항상 우리의 든든한 피난처가 되어 주시니 감사합니다. 오늘도 세상의 분주함을 내려놓고 하나님의 날개 아래 거하길 원하오니 우리를 받아 주소서.

주님의 크신 사랑에도 불구하고 오늘도 부끄러운 모습으로 주 앞에 나왔습니다. 우리 마음에 주를 향한 사랑이 약해졌음을 고백합니다. 우리의 말에 진실과 정직을 담기보다는 거짓과 속임수를 담았음을 고백합니다. 주님의 눈물로 채워져 있어야 할 우리의 눈에는 세상 것들로 혈안이 되어 있음을 고백하오니 용서하여 주소서.

우리의 조국 대한민국을 위해서 기도합니다. 대통령을 비롯하여 입법, 사법, 행정을 이끌어 가는 지도자들을 주님의 손으로 붙잡아 주소

서. 총리 요셉처럼 오직 하나님이 맡겨 주신 백성만 사랑하고 섬기는 자가 되게 하여 주소서. 히스기야 왕처럼 하나님을 두려워하며 백성을 두려워할 줄 아는 지도자가 되게 하소서. 사리사욕을 내려놓고 진정으로 국민을 위하는 국민의 일꾼이 되게 하소서. 국민의 얼굴에 웃음꽃이 활짝 피어나게 하는 국민의 지도자들이 되게 하소서.

전능하신 하나님의 손으로 한반도를 붙들어 주소서. 언제 터질지 모르는 화약고 같은 한반도를 안전하게 지켜 주소서. 한반도의 안녕은 오직 하나님으로부터 나온다는 것을 믿습니다. 수십 년 동안 남북으로 대치하고 있는 한민족을 불쌍히 여겨 주소서. 남유다와 북이스라엘이 나누어진 것처럼 이 땅도 둘로 나뉜 지 한 세대가 흘러가고 있습니다. 이제는 분단의 아픔도 무뎌져 하나의 민족이라는 의식조차 희미해져 가고 있음을 긍휼히 여겨 주소서. 이 민족이 하나 되어 예배하며 하나님의 사명을 감당하는 날이 속히 오게 하소서. 급박하게 돌아가는 동북아 정세도 붙들어 주사 한반도를 둘러싼 주변국들과 평화롭게 공존하게 하소서.

하나님의 뜻에 의해 세워진 우리 교회를 인도하여 주소서. 특히 우리 교회의 다음 세대를 맡겨 드립니다. 우리 교회의 미래를 이끌어갈 다음 세대의 믿음을 붙잡아 주소서. 우리의 신앙을 다음 세대로 전수하는 막중한 사명을 포기하지 않게 하소서. 우리가 먼저 신앙의 본을 보이고 하나님의 말씀대로 사는 삶이 어떠한 것인지 보여 주게 하소서.

오늘도 진리의 말씀을 사모합니다. 말씀을 선포하실 목사님을 성령으로 충만하게 하소서. 예배를 섬기는 자들도 능력으로 붙잡아 주소서.

거룩하신 우리 주 예수님의 이름으로 기도합니다. 아멘.

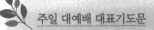
11월 둘째 주

함께 하늘의 부르심을 받은 거룩한 형제들아 우리가 믿는 도리의 사도이시며
대제사장이신 예수를 깊이 생각하라 _〈히브리서〉 3장 1절

삶의 주관자 되시는 하나님 아버지!

붉게 물들어 가는 단풍처럼 아버지를 향한 우리의 열정이 더욱 뜨거
워지게 하시니 감사합니다. 점점 깊어져 가는 가을처럼 주님을 향한
우리의 사랑이 더욱 깊어지게 하시니 진심으로 감사합니다. 높은 하
늘에서 내려온 시원한 바람이 온 대지를 씻어 내듯 이 시간 주일 대예
배를 드리는 우리를 성령의 바람으로 시원하게 씻어 주소서.

이미 우리는 인생의 운전대를 주님에게 맡긴 자들임을 고백합니다.
하지만 아직도 우리는 주님을 신뢰하지 못한 채 우리의 고집대로 인
생의 방향을 결정하고 있음으로 고백하오니 용서하여 주소서. 분명
주님의 길이 아님을 알면서도 어긋난 길을 선택하려는 미련한 우리를
용서하여 주소서. 이제 다시 우리의 힘을 빼고 주님에게 맡겨 드리게
하소서.

한 피를 나눈 동족이면서도 수십 년간 서로 총부리를 겨누고 있는 한

민족 공동체를 불쌍히 여겨 주소서. 초겨울 날씨처럼 싸늘해진 남북 관계가 눈 녹듯이 녹아 내리게 하소서. 통일을 주관하는 통일부 장관과 산하 모든 기관에 지혜와 열정을 주시어 남북 통일의 주춧돌을 부지런히 놓게 하소서. 막혀 있는 남북 교류의 통로들이 다시금 뚫리도록 은혜를 베풀어 주소서.

예수님께서 피로 값 주고 사신 우리 교회를 위해서 기도합니다. 살아 있는 공동체가 되게 하소서. 예수님이 교회이며 사람이 교회라는 의식을 가지고 예수님과 교우들 이외에는 관심을 갖지 않게 하소서. 베뢰아 사람들처럼 신사적이고 인격적으로 서로를 존중하게 하소서. 간절한 마음으로 말씀을 받아들이고 날마다 성경을 연구하게 하소서. 데살로니가 교회처럼 믿음의 역사와 사랑의 수고와 소망의 인내가 풍성한 교회가 되게 하소서. 그래서 이 지역은 물론 대한민국에서 모든 믿는 자의 본이 될 수 있는 건강한 공동체가 되게 하여 주소서.

변함없이 교회를 위해 기도하며 말씀으로 교회를 세워 나가시는 목사님을 붙들어 주소서. 성령으로 충만하게 하시고 영육이 강건하도록 도와주소서. 목사님을 돕는 동역자들을 붙들어 주소서. 〈로마서〉 16장의 바울의 동역자들처럼 물심양면으로 교회의 사역을 돕게 하소서.

주의 말씀은 우리 발의 등이요 빛이 됨을 고백합니다. 오늘도 목사님을 통해서 주시는 말씀으로 우리 삶의 희미한 것들이 물러가게 하소서. 안개처럼 우리 눈앞을 가린 세상적인 생각과 마음이 모두 사라지게 하소서. 한 주간도 여러 가지 시험을 당할 때에 승리하게 하시고 다음 주일에 만날 때에 온 교우가 승전가를 부르며 개선하게 하소서.

사랑이 많으신 예수님의 이름으로 기도합니다. 아멘.

11월 셋째 주

하늘의 하나님께 감사하라 그 인자하심이 영원함이로다
_〈시편〉 136편 26절

우리를 끊임없이 사랑하시는 하나님 아버지!

오늘도 저항할 수 없는 하나님의 사랑에 이끌려 하나님의 보좌 앞으로 나아와 예배하게 하시니 감사합니다. 가을비가 온 대지를 촉촉하게 적시듯 주의 자비로 우리를 덮어 주시니 감사합니다. 이 시간 기쁘고 즐거운 마음으로 하나님만을 찬양하며 경배하길 원하오니 우리의 예배를 받아 주소서.

지난 한 주간의 삶을 뒤돌아보니 또다시 부끄러운 모습밖에 없음을 고백합니다. 두 손 들고 십자가 앞에 나아가오니 주의 보혈로 새롭게 하여 주소서. 주님이 우리를 위해 십자가를 지셨듯이 이제 우리도 주님을 위해 십자가를 질 수 있도록 도와주소서.

평강의 하나님! 사람들은 세계의 평화를 간절히 원하고 있지만 안타깝게도 지구촌에는 전쟁의 소문만 점점 더 늘어가고 있습니다. 악인들의 탐욕이 무고한 백성을 고통 가운데 몰아넣고 있음을 불쌍히 여겨 주소서. 기아와 재난으로 죽어 가는 영혼들의 울부짖음을 긍휼히 여겨 주소서. 때로는 이런 모습들 때문에 절망하고 흔들리게 됨을 고백합니다. 하지만 여전히 하나님은 살아 계시기에 그리고 지금도 하나님 나라는 확장되고 있기에 마음을 다시 정리해 봅니다. 평화의 하나님, 예수 그리스도를 통해 이미 평화의 사람들이 된 우리가 평화의 도구가 되게 하소서. 평화를 위한 작은 움직임에 동참할 수 있는 용기와 열정을 주소서.

오늘은 특별히 추수감사예배로 드리게 하시니 감사합니다. 한 해 동안 주님이 베풀어 주신 은혜를 기억하는 하루가 되게 하소서. 주님으로부터 받은 복을 세어 보는 거룩한 감사의 주일이 되게 하소서. 하나님이 우리 교회에 부어 주신 은혜도 헤아릴 수 없음을 고백합니다. 우리에게 좋은 담임목사님과 교역자님들을 보내 주셨고 좋은 중직자들과 일꾼들을 세워 주셨음에 감사합니다. 은혜로운 성가대와 성령과 지혜로 무장된 구역장님들 그리고 어린 영혼을 그 누구보다 사랑하는 교사들을 세워 주셔서 감사합니다. 식당에서 맛있는 애찬을 준비해 주시는 권사님들이 계셔서 행복합니다. 우리의 발이 되어 주시는 차량봉사자님들 때문에 교회에 더 빨리올 수 있습니다. 그들이 있기에 예배를 편안하게 드릴 수 있음에 감사합니다.

항상 기뻐하라 쉬지 말고 기도하라 범사에 감사하라고 하신 신앙 생활의 황금률을 잘 지켜서 한 주간도 승리하길 원합니다. 목사님의 말씀을 통해 힘을 얻고 성가대의 찬양을 통해 위로를 받아 넘치는 능력 안에서 행복하게 지낼 수 있도록 도와주소서.

참 진리이신 예수님의 이름으로 기도합니다. 아멘.

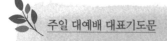
11월 넷째 주

이제는 전에 멀리 있던 너희가 그리스도 예수 안에서 그리스도의 피로
가까워졌느니라 _〈에베소서〉 2장 13절

우리의 화평이 되시는 하나님 아버지!

예수님의 십자가와 부활의 능력을 믿게 하심으로 하나님 백성의 특권
을 누리게 하시니 감사합니다. 그 특권 중에 가장 소중한 예배의 감격
을 오늘 이 자리에서 누리게 하시니 더욱 감사합니다. 주일 대예배를
통해 하나님을 만날 수 있게 하소서. 기쁨의 찬송으로 주님만을 높여
드리게 하시고 눈물의 기도로 주께 나아가게 하소서.

그러나 우리가 한 주간을 돌아보면 때때로 넘어지고 뒤로 물러가 침
륜沈淪에 빠져 있을 때가 있었음을 고백합니다. 하나님의 말씀을 듣기
만 즐거워하고 순종하는 삶이 없었음을 용서하여 주소서. 예배의 감
동을 삶의 현장으로 이어가지 못했음을 인정하오니 용서해 주소서.

양극화로 몸살을 앓고 있는 대한민국을 올려 드립니다. 부한 자들은
하나님이 허락하신 자신들의 부와 권력과 명성에 대한 책임감을 갖
게 하소서. 부한 자들이 마땅히 내야 할 세금을 내게 하시고 나눔과 기

부를 통해 잉여물을 기쁨으로 이웃에 흘려보내게 하소서. 젊은이들은 어르신을 마땅히 공경하고 존중하게 하시며, 기성 세대도 젊은이들의 목소리에 경청하게 하소서. 보수와 진보로 나뉘고 동과 서로 나누어진 정치권에 하나님의 은총을 부어 주소서.

한국 교회가 먼저 통회하고 자복하게 하소서. 미스바의 대각성이 일어나게 하시고 에스라의 회개 운동이 일어나게 하소서. 세상의 빛이 아니라 오히려 어둠이 되고 있는 한국 교회를 불쌍히 여겨 주소서. 세상의 소금이 아니라 오히려 한국 교회가 썩어 악취를 풍기고 있음을 긍휼히 여겨 주소서. 우리 교회가 그 회개와 갱신의 출발점이 되게 하소서. 말씀의 거울 앞에 철저히 서게 하소서. 말씀하신 대로 살게 하여 주소서. 주의 말씀이 아닌 것들을 과감하게 포기하고 정리하게 하소서. 바벨론 포로시대의 백성처럼 영적으로 무감각해져서 공동체가 무너져 내리지 않도록 도와주소서.

다음 주는 우리가 그동안 마음속으로 품고 기도하며 복음을 전했던 태신자를 초청하는 주일입니다. 빌립이 나다나엘에게 "와서 보라"고 초청한 것처럼 우리도 담대하게 태신자를 교회로 초청하게 하소서. 성령님이 태신자의 마음을 활짝 열어 주사 많은 태신자가 예수님의 초청에 응답할 수 있도록 도와주소서.

오늘도 예배를 통해 우리 안에 계신 성령님의 임재하심을 경험하게 하소서. 신령과 진정으로 예배할 때에 말씀과 찬양 중에 거하시는 주님을 경험하게 하소서. 하나님을 인격적으로 만남으로 살아 있는 예배가 되게 하소서.

친히 평화를 이루신 예수님의 이름으로 기도합니다. 아멘.

11월 다섯째 주

그런즉 너는 알라 오직 네 하나님 여호와는 하나님이시요 신실하신
하나님이시라 _〈신명기〉7장 9절

신실하신 하나님 아버지!

오늘도 어김없이 하나님의 백성인 우리에게 하늘의 영광을 누리는 자
리로 초대해 주시니 감사합니다. 주님 없이는 단 하루도 살 수 없는 존
재임을 고백하며 주일 대예배로 나아오게 하시니 감사합니다. 주님의
은혜로 오늘의 우리가 있고, 주님의 은총으로 지금의 우리 교회가 있
음을 고백합니다.

하지만 우리의 모습은 너무나도 부끄러움을 고백합니다. 하나님의 은
혜와 은총에 보답하는 삶을 살아야 하지만, 늘 부족한 모습뿐임을 용
서하여 주소서. 하나님이 주신 복을 세어 보면서 감사하기보다는 불
평과 불만을 일삼았음을 용서하여 주소서. 오늘 드려지는 예배를 통
해 우리의 어긋난 생각과 마음을 조율하길 원합니다.

주님, 전방 휴전선에는 벌써 눈이 내렸다는 소식이 들려옵니다. 오늘
도 추위와 싸우며 밤낮으로 나라를 지키는 국군 장병들과 함께하여

주소서. 남과 북이 하나 되는 날이 속히 오게 하소서. 분열과 대립으로 민족의 역량을 더 이상 낭비하지 않게 하소서. 평화 통일 한국의 힘으로 하나님을 섬기고 세계 열방을 섬기는 날이 속히 오기를 소망합니다. 지하에서 예배를 드릴 수밖에 없는 북한의 지하 교회도 긍휼히 여겨 주소서. 남북의 황폐한 교회들을 다시 세워 주사 새로운 영적 부흥이 일어나도록 은총을 베풀어 주소서.

우리 교회의 각 부서가 준비하고 있는 총회가 위로와 격려의 자리가 되게 하여 주소서. 한 해 동안 주님만 바라보며 섬겼던 일꾼들을 진심으로 위로하게 하소서. 다가오는 한 해의 일꾼들을 주의 이름으로 세우고 격려하게 하소서. 지난 1년을 뒤돌아보면서 하나님에게 감사와 영광을 돌리게 하시고, 아쉬운 점이 있다면 철저히 점검하여 미래의 계획에 반영하게 하소서. 한 해 동안의 교회 살림살이를 정리하며 결산과 예산을 준비하는 재정부원들에게 지혜와 명철을 주소서. 곧 있을 공동의회 가운데 함께하여 주소서. 공동의회의 회원으로 참석하는 모든 교우의 마음에 감사가 넘치게 하소서. 올 한 해를 시작하며 세웠던 비전과 소망을 점검하고, 새로운 한 해를 주께 의탁 드리는 은혜의 시간이 되게 하소서.

오늘도 말씀의 꿀을 먹여 주실 목사님에게 강건함을 주소서. 목자의 마음으로 말씀을 나누게 하시고 아비의 심정으로 말씀을 선포하게 하소서. 듣는 우리는 주의 말씀을 온 마음으로 받게 하소서. 교회의 구석구석에서 신실하게 봉사하는 모든 손길들 위에 주의 은총을 내려 주소서. 주일을 거룩하게 지킬 수 있는 은총을 베풀어 주소서.

다시 오실 예수님의 이름으로 기도합니다. 아멘.

12월 첫째 주

여호와는 그 얼굴을 네게로 향하여 드사 평강 주시기를 원하노라
_〈민수기〉 6장 26절

우리에게 평강 주시기를 원하시는 하나님 아버지!

12월 첫 주일 대예배를 정성 다해 하나님에게 드리게 하시니 감사합니다. 달력의 마지막 한 장을 벽에 걸며 지난 열한 달을 뒤돌아볼 때 주님의 은혜가 아니고서는 걸어올 수 없었던 나날이었음으로 고백합니다. 힘겨운 인생길에 동행자가 되어 주시고 때마다 필요한 은혜를 공급하여 주시니 감사합니다. 낙심과 근심으로 마음이 눌릴 때마다 위로로 채워 주시니 감사합니다. 희망이 사라질 때 새 희망이 피어나게 하시고 번민이 가득할 때 마음의 질서를 주시니 감사합니다.

주님의 큰 은혜에 비하면 우리 믿음의 열매는 너무도 초라함을 고백합니다. 이름 없이 빛도 없이 감사하면서 주님을 섬겨야 하는데, 우리의 이름이 드러나지 않았다고 상심하고 낙심했던 것을 용서하여 주소서. 하나님을 사랑하고 이웃을 사랑하지 못했음을 고백합니다. 시기와 미움의 노예가 되어 살았음을 용서하여 주소서.

주님, 우리의 두 손을 모아 대한민국의 지도자들을 위해서 기도합니다. 지도자들이 바로 서게 하셔서 대한민국이 하나님이 원하시는 방향으로 나아가게 하소서. 국민의 대표 국회의원들이 당선됐을 때의 초심으로 돌아가게 하소서. 입법 기관으로서 지배 권력을 위한 법이 아닌 민초를 위한 법을 만들어 국민을 사랑하게 하소서. 사법부의 재판관들은 하늘의 재판관을 두려워하게 하소서. 국민에게 피로감을 주는 지도자가 아니라 겨울 동치미와 같은 시원함을 선물하는 대한민국 대통령이 되게 하소서.

사랑하는 우리 교회도 하나님 능력의 손에 올려 드립니다. 우리 교회가 _____년도 한 해를 _____라는 표어를 전하며 열심히 달려오게 하심에 감사합니다. 예수님이 십자가 위에서 물과 피를 다 쏟으신 후 마지막에 "다 이루었다"라고 선포하신 것처럼 우리도 끝까지 사명을 잘 감당하게 하소서. 남은 한 달 동안 배움, 드림, 나눔, 전함의 4가지 공동체 비전을 위해 계속 전진하게 하소서. 배움위원회가 내년도 교육 계획안을 지혜롭게 작성하도록 도와주소서. 드림위원회는 연말 연시에 계획된 모든 예배를 잘 준비하게 하소서. 나눔위원회는 우리가 돌보아야 할 소외된 이웃들을 잘 살필 수 있도록 도와주소서. 전함위원회 해외 선교사님들과 국내 미자립 교회 교역자님들을 격려하는 일에 최선을 다하게 하소서.

오늘도 여호와 하나님만을 갈망합니다. 말씀으로 우리의 영혼을 채워 주시고 찬양으로 우리의 영혼을 살려 주소서. 예배를 통해 하늘의 은혜가 우리에게 충만하길 소원합니다.

처음과 끝이 되시는 예수님의 이름으로 기도합니다. 아멘.

12월 둘째 주

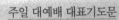

명절 끝날 곧 큰 날에 예수께서 서서 외쳐 이르시되 누구든지 목마르거든
내게로 와서 마시라 _〈요한복음〉 7장 37절

우리에게 생명수를 부어 주시는 하나님 아버지!

하나님이 이 땅에 보내 주신 예수님을 영접하게 하여 주시고 그로 인
해 하나님의 자녀가 되게 해 주심을 감사합니다. 하나님의 아들과 딸
이 되어서 하늘의 신령한 복을 마음껏 누리게 하시니 감사합니다. 우
리 안에 하늘 보좌로부터 흘러나오는 생명수가 흘러넘치게 하시니 감
사합니다.

그러나 지난 한 주간도 주님이 사용하시기에 편한 일꾼이 되어 드리
지 못한 것을 용서하여 주소서. 아직도 내 안에 남아 있는 아집이 우리
주님을 불편하게 해 드렸음을 고백합니다. 언제나 주님은 우리의 좋
은 친구가 되어 주시길 원하지만 우리는 그 사랑을 외면한 채 각기 제
길로 가는 못된 양이었음을 고백합니다. 오늘 온 땅을 뒤덮은 흰 눈처
럼, 우리의 죄와 허물을 양털보다 더 희게 씻어 주소서.

이 시간 북한에 있는 우리 동포들을 위해 기도합니다. 특히 자유를 찾

아 북한을 이탈하는 영혼들을 지켜 보호하여 주소서. 북한 이탈 주민을 돕는 대한민국 하나원을 주님의 손으로 도와주소서. 다윗의 아둘람 공동체가 환난을 당해 광야로 피신한 사람들의 피난처가 되어 준 것처럼 하나원이 북한 이탈 주민의 피난처가 되게 하소서. 또한 신앙의 자유를 찾아 목숨을 거는 그들에게 자유를 주소서. 북한에 성경 보내기 운동을 주도하고 있는 선교 단체와 함께하시어 북한의 지하 교회를 일으키는 점화 장치가 되게 하소서.

한국 교회가 지키는 성서주일을 맞이하여 우리말로 된 성경이 있음을 감사합니다. 아직도 세계에는 160여 개 종족이 자국어로 된 성경이 없다는 것을 기억하게 하소서. 하나님은 이미 오래전 우리 민족을 사랑하사 1882년 〈요한복음〉이 한글로 번역 출간되게 하셨음을 감사합니다. 이제 성경 번역 사업이 30배, 60배, 100배 그 이상의 결실을 맺고 다양한 번역 성경은 물론 넘치는 신앙 도서가 있음에 감사합니다. 하지만 우리는 하나님이 부어 주신 이 엄청난 말씀의 풍요 속에서 여전히 성경이 없는 민족처럼 말씀을 무시하며 살고 있지는 않은지 돌아보게 하소서. 꿀보다 더 단 하나님의 말씀을 늘 사랑하게 하시고 사모하게 하소서. 더불어 지금도 세계 각국에서 성경 번역 선교사로 사역하는 주님의 종들을 붙잡아 주소서. 오래전 우리 민족이 받은 은혜를 이제 우리도 되갚게 하소서.

오늘도 주님이 주실 은혜를 사모합니다. 목사님의 말씀을 통해 우리의 가슴을 시원하게 하실 것을 기대합니다. 성가대의 찬양이 은혜가 되게 하시고 많은 지체의 섬김과 봉사도 받아 주소서.

사랑의 완성이신 예수님의 이름으로 기도합니다. 아멘.

12월 셋째 주

평화의 왕이신 하나님 아버지!

주님의 자녀들이 크리스마스를 대망하며 거룩한 주일에 모여 경배와 찬양으로 영광 돌리게 하시니 감사합니다. 하나님은 우리의 경배를 받으시기에 합당한 분이며 우리가 밤낮 찬송을 불러도 부족한 분임을 고백하며 찬양합니다.

이천 년 전 유대 땅 베들레헴의 구유 위에 인간 아기의 모습으로 오신 예수님을 묵상하게 하소서. 하나님 되심을 버리고 인간으로 낮아지신 예수님의 모습이 바로 우리가 살아가야 할 모습임을 다시 한 번 깨닫게 하소서. 성육신의 원리로 이웃을 사랑하고 교회를 섬기며 가정을 세워 가야 함에도 불구하고 우리는 어느새 또다시 교만해져 있음을 고백합니다. 주님은 자기를 부인하라고 하셨지만 우리는 아직도 못난 자아가 죽지 않았고 주님은 자기 십자가를 지고 주님을 좇으라고 하시는데 우리는 여전히 십자가를 무거운 짐으로 생각하고 있으니 우리를 불쌍히 여겨 주소서.

사랑의 주님, 거리에 울려 퍼지는 구세군 자선 냄비의 종소리가 우리에게 나눔의 삶을 점검하게 만듭니다. 우리 나름대로 선한 사마리아인처럼 소외된 분들의 필요를 채워 주고 도움을 준다고 했지만 많이 부족했음을 고백합니다. 우리의 나눔이 지금보다 더 풍성해지길 소망합니다. 우리 교회가 나눔의 삶에 앞장서게 하소서.

이 땅의 젊은이들이 성탄의 진정한 의미를 알게 하소서. 더 이상 크리스마스를 육체적 쾌락의 기회로 삼지 않게 하소서. 우리가 먼저 깨어 있게 하소서. 교회가 세상 풍조에 휩쓸려 가지 않게 하소서. 성탄의 주인공이신 예수님을 제자리에 돌려놓는 문화 운동에 앞장서게 하소서. 우리 교회의 다음 세대에게도 올바른 성탄 문화를 교육하고자 노력하고 있사오니 이 일에 성령의 기름을 부어 주소서.

성탄절에 울려 퍼지는 탄일 종소리처럼 온 땅에 복음의 메아리가 울려 퍼지길 소망합니다. 우리 교회가 사랑의 종소리가 되어 이 지역과 민족에 주의 복음을 전하게 하소서. 아골 골짜기와 같은 빈 들에도 복음을 들고 가게 하소서. 소돔과 고모라와 같은 세상에도 복음을 전하게 하소서. 우리가 돕고 있는 교회들이 힘을 내게 하소서. 경제적 자립이 힘들어서 어려움 가운데 있지만 끝까지 자리를 지키며 복음 전파의 사명을 감당하게 하소서. 우리 교회가 돕고 있는 선교사님도 열방을 울리는 사랑의 종소리가 되게 하소서. 하늘에는 영광 땅에는 평화가 실현되는 성탄이 되게 하소서.

오늘도 충만한 은혜를 기대하며 거룩하신 주 예수님의 이름으로 기도합니다. 아멘.

12월 넷째 주

예수 그리스도는 어제나 오늘이나 영원토록 동일하시니라
_〈히브리서〉 13장 8절

언제나 동일하신 하나님 아버지!

우리에게 생명의 선물을 주셔서 올해의 마지막 주일 대예배를 경험하게 하시니 감사합니다. 돌아보면 365일 매일의 삶이 하나님이 주신은혜의 선물이었음을 고백합니다. 대한민국을 지켜 주시고 우리 교회와 일터와 가정을 지켜 주셔서 감사합니다. 특히 신년예배를 시작으로 오늘 드리는 마지막 주일 대예배까지 모든 예배 가운데 임재해 주시고 우리에게 복을 내려 주심을 감사합니다. 하나님 아버지는 한 번도 우리를 거절하지 않으시고 얼굴을 돌리신 적이 없었음을 고백합니다. 찬양과 경배를 받으시기에 합당하신 주님, 이 시간 주의 백성이 드리는 이 예배를 기뻐 받아 주소서.

쉴 새 없이 달려온 한 해를 뒤돌아보면 실수투성이요 넘어짐의 연속이었음을 고백합니다. 주님이 맡겨 주신 여러 가지 사명들을 제대로수행한 것이 별로 없음을 용서하소서. 하나님은 늘 우리를 바른 길로 인도하셨지만 우리는 어김없이 딴 길로 가려 했음을 용서하여 주소서. 이제 새로운 한 해를 살아갈 기회를 주신다면 더욱더 주님의 뜻대로 살아가게 하소서.

다사다난했던 대한민국을 긍휼히 여겨 주소서. 올해 일어났던 10대 뉴스를 보더라도 주님의 긍휼을 구하지 않을 수 없음을 고백합니다. 대한민국 정치권이 이제는 끊임없는 싸움을 그치고 성숙하도록 도와주소서. 전쟁 도발과 불안한 변화들로 흔들리는 북한을 주님의 손으로 붙잡아 주소서. 세계적으로도 전쟁과 경제 불황, 기아와 전염병, 강대국 간의 충돌 등의 문제가 산적했던 한 해였습니다. 지구촌을 불쌍히 여기사 하나님이 통치하시는 하나님 나라가 임하게 하소서.

한 해 동안 목양 일념으로 달려오신 담임목사님과 교역자님들을 사랑하고 축복합니다. 동역자로 협력하신 중직자들과 각 기관장의 수고로운 헌신을 기억하여 주소서. 교회의 기둥이 되어 준 남전도회와 궂은 살림살이를 도맡아 감당한 여전도회에 복을 내려 주소서. 다음 세대와 씨름한 교회학교 교사들과 매 주일마다 영감 있는 찬양으로 은혜를 준 성가대 위에 주의 은총을 부어 주소서. 이름 없이 빛도 없이 구석구석에서 봉사한 손길들이 있었기에 주님의 몸 된 교회가 건강할 수 있었음으로 고백하며 찬양합니다.

연말연시 교우들의 삶을 붙들어 주소서. 홍청대는 세상 문화에 휩쓸리지 않도록 성령님이 붙잡아 주소서. 아직 남아 있는 시간 동안 한 해의 삶을 잘 정리할 수 있도록 도와주소서. 여기까지 도와주신 에벤에셀의 하나님이 내년에도 교회와 가정을 책임져 주실 줄 믿습니다.

여호와 이레 되시는 예수님의 이름으로 기도합니다. 아멘.

대표기도는 예배나 모임에 참여하고 있는 자들에게
훈계나 권면을 하려는 것이 아니다.

2장

교회력에 따른 공예배
대표기도문

신년감사주일

우리는 그의 약속대로 의가 있는 곳인 새 하늘과 새 땅을 바라보도다
_〈베드로후서〉 3장 13절

새 하늘과 새 땅을 소망하게 하신 하나님 아버지!

새해 첫 시간을 하나님에게 예배할 수 있도록 기회를 주시니 감사합니다. 지난 한 해, 많고 많은 일들이 있었지만 출애굽한 이스라엘 백성을 구름 기둥과 불 기둥으로 인도하셨던 것처럼 늘 인도하여 주셔서 이 시간 나왔사오니 모든 영광과 존귀를 하나님에게 돌려 드립니다.

새해 첫 날 아침에 떠오르는 태양을 보며, 온 우주의 창조주 되시는 하나님의 위대하심을 찬양하고 티끌보다 못한 저희의 연약함을 봅니다. 예수님은 십자가에서 온 세상의 죄를 대신하여 보배로운 피를 흘리셨건만, 여전히 우리 안에 남아 있는 죄 된 본성으로 말미암아 하나님을 찾기보다는 세속에 물든 세상의 것들을 찾기에 급급했음을 회개합니다. 티끌보다 못하며 한 줌 진흙에 불과한 우리를 예수 그리스도의 십자가 보혈로 자녀 삼으셔서 영화와 존귀로 관을 씌우셨으니, 이 놀라운 은총을 교만과 쾌락의 기회로 삼지 않도록 날마다 그리스도의 십

자가를 붙들게 하소서. 진실로 "그리스도 예수의 사람들은 육체와 함께 그 정욕과 탐심을 십자가에 못 박았느니라"는 말씀이 올 한 해 우리 삶의 실제가 되게 하소서.

신년감사예배를 시작으로 올 한 해 주일 대예배를 온전히 성수하게 하시고, 하나님의 영광과 기쁨이 되게 하소서. 예배를 통해서 받은 은혜가 삶을 통해서 드러나 그리스도의 향기를 강력하게 뿜어내는 우리 모두가 되도록 은총을 베풀어 주소서. 날마다 자기를 부인하고 자기 십자가를 지며 예수님을 따르는 삶이 되도록 인도하여 주소서.

올 한 해에는 우리 가정과 교회가 복음의 은총으로 거듭나는 한 해가 되기를 소망합니다. 영적으로 혼탁해지는 시대에 물들지 않고, 날마다 하나님의 말씀 안에서 깨어지며 미래를 준비하는 해가 되기를 원합니다. 급변하는 시대를 향하여 언제나 동일한 십자가의 복음에 기초한 가정을 세우며, 주님의 방법대로 주님의 교회를 세우도록 역사하여 주소서. 가정이 복음으로 살아나고, 미래의 교회를 짊어지고 나아갈 젊은이들을 양육하는 데 전력을 다하는 교회가 되게 하소서. 우리 교회가 이 시대 복음의 등대가 되어서 나라와 민족, 더 나아가 온 땅과 열방을 향해 예수 그리스도를 전하는 복음의 도구가 되도록 은총을 베풀어 주소서.

말씀을 전하실 목사님에게 영적 권세를 주시어 그리스도의 복음을 온전히 선포하도록 은혜를 주시며, 하나님을 찬양하는 성가대를 비롯한 예배를 섬기는 모든 종에게도 은혜에 은혜를 더하여 주소서.

오직 하나님만 영광받으시는 예배가 되기를 소망하며 예수님의 이름으로 기도합니다. 아멘.

사순절

내가 스스로 거두어들이고 티끌과 재 가운데에서 회개하나이다
_〈욥기〉 42장 6절

무한한 사랑과 자비로 긍휼을 베푸시는 하나님 아버지!

'재의 수요일'을 맞아 하나님에게 예배하며 예수 그리스도의 수난과 죽으심에 동참하게 하시니 진심으로 감사합니다. 날마다 만나와 메추라기로 하나님의 돌보심을 체험함에도 늘 하나님을 향해 원망하고 불평하였던 이스라엘 백성처럼 하나님 사랑의 증거인 십자가의 은혜를 잊어버린 채 죄 가운데 살았던 우리의 모습을 회개합니다. 십자가 보혈로 정결하게 씻어 주소서.

오늘부터 시작되는 사순절기를 통하여 오직 예수 그리스도에게 초점을 맞추게 하소서. 온 인류의 죄를 대속하기 위해서 갈보리 십자가를 지신 예수 그리스도의 수난에 동참하는 믿음을 허락하여 주소서. "인자가 온 것은 섬김을 받으려 함이 아니라 도리어 섬기려 하고 자기 목숨을 많은 사람의 대속물로 주려 함이니라"고 말씀하며, 좁고 험한 십자가의 길을 가신 예수님을 따라 사순절 기간에 더욱 낮아지고 섬기

며 그리스도의 십자가를 붙드는 삶이 되기를 원합니다.

십자가의 사랑을 베풀어 주신 하나님! 사순절이 형식적이고 습관적인 교회 예식이 되지 않기를 원합니다. 정해진 기간에만 예수 그리스도를 생각하며 고난에 동참하는 유한한 신앙이 되지 않도록 도와주소서. 사순절을 기점으로 예수 그리스도의 십자가를 마음에 깊이 새기도록 은혜를 주시어 장차 예수님이 호령과 천사장의 소리와 하나님의 나팔 소리로 친히 하늘로부터 강림하실 때까지 십자가의 길을 걷게 하시며, 십자가의 능력을 나타내는 삶이 되도록 도와주소서.

특히 주님의 몸 된 교회와 성도들을 위해서 간구합니다. 이 시간 고개숙인 주의 자녀들은 예수님이 십자가에서 흘리신 보혈로 말미암아 죽었던 인생에서 벗어나 새 삶을 얻은 인생들이라는 사실을 믿습니다. 보혈의 은총을 입은 주의 백성, 이 사순절을 통하여 십자가의 예수 그리스도를 만나는 은총을 베풀어 주소서. 더불어 이제는 내가 사는 것이 아닌 오직 하나님의 아들 예수 그리스도를 믿는 믿음의 삶이 되도록 역사하여 주소서. 또한 예수 그리스도가 우리 교회의 시작과 끝이 되도록 역사하여 주소서.

강단에 세워 주신 주의 사자 목사님을 권능의 장중에 붙들어 주시어 예수 그리스도 복음의 통로가 되게 하소서. 말씀을 통하여 우리의 심령에 오직 예수님만 남게 하시고 십자가의 능력으로 세상을 향해 나아가도록 힘을 주소서. 주의 종을 통해서 선포되는 피 묻은 복음을 통해 십자가의 사랑에서 멀리 있었던 우리 심령이 회개하고 십자가로 더 가까이 나아가게 하소서.

우리 구주 예수님의 이름으로 기도합니다. 아멘.

종려주일

호산나 다윗의 자손이여 찬송하리로다 주의 이름으로 오시는 이여 가장
높은 곳에서 호산나 하더라 _〈마태복음〉 21장 9절

독생자 예수 그리스도를 보내 주신 하나님 아버지!

모든 영광과 존귀를 성삼위 하나님에게 돌려 드립니다. 창세 전부터
예비하신 구원의 계획을 이루시기 위해서 성육신 하신 예수님의 마지
막 일주일을 기념하는 첫 날인 종려주일 예배를 드릴 수 있도록 은혜
를 베풀어 주심을 진심으로 감사합니다. 예수 그리스도의 십자가 은
혜로 구원받은 하나님의 자녀들이 십자가의 사랑에 감격하여 성삼위
하나님에게 경배와 찬양을 드리기 위해 모였습니다. 이 시간 성령으
로 저희 가운데 역사하시어 우리의 예배를 받아 주시고, 예수 그리스
도로 말미암아 은혜의 선물을 받은 구원의 은총을 전심으로 감사하는
살아 있는 예배가 되도록 인도하여 주소서.

예루살렘 성에 입성하시던 예수님을 향해 종려나무 가지를 흔들고 자
신들의 겉옷을 깔며 '호산나'를 외치고 기쁨으로 환호했던 유대인들
의 모습을 기억합니다. 하지만 그들은 금방 변했습니다. 자신이 원하

던 그리스도의 모습이 아니었기에 유대인들은 "예수님을 십자가에 못 박으라!"고 외쳤습니다. 이는 죄 된 본성을 가지고 있는 연약한 우리의 실체임을 고백합니다. 유대인들처럼 예수님을 부인하고 예수님의 손과 발에 계속해서 못질을 하고 있는 악한 저희의 머리에 재를 뿌리고 심령의 옷을 찢으며 회개합니다. "우리는 그리스도 안에서 그의 은혜의 풍성함을 따라 그의 피로 말미암아 속량 곧 죄 사함을 받았느니라"는 말씀대로 아무것도 할 수 없는 연약한 죄인들을 보배로운 피로 씻어 주소서.

오늘은 종려주일이며 동시에 예수님이 고난의 쓴 잔을 받으신 고난주간이 시작되는 날입니다. 우리 안에 자리 잡고 있는 완악하고 패역한 죄악의 쓴 뿌리를 뽑아 주시어 온전히 예수님의 고난에 동참하는 은혜를 베푸소서. "믿음의 주요 또 온전하게 하시는 이인 예수를 바라보자 그는 그 앞에 있는 기쁨을 위하여 십자가를 참으사 부끄러움을 개의치 아니하시더니 하나님 보좌 우편에 앉으셨느니라"는 말씀을 기억하게 하소서. 사랑하는 성도들의 시선이 예수 그리스도에게 맞춰지고 묵묵히 순종하는 한 주간이 되도록 역사하여 주소서.

주님이 사랑하는 목자를 통해서 종려주일의 메시지가 선포될 때, 모든 성도가 "아멘"으로 화답하게 하시고, 이 말씀을 심령에 새기어 온전히 예수님만을 따르게 하소서. 예배를 섬기는 모든 종에게 은혜를 베풀어 주셔서, 보혈의 능력으로 종려주일을 보내고 고난주간을 시작하게 하소서.

아버지의 뜻에 따라 예루살렘 성에 입성하시어 갈보리를 향해 나아가는 예수님의 이름으로 기도합니다. 아멘.

고난주간 1 · 월요일

나를 따라오려거든 자기를 부인하고 날마다 제 십자가를 지고 나를 따를
것이니라 _〈누가복음〉 9장 23절

사랑의 주 하나님 아버지!

하나님의 사랑하는 아들 독생자 예수 그리스도를 낮고 천한 이 땅에
완전한 인간으로 보내 주셔서 구원의 역사를 이루어 주시니 참으로
감사합니다. 하나님 아버지의 말씀에 온전히 순종하신 예수님이 예루
살렘 성에 입성하시어 보내신 마지막 일주일을 기념하며 예수님을 따
라갈 수 있도록 인도해 주시니 더욱 감사합니다. "나를 따라오려거든
자기를 부인하고 날마다 제 십자가를 지고 나를 따를 것이니라"는 예
수님의 말씀대로 고난주간을 보내도록 성령님이 인도해 주소서.

예수님은 하늘의 영광을 뒤로한 채 낮고 천한 이 땅에 오셔서 이처럼
십자가의 길을 걸으셨건만 본질상 진노의 자녀들이기에 저희는 하나
님의 은혜를 저버리며 살고 있음을 회개합니다. 날마다 세상의 넓은
길을 걸으며 온갖 악행을 반복하였던 우리의 몸과 마음을 예수 그리
스도의 십자가 보혈로 깨끗하게 씻어 주소서. 나의 죄를 대신하여 십

자가를 지신 예수님을 날마다 바라보며, 예수님을 따라 십자가의 길로 나아가게 하소서.

하나님 아버지의 뜻에 온전히 순종하신 예수님을 바라봅니다. 모든 환경이 열악했음에도 예수님은 천하보다 귀한 한 영혼을 살리기 위해서 복음 사역을 멈추지 않으셨습니다. "내 말을 듣고 또 나 보내신 이를 믿는 자는 영생을 얻었고 심판에 이르지 아니하나니 사망에서 생명으로 옮겼느니라"는 말씀이 필요한 뭇 영혼들을 향해 밤낮없이 다니셨습니다. 하지만 이 사역을 위해서 부르심을 받았던 종교 지도자들은 예수님의 사역을 돕기는커녕 예수님을 모함하여 죽이려는 데 혈안이 되어 수단과 방법을 가리지 않았습니다. 이 안타까운 모습이 우리의 모습은 아닌지요. 오, 주님! 예수님을 하나님의 아들 그리스도로 믿게 하소서.

피곤한 몸을 이끌고, 산에 올라가 몸을 구부려 기도하시는 예수님의 눈물이 우리의 눈물이 되게 하소서. 홀로 기도하시는 예수님의 옆자리가 우리의 자리가 되게 하소서. 진실로 고난의 길을 걸어가신 예수님의 발자취가 우리의 발자취가 되게 하소서.

자비로우신 주 하나님, 고난주간에 온전히 예수님과 동행하게 하소서. 이 예배를 통하여 다시 한 번 고난의 예수님에게 우리의 모든 시선을 맞추도록 도우시어 십자가로 승리하신 예수님의 기쁨이 나의 삶에 실제가 되게 하소서. 고난의 메시지를 선포하실 사랑하는 목사님에게 은혜를 더하여 주실 줄 믿습니다.

모든 것을 주께 감사드리며 우리 구주 예수님의 이름으로 기도합니다. 아멘.

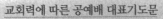

교회력에 따른 공예배 대표기도문

고난주간 2 · 화요일

의인은 없나니 하나도 없으며 깨닫는 자도 없고 하나님을 찾는 자도 없고
다 치우쳐 함께 무익하게 되고 _〈로마서〉 3장 10∼12절

은혜의 주 하나님 아버지!

오늘도 변함없는 십자가의 은혜로 이 죄인들의 시선을 예수 그리스도
에게 맞추도록 은혜를 주시니 감사합니다. 십자가를 향해 가시는 예
수님의 발자취를 따라갈 수 있도록 힘 주시니 더욱 감사합니다. 하나
님이 죄인들에게 베풀어 주신 은혜는 한량없건만, 매 순간 은혜를 잊
어버리고 우상을 만들며 범죄하고 있는 악한 죄인들에게 자비와 긍휼
을 베풀어 주소서.

오늘도 예수님의 발자취를 따라갑니다. 예수님은 성전에 계시며 종교
인들의 외식적인 모습을 보며 한탄하셨습니다. 그러나 그들 중에 한
과부의 모습을 보며 예수님은 "내가 참으로 너희에게 말하노니 이 가
난한 과부가 다른 모든 사람보다 많이 넣었도다 저들은 그 풍족한 중
에서 헌금을 넣었거니와 이 과부는 그 가난한 중에서 자기가 가지고
있는 생활비 전부를 넣었느니라"고 외치셨습니다. 하나님은 우리의

132

외적인 모습을 보지 않으십니다. 과부가 드리는 헌금을 보시는 예수님의 모습 속에서, 하나님은 우리의 중심을 보신다는 진리를 새삼 깨닫게 됩니다. 고난주간을 보내는 우리의 심령이 진실로 하나님을 향하도록 은혜를 주소서.

고난주간이 형식적이고 습관적인 종교 예식이 되고 있지는 않은지 우리 자신을 살핍니다. "화 있을진저 외식하는 서기관들과 바리새인들이여 잔과 대접의 겉은 깨끗이 하되 그 안에는 탐욕과 방탕으로 가득하게 하는도다"라는 예수님의 말씀처럼 탐욕과 방탕으로 가득한 채, 외적으로 하나님을 찾고 고난에 동참한다고 말만 앞세우고 있는 위선이 우리 안에 있지는 않은지 돌아보게 하소서. 진실로 예수님이 걸으신 고난에 동참하여 예수님의 십자가가 우리의 심장에 깊이 새겨지는 은혜를 베푸소서. 세상에서의 성공과 행복만을 추구하는 신앙을 버리고 고난의 예수님을 따르며 하늘의 영광을 소망하는 빛의 자녀가 되게 하소서.

고난주간이 세속적인 목적을 이루기 위한 도구로 전락하지 않도록 십자가를 붙듭니다. 이 예배에 참석하며 경건하게 보내는 시간을 통해서 더욱 낮아지게 하시고 깨어지게 하셔서 완전히 가루가 되어 하나님의 형상으로 새롭게 빚어지는 역사를 이루소서. 진실로 죄뿐인 나의 악한 모습이 하나님이 빚으시는 거룩한 형상이 되게 하소서.

예배를 섬기는 종들에게 은혜를 주시며 십자가의 복음을 전하는 우리 목사님이 되도록 역사하여 주소서.

우리에게 새 생명을 주시는 유일한 이름이신 예수님의 이름으로 기도합니다. 아멘.

고난주간 3 · 수요일

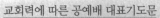

온 천하에 어디서든지 이 복음이 전파되는 곳에서는 이 여자가 행한 일도
말하여 그를 기억하리라 _〈마태복음〉 26장 13절

거룩하신 주 하나님 아버지!

죄와 허물로 죽었던 죄인들을 예수 그리스도의 십자가 은혜로 살려
주시고 거룩한 하나님의 자녀로 삼아 주시니 감사합니다. 날마다 하
나님에게로 더 가까이 나아갈 수 있도록 은혜를 주시는 성삼위 하나
님에게 모든 존귀와 영광을 돌립니다.

그러나 여전히 죄의 본성을 가지고 있는 우리는 하나님 앞에 범죄 하
였습니다. 십자가를 붙들며 예수님을 따라가야 할 경건한 주간임에도
세상의 안락과 성공을 위해서 달려갔던 연약한 모습을 회개합니다.
세상이 줄 수 없는 예수님의 평안보다 물질과 권력이 주는 평화를 더
갈망했던 어리석은 심령을 예수 그리스도의 십자가 보혈로 정결하게
씻어 주소서.

고난주간을 지내는 우리의 발걸음이 예수님을 따르게 하소서. 예수님
은 베다니에 있는 시몬의 집에 머물며 제자들과 시간을 보내고 있었

습니다. 그때 한 여인이 예수님에게 나아와 값비싼 향유 옥합을 깨뜨려 예수님의 죽으심을 준비하였습니다. 그러나 곁에 있던 제자들은 여인의 행동을 꾸짖는 어리석음을 범했습니다. 그들의 초점은 십자가가 아니었기 때문입니다.

십자가의 초점을 잃어버린 제자들을 향해서 예수님은 "이 여자가 내 몸에 이 향유를 부은 것은 내 장례를 위하여 함이니라 내가 진실로 너희에게 이르노니 온 천하에 어디서든지 이 복음이 전파되는 곳에서는 이 여자가 행한 일도 말하여 그를 기억하리라"는 말씀을 통해서 무지한 제자들을 깨우쳐 주셨습니다. 우리의 모습이 제자들이 아닌, 가장 귀한 것을 예수님에게 드리는 신실한 자들이 되도록 인도하여 주소서. 여인의 헌신이 우리 삶의 전부가 되는 영광을 누리게 하소서.

십자가를 통해서 구원의 역사를 이루신 하나님! 십자가의 예수님을 따르게 하소서. "세상 죄를 지고 가는 하나님의 어린 양이로다"라는 세례 요한의 외침대로, 홀로 십자가를 지고 가신 예수님을 따라가는 믿음의 사람이 되게 하소서. 아침 안개와 같이 사라질 인생의 부귀영화를 버리고 오직 하나님 나라만을 향해 달려가는 믿음으로 충만하게 하소서.

오늘 드려지는 이 예배를 통해서 우리 믿음의 기초가 십자가가 되게 하시고, 그 십자가를 지며 예수님을 따르게 하소서. 생명의 복음을 전하실 주의 종에게 은혜에 은혜를 더하여 주셔서 십자가의 복음을 담대하게 선포하도록 입술에 기름을 부어 주소서.

길이요 진리요 생명 되시는 우리 주 예수님의 이름으로 기도합니다. 아멘.

고난주간 4 · 목요일

아들이 있는 자에게는 생명이 있고 하나님의 아들이 없는 자에게는 생명이 없느니라 _〈요한일서〉 5장 12절

생사화복을 주관하시는 하나님 아버지!

생명과 죽음의 촌각을 다투는 시간 속에서 하나님을 잊지 않고 예수님을 믿음으로 주의 전에 나아와 예배를 드릴 수 있도록 은총을 주시니 감사합니다. 이 시간 오직 예수님의 십자가 공로를 의지하여 하나님에게 경배와 찬양을 드리게 하소서. 하나님을 예배하는 데 장애가 되는 모든 죄 된 것을 십자가 앞에 내어놓아 합당한 예배자로 거듭나게 하소서. 구주 예수님의 십자가 보혈만이 우리의 모든 죄를 말갛게 씻을 수 있사오니, 기회가 있을 때에 회개하여 하나님이 기뻐 받으시는 아벨의 제사가 되도록 역사하여 주소서.

고난주간을 맞아 계속해서 예수님을 따르며 고난에 동참하게 하시니 감사합니다. 예수님은 십자가를 지시기 전에 제자들과 마지막 식사를 나누며 성찬식을 제정하여 주셨습니다. 더불어 성찬식을 통해 예수님은 십자가가 구원의 방법이며, 십자가를 전하는 것이 사역의 중심

이라는 것을 확실하게 가르쳐 주셨습니다. 오, 주님! 날마다 예수님을 기억하게 하소서. 십자가에서 찢기신 몸과 쏟으신 피를 기억하며 주님을 다시 만나는 그날까지 예수님의 십자가만 전하게 하소서.

좁은 길을 가신 예수님! 예수님을 따라 걷는 길이 매우 좁고 험합니다. 환난과 핍박도 끊이질 않습니다. 그래서 주변의 많은 사람이 중도 포기하며 외면하기까지 합니다. 왜 미련하게 그 길을 가느냐고 조롱합니다. 그러나 "십자가의 도가 멸망하는 자들에게는 미련한 것이요 구원을 받는 우리에게는 하나님의 능력이라"는 말씀을 믿습니다. 세상의 모든 사람이 "아니오"라고 할지라도, 예수님이 가신 길이라면 "예"라고 고백하게 하소서.

세상의 가치나 이치, 철학이나 사상, 권력과 명예를 십자가에 완전히 못 박아 버리게 하소서. 대신에 "너희가 거듭난 것은 썩어질 씨로 된 것이 아니요 썩지 아니할 씨로 된 것이니 살아 있고 항상 있는 하나님의 말씀으로 되었느니라 그러므로 모든 육체는 풀과 같고 그 모든 영광은 풀의 꽃과 같으니 풀은 마르고 꽃은 떨어지되 오직 주의 말씀은 세세토록 있도다 하였으니 너희에게 전한 복음이 곧 이 말씀이니라"는 진리를 늘 기억하며, 예수님을 바라보게 하소서. 예수님의 십자가만 붙들게 하소서.

주님, 이 시간 예배를 통하여 십자가의 복음으로 거듭나게 하소서. 진실로 하나님이 기뻐 받으시는 예배가 되어서 하늘에는 영광, 우리에게는 한량없는 은혜가 되게 하소서. 말씀을 선포하실 목사님에게 갑절의 영적 능력을 부어 주소서.

온전하신 예수님의 이름으로 기도합니다. 아멘.

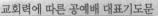

고난주간 5 · 금요일

구원하심이 보좌에 앉으신 우리 하나님과 어린 양에게 있도다
_〈요한계시록〉 7장 10절

십자가를 통해 구원의 역사를 이루신 하나님 아버지!

이천 년 전 오늘, 예수님이 십자가에 달려 죽으신 날을 기념하는 성금요일에 하나님에게 예배 드릴 수 있도록 은혜를 주시니 감사합니다. 갈보리 산 위에 세워진 십자가에서 보배로우신 피를 흘리신 어린 양 예수님을 전심으로 찬양하며 경배합니다. 아무런 죄가 없음에도 십자가에 달려 흘리신 예수님의 보혈은 강물이 되어 죄로 어두워진 이 세상에 넘쳐흘러 하나님의 사랑과 공의를 만방에 알려 주시니 감사합니다. 이 십자가의 영광을 주님이 이 땅에 다시 오실 때까지 찬양하게 하소서.

놀라운 십자가의 은혜를 받았음에도 죄 된 본성을 가지고 있는 우리는 여전히 십자가 대신에 세상을 붙들고 있으니, 이게 웬일입니까! "그가 찔림은 우리의 허물 때문이요 그가 상함은 우리의 죄악 때문이라 그가 징계를 받으므로 우리는 평화를 누리고 그가 채찍에 맞으므로 우리는 나음을 받았도다 우리는 다 양 같아서 그릇 행하여 각기 제 길로 갔거늘 여호와께서는 우리 모두의 죄악을 그에게 담당시키셨도다"라고 한 이사야 선지자의 예언을 기억합니다. 오, 주님! 아무것도 할 수 없는 죄인들에게 자비와 긍휼을 베풀어 주소서. 우리를 위해서 흘리신 보혈이 우리의 심장을 움직이게 하시고 우리 능력의 원천이 되게 하소서. 세상을 향해 있는 우리의 시선을 갈보리 십자가로 향하게 하소서.

성금요일, 예수님이 가신 길을 따릅니다. 겟세마네 동산에서 간절히 기도하신 후에 군인들에게 잡히신 예수님은 밤새도록 유대 종교 지도자들에게 재판을 받아 사형을 선고받았습니다. 이때 예수님은 그 어떤 자기 변호도 하지 않으셨습니다. 도수장으로 끌려가는 한 마리의 힘없는 양처럼 예수님은 온 세상의 죄를 짊어지고 가셨습니다. 기다란 가시로 만들어진 관이 머리에 씌어져 연신 피를 흘릴 때에도, 쇳조각이 박힌 채찍에 맞아 살이 찢기고 떨어져 나가는 고통 속에서도 예수님은 죄와 허물로 죽었던 영혼들만 생각하셨습니다. 도저히 감당할 수 없는 십자가를 지고 갈보리 언덕을 오를 때에도, 손과 발에 긴 대못이 박힐 때에도 예수님은 아버지의 뜻에 순종할 뿐이었습니다.

십자가의 예수님, 우리를 용서하고 우리의 죄를 속량하기 위해서 십자가에서 보혈을 흘리신 예수님에게 감히 고백합니다. 예수님이 지신 십자가를 나도 지게 하소서. 이 시간 드리는 성금요일 예배가 온 세상 만물을 다 가진다 할지라도 갚을 수 없는 십자가의 은혜를 받은 자답게 우리의 모든 것을 제물로 드리는 살아 있는 예배가 되게 하소서.

죄 없으신 우리 구주 예수님의 이름으로 기도합니다. 아멘.

부활주일

나는 부활이요 생명이니 나를 믿는 자는 죽어도 살겠고 무릇 살아서 나를 믿는
자는 영원히 죽지 아니하리니 _〈요한복음〉 11장 25~26절

살아 계신 주 하나님 아버지!

사망 권세를 이기시고 부활하신 예수님에게 경배와 찬양을 드립니다.
십자가로 승리하신 성자 예수님을 통해서 구원의 역사를 이루신 성부
하나님의 은총과 성령 하나님의 도우심에 모든 존귀와 영광을 돌립니
다. 부활하신 예수님을 기념하며 부활의 산 소망으로 성삼위 하나님
을 예배하오니 받아 주소서.

부활의 아침을 맞이하는 우리의 심령은 하나님의 법을 즐거워하지만,
우리 각자의 지체 속에 있는 한 다른 법이 우리 마음의 법과 싸워 우리
지체 속에 있는 죄의 법으로 우리를 사로잡고 있습니다. 죄와 허물로
죽었던 우리를 살릴 분은 오직 예수님이심을 믿사오니 십자가의 보혈
로 죄와 사망의 법으로부터 완전한 자유를 주소서. 그리스도의 십자
가 앞에 우리의 가슴을 치며 죄를 회개하오니 보배로우신 예수님의
보혈로 깨끗하게 씻어 주소서. 죄의 본성 때문에 부활의 기쁨이 유한

한 기쁨이 되지 않도록, 항상 그리스도 예수 안에 거하며 그리스도의 십자가를 붙들게 하소서.

아담의 원죄로 말미암아 모든 인류는 사망 선고를 받았지만, 이제 예수님의 십자가 은혜로 모든 인류는 구원의 기회를 얻게 되었습니다. 한 사람 아담으로부터 시작된 사망이, 한 사람 예수님으로부터 끝났습니다. 예수님의 부활은 실재임을 믿습니다. "나는 부활이요 생명이니 나를 믿는 자는 죽어도 살겠고 무릇 살아서 나를 믿는 자는 영원히 죽지 아니하리니 이것을 네가 믿느냐"는 예수님의 질문에 믿음으로 "아멘" 하게 하소서. 날마다 부활의 소망을 품고, 천성을 향해 나아가게 하소서.

부활의 기쁜 소식을 주신 하나님! 예수님의 부활이 나라와 민족, 온 땅 열방을 향해 전파되게 하소서. 경제적인 문제와 건강의 문제 등 다양한 문제로 고통 중에 있는 이 땅의 백성도 부활의 기쁜 소식을 믿어 유한한 세상의 일을 벗고 구원과 영생의 기쁨을 누리게 하소서. 전쟁과 기근 등 갖가지 재해로 고통을 당하는 열방의 백성에게도 부활하신 예수님이 찾아가 주셔서 저들이 안고 있는 모든 무거운 짐으로부터 해방시켜 주소서. 천재지변으로 인해 모든 것을 잃고 절망 가운데 있는 사람들에게 부활의 소망으로 다시 일어서도록 은혜를 주소서.

부활의 메시지를 선포하실 사랑하는 목사님에게 은혜를 주셔서 십자가에서 승리하신 부활의 복음을 전하도록 능력을 베푸소서. 하나님을 찬양하는 성가대와 이 모양 저 모양으로 예배를 섬기는 모든 종에게도 부활의 능력을 주셔서 하나님을 온전히 예배하게 하소서.

하나님 우편에 앉아 계시는 예수님의 이름으로 기도합니다. 아멘.

어린이주일

어린 아이들을 용납하고 내게 오는 것을 금하지 말라 천국이 이런 사람의
것이니라 _⟨마태복음⟩ 19장 14절

사랑이 많으신 하나님 아버지!

5월에 핀 그 어떤 화려한 꽃보다 더 찬란한 하늘의 영광을 소망하며
예배할 수 있도록 우리를 주님의 교회로 불러 주셔서 감사합니다. 세
상의 그 어떤 말로도 형용할 수 없는 성삼위 하나님의 은총을 감사하
며, 전심으로 하나님을 예배하는 이 시간이 되도록 은혜를 베푸소서.
주님의 말씀대로 어린아이와 같은 심령을 가지고 구원과 영원한 생명
을 주신 하나님을 찬양하며 경배하게 하소서.

그러나 오늘날 하나님을 예배하는 우리의 모습은 참으로 부끄럽습니
다. 주님은 우리에게 "지혜에는 아이가 되지 말고 악에는 어린 아이가
되라"고 말씀하셨건만, 우리는 정반대로 생각하며 함부로 행하였습
니다. "어린 아이가 되지 아니하여 사람의 속임수와 간사한 유혹에 빠
져 온갖 교훈의 풍조에 밀려 요동하지 않게 하려 함이라"고 가르쳐 주
셨지만, 어린아이가 되어 온갖 죄를 범하였습니다. 의의 말씀을 경험

하지 못해서 세속의 젖을 먹는 어린아이와 같은 생각과 언행을 회개하오니 이 죄인들을 불쌍히 여기사 용서하여 주소서.

신실하신 주님! 어린이주일을 통하여 우리의 신앙이 다시금 순수해지기를 원합니다. 예수님을 처음 만났던 은혜와 감격을 잊고, 어느덧 죄에 물들어 신앙의 연수는 있지만 순수함을 잃어버렸습니다. 예수님을 온전히 의지하기보다는 적당히 따라 주는 것으로 만족하였습니다. 말씀과 기도에 전념하기보다는 주일에만 말씀과 기도의 중요성을 인정하였습니다. 신앙에 대해서 말할 줄은 알지만, 신앙의 삶은 전혀 없었습니다. "영혼 없는 몸이 죽은 것 같이 행함이 없는 믿음은 죽은 것이니라"고 말씀하였사오니, 우리의 신앙이 스펀지처럼 모든 것을 순수하게 받아들여 어린아이의 심령이 되게 하소서.

능력의 주님! 어린이가 세속에 물들지 않도록 보호하여 주소서. 지금 이 시대는 예수님의 십자가 복음이 아닌, 번영과 성공의 복음이 지배하고 있습니다. 많은 교회와 많은 그리스도인이 참된 복음보다는 세속에 물든 복음에 열광하고 있습니다. 또한 극단적인 비기독교인들의 일방적이고 독선적인 공격의 대상이 되고 있습니다. 이 영적 어둠의 시대를 사는 어린이가 어둠에 파묻혀 갈 길 몰라 방황하지 않게 하시고, 빛의 자녀처럼 행하도록 능력을 베푸소서.

어린이주일 예배를 기뻐 받으시는 하나님! 이 예배를 수종 든 종들에게 지혜와 명철을 주시고, 말씀을 선포하시는 목사님의 입술에 성령의 기름을 부어 주셔서 소망의 복음을 선포하게 하소서.

어린아이와 같은 믿음을 기뻐하시는 우리 구주 예수님의 이름으로 기도합니다. 아멘.

어버이주일

자녀들아 모든 일에 부모에게 순종하라 이는 주 안에서 기쁘게 하는
것이니라 _〈골로새서〉 3장 20절

사랑과 긍휼이 풍성하신 아버지 하나님!

죄인들에게 십자가 은혜를 베풀어 주셔서 거룩하신 하나님을 감히 아
빠 아버지라고 부르게 하시니 감사합니다. 아버지 하나님이 이 죄인
들에게 베풀어 주신 말로 형용할 수 없는 은혜를 매일 감사하며 매 순
간 찬양하게 하소서. 우리의 일부만 드리는 예배가 아닌 전부를 드리
는 예배가 되도록 역사하여 주소서. 이 시간 먼저 하나님 앞에 지은 모
든 죄를 회개합니다. 하나님 앞에 나올 자격이 전혀 없지만 예수님의
십자가 공로를 의지하여 나왔사오니 다시 한 번 십자가 보혈로 모든
죄를 씻어 주셔서 정결한 하나님의 자녀가 되게 하소서.

5월 가정의 달을 맞이하여 이 시간 어버이주일로 하나님을 예배합니
다. 자녀들이 부모된 우리에게 무언가 해 주기를 바라기보다는 부모
된 우리가 먼저 주 안에서 자녀들을 양육하며 섬기길 원합니다. 부모
는 자녀를 사랑으로 양육하고, 자녀는 부모님의 은혜에 감사하며 사

랑으로 서로를 섬기도록 역사하여 주소서. 가정이 흔들리고 무너지는 시대 속에서 어버이주일을 통하여 더욱 하나님 안에서 부모님을 공경하며 믿음의 가정이 되도록 은혜를 베푸소서. 주님의 말씀대로 부모님에게 순종함으로 주님을 기쁘시게 하는 자가 되도록 인도하여 주소서. 사랑으로 우리를 고이 길러 주신 부모님의 은혜에 감사하며 배은망덕한 행위를 하지 않도록 늘 지켜 주소서.

약한 자에게 자비를 베푸시는 주님! 우리 주변에는 결손 가정이 많습니다. 그들이 가정에서 느끼지 못하는 가족 간의 사랑, 부모의 사랑을 하나님 아버지를 통해서 경험하게 하시고 성도 간의 교제를 통해서 따스함을 나누도록 은혜를 베푸소서. 홀로 사는 어르신들도 많이 있습니다. 육신의 곤고함과 질병으로 고통하며 혼자라는 외로움에 눈물을 흘릴 때 예수님이 친히 찾아가 주셔서 위로해 주시고 십자가의 그늘 안에 있는 하늘의 평안을 내려 주소서. 영원히 안식할 천국을 소망하며 하나님의 가족이라는 사실을 절대로 잊지 않도록 도와주소서.

예수님도 육신의 어머니 마리아를 요한에게 맡기면서 "보라 네 어머니라"고 말씀하며 자식의 도리를 다하였습니다. 그러나 이 세상이 너무 악하여 부모 자식 간에 패륜적인 범죄가 연일 끊이지 않고 있습니다. "네 부모를 공경하라 하고 또 아버지나 어머니를 모욕하는 자는 죽임을 당하리라"는 말씀을 모두가 기억하여 서로를 사랑하고 존중하는 아름다운 가정이 되도록 은총을 베푸소서.

예수 그리스도의 은혜로 한 가족이 된 우리가 한마음과 한뜻으로 모여 하나님을 예배하오니 마치는 시간까지 은혜로 채워 주소서.

거룩하신 예수님의 이름으로 기도합니다. 아멘.

스승의주일

네가 적은 일에 충성하였으매 내가 많은 것을 네게 맡기리니 네 주인의
즐거움에 참여할지어다 _〈마태복음〉 25장 23절

우리의 영원한 인도자 되신 주 하나님!

이 시간 스승의주일로 모여 함께 예배할 수 있도록 은혜를 주시니 참
으로 감사합니다. 하나님이 주신 이 놀라운 특권에 모든 성도가 눈을
들어 예수 그리스도의 십자가를 바라보고 입술을 열어 하나님을 찬양
하게 하소서. 하나님은 우리의 피난처시요 힘이시니 환난 중에 만날
큰 도움이심을 예배 중에 깨닫게 하시어 땅이 변하든지 산이 흔들려
바다 가운데에 빠지든지 바닷물이 솟아나고 뛰놀든지 그것이 넘침으
로 산이 흔들릴지라도 두려워하지 않는 믿음을 회복시켜 주소서.

예수 그리스도의 십자가, 이것이 우리 마음에 중심이 되지 못했음을
회개합니다. 예수님이 우리 신앙의 기초이며, 십자가가 신앙의 원동
력임에도 땅의 것들에 매여 복음과 전혀 관계없이 살았음을 머리에
재를 뿌리고 심령의 옷을 찢으며 회개하오니 용서하여 주소서. 베드
로가 닭의 울음소리를 듣고 대성통곡하며 회개했던 것처럼 회개의 열

매를 허락하여 주셔서 우리의 삶이 보혈로 거듭난 삶이 되게 하소서.

오늘은 스승의주일로 예배를 드립니다. 천하보다 귀한 영혼에게 하나님의 복음을 가르치는 교회학교 선생님을 기억하여 주소서. 이들이 먼저 복음 앞에 깨어지게 하시고 예수님을 인격적으로 만나서 각자 개인이 만난 예수님을 믿지 않는 영혼들에게 온전히 전하게 하소서. 영혼을 살릴 수 있는 것은 오직 예수 그리스도의 복음임을 절대로 잊지 않게 하시고, 선생님들이 먼저 영원한 선생님 되시는 예수님을 닮게 하소서.

뿐만 아니라 "나를 믿는 이 작은 자 중 하나를 실족하게 하면 차라리 연자 맷돌이 그 목에 달려서 깊은 바다에 빠뜨려지는 것이 나으니라"는 말씀도 기억하여 한 영혼을 대할 때마다 무릎을 꿇게 하시고, 심혈을 기울여 하나님의 말씀을 온전히 가르치게 하소서. "모든 성경은 하나님의 감동으로 된 것으로 교훈과 책망과 바르게 함과 의로 교육하기에 유익하니 이는 하나님의 사람으로 온전하게 하며 모든 선한 일을 행할 능력을 갖추게 하려 함이라"고 하셨으니 오직 성경만을 가르치는 교사들이 되게 하소서.

이 시간 예배를 통하여 모든 교사에게 하나님이 주시는 충만한 은혜를 내리어 주소서. 성령이 충만한 교사들이 되어서 주님이 맡기신 양들을 복음으로 잘 양육하도록 능력을 주소서. 말씀을 전하는 목사님에게 권능을 더하여 주시어 복음으로 풍성한 예배가 되게 하소서.

우리의 참 스승 되시는 예수님의 이름으로 기도합니다. 아멘.

성령강림주일

마치 불의 혀처럼 갈라지는 것들이 그들에게 보여 각 사람 위에 하나씩 임하여
있더니 그들이 다 성령의 충만함을 받고 _〈사도행전〉 2장 3~4절

온 세상의 만물을 주관하시는 은총의 주 하나님!

성삼위 하나님이 죄인들에게 베풀어 주신 은혜와 사랑을 소리 높여
찬양하며 성심으로 감사드립니다. 거룩한 성일을 맞아 주님의 교회에
나아와 예배를 드릴 수 있는 특권을 주시니 감사합니다. 이 시간, 하나
님이 기뻐 받으시는 신령한 예배가 되도록 역사하여 주소서. 구원의
은총을 베풀어 주신 하나님의 은혜를 기억하며, 마음과 뜻과 정성을
다해 하나님에게 모든 초점을 맞추는 집중력을 허락해 주소서. 오직
하나님에게만 영광이 되는 기쁨의 예배가 되도록 인도하여 주소서.

하나님을 예배하기 위해서 나왔지만, 우리의 영육은 죄로 오염되어
있음을 고백합니다. 땅에 있는 세상의 것들을 사랑하지 말고 위의 것
들을 찾으라는 말씀을 잊은 채 육신의 정욕과 안목의 정욕과 이생의
자랑으로 살았던 악한 모습을 회개합니다. 죄인 줄 알면서 죄의 욕망
을 이기지 못하여 반복해 범죄하는 연약함을 긍휼히 여기사 십자가의

보혈로 깨끗하게 씻어 주소서. 오직 보혈만이 죄와 싸워 승리할 수 있는 능력임을 믿사오니 보혈의 능력으로 우리를 이끄소서.

성령을 보내 주신 하나님 아버지! 성령강림주일 예배를 통하여 성령 강림을 기념하며 날마다 성령의 인도하심에 따라 살게 하소서. 오순절 마가의 다락방에서 있었던 성령 강림의 역사를 기억합니다. 이때 임하신 성령님은 초대 교회를 시작하게 하셨고, 예루살렘과 온 유대와 사마리아와 땅끝까지 예수 그리스도의 복음이 증거되도록 하셨습니다. 이 성령님의 역사하심으로 오늘 우리가 복음을 듣고 영접하여 하나님을 예배하고 있습니다. 이제 다시 우리를 통해서 이 복음이 온 땅과 열방을 향해 선포되도록 사용하여 주소서.

성령강림주일이 성령의 오심을 추억하는 시간이 되지 않게 하소서. 우리에게 성령으로 충만하여 이 세상을 향해 담대하게 복음을 선포하는 능력을 부어 주소서. "보혜사 곧 아버지께서 내 이름으로 보내실 성령 그가 너희에게 모든 것을 가르치고 내가 너희에게 말한 모든 것을 생각나게 하리라"고 하신 예수님의 말씀을 기억합니다. 성령이 역사하는 곳에 예수 그리스도의 복음이 선포되고, 복음의 열매가 맺히게 하소서. 성령님을 우리의 목적을 이루기 위한 도구로 이용하는 죄를 범하지 말게 하시고 오직 복음을 전하는 일에만 전념하게 하소서.

성령 강림으로 초대 교회가 부흥하였던 것처럼 우리 교회가 부흥하며, 예배가 부흥하도록 역사하소서. 이 시간 예배가 성령으로 충만하여 목사님을 통해서 그리스도의 복음이 선포되고, 복음으로 충만한 예배가 되도록 은총을 베푸소서.

우리의 기도를 들으시는 예수님의 이름으로 기도합니다. 아멘.

맥추감사주일

맥추절을 지키라 이는 네가 수고하여 밭에 뿌린 것의 첫 열매를 거둠이니라
_〈출애굽기〉 23장 16절

우리의 삶을 주관하시는 하나님 아버지!

한 해의 후반기가 시작되는 첫 주일을 맥추감사주일로 하나님에게 감사의 예배를 드리게 하시니 감사합니다. 우리의 머리털까지 세시는 하나님의 세밀한 손길로 지금까지 보호하여 주시고 인도하여 주시는 은혜를 무엇으로 갚을 수 있겠습니까! 그저 하나님 앞에 엎드려 찬양과 경배를 드릴 뿐입니다. 이 연약한 자들의 예배를 긍휼히 여기어 주사 아벨의 산 제사가 되도록 은총을 베풀어 주소서.

입술로는 하나님의 은혜에 감사한다고 하지만 우리의 삶은 하나님을 향한 감사와 찬양이 없었음을 회개합니다. 날마다 하나님이 예수님을 통해서 베풀어 주신 십자가의 은혜에 감사해야 하지만 실제로는 그러하지 못했음을 회개합니다. 만나와 메추라기, 구름 기둥과 불 기둥의 인도를 받았음에도 불평하였던 이스라엘 백성의 모습이 우리의 모습이오니 용서하여 주소서.

맥추절은 보리 수확의 첫 단을 하나님 앞에 드리는 초실절부터 7주간의 곡물 추수에 대한 감사를 하나님에게 드리는 시간입니다. 하나님이 열어 주신 새 땅에서 하나님이 주신 첫 열매로 하나님에게 온전히 드렸던 이스라엘 백성처럼, 진실로 우리가 가장 소중한 것을 하나님에게 드리며 감사의 제사를 드리게 하소서. 매년 반복해서 드리는 형식적이고 습관적인 예배가 되지 않도록 우리의 심령을 붙들어 주시어 몸과 마음과 정성을 다하여 하나님에게 감사의 제단을 쌓도록 인도하여 주소서.

"주의 성도들아 여호와를 찬송하며 그의 거룩함을 기억하며 감사하라"는 말씀을 기억합니다. 하나님이 주시는 은혜를 매일 매 순간 삶에서 경험하고 있습니다. 우리의 생명을 지금까지 지켜 주시니 감사합니다. 완벽하지는 않지만 가정을 주시고 섬기는 교회를 주셔서 감사합니다. 많은 사람과 관계를 맺으며 교제하고 살게 하시니 감사합니다. 우리가 계획한 대로 모두 이루어지지 않았지만 늘 주님이 인도해 주시니 주님의 섭리하심에 감사합니다. 1년의 반을 지내면서 하나님을 잊지 않고 이 시간 이 자리에 나아와 예배를 드릴 수 있다는 것 자체가 기적이며 최고의 감사입니다. 우리의 삶이 늘 하나님을 향한 감사와 찬양의 기쁨이 끊이지 않도록 인도하여 주소서.

오늘을 시작으로 우리의 삶과 교회가 감사로 열매 맺게 하소서. 이제 남은 반년의 시간이 감사의 열매로 채워지도록 인도하여 주소서. 이 시간 예배를 섬기는 일꾼들의 입술에 감사가 넘치게 하시고, 말씀을 전하시는 목사님을 통해서 감사의 메시지를 심령에 각인시켜 주소서.

우리에게 긍휼을 베푸시는 예수님의 이름으로 기도합니다. 아멘.

종교개혁주일

오직 나는 주의 풍성한 사랑을 힘입어 주의 집에 들어가 주를 경외함으로 성전을
향하여 예배하리이다 _〈시편〉 5편 7절

날마다 우리를 거듭나게 하시는 하나님!

연약한 자들에게 베풀어 주신 하나님의 은혜로 이 시간 주님의 전에
나아와 기쁨의 예배를 드릴 수 있도록 역사하시니 진실로 감사합니
다. "오직 나는 주의 풍성한 사랑을 힘입어 주의 집에 들어가 주를 경
외함으로 성전을 향하여 예배하리이다"라고 노래했던 〈시편〉 기자의
심정을 가지고 나왔사오니, 오직 하나님이 예수 그리스도를 통해서
확실하게 보여 주신 십자가의 사랑과 은혜를 찬송하게 하소서.

구원의 은총을 감사하며 이 시간 하나님을 예배하기 원하지만, 여전
히 우리 안에 잠재되어 있는 죄의 씨앗들이 우리를 끊임없이 주님과
멀어지게 하고 있습니다. 십자가의 사랑을 안다고 하면서 믿지 못하
고, 믿는다고 말하면서도 행하지 못했습니다. 눈에 보이는 것이 전부
가 아님에도 눈에 보이는 것에 따라 우리의 마음을 빼앗겼습니다. 예
수님을 따라 경건의 삶으로 나아가지 못하고 경건의 모양만 가지고

하나님을 예배할 때가 많았습니다. 이 연약하고 악한 죄인을 주님이 용서하여 주시고 성령의 검으로 죄를 제하여 주소서.

종교 개혁을 기념하며 주일 대예배를 드립니다. 종교 개혁은 초대 교회의 신앙을 잃어버리고 복음과 멀어진 교회를 향한 은총의 기회였습니다. 죄를 사해 주시는 분은 오직 예수님이거늘, 면죄부를 만들어 교회의 이득을 꾀하며 타락해 가던 중세 교회를 향한 루터의 외침은 이 세상 교회를 향한 주님의 말씀이셨습니다. '오직 은총, 오직 믿음, 오직 성경으로!'라는 진리의 깃발을 높이 들었던 개혁자들의 중심에는 예수 그리스도의 복음이 있었습니다. "누구든지 그리스도 안에 있으면 새로운 피조물이라 이전 것은 지나갔으니 보라 새 것이 되었도다"라는 말씀대로 날마다 그리스도 안에 거함으로 새로운 피조물이 되게 하소서. 고인 물은 반드시 썩듯이, 생명의 샘물이 늘 흘러넘치고 샘솟게 하소서.

초대 교회 성도들은 성령이 충만한 개혁자들이었습니다. 이를 이은 중세 교회의 개혁자들도 복음으로 충만한 개혁자들이었습니다. 이들처럼 우리도 항상 역동하는 믿음으로 형식화된 신앙을 버리고 날마다 거듭나며 날마다 깨어 있는 믿음의 개혁자들이 되게 하소서. 오직 마음을 새롭게 함으로 변화를 받아 하나님의 선하고 기뻐하며 온전하신 뜻이 무엇인지를 분별하게 하소서.

오, 주님! 이 시간 신앙의 개혁을 간절히 원하며 예배하는 모든 심령에 은혜를 주시며, 말씀을 전하는 주의 종과 예배를 섬기는 모든 종에게도 동일한 은혜를 주소서.

마르지 않는 샘이 되시는 예수님의 이름으로 기도합니다. 아멘.

추수감사주일

주의 성도들아 여호와를 찬송하며 그의 거룩함을 기억하며 감사하라
_〈시편〉 30편 4절

모든 감사의 제목이 되시는 하나님 아버지!

하나님 없이는 단 한순간도 살아갈 수 없는 우리를 부르셔서 하나님 한 분만을 예배하게 하시는 은혜에 감사합니다. 이 시간이 온 세상의 주인 되신 하나님 앞에 나아와 하나님만이 우리의 주인임을 인정하며 우리가 가지고 누리는 모든 것도 하나님이 주신 것임을 고백하는 은총의 시간이 되게 하소서. 하나님이 우리의 주인이심을 기뻐하며 하나님의 크고 놀라운 이름을 찬송하오니 오직 하나님에게만 영광을 돌리는 참된 예배가 되게 하소서.

하나님이 모든 것을 주셨지만 우리는 주신 것에 감사하지 못하고 오히려 부족하다고 하나님을 원망하며 살았던 죄인들입니다. 이 세상의 것을 더 좋게 여기고 세상의 유익을 따라 살며 이 세상의 것을 주인 삼았던 어리석은 죄인들입니다. 하나님이 우리에게 주신 것이 너무 많지만 우리가 받은 것들은 기억하지 못하고 오히려 더 많이 내어놓으

라고 소리쳤던 불쌍한 죄인들입니다. 이 어리석고 불쌍한 죄인들을 용서하소서. 우리의 생각과 욕심으로 추구하던 이 세상의 모든 가치관을 예수 그리스도의 십자가 앞에 내려놓고 먼저 그의 나라와 그의 의를 구하는 우리 모두가 될 수 있도록 도와주소서.

추수감사주일 예배를 드리며 하나님이 이 땅에서 우리에게 주신 모든 것에 감사합니다. 그러나 우리가 단지 우리에게 주신 것에만 감사하는 자가 되지 않게 하시고 어떤 상황과 환경에서라도 하나님에게 감사하게 하소서. 우리에게 무언가 유익이 있을 때만 감사하는 어리석음을 버리고 지금 상황과 환경이 어떠하든지 상관없이 늘 우리와 함께하시며 은혜와 사랑을 베푸시는 하나님 한 분만으로도 만족하며 항상 감사하는 삶을 살아가도록 인도하소서. 추수감사주일 예배를 드리는 모든 주의 백성을 기억하셔서 하나님 때문에 살아가고 하나님 때문에 행하며 하나님 때문에 감사하는 하나님 나라의 참 백성이 되게 하소서.

사랑의 하나님 아버지! 이 예배 가운데 임재하셔서 우리 모두가 온전한 감사의 예배를 하나님에게 드릴 수 있게 하소서. 특히 하나님의 말씀을 전하시는 주의 사자 목사님 위에 성령을 부으셔서 하나님이 허락하신 생명의 말씀을 전하게 하소서. 선포되는 하나님의 말씀을 통해 듣는 모든 이의 심령이 변화되게 하시고 하나님에게 올리는 감사의 찬양이 그치지 않도록 도와주소서. 날마다 믿는 모든 사람의 감사 제목이 되시는 하나님을 찬양합니다.

우리를 대신해 십자가에서 죽으시고 부활하신 예수님의 이름으로 기도합니다. 아멘.

성탄축하예배

지극히 높은 곳에서는 하나님께 영광이요 땅에서는 하나님이 기뻐하신 사람들 중에 평화로다 _〈누가복음〉 2장 14절

죄인을 구속하기 위해 아들을 세상에 보내신 하나님!

하나님의 크고 놀라우신 사랑을 받은 우리를 불러 하나님의 이름을 찬양하며 예배하게 하시니 감사합니다. 아무런 자격도, 공로도 없는 부족하고 연약한 우리를 부르신 분이 하나님이시오니 하나님 앞에 엎드려 경배하는 우리를 있는 모습 그대로 받아 주소서. 오직 예수 그리스도가 십자가에서 흘리신 보혈을 의지하여 하나님에게 나아가오니 이 시간 예비해 두신 한량없는 은혜를 부어 주소서.

이 세상의 그 어떤 것으로도 끊을 수 없는 하나님의 사랑으로 말미암아 죄의 종에서 하나님의 자녀가 된 우리이지만 하나님의 그 크신 사랑을 너무 쉽게 잊고 세상의 유익을 따라 살기에 급급하던 죄인들이 바로 우리임을 고백합니다. 하나님의 은혜가 아니고서는 도저히 살아갈 수 없노라고 고백하지만 이 세상의 유익과 가치 앞에서 결국 악한 마음이 원하는 대로 행하고 말았던 연약한 우리를 용서하소서.

세상의 그 무엇보다도 우리를 사랑하시는 하나님 아버지! 이 땅에 사람으로 오신 예수 그리스도를 기억하며 성탄축하예배를 드리게 하시니 감사합니다. "지극히 높은 곳에서는 하나님께 영광이요 땅에서는 하나님이 기뻐하신 사람들 중에 평화로다"라고 노래한 천군과 천사들처럼 이 땅에 오신 예수 그리스도를 기뻐하며 찬양하는 은총의 시간이 되게 하소서.

우리는 그 어떤 방법으로도 구원받을 수 없는 존재입니다. 우리는 우리를 만드신 하나님을 배신하였고 하나님의 품을 떠나 세상의 종이 되어 육체의 소욕을 따라 살았던 죄인입니다. 하지만 사랑의 하나님이 우리를 쓸어버리지 않으시고 오히려 불쌍히 여기사 아들이신 예수 그리스도를 이 땅에 보내 주셨습니다. 우리 모두가 이 크고도 놀라운 은혜를 기억하고 감격하며 감사하는 하나님의 참 백성이 될 수 있도록 인도하소서.

이 땅에 오신 예수 그리스도의 탄생을 기뻐하며 예배하는 우리의 마음을 지켜 주소서. 주님이 오신 이 거룩한 날을 세상 사람들과 같이 흥청망청하며 자신의 욕심을 채우기 위해 보내지 않도록 도와주소서. 더불어 사람으로 이 땅에 오신 예수 그리스도를 실제적으로 만나게 되는 복된 성탄절이 될 수 있게 하소서. 성탄축하예배를 드리는 모든 주의 백성에게 한량없는 기쁨을 부어 주소서. 말씀을 전하시는 주의 사자 목사님을 예수님 탄생의 기쁜 소식을 전하는 성령의 도구로 삼아 주소서.

우리를 구원하기 위해 사람으로 이 땅에 오신 예수님의 이름으로 기도합니다. 아멘.

송구영신예배

그런즉 누구든지 그리스도 안에 있으면 새로운 피조물이라
_〈고린도후서〉 5장 17절

이 세상의 모든 만물을 주관하시는 하나님 아버지!

하늘과 땅과 모든 숨 쉬는 것과 존재하는 모든 것을 만들고 섭리하신 위대한 하나님에게 찬양과 영광을 돌립니다. 하나님이 지으신 세상 속에서 하나님이 정하신 시간에 따라 살아가며 오직 하나님만을 섬기겠노라고 고백하지만, 결국 우리 자신을 섬기며 악한 마귀의 유혹에 넘어가 살던 불쌍한 죄인인 것을 또한 고백합니다. 하오니, 십자가에서 보혈을 흘리면서까지 우리를 사랑하신 그 십자가의 사랑으로 용서하소서.

인생들을 주관하시는 하나님 아버지! 지난 한 해를 보내고 또다시 새로운 한 해를 맞으며 하나님 앞에 송구영신예배를 드리게 하시니 감사합니다. 지난 한 해를 돌아보면 그 어느 것도 하나님의 은혜가 아닌 것이 없음을 깨닫게 됩니다. 기쁘고 즐거워할 때도, 또는 어려움과 슬픔의 시간조차도 하나님이 함께하셨고 모든 것이 하나님의 섭리 가운

데 있었음을 믿습니다. 그러나 또 돌아보면 우리를 부끄럽게 만들던 많은 일이 있었습니다. 지난해를 시작할 때 하나님 앞에서 하려고 결심하는 것, 또는 하지 않으려고 결심한 여러 가지 것 중에 성실하게 이룬 것이 너무 적어 부끄럽기만 합니다. 하나님을 의지하고 하나님의 뜻에 따라 살지 못하며 우리 자신의 힘과 능력을 의지하여 우리의 뜻을 이루려고 했던 잘못들을 기억하지 마시고 용서하여 주소서. 그리고 이제 새로운 한 해를 시작하며 다시 한 번 하나님만을 의지하고 하나님의 뜻에 따라 살아갈 수 있는 새 힘을 허락하소서.

해 아래 새 것이 있을 수 없지만, 누구든지 그리스도 안에 있으면 새로운 피조물이라고 하신 하나님의 말씀을 기억합니다. 죄악을 따라 살던 옛 사람을 완전히 벗어 버리고 오직 예수 그리스도로 변화된 새 사람이 되도록 우리를 도와주소서. 오직 어린 양 보혈의 공로만을 의지하오니 이 시간 엎드린 모든 주의 백성이 거룩한 새 피조물로 살아갈 수 있도록 인도하소서. 다가오는 새해에는 썩어질 이 세상의 것들에 눈 돌리지 않게 하시고 세상의 유혹에 빠져들지 않게 하시며 세상을 향한 욕심 속에 살지 않도록 도와주소서.

거룩하신 하나님 아버지! 우리 모두의 심령이 아버지의 거룩하심 같이 거룩하여지도록 각 사람의 마음에 성령의 단비를 부어 주소서. 이 시간 말씀을 전하시는 주의 사자를 성령으로 도우시고 말씀이 선포될 때 하나님의 음성을 듣고 하나님의 선하고 기뻐하며 온전하신 뜻이 무엇인지를 분별하도록 인도하소서.

어제도 계셨고 지금도 계시며 이제 곧 오실 우리를 구원하신 예수님의 이름으로 기도합니다. 아멘.

대표기도만큼
영광스럽고 복된 사역이 없다.

3장

특별예배
대표기도문

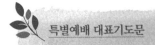

부흥회 1

하나님의 말씀은 살아 있고 활력이 있어 좌우에 날선 어떤 검보다도 예리하여
혼과 영과 및 관절과 골수를 찔러 쪼개기까지 하며 또 마음의 생각과 뜻을
판단하나니 _〈히브리서〉 4장 12절

신실하고 쉬지 않는 거룩하신 하나님 아버지!

우리를 향한 하나님의 신실하심에 감사합니다. 하나님의 신실하심이
죄로 인해 죽었던 우리를 살리셨고 결코 하나님의 자녀가 될 수 없었
던 우리를 하나님의 자녀로 만드셨습니다. 우리의 노력이나 공로가
아닌 오직 하나님의 성실하심이었음을 찬양하며 감사합니다.

우리가 하나님의 크신 은혜로 예수 그리스도를 구주로 믿어 하나님의
자녀가 되었습니다. 하지만 아버지 되시는 하나님의 그 크신 은혜를
기억하지 못하고 오히려 이 세상의 자녀처럼 살아갔던 날들이 너무
많았음을 고백하오니 용서하소서. 하나님의 말씀을 읽고 듣고 지키며
오직 하나님 한 분만을 찬양하며 쉬지 않고 하나님에게 기도하겠노라
결단하지만, 이런 저런 핑계로 하나님이 기뻐하시는 일들을 하지 않
고 오히려 하나님의 마음을 아프게 했던 우리를 용서하여 주소서.

연약한 자의 마음에 새 힘을 주시는 하나님 아버지! 이처럼 어리석은

삶을 살던 우리에게 하나님의 크신 은혜를 맛보아 알도록 부흥회를 허락하시니 감사합니다. 비가 오지 않아 갈라진 땅처럼 메말랐던 우리의 마음에 하나님의 말씀으로 말미암은 성령의 단비가 폭포수같이 쏟아지게 하소서. 목마른 사슴이 시냇물을 찾아 헤매는 것처럼 하나님의 말씀에 갈급하던 영혼들이 부흥회의 시간을 통해 하나님을 만나고, 하나님의 말씀을 듣고 심령이 해갈되는 은혜의 시간이 되게 하소서.

우리 모두가 하나님의 말씀을 사모하게 하시고, 사모하는 자에게 크고 놀라운 은혜를 부어 주소서. 하나님의 말씀을 단 한 자도 놓치지 않게 하시고 하나님 말씀의 달콤함과 아름다움에 흠뻑 젖는 복된 시간이 되게 하소서. 혹시라도 아직도 심령이 굳어 있어서 하나님의 말씀을 듣는 것에 열심을 내지 않거나 하나님의 말씀을 사모하지 않는 자가 있다면 그들의 마음을 만져 주셔서 단 한 사람도 하나님의 은혜를 누리지 못하는 자가 없게 하소서.

이 시간 하나님 말씀의 능력이 하나님 말씀을 듣는 모든 백성을 감동하게 하셔서 온전히 주님의 뜻 안에서 살아가는 사람들로 변화되게 하소서. 하나님의 말씀을 듣고도 깨닫지 못하던 자에게 깨달음을 주시고, 하나님의 말씀을 듣고도 그 말씀 앞에 순종하지 않던 자가 회개하고 하나님의 말씀에 순종하는 은혜를 부어 주소서.

말씀을 전하시는 주의 사자 위에 성령을 부어 주소서. 이 부흥회를 위해 기도하고 준비했던 귀한 말씀을 가감 없이 담대하게 전하게 하시고, 하나님의 말씀이 선포될 때 듣는 모든 성도가 함께 하나님의 은혜에 참여하는 복된 시간이 되게 하소서.

태초부터 계셨던 말씀이신 예수님의 이름으로 기도합니다. 아멘.

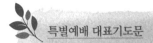

부흥회 2

이 예언의 말씀을 읽는 자와 듣는 자와 그 가운데에 기록한 것을 지키는 자는
복이 있나니 때가 가까움이라 _〈요한계시록〉1장 3절

날마다 생명의 단비를 부어 주시는 하나님 아버지!

우리를 위해 이 땅에 보내신 예수 그리스도를 믿는 모든 자에게 말씀
으로 인도하시니 감사합니다. 주님이 다시 오시는 날이 점점 가까워
오는 이때에 세상의 다른 것에 매달리지 않고 오직 하나님의 말씀을
읽고 듣고 지키는 우리 모두가 되게 하소서.

하나님의 말씀을 지키겠노라고 말은 하지만 오히려 하나님의 말씀을
읽는 데에 소홀하였고 하나님의 말씀을 듣는 자리에 더 나아가지 못
했던 우리의 게으름과 부족함을 용서하소서. 하나님의 말씀이 아니고
서는 나아가지 않게 하시고, 하나님의 말씀이라면 그곳이 어디든 걸
어가는 담대함을 주소서. 하나님의 말씀이 선포되는 바로 이 자리에
우리가 나아왔습니다. 그 말씀 앞에 무릎 꿇기를 원하시는 하나님 앞
에 무릎 꿇었습니다. 하나님에게 순종한 모든 하나님의 백성에게 친
히 찾아오셔서 한량없는 은혜를 부어 주소서.

우리에게 늘 말씀하시는 하나님 아버지! 말씀이 선포되는 이 자리에 나아온 주의 백성에게 말씀을 사모하는 심령을 허락하시고, 말씀이 선포될 때마다 하나님의 음성을 듣게 하소서. 하나님이 주신 말씀의 잔치를 누리게 하시고 혹시라도 다른 생각과 마음으로 몸만 앉아 있는 어리석은 모습을 버리게 하소서. 말씀이 살아 우리의 마음을 움직일 때 그 말씀을 기쁨으로 받게 하시고 우리의 생각과 욕심으로 말씀을 걸러서 듣는 잘못을 범하지 않게 하소서.

때가 어둡다고 말은 하면서도 하나님의 말씀은 멀리하던 우리의 잘못을 깨닫게 하소서. 이 악한 세대를 이길 힘이 오직 하나님의 말씀이라는 것을 깨달아 아는 은총의 시간이 되게 하소서. 악한 세대에 묻혀 참빛을 비추지 못하고 오히려 세상과 함께 어두워져만 가던 우리의 심령에 살아 있는 하나님의 말씀을 들려 주셔서 하나님이 주시는 온전한 부흥을 맛보는 참 부흥의 시간이 되게 하소서.

부흥회를 위해 수고하는 모든 손길을 기억하시고 드러난 곳에서든지 드러나지 않은 곳에서든지 헌신하는 모든 분에게 더 크고 놀라운 은혜를 부어 주소서. 무엇보다 말씀을 전하시는 목사님을 기억하여 주소서. 이 부흥회에서 하나님의 참되신 말씀을 전하기 위해 기도하며 눈물로 준비하셨을 시간들을 기쁘게 받아 주시고, 하나님의 뜻 안에서 준비된 귀한 말씀을 담대히 선포하게 하소서. 말씀이 선포될 때 듣는 모든 성도의 마음을 주장하셔서 말씀이 모두 이해되게 하시고 들려지는 모든 말씀이 우리에게 선포되는 말씀이라는 것을 알고 그 말씀을 지키며 살아가는 모든 성도가 되도록 인도하소서.

말씀 가운데 함께하시는 예수님의 이름으로 기도합니다. 아멘.

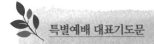

부흥회 3

여호와여 내가 주께 대한 소문을 듣고 놀랐나이다 여호와여 주는 주의 일을
이 수년 내에 부흥하게 하옵소서 이 수년 내에 나타내시옵소서 진노 중에라도
긍휼을 잊지 마옵소서 _〈하박국서〉 3장 2절

구하는 자에게 부흥을 주시는 하나님 아버지!

우리에게 부흥회를 주시니 감사합니다. 이 부흥회의 시간을 통해 긍휼을 베푸시는 하나님을 만나게 하시고, 하나님만을 찬양하며 살아가는 우리 모두가 되게 하소서.

진노 중에라도 긍휼을 잊지 않으시는 하나님 아버지! 하박국 선지자가 하나님에게 기도한 말씀을 기억합니다. 그는 패역한 이스라엘을 징계하시는 하나님의 마음을 알았습니다. 하나님이 택한 민족인 이스라엘이 하나님에게 불순종하고 악한 것을 따라 살아갈 때 하나님이 그들을 징계할 것을 알았던 하박국 선지자가 주의 일을 수년 내에 부흥하게 해 달라고 기도하였습니다. 우리에게도 하나님의 뜻을 보여 주소서. 우리에게도 하나님의 참된 부흥을 허락하소서.

언제나 하나님의 말씀을 기억하고 예수 그리스도의 십자가만을 붙들며 주님이 걸어가신 그 길을 따라가게 하소서. 힘들고 어려운 고난의 길이더라도 그 길이 주님의 뜻이라면 기쁘게 걸어가는 순종의 사람이 되게 하소서.

이 부흥회의 시간을 통해 우리의 모습이 변화되게 하소서. 세상 속에서 자신의 이름과 유익을 위해서만 살아가던 우리의 모습이 오직 주님의 이름과 하나님 나라를 위해서만 살아가는 모습으로 변화되게 하소서. 하나님의 뜻이 아니라는 것을 알면서도 보다 쉽고 편한 넓은 길로만 가려 하던 우리의 잘못된 습관들을 버리게 하시고 주님이 주신 십자가를 지고 주님을 따라가는 것을 기뻐하게 하소서. 예수 그리스도를 믿고 변화되어 살아가는 삶이 얼마나 기쁘고 행복한지를 알게 하시고 이 세상의 다른 그 어떤 것을 잃어버리더라도 오직 예수 그리스도를 구하는 믿음을 주소서.

사랑의 하나님 아버지! 마당만 밟고 돌아가는 어리석은 자가 단 한 사람도 없게 하소서. 하나님의 말씀이 선포되는 이 자리에 앉아 세상에 두고 온 육신의 일들로 마음을 빼앗기지 않게 하시고 순전한 마음으로 아름다우신 하나님의 말씀을 듣는 주의 백성이 되게 하소서. 육신의 피곤함으로 지치지 않도록 성령이 도우시고 한 사람 한 사람에게 가장 필요한 말씀을 부어 주소서. 말씀을 전하시는 주의 사자를 성령이 친히 임하여 주사 오직 하나님의 말씀만을 대언하도록 도와주소서. 하나님이 주신 귀한 말씀을 남김없이 전하게 하셔서 전하는 목사님과 듣는 우리 모두가 하나님의 크고 놀라운 비밀을 깨닫고 크신 은혜를 누리게 하소서.

사모하는 자에게 말씀으로 채우실 거룩하신 예수님의 이름으로 기도합니다. 아멘.

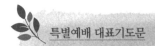

특별예배 대표기도문

입학예배

주의 손이 나를 만들고 세우셨사오니 내가 깨달아 주의 계명들을 배우게 하소서
_〈시편〉 119편 73절

모든 삶의 주권자 되시는 하나님 아버지!

하나님을 아버지라 부르는 모든 자녀가 살아가는 삶의 작은 부분까지도 일일이 감찰하시고 인도하시니 감사합니다. 모든 삶을 주관하시는 하나님을 믿고 의지하는 우리가 되도록 인도하소서. 하나님을 온전히 신뢰하지 못하고 스스로의 힘을 믿고 살아가던 어리석은 우리의 모습을 버리게 하시고 우리의 주인이신 하나님 한 분만을 바라보며 굳건한 믿음으로 살게 하소서.

순수하게 하나님을 따르는 어린 영혼들을 누구보다 사랑하시는 하나님 아버지! 이 시간 입학예배를 드리게 하시니 감사합니다. 정한 때가 되어 교회학교 각 부서에 입학하는 사랑하는 주의 자녀들을 기억하여 주소서. 이 시간 한 사람 한 사람의 마음속에 임재하셔서 하나님을 만나고 섬기며 살 수 있는 믿음을 허락하소서.

하나님이 사랑하는 주님의 자녀들과 함께하소서. 하나님의 말씀을 잘 배워 하나님을 바로 알고 하나님의 성품과 하신 일이 무엇인지 깨닫게 하소서. 좋은 교역자와 좋은 선생님들에게 바른 신앙으로 양육받게 하셔서 하늘의 비밀을 하나씩 알아가는 귀한 자녀들이 되게 인도하소서. 성경 말씀을 배울 때 그 말씀이 재미있게 하시고 말씀을 배울수록 믿음도 커져 가게 하소서. 무엇보다도 주님이 친히 사랑하는 주의 자녀들을 만나 주소서. 자신의 생명을 주심으로 이들을 구원하시는 예수 그리스도를 인격적으로 만나게 하소서. 예수 그리스도가 피 흘리신 십자가 아래에 나아가 자신이 죄인임을 인정하고 보혈의 공로만을 의지하게 하소서. 예수 그리스도로 말미암아 모든 죄를 씻고 하나님의 자녀가 되는 권세를 누리게 하소서.

생명의 근원이신 주님! 이 시간 드리는 입학예배를 받아 주소서. 여기에 있는 사랑하는 주님의 자녀들 가운데 단 한 사람도 잃어버리지 않게 하시고 이들을 통해 하나님을 알지 못하던 사람들이 주님에게 돌아와 함께 주님의 자녀가 될 수 있게 인도하소서. 이들을 양육할 교역자와 교사들을 기억하셔서 주님의 마음으로 이들을 대하게 하시고 오직 바른 복음으로 하나님 나라만을 배울 수 있게 하소서.

이 예배의 처음과 끝을 주님에게 의탁하오니 예배하는 모든 주의 백성이 온전한 마음으로 주님만을 예배하게 하시고 입학하는 주의 자녀들과 이들을 양육할 교사와 모든 성도에게 주님의 말씀을 전하실 목사님과 함께하셔서 예수 그리스도로 말미암는 구원의 은총을 누리는 은혜의 시간이 되게 인도하소서. 입학하여 주님을 만나기를 소망하는 주님의 자녀들과 함께하실 하나님을 찬양합니다.

거룩하신 우리 구주 예수님의 이름으로 기도합니다. 아멘.

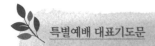

졸업예배

너희는 내게 배우고 받고 듣고 본 바를 행하라 그리하면 평강의 하나님이 너희와
함께 계시리라 _ 〈빌립보서〉 4장 9절

은혜와 사랑이 풍성하신 하나님 아버지!

어리석고 무지한 죄인들을 포기하지 않으시고 예수 그리스도를 통해
구원의 길을 열어 주신 하나님을 찬양합니다. 십자가의 보혈로 하나
님 앞에 날마다 나아가 하나님의 은혜를 찬양하는 우리 모두가 되게
하소서.

지금까지 오랜 시간 동안 잘 양육받고 졸업예배를 드리는 사랑하는
주의 자녀들을 기억하여 주소서. 주님이 그들을 양육하기 위해 예비
하신 교역자와 교사들을 통해 하나님의 말씀을 배우게 하셨으니 감사
합니다. 그들이 배우고 또 믿음의 선배들의 신앙을 본 것처럼 행할 수
있게 인도하소서. 배운 것으로 그치지 않게 하시고 본 것으로 멈추지
않게 하소서. 이들에게 행하신 하나님의 크고 놀라운 은혜를 말하지
않고는 견딜 수 없는 심령을 주셔서 어디에서든지 위대하신 하나님의
은혜를 외치게 하시고 언제나 하나님의 뜻대로 행하게 하소서. 이제

까지 배운 것으로 만족하지 않게 하시고 하나님을 더 아는 데 열심을 내게 하소서.

은혜가 풍성하신 하나님 아버지! 하나님의 크신 지혜와 아름다운 사랑을 알기 위해 일평생 힘쓰게 하시고 각자에게 주신 선한 사명을 이루며 살아갈 수 있게 하소서. 세상의 헛된 우상을 버리게 하소서. 세상이 주는 잘못된 가치관을 의미 없는 것으로 여기게 하시고 세상 속에서 누리는 평화와 안식의 허구를 깨닫게 하소서. 세상 속에서 더 많이 누리기 위해 노력하는 자가 아니라 하나님의 은혜와 사랑을 누리기 위해 십자가 앞에 엎드리는 주의 자녀들이 되게 하소서. 하나님이 영광을 받으시면 그것을 기뻐하고, 예수 그리스도의 이름이 드러나면 그것으로 만족하며 죽었던 영혼이 다시 사는 것으로 즐거워하는 참된 주님의 제자가 되게 하소서. 하나님의 말씀을 더 깊이 이해하고 배워서 자신들이 배운 것처럼 어린 영혼을 가르치는 자가 되게 하시고, 교회를 위해 헌신하며 봉사하는 섬김의 사람이 되게 하소서.

이 시간 하나님 앞에 엎드려 영과 진리로 예배하오니, 예배하는 주의 자녀들과 모든 성도의 마음에 찾아오셔서 각 사람을 만나 주소서. 졸업예배를 드리오니 이 예배가 하나님을 기쁘시게 하며 모든 성도의 기쁨이 되게 하시고 예배 가운데 온전히 하나님만 영광받으소서. 이제 하나님의 말씀 앞에 섭니다. 말씀을 전하시는 목사님에게 성령을 부으셔서 졸업예배를 드리는 주의 자녀와 모든 성도에게 살아 계신 예수 그리스도를 선포하게 하소서. 하나님을 사랑하는 자녀들의 모든 삶을 이끄시는 하나님을 찬양합니다.

모든 예배를 기뻐하시는 예수님의 이름으로 기도합니다. 아멘.

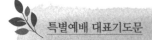

특별예배 대표기도문

총회주일

네 발의 신을 벗으라 네가 서 있는 곳은 거룩한 땅이니라
_〈사도행전〉 7장 33절

존귀하신 하나님 아버지!

인간의 모든 역사 가운데 함께하시고, 예비하셨던 구원의 계획을 이루어 가시니 감사합니다. 역사를 주관하시고 그 속에서 예수 그리스도로 말미암은 구원을 베푸신 하나님을 찬양합니다.

하나님 앞에서 한 뼘도 되지 못하는 인생을 살면서도 온전히 하나님만을 섬기지 못하고 여전히 세상을 기웃거리는 어리석은 우리의 모습을 불쌍히 여겨 주소서. 우리의 어리석고 모자란 것을 받아 주시고 예수 그리스도의 십자가 보혈의 공로로 깨끗하게 하셔서 다시는 같은 죄를 범하지 않게 도와주소서.

하나님 아버지! 우리에게 총회주일을 주셨으니 감사합니다. 우리 각 사람에게 하나님을 예배하고 사랑의 교제를 나누는 교회를 주시고 교회가 모여 노회와 또 총회를 이루게 하셨으니 이 모든 것이 주님의 섭리인 것을 믿습니다. 모든 성도가 교회의 치리에 순종하며 따르는 것

172

처럼 총회의 권위에 순종하게 하시고, 총회를 위해 기도하며 총회가 온전히 하나님의 선하신 사업을 이루어 갈 수 있도록 눈물로 기도하게 하소서.

세우신 총회장 목사님과 임원과 부장의 직분을 감당하시는 목사님들과 장로님들을 인도하여 주소서. 하나님이 세우신 귀한 직분이라는 것을 알고 언제나 겸손히 하나님의 뜻을 구하게 하소서. 자신의 명예를 내세우며 세상의 권위자처럼 행하지 않게 하시고 낮고 겸손한 모습으로 더 많이 섬기는 분들이 되게 인도하소서.

총회로 모일 때 함께하소서. 많은 목사님과 장로님이 모여 하나님 나라와 총회와 각 지교회를 위해 여러 가지 안건들을 논의할 때 은혜를 베푸셔서 서로의 유익을 구하기 위해 세상 사람들처럼 다투지 않게 하시고 언제나 하나님 나라가 바로 서며 예수 그리스도의 이름만이 드러나게 하소서. 총회로 모이는 모든 분에게 하나님의 지혜를 허락하셔서 교회와 모든 성도에게 큰 유익이 있는 많은 안건이 집행되게 도와주소서.

거룩하신 하나님 아버지! 사랑하는 성도들이 자신들이 속한 총회가 어디인지 알게 하시고 총회에서 일어나는 일들에 귀를 기울이게 하시며 총회를 위해 기도하게 하소서. 하나님이 행하시는 크고 놀라운 일들이 총회를 통해 이루어질 수 있게 온 성도들이 한마음으로 엎드리게 하소서. 이제 하나님의 말씀을 듣습니다. 말씀을 전하시는 목사님과 함께하셔서 이 시간 예배하는 모든 성도에게 은혜의 말씀이 선포되게 하소서.

교회를 통해 일하시는 예수님의 이름으로 기도합니다. 아멘.

선교주일

오직 성령이 너희에게 임하시면 너희가 권능을 받고 예루살렘과 온 유대와
사마리아와 땅 끝까지 이르러 내 증인이 되리라 _〈사도행전〉 1장 8절

한 영혼을 천하보다 더 귀하게 여기시는 하나님 아버지!

우리 각 사람을 천하보다 귀하게 여기셔서 아들이신 예수 그리스도를
이 땅에 보내시고 우리를 하나님의 백성으로 삼아주시니 감사합니다.
하지만 우리는 복음을 받아 하나님의 자녀가 되었음에도 불구하고 여
전히 죄의 자녀처럼 살아갈 때가 너무 많습니다. 불쌍히 여겨 주시고
오직 예수 그리스도의 십자가만 붙들어 하나님이 기뻐하시는 삶을 살
도록 인도하소서.

선교주일을 지켜 하나님에게 예배하게 하시니 감사합니다. 제자들에
게 "땅 끝까지 이르러 내 증인이 되리라"고 하신 주님의 말씀을 기억
합니다. 제자들이 그 말씀에 순종하여 예루살렘과 유대와 사마리아와
땅 끝까지 생명 얻는 복음을 들고 나아갔던 것처럼 오늘 예배하는 우
리 모두가 땅 끝까지 주님의 복음을 전하는 증인이 되게 하소서.

예수 그리스도를 알고 믿는 사람들이 얼마 되지 않았던 그 옛날, 오직

예수 그리스도의 이름만을 가지고 온 세상으로 나아갔던 수많은 성도들의 선교를 기억합니다. 동족들의 위협과 이방인들의 공격과 수많은 재해와 어려움 앞에서도 예수 그리스도로 말미암는 생명을 전하기 위해 자신의 목숨을 걸었던 성도들의 선교로 말미암아 예수 그리스도가 전파되었고 마침내 이 땅에도 선교사들의 생명을 건 선교로 복음이 전파되었던 것 또한 기억합니다. 그들의 선교로 우리가 생명을 얻었고 이제 이 복음의 빚을 세상을 향한 선교로 갚을 수 있는 우리 모두가 되도록 인도하소서.

생명을 살리기를 기뻐하시는 하나님 아버지! 아직도 온 세상에는 하나님의 이름을 듣지 못한 수많은 사람들이 있습니다. 또 하나님의 이름을 듣고도 믿지 않는 불쌍한 사람들도 수없이 많습니다. 그들을 향한 하나님 아버지의 마음을 우리가 알게 하시고 생명 얻는 유일한 이름인 예수 그리스도의 이름을 들고 그들에게 나아가게 하소서. 우리가 참된 복음을 들고 온 세상과 열방을 향해 나아가게 하시고 혹시라도 우리가 직접 나아가지 못한다면 복음을 들고 나아갈 선교사를 돕는 선교사가 되도록 우리의 마음을 주장하소서.

지금도 온 세상 곳곳에서 자신의 생명을 아끼지 않고 예수 그리스도를 전하는 많은 선교사를 기억하시고 그들에게 담대히 복음을 전할 힘을 주시고 동역자들을 보내셔서 그들을 통해 땅 끝까지 복음이 전파되게 하소서. 선교주일 예배를 드리게 하시니 감사합니다. 이 시간 말씀을 전하시는 목사님에게 은혜를 부어 주셔서 이 말씀을 통해 우리 모두에게 세상을 향한 하나님의 사랑을 만나는 시간이 되게 하소서.

온 세상 죄를 지고 가신 예수님의 이름으로 기도합니다. 아멘.

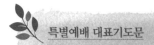

구제주일

내가 진실로 너희에게 이르노니 너희가 여기 내 형제 중에 지극히 작은 자
하나에게 한 것이 곧 내게 한 것이니라 _〈마태복음〉 25장 40절

자비와 사랑을 베푸시는 하나님 아버지!

아들이신 예수 그리스도를 보내시어 구원하시고 믿는 자들에게 여전
히 동일한 자비와 사랑을 베풀어 주시니 감사합니다. 세상의 그 어느
것도 또 누구와도 비교할 수 없는 충만한 은혜로 인도하시는 주님의
성실하심에 감사와 찬양을 드립니다.

하나님은 우리에게 변하지 않는 성실하심으로 은혜를 베푸시지만 우
리는 그 은혜만으로 충분하다 여기지 않고 세상의 유익에 눈을 돌렸
던 불쌍한 죄인임을 고백합니다. 이 시간 우리의 이런 모든 어리석고
불쌍한 죄를 예수 그리스도의 십자가 앞에 내려놓고 엎드리오니 우리
를 불쌍히 여기시고 우리의 죄를 사하여 주소서.

연약한 자에게 사랑을 베푸시는 하나님 아버지! "하나님 아버지 앞에
서 정결하고 더러움이 없는 경건은 곧 고아와 과부를 그 환난중에 돌
보고 또 자기를 지켜 세속에 물들지 아니하는 그것이니라"는 말씀을

기억합니다. 하나님이 지켜보시고 늘 함께하시는 연약하고 어려운 자들에게 하나님의 사랑으로 나아가는 우리가 될 수 있게 도와주소서. 하나님이 이 땅에서 우리에게 주신 것들을 자신들을 위해서만 쌓아놓는 어리석은 마음들을 버리게 하시고 여전히 삶의 어려움으로 고통받는 자들과 나누며 살아가도록 하소서. 눈을 들어 우리의 주위를 둘러보게 하시고 이 세상의 무관심 속에 버려져 있는 연약한 자들을 보고 그들에게 주님의 사랑을 들고 나아가게 하소서. 우리 곁에 있는 지극히 작은 자를 보게 하시고 주님과 같이 그들을 사랑하게 하소서.

구제하는 일에 인색하지 않게 하시고 기쁨으로 동참하게 하소서. 우리가 가진 모든 것이 주님에게 온 것임을 깨닫게 하시고 주님이 주신 것으로 주님이 사랑하시는 연약한 사람들을 구제하게 하소서. 비록 우리가 할 수 있는 것은 작지만 주님은 가장 작은 것으로도 가장 큰 일을 하실 수 있사오니 우리의 작은 것들을 사용하여 주님의 뜻을 이루어 주소서. 오늘 구제주일을 지나며 우리 각 사람의 마음을 움직이셔서 지금까지 연약하고 가난한 이들을 돕는 것에 무감각했던 것을 회개하고 연약한 사람들을 구제하는 일에 기쁨으로 참여하게 하소서.

자비로우신 하나님 아버지! 구제주일 예배를 하나님에게 드립니다. 말씀을 전하시는 목사님에게 함께하셔서 오직 하나님의 뜻을 전하게 하시고 듣는 우리 모두의 심령을 주장하사 말씀을 통해 하나님의 음성을 듣고 하나님이 기뻐하시는 일이 무엇인지를 발견하며 하나님의 일을 이루어가게 하옵소서.

언제나 가난한 이들과 함께하시며 그들의 친구가 되어 주신 예수님의 이름으로 기도합니다. 아멘.

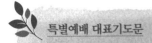

교회설립주일

너는 베드로라 내가 이 반석 위에 내 교회를 세우리니 음부의 권세가
이기지 못하리라 _〈마태복음〉 16장 18절

마땅히 찬양과 존귀와 경배를 받으실 하나님 아버지!

아들이신 예수 그리스도로 말미암아 우리를 구원하시고 친히 교회의
머리가 되게 하시니 감사합니다. 뿐만 아니라 그 어떤 공로도 내세울
것 없는 부족하고 연약한 우리를 친히 교회로 삼으셔서 그리스도의
몸이 되게 하시는 은혜에 감사합니다.

교회를 사랑하시는 하나님 아버지! 교회설립주일을 지키게 하시니
감사합니다. 하나님의 뜻과 섭리로 이곳에 하나님의 교회를 세우게
하시고 이곳에서 하나님을 예배하며 하나님을 만나고 하나님의 뜻을
이루어 가게 하셨으니 감사합니다. 하오니 이 교회를 기억하시고 언
제나 하나님이 기뻐하시는 주님의 참된 교회가 되도록 인도하소서.
하나님의 거룩하신 뜻으로 세워진 이 교회를 지켜 주셔서 그 어떤 악
한 권세가 이 교회를 흔들지 못하도록 하시고 오히려 악한 권세를 무
너뜨리고 오직 하나님 나라를 주위 지역에 세워 나가는 복음의 전초

기지가 되게 하소서.

하나님 아버지! 이 땅에 있는 많은 교회를 생각합니다. 하나님의 뜻을 이루며 하나님이 기뻐하시는 교회로 시작했으나 결국은 사람들을 만족시키며 더 많은 힘과 재물을 소유하기 위해 노력하는 교회로 전락한 곳이 너무 많은 것을 보게 됩니다. 주여! 불쌍히 여겨 주소서. 하나님의 교회라 이름한 곳조차도 세상과 적당히 타협하고 세상과 벗하며 살아가는 이 암담한 시대에 이 교회를 바르게 세워 주셔서 오직 하나님만 만족하게 하며 하나님이 기뻐하시는 교회가 되게 하소서. 그래서 이 교회 안에서 예배하며 신앙 생활하는 모든 성도가 거룩하신 하나님을 닮아 그 거룩하심에 동참하는 아름다운 교회가 되게 하소서.

성령님이 교회에게 하시는 말씀을 듣게 하소서. 세상이 인정하는 아름다운 이름과 세상의 존경을 구하지 않게 하시고 오히려 세상이 미워해도 담대하게 성령님이 하시는 말씀을 따라 행하는 교회가 되게 도와주소서. 교회가 세워지고 이제 _____년이 지났습니다. 지금까지 주님이 교회와 함께하셔서 반석 위에 세워 주셨던 것처럼 주님이 다시 오실 때까지 주님의 복음을 온전히 전하는 교회가 되게 하소서. 이 세상에 의해 변하는 교회가 아니라 오히려 세상을 변화시키고 악하고 부정한 것을 물리치며 언제나 하나님의 거룩하심을 드러내는 참된 교회가 되게 하소서.

교회를 지키시는 하나님 아버지! 귀한 말씀을 전하시는 주의 사자를 지켜 주소서. 말씀을 통해 우리 모두가 교회의 본질을 깨닫게 하시고 아름다운 하나님 나라를 세워 가는 믿음의 일꾼들이 되게 하소서.

교회의 머리가 되시는 예수님의 이름으로 기도합니다. 아멘.

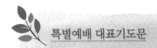

총동원전도주일

여호와는 나의 목자시니 내게 부족함이 없으리로다
_〈시편〉 23편 1절

변함없이 신실하신 하나님 아버지!

온 세상을 향한 아버지의 크고 놀라운 계획을 아들이신 예수 그리스도로 이루시고 성령님을 보내셔서 구원받은 자들의 모든 삶을 인도하시는 아버지의 신실하심을 찬양하며 감사합니다. 이 시간 예배하는 우리 모두가 하나님의 그 신실하심을 찬양하며 온전히 하나님만을 예배하게 하소서.

사랑의 하나님 아버지! 하나님은 아들을 주시기까지 우리를 사랑하셨지만 우리는 여전히 그 사랑에 바로 반응하여 하나님을 사랑하지 못하고 오히려 세상을 사랑하여 하나님의 마음을 아프게 하는 불쌍한 죄인임을 고백합니다. 불쌍히 여기시고 용서하소서.

오늘 이 시간 총동원전도주일을 허락하시니 감사합니다. 하나님이 부르셨지만 그 부르심에 따라 살지 못하고 주님의 품을 떠나 살았던 자들과 주님을 알지 못하고 살았던 자들이 주님에게로 오라는 음성을 들고 주님 앞에 나아왔습니다. 이들을 불쌍히 여기시고 이 시간 만나주셔서 하나님을 알고 하나님만 믿는 하나님의 백성이 되게 하소서. 한 마리의 잃은 양을 찾아 험한 산과 깊은 골짜기와 넓은 물을 건너는 수고를 아끼지 않으시는 주님! 여기 그 잃은 양들을 주님이 찾으시고 이제 다시는 주님의 품을 떠나 방황하지 않도록 지켜주소서. 우리의 삶이 목자 되신 하나님만을 따라 살게 하소서. 혹시 우리가 사망의 음침한 골짜기로 다닌다고 할지라도 지팡이와 막대기로 늘 안위하시고 지키시는 목자 되신 하나님으로 말미암아 두려워하지 않게 하소서.

우리를 구원하시는 하나님 아버지! 어쩔 수 없이 죄와 허물 때문에 죽을 수밖에 없던 우리를 위해 사람으로 오셨고 결국 우리의 죄를 사해 주시기 위해 십자가에서 못 박히신 예수 그리스도를 믿을 수 있게 하소서. 예수 그리스도가 십자가에서 흘리신 보혈의 공로가 이 시간 예배하는 우리 모두를 변화시켜 주셔서 모두가 구원받는 놀라운 은혜를 부어 주소서. 온 천하에 예수 그리스도 외에 구원받을 다른 이름을 주시지 않으셨다는 하나님의 말씀을 믿는 은혜를 주소서. 아직 예수 그리스도를 만나지 못한 모든 분이 오늘 예수님을 만나고 영접하는 복을 허락하소서.

하나님의 말씀을 전하실 목사님에게 은혜를 부어 주소서. 말씀이 선포되는 이 귀한 시간 하나님의 은혜가 필요한 자에게 은혜를 주시고 구원받을 자에게 구원의 은총을 부어 주소서. 하나님의 말씀이 살아 역사해 모두가 예수 그리스도의 십자가 앞에 나아가 자신의 죄를 십자가에 못 박는 은혜를 부어 주소서.

우리를 구원하신 거룩하신 예수님의 이름으로 기도합니다. 아멘.

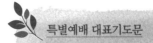

성전기공예배

네 아들 솔로몬 그가 내 성전을 건축하고 내 여러 뜰을 만들리니 이는 내가 그를
택하여 내 아들로 삼고 나는 그의 아버지가 될 것임이라 _〈역대상〉 28장 6절

영화로우시고 존귀하신 하나님 아버지!

세상의 그 무엇보다 크고 놀라운 하나님의 이름을 찬양하며 날마다
주님의 백성에게 베푸시는 크신 은혜에 감사합니다. 잠시도 쉬지 않으
시며 하나님의 백성과 함께하시고 함께 걸으시는 하나님을 바라보며
쉬지 않고 하나님을 경배하는 우리 모두가 될 수 있도록 인도하소서.

택하신 백성과 함께 계시기를 기뻐하시는 하나님 아버지! 우리에게
하나님의 전을 지을 수 있게 인도하시고 성전기공예배를 드릴 수 있
게 하시니 감사합니다. 허락하신 이 성전을 통해 하나님 홀로 영광받
으시고 이곳에서 모든 하나님의 백성이 모여 하나님을 예배할 때마다
우리를 살리신 예수 그리스도를 만나는 은혜를 베풀어 주소서. 솔로
몬이 성전을 지을 때 허락하신 은혜를 지금 우리에게도 동일하게 베
풀어 주시고 예배하는 우리뿐만 아니라 주위의 모든 사람이 이 성전
을 통해 하나님을 알고 하나님에게로 돌아올 수 있도록 인도하소서.

이제 그 첫 삽을 뜨려 합니다. 건축 과정 하나하나를 모두 하나님에게 맡깁니다. 하나님이 일일이 간섭하시고 성전 건축을 마칠 때까지 그 어떤 어려움도 일어나지 않도록 도와주소서. 성전을 건축하는 이 모든 일이 주변 사람들에게 불편함으로만 느껴지지 않게 하시고 오히려 이 일을 통해 교회와 이웃이 서로 배려하며 이해하게 인도하소서. 또한 건축하는 과정 중 재정으로 인한 어려움이 없게 하시고 모든 성도가 같은 헌신으로 하나님의 전을 건축하는 일에 참여하게 하소서. 성전을 건축하는 과정 가운데 여러 가지 불편함과 어려움이 있을 것입니다. 하지만 하나님의 전을 건축하는 일에 감사하며 모든 성도가 서로를 위하고 모든 부서가 다른 부서를 먼저 배려하며 함께 하나님의 아름다운 역사에 믿음으로 참여하게 하소서.

이스라엘 백성이 지은 성전 가운데 계셨던 하나님 아버지! 우리가 성전을 건축하는 것이 이 세상에 우리 교회의 이름을 드러내기 위한 것이 되지 않게 하소서. 성전을 건축하는 것이 오직 하나님의 이름을 영화롭게 하는 것이 되게 하시고 지어진 성전을 통해 모든 성도가 이전보다 더 하나님을 사랑하고 더 깊은 영성으로 하나님을 예배할 수 있게 하소서.

성전기공예배를 받으시는 하나님 아버지! 하나님의 전이 온전히 완공될 때까지 함께하소서. 하나님의 뜻이 아니라면 아무리 아름다운 건물을 짓는다 해도 무슨 소용이 있겠습니까! 주여, 함께하셔서 모든 일이 하나님의 선하신 뜻 안에서 이루어지게 하소서. 이 시간 말씀을 전하시는 목사님에게 함께하시기를 구합니다.

우리와 함께하시는 거룩하신 예수님의 이름으로 기도합니다. 아멘.

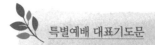

성전준공예배

성전 건축이 다 끝났으니 솔로몬이 칠 년 동안 성전을 건축하였더라
_〈열왕기상〉 6장 38절

온 세상의 주인 되시는 하나님 아버지!

세상을 창조하시고 지으신 것들을 살피고 인도하시는 하나님의 크신 은혜와 사랑을 찬양하며 감사합니다. 피조물에 불과한 우리를 작고 부족하다 여기지 않으시고 친히 불러 하나님을 예배하며 찬양하게 하셨으니 감사합니다. 온 마음과 정성을 다해 우리를 창조하시고 부르신 하나님 한 분만을 높이며 예배합니다. 우리의 예배를 받아 주소서.

찬양과 경배를 받으시기에 합당하신 하나님 아버지! 성전준공예배를 드립니다. 모든 것이 오직 하나님의 은혜였음을 고백합니다. 지난 시간 함께하셔서 이 시간 하나님의 전을 드릴 수 있게 하셨습니다. 이곳에 임재하셔서 이곳에서 드려지는 모든 예배를 받으시고 하나님의 백성들과 함께하소서. 옛날 믿음의 선진들이 어느 곳에 있어도 함께하셨던 주님! 하나님을 사랑하고 하나님과 함께하기를 소망하는 하나님의 백성들이 이 성전에서 하나님을 만나고 하나님과 교제하며 하나님을 찬양하기를 원합니다. 언제나 우리와 함께하여 주소서.

시작하기도 전에 이미 우리의 계획을 인도하셨던 하나님 아버지! 주님의 뜻 안에서 아름답게 건축된 이 건물을 받아 주소서. 마치 사람이 계획하고 사람이 재정을 감당하고 사람이 지은 것 같으나 사실은 모든 것을 하나님이 계획하셨고 인도하셨으며 이루셨음을 믿습니다. 하나님이 지으신 이 아름다운 집에 이제 우리만 거하지 않고 하나님을 알지 못하던 자들이 나아와 함께 거할 수 있게 인도하소서. 어두운 세상 속에서 어디로 갈지 몰라서 방황하던 인생들을 이곳으로 불러 예수 그리스도를 향해 살아가게 하시고 결국은 영원한 죽음을 향해 달려가던 죄인들이 이 성전을 통해 예수 그리스도를 만나 새 생명을 얻게 하소서. 성전의 주변이 하나님의 은혜로 뒤덮이게 하시고 이곳에서 하나님을 만나 새로운 생명을 얻는 수많은 하나님의 백성들이 온 지역과 나라와 열방으로 나아가는 은혜를 부어 주소서.

성전의 주인 되시는 하나님 아버지! 혹시라도 우리 중에 생명의 가치보다 건물의 가치를 더 소중히 여기는 사람이 없게 하소서. 지어진 건물의 가치를 따지며 하나님 나라를 세우는 데 방해받지 않게 하시고 가장 소중한 가치인 하나님 나라를 위해 귀히 사용되는 성전 건물이 되게 인도하소서.

이제 주님의 귀한 말씀을 듣겠습니다. 말씀을 전하시는 목사님과 함께하셔서 오직 성령의 역사가 나타나는 은총의 시간이 되게 하소서. 교회의 머리 되신 예수 그리스도를 전할 때 우리에게 찾아오셔서 우리 모두를 만나 주소서.

성전보다 더 크신 존귀하신 예수님의 이름으로 기도합니다. 아멘.

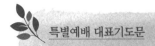

헌당예배

그는 내 이름을 위하여 집을 건축할 것이요 나는 그의 나라 왕위를 영원히
견고하게 하리라 _〈사무엘하〉 7장 13절

거룩하시고 존귀하신 하나님 아버지!

세상의 그 무엇으로도 다 표현할 수 없는 거룩하신 하나님을 찬양합
니다. 그리고 그 거룩하심을 조금도 닮을 수 없는 부족한 우리를 사랑
하셔서 거룩하다고 인정해 주신 은혜에 감사합니다. 부패하고 상한
우리를 위해 아들이신 예수 그리스도를 보내시고 십자가에서 죽으심
으로 믿는 모든 사람들을 거룩하다고 여겨 주신 은혜 때문에 우리가
거룩하신 하나님을 아버지라 부르고 하나님을 예배하게 되었으니 이
시간 온 정성과 마음으로 하나님을 예배합니다.

사랑이 많으신 하나님 아버지! 오늘 우리에게 복된 시간을 허락하시
니 감사합니다. 성전을 준공하고 이제 하나님에게 헌당예배를 드리게
하시니 감사합니다. 우리가 이렇게 큰 기쁨의 시간을 맞이할 수 있는
것은 오직 하나님께서 함께하셨기 때문인 줄 믿습니다. 하나님의 크
고 놀라운 은혜에 감격하여 주님의 성전을 헌당하기까지 모든 성도들

이 함께 동참하게 하시니 감사합니다. 하나님에게 헌당하기까지 쉬지 않고 기도하고 또 자신의 소유를 드리고 드러난 곳과 또 드러나지 않은 곳에서 헌신한 주의 백성들의 수고를 기억하여 주소서.

혹시라도 하나님에게 드려진 이 성전에서 하나님의 뜻이 아닌 일들이 일어나지 않게 하시고 성전에서 드려지는 모든 예배와 모임과 행사들이 오직 하나님의 은혜 가운데 이루어지게 하소서. 이 성전 안에서 드려지는 모든 예배와 모임들 위에 함께하셔서 하나님만을 예배하게 하시고 예수 그리스도의 십자가를 경험하게 하소서. 주님의 백성들이 모일 때 주님이 그곳에 함께하신다는 말씀을 믿습니다. 모이는 모든 곳에 함께하셔서 어느 곳에서라도 주님의 은혜를 누리게 하소서.

솔로몬이 하나님의 전을 건축하기를 마치고 기도할 때 하나님이 그에게 "나는 네가 건축한 이 성전을 거룩하게 구별하여 내 이름을 영원히 그곳에 두며 내 눈길과 내 마음이 항상 거기에 있으리니"라고 하신 말씀을 기억합니다. 솔로몬에게 하신 그 말씀을 오늘 우리에게도 이루어 주시고, 여기 헌당하는 이 전을 구별하여 이곳에서 영원히 하나님의 이름을 부르게 하소서. 주님이 지으신 교회 가운데 언제나 함께하셔서 주님께서 다시 오실 그날까지 영원토록 주님의 이름을 전하는 주님의 처소가 되게 하소서.

이제 하나님의 말씀을 듣겠습니다. 말씀을 전하실 주의 사자를 굳게 세워 주시고 하나님의 집을 헌당하는 우리 모두에게 가장 필요한 말씀을 부어 주소서.

하나님의 집에서 우리와 영원토록 함께 거하실 예수님의 이름으로 기도합니다. 아멘.

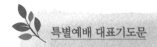

임직예배

너는 진리의 말씀을 옳게 분별하며 부끄러울 것이 없는 일꾼으로 인정된 자로
자신을 하나님 앞에 드리기를 힘쓰라 _〈디모데후서〉 2장 15절

인자와 성실이 크고 놀라우신 하나님 아버지!

우리를 향한 하나님의 인자하심을 찬양하며 하나님의 성실하심을 송
축합니다. 부패하고 상하여 거룩하신 하나님을 찬양할 수 없는 우리
의 입술로도 찬양받기를 원하시니 감사합니다. 그러나 우리의 마음은
너무 약하여 하나님을 찬양하는 것보다 세상의 명예와 유익을 높이며
살아갈 때가 더 많았음을 고백합니다. 이런 우리에게도 찬양받기를
원하시는 하나님이시지만 그 사실 조차 잊어버리고 세상의 것들에 싸
여 살았던 우리의 어리석고 부패한 모든 삶을 불쌍히 여기시고 용서
하소서.

사람들을 불러 일을 이루시는 하나님 아버지! 하나님의 귀한 일을 감
당하게 하시려고 하나님의 사람들을 세우시고 임직예배를 하게 하시
니 감사합니다. 하나님의 일을 위해 세워진 하나님의 사람들을 기억
하여 주시고 하나님이 부르시고 세우신 분들이오니 하나님의 일을 할

때 지치지 않게 하시고 온전히 하나님의 선하신 뜻을 나타내게 하소서. 어떤 경우에도 우리를 부르시고 세우신 하나님을 기억하게 하시고 날마다 우리를 붙잡아 주시는 하나님의 손을 경험하게 하소서. '나의 힘이 되신 여호와여 내가 주님을 사랑합니다.'라는 말씀이 이 시간 임직하는 모든 분들의 고백이 되게 하셔서 하나님이 영원히 그들의 힘이 되심을 알게 하소서.

스스로를 연약하다 여길 때 강한 힘이 되시는 하나님 아버지! "이스라엘이 나를 거슬러 스스로 자랑하기를 내 손이 나를 구원하였다 할까 함이니라"고 하신 말씀을 기억합니다. 미디안의 군사를 맞아 겨우 300명의 군사만을 남기신 하나님의 뜻이 그들이 교만해지지 않고 하나님의 구원을 믿게 하기 위함이었음을 우리는 압니다. 주님! 여기 임직받는 모든 분들이 이 말씀을 기억하게 하소서. 하나님 앞에서 스스로의 손을 자랑하지 않게 하시고 자신들에게 주어진 직분이 오히려 그들에게 교만 거리가 되지 않게 도와주소서. 오히려 스스로를 작게 여기고 하나님 앞에서 겸손하게 엎드려 자신들을 통해 일하시는 하나님을 드러내는 복의 통로가 되게 하소서.

사랑하는 주의 일꾼들을 세우셔서 교회의 기둥으로 삼으시니 감사합니다. 오늘 임직하는 일꾼들을 통해 교회가 아름답게 세워지게 하시고 이 분들의 헌신으로 하나님 나라가 확장되게 하소서. 귀한 예배 가운데 말씀을 전하시는 목사님과 함께하셔서 하나님의 뜻이 목사님의 입술을 통해 아름답게 선포되게 하시고 오늘 임직하는 모든 분들의 가슴에 평생 기억될 하나님의 음성을 들려 주소서.

가장 위대하시며 가장 겸손하신 예수님의 이름으로 기도합니다. 아멘.

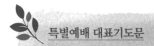

성찬식 1

예수께서 이르시되 나는 생명의 떡이니 내게 오는 자는 결코 주리지 아니할
터이요 나를 믿는 자는 영원히 목마르지 아니하리라 _〈요한복음〉 6장 35절

사랑과 은혜를 베푸시는 하나님 아버지!

하나님을 아버지라 부르며 예수 그리스도를 구주로 믿는 모든 사람들
에게 구원을 베푸신 하나님의 크고 놀라운 사랑과 은혜에 감사합니
다. 하나님께서 베푸신 그 사랑과 은혜를 받아 하나님의 백성이 된 우
리가 이 시간 구원의 하나님을 찬양하며 예배하오니 이 예배를 받아
주소서. 우리를 구원하기 위해 아들이신 예수 그리스도를 보내신 하
나님의 무한하신 사랑을 찬양하는 시간이 되게 하소서.

세상 사람들을 구원하기 원하시는 하나님 아버지! 우리에게 성찬의
예식을 허락하여 주시니 감사합니다. 우리를 위해 십자가에서 찢기시
고 피 흘리신 주님을 기억합니다. 예수 그리스도께서 아무 죄도 없이
고통당하시고 피를 흘리신 것은 모두가 죄인인 우리 때문이었습니다.
십자가에 오르기 전날 제자들과 함께 잡수시면서 떡과 잔을 나누시고
"이것은 너희를 위한 나의 몸이며 피라"고 하신 예수님의 말씀을 생각

합니다. 그리고 이 시간 믿음으로 예수님께서 제정하신 성찬에 참여하게 하소서. 세례를 받고 여러 차례 성찬에 참여할 때마다 예수 그리스도의 공로를 잊지 않겠다고 다짐했지만 항상 시간이 지나면 어리석게도 제자리로 돌아가던 것이 우리의 모습이었음을 고백합니다. 주님! 불쌍히 여기시고 우리의 믿음을 굳게 세워 주소서. 지금 이 시간 성찬에 참여하며 주님이 못 박히신 십자가에 우리도 함께 못 박히게 하시고 세상의 모든 헛된 욕심을 버리고 거룩하신 주님만을 따르게 하소서.

아무런 생각 없이 성찬에 참여하거나 또는 다른 곳에 마음을 빼앗기지 않게 하시고 순전하고 바른 마음으로 주님의 살과 피에 참여하게 하소서. 이 세상을 살며 마음 가운데 가졌던 더럽고 추악한 모든 죄와 욕심을 지금 주님 앞에 내려놓게 하시고 날 위해 죽으신 예수 그리스도의 십자가 앞에 엎드려 눈물로 회개하게 하소서. 바로 나 자신의 죄 때문에 아무 죄 없으신 예수 그리스도께서 살을 찢기시고 피를 흘리신 놀라운 구원의 은혜를 기억하며 십자가 앞에 엎드리게 하소서.

거룩하신 하나님 아버지! 이 성찬식을 주관하는 목사님과 떡을 나누고 잔을 나누는 분들의 수고를 기억하시고 성찬식을 위해 애쓰며 수고한 모든 분들에게 한량없는 은혜를 부어 주소서. 또한 목사님께서 하나님의 말씀을 전하실 때 함께하셔서 말씀을 듣는 우리 모두의 마음이 십자가에서 죽으신 예수 그리스도로 말미암아 변화되게 하시고 주님의 크고 놀라운 사랑을 깊이 경험할 수 있게 하소서.

죄인들을 구원하시려고 이 땅에 오셔서 십자가에서 죽으신 예수님의 이름으로 기도합니다. 아멘.

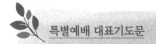

성찬식 2

너희가 이 떡을 먹으며 이 잔을 마실 때마다 주의 죽으심을 그가 오실 때까지
전하는 것이니라 _〈고린도전서〉 11장 26절

우리를 위하여 아들을 보내신 사랑의 하나님 아버지!

아들을 주시기까지 죄인들을 사랑하시고 용서받을 수 없을 죄인들을
구원하시니 감사합니다. 이 놀라운 구원의 은혜를 받은 주님의 백성
들이 베풀어 주신 은혜를 찬양하오니 받아 주소서.

성찬의 예식에 참여하며 우리의 죄를 고백합니다. 우리 죄를 용서하시
기 위해 십자가에서 피 흘리시고 죽으신 예수 그리스도를 구주로 믿어
의롭다 인정받은 우리들이지만 하나님 앞에서 의로운 삶을 살지 못하
고 여전히 죄의 습성을 버리지 못했던 우리를 불쌍히 여겨 주소서.

구원을 주시는 하나님 아버지! 우리에게 성찬식을 행하게 하시니 감
사합니다. 예수 그리스도께서 잡히시기 전날 제자들과 함께 나누었
던 말씀들을 기억합니다. 제자들에게 나누어 주신 떡과 잔을 통해 예
수 그리스도의 찢기신 몸과 흘리신 피를 기념하라고 하신 말씀을 따
라 오늘 우리도 떡과 잔을 통해 나를 위해 몸이 찢기시고 피 흘리신 예

수 그리스도를 기억하며 주님의 은혜 앞에 나아갑니다. 먹고 마실 때에 나를 위해 죽으신 예수 그리스도를 경험하게 하시고 그 은혜에 감사하는 우리가 되게 하소서. 아무 죄도 흠도 없이 오직 우리의 죄를 씻어 주시기 위해 십자가에서 죽으신 주님을 만나게 하시고 못 박히신 손과 발을 보게 하시고 그 앞에서 우리의 죄를 내려놓게 하소서.

우리의 생명을 구하기 위해 못 박히시고 보혈을 흘리셨던 주님! 우리의 죄를 씻기 위해 십자가 위에서 조롱과 멸시를 견디시고 결국은 죽으셨던 주님! 우리를 살리시려 죽음의 권세를 깨뜨리고 다시 사신 주님! 그리고 모든 악한 권세를 결박하고 영원한 하나님 나라를 이루시고 다스리기 위해 다시 오실 주님! 이 시간 성찬에 참여하여 주님의 살과 피를 대하는 주님의 백성들이 진실로 살아 계신 주님을 만나 그 앞에 무릎 꿇는 은혜를 허락하소서. 주님께서 허락하신 성찬을 통해 주님을 더 깊이 알게 하시고 더 큰 확신 가운데 거하게 하시고 주님만을 찬양하며 살아가게 하소서. 날마다 살아가는 삶 속에서 주님과 교제하며 함께 걷게 하시고 주님이 아니라면 아무리 좋고 아름다운 것도 의미가 없다는 것을 깨닫게 하소서.

주님이 행하라 명하신 성찬식을 준비한 모든 분들의 수고를 기억하시고 분병하고 분잔하는 분들에게 큰 은혜를 부어 주시고 성찬을 집례하며 말씀을 전하시는 목사님과 함께하소서. 이 시간 함께 예배하며 성찬에 참여한 모두가 오직 예수 그리스도만 바라보고 그 발 앞에 엎드리게 하소서.

용서받을 수 없는 죄인인 우리를 대신해 십자가에서 죽으신 예수님의 이름으로 기도합니다. 아멘.

누구나 하나님에게 영광 되고 회중에게 은혜가 되는
대표기도를 할 수 있다.

4장
헌신예배
대표기도문

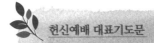
제직 헌신예배

> 일을 행하시는 여호와, 그것을 만들며 성취하시는 여호와, 그의 이름을 여호와라
> 하는 이가 이와 같이 이르시도다 _〈예레미야〉 33장 2절

우리에게 능력을 주시는 하나님 아버지!

우리를 충성되게 여겨 천사도 흠모할 만한 직분을 허락해 주심에 감사합니다. 특별히 제직 헌신예배를 통해 모든 제직이 하나님과 교우들 앞에서 새롭게 헌신을 고백하게 하시니 감사합니다.

제직의 사명을 감당하기에는 너무나 부족하고 연약한 자들임을 고백합니다. 맡은 자들의 구할 것은 충성이라고 하셨는데, 충성스럽게 제직의 사명을 다하지 못한 것을 용서하여 주소서. 제직의 사명은 교회의 목양 사역을 잘 보필하고 교회의 살림을 책임지는 것임을 잘 알면서도 오히려 목회자의 마음에 짐을 안겨 주고 교회의 형편보다는 우리 자신의 형편을 먼저 살폈음을 고백합니다. 미스바에 모인 이스라엘 백성이 금식을 하며 "우리가 여호와께 범죄하였나이다"라고 고백했던 것처럼 제직들도 가슴을 치며 다시 돌아서게 하소서.

제직이 바로 서야 교회가 바로 서는 줄 믿습니다. 예수님을 닮은 제직이 되게 하셔서 온유하고 겸손하게 사명을 감당하게 하소서. 교회에 대한 불평보다는 기도를 먼저 하게 하시고, 교회에 대한 불만을 감사로 덮게 하소서. 교우들의 등을 떠밀기보다는 교우들보다 앞장서서 일하게 하소서.

스데반 집사가 순교 직전까지 하나님의 얼굴을 바라보았던 것처럼 제직들도 하나님의 얼굴만 바라보며 사명을 감당하게 하소서. 사람의 눈을 의식하는 것이 아니라 하나님의 눈만 의식하게 하소서. 왼손이 하는 일을 오른손이 모르도록 숨어서 일하게 하시고, 사람에게 보이려고 일하지 않게 하소서. 사람의 손을 의지하는 것이 아니라 하나님의 손을 의지하게 하소서. 우리의 입술이 하나님의 입이 되어서 약해진 교우에게는 하나님의 위로를, 쓰러진 교우에게는 하나님의 격려를 전달하게 하소서. 제직 한 사람 한 사람의 심장이 그리스도의 심장이 되어서 하나님의 일에 대한 열정으로 불타오르게 하소서. 그래서 주님이 다시 오시는 그날에 "잘하였다. 착하고 충성된 종아."라는 예수님의 칭찬을 받을 수 있는 주의 종들이 되게 하소서.

제직들의 일터에 하늘의 복을 내려 주사 교회의 쓸 것들이 풍성하게 채워지게 하소서. 그래서 교회가 힘써야 할 본질적인 사역을 하는 데 불편함과 부족함이 없도록 인도하여 주소서.

제직과 교우들에게 능력이 되는 말씀을 전하실 목사님에게 성령의 두루마리를 입혀 주소서. 예배 순서를 맡은 제직회 임원들도 주님의 손으로 붙잡아 주소서.

지금도 하나님의 우편에서 일하고 계신 예수님의 이름으로 기도합니다. 아멘.

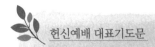

구역장 헌신예배

각각 자기 일을 돌볼뿐더러 또한 각각 다른 사람들의 일을 돌보아 나의
기쁨을 충만하게 하라 _〈빌립보서〉 2장 4절

존귀와 영광을 받으시기에 합당하신 하나님 아버지!

작은 강들이 모여 바다를 이루고 작은 세포들이 모여 한 몸을 이루듯,
다양한 구역들이 조화를 이루며 하나의 아름다운 교회를 이루게 하시
니 감사합니다. 특별히 이 시간 구역을 섬기는 작은 목회자인 구역장
들이 한자리에 모여 예배를 통해 새로운 헌신을 결단하게 하시니 감
사합니다.

처음 구역장으로 임명받을 때에는 두렵기도 하고 설레기도 했습니다.
과연 구역장의 사명을 잘 감당할 수 있을까라는 염려와 함께 하나님이
함께하시면 모든 것이 가능하다는 믿음으로 충만했었습니다. 하지만
어느새 우리는 사명보다는 사생활에 얽매이고, 구역 목양보다는 개인
적인 유익에 목매였음을 고백합니다. 이제 헌신예배를 통해 초심으로
돌아가고자 하오니 죄와 허물을 보혈로 덮으시고 용서하여 주소서.

구역의 온갖 궂은일과 살림을 도맡아 하는 구역장들을 위해서 기도합

니다. 십부장, 백부장, 천부장이 모세의 손과 발이 되어 준 것처럼 구역장들도 교회를 힘껏 돕는 작은 목회자가 되게 하소서. 구역장들에게 사명을 감당하기에 부족함이 없는 체력과 영력을 더하여 주소서. 필요한 물질도 채워 주셔서 구역원들의 필요를 때마다 일마다 채워 줄 수 있도록 하소서. 사명을 감당하다가 낙심이 될 때도 있을 것입니다. 그때마다 위로의 주님이 어루만져 주시고 일으켜 주소서.

구역예배를 인도하는 구역장들에게 말씀의 능력을 더하여 주소서. 구역에서 말씀을 선포할 때마다 자기의 능력이 아닌 성령의 능력을 덧입어 담대히 증거하게 하소서. 혀와 입술로만 구역을 움직이려 하지 않게 하시고 기도로 일하는 구역장이 되게 하소서. 목자가 부지런히 양떼를 살피듯이 구역장들도 구역원들을 세밀히 살필 수 있는 영안을 주소서.

구역이 부흥되면 교회가 부흥되는 줄 믿습니다. 구역마다 부흥되게 하소서. 구역이 전도의 전초 기지가 되어서 잃어버린 영혼을 하나님 나라로 인도하는 열린 문이 되게 하소서. 성령님이 고넬료의 가정 교회에 충만하게 임하셨을 때 가족들과 종들까지 회개하고 세례받는 기적이 일어났습니다. 우리 교회의 구역에서도 잃어버린 영혼들이 거듭 태어나는 성령의 역사가 일어나게 하소서. 전도의 문이 막혀 있는 시대에 부흥의 놀라운 기적이 구역 안에서 일어나게 하소서.

귀한 말씀 전하실 목사님을 영육 간에 피곤치 않도록 붙잡아 주소서. 성령에 사로잡혀 힘있게 말씀을 증거하게 하소서. 구역장들이 한마음으로 올려 드릴 특별 찬송도 흠향하여 주소서.

구역의 주인이 되며 왕이 되신 예수님의 이름으로 기도합니다. 아멘.

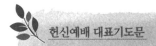

헌신예배 대표기도문

남전도회 헌신예배

그러므로 각처에서 남자들이 분노와 다툼이 없이 거룩한 손을 들어
기도하기를 원하노라 _(디모데전서) 2장 8절

전능하신 만군의 하나님 아버지!

이 시간 예수 그리스도의 좋은 군사들의 모임인 남전도회가 하늘의
총사령관이신 하나님 앞에서 헌신예배를 드릴 수 있게 하시니 감사합
니다. 더불어 온 교우들이 남전도회를 격려하며 이들의 새로운 다짐
에 박수를 쳐 줄 수 있게 하심도 감사합니다.

이 땅의 남자로 살아가는 것이 힘겨울 때가 있음을 고백합니다. 가장
으로서의 무한한 책임감이 어깨를 누릅니다. 전쟁터와 같은 일터에서
살아남기 위해 새벽부터 밤까지 애쓰고 힘써야 합니다. 더불어 우리
교회가 흔들리지 않도록 떠받치는 기둥의 역할을 감당하고 있습니다.
하나님이 이들의 수고를 기억하시고 위로하여 주소서.

하지만 때로는 세상의 쾌락에 곁눈질하고 어쩔 수 없이 세상과 타협
하려고 했던 것을 인정합니다. 순결한 하나님의 사람으로 살아야 함
에도 세상의 무질서와 혼돈이 마음에 들어오도록 허용했음을 고백하

오니 용서하여 주소서.

남전도회가 비전을 꿈꾸는 모임이 되게 하소서. 85세의 갈렙이 "이 산지를 지금 내게 주소서"라고 선포하며 비전을 향해 나아간 것처럼 남전도회의 모든 회원이 하나님의 비전을 향해 나아가게 하소서. 모일 때마다 세상 이야기를 멀리하고 하나님의 이야기를 나눌 수 있는 성령으로 충만한 모임이 되게 하소서.

남전도회가 기도하는 모임이 되게 하소서. 하나님은 남자들이 분노와 다툼이 없이 거룩한 손을 들어 기도하기를 원하고 계신 줄 믿습니다. 능력이 많으신 예수님도 이 땅에서 기도를 통해 일하신 것처럼 남전도회가 기도를 통해 일하게 하소서.

더불어 남전도회가 사랑이 넘치는 모임이 되게 하소서. 회원 한 사람 한 사람을 소중히 여기며 귀하게 대하게 하소서. 자기를 부인할 줄 아는 예수님을 닮은 남자들의 모임이 되게 하소서. 특별히 남전도회를 이끌어 가는 임원들을 위해서 기도합니다. 남전도회를 이끌어 가기에 합당한 지혜와 능력을 허락하여 주소서. 한 해 동안 계획하고 있는 전도회의 모든 사업 위에 성령의 기름을 부어 주소서.

헌신예배를 위해 특별히 말씀 전하실 목사님을 붙잡아 주시고 우리와 남전도회에 꼭 필요한 말씀을 전하실 수 있도록 도와주소서. 헌신예배의 순서를 맡은 자들과 함께하시고 마치는 시간까지 하나님의 얼굴만 바라보게 하소서.

지금도 하나님의 우편에서 남전도회와 우리를 위해서 기도하고 계시는 예수님의 이름으로 기도합니다. 아멘.

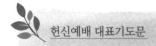
여전도회 헌신예배

헤롯의 청지기 구사의 아내 요안나와 수산나와 다른 여러 여자가 함께 하여
자기들의 소유로 그들을 섬기더라 _〈누가복음〉8장 3절

여성을 창조하시고 아름다움을 더하시는 하나님 아버지!

그리스도의 향기를 발하는 여전도회 회원들이 한자리에 모여 헌신의
예배를 드리게 하시니 감사합니다. 그동안 여전도회를 미쁘게 여기셔
서 많은 사명을 맡겨 주시고 묵묵히 그 사명을 잘 감당하게 하시니 감
사합니다. 이 시간 드려지는 헌신예배를 통해서 우리의 마음이 새로
워질 것을 기대합니다.

뒤돌아보면 때때로 서로 비교함으로 질투와 시기를 잠시 품었을 때가
있었음을 고백합니다. 이해가 아닌 오해로 서로의 마음을 아프게 할
때도 있었음을 고백합니다. 다른 것은 나쁜 것이 아님에도 생각이 다
르다는 이유로 담을 쌓았음도 인정합니다. 이 모든 것이 하나님의 뜻
이 아니기에 이제 용서를 구하며 회개하길 원합니다.

우리 교회 안에서 여전도회의 역할이 중요하다는 것을 느낍니다. 여
전도회가 주님의 몸 된 교회 안에 행복 바이러스를 거룩히 전파하게

하소서. 자녀에게는 언제나 달려와 쉴 수 있는 안식처와 피난처가 되게 하소서. 남편에게는 돕는 배필의 역할을 잘 감당하는 버팀목이 되게 하소서. 어르신에게는 따뜻한 온기를 전달해 주는 봄 햇살과 같은 존재가 되게 하소서. 청년에게는 아름다운 여성의 표본이 되게 하시고 믿음의 방향을 가리켜 주는 이정표가 되게 하소서.

예수님의 사역을 도왔던 마리아와 마르다와 같은 여인들처럼 우리도 목회자와 교회 지도자들의 든든한 후견인이 되게 하소서. 때로는 여성 사사 드보라처럼 용감하게 나아가게 하시고, 때로는 왕비 에스더처럼 담대함으로 나아가게 하소서. 기도의 여인 한나처럼 교회를 위해 눈물의 기도를 간절히 올려 드리게 하시고, 예수님의 어머니 마리아처럼 하나님의 말씀만 굳게 믿어 이 땅에 기적을 이루는 복의 통로가 되게 하소서.

여전도회를 이끌어 가는 임원들을 하나님의 능력의 팔로 붙잡아 주소서. 뒤에서 따라가는 모든 회원은 순종과 기도로 임원들을 뒤에서 밀어 주게 하소서. 여전도회가 앞에서 끌고 뒤에서 미는 하나 된 모습으로 올 한 해에 맡겨 주신 사업들의 열매를 풍성히 맺게 도와주시고 여전도회로 인해 사랑이 넘쳐나는 교회되게 하소서.

말씀을 전하기 위해 먼 길을 마다하지 않으신 목사님에게 은총을 더하시고, 전파하는 말씀을 통해 새로운 통찰력을 얻는 시간이 되게 하소서. 예배 순서를 맡은 모든 이에게 지혜와 담대함으로 순서를 감당해 하나님에게 영광을 돌리는 예배가 되게 하소서.

여성들의 헌신의 땀과 수고의 눈물을 알고 계시는 예수님의 이름으로 기도합니다. 아멘.

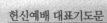
교사 헌신예배

내가 너희에게 분부한 모든 것을 가르쳐 지키게 하라
_〈마태복음〉 28장 20절

말씀을 계시하시며 진리를 가르쳐 주시는 하나님 아버지!

오늘 이 시간, 주님의 교육 명령을 받들어 섬기는 교사들이 헌신예배로 영광을 돌리게 하시니 감사합니다. 다음 세대를 하나님의 말씀으로 세우는 귀한 사명을 주시고, 은혜 가운데 감당할 수 있게 하심에 감사합니다. 교사들과 성도들을 새로운 헌신의 자리로 초청하였사오니 진리의 영으로 충만하게 채워 주소서.

2천 년 전 예수님은 제자들에게 "너희에게 분부한 모든 것을 가르쳐 지키게 하라"는 명령을 하셨습니다. 이 명령은 1세기 제자들뿐만 아니라 21세기의 제자들인 저희도 순종해야 할 명령인 줄 믿습니다. 하지만 뒤돌아보면 주님의 교육 명령에 순종하기보다는 나태함과 안일함에 빠져 교육의 달란트를 땅에 묻어 두고 있었음을 고백합니다. 주님의 어린 양들을 입시 제도와 세속 문화라는 이리 떼에 무기력하게 빼앗기고 있음을 고백합니다. 부모 교사들은 자녀들을 주의 교훈과 훈계로 양육해야 할 교육 사명에 소홀했습니다. 교회학교 교사들 역시 말씀대로 사는 본을 보이지 못하고 성경적인 가치관과 세계관을 힘써 전하는 데 열정을 다하지 못했음을 고백합니다.

우리의 참 목자 되신 주님, 교사들이 반 목회를 감당할 때에 목자의 마음으로 사명을 감당하게 하소서. 양들이 말씀의 꼴을 잘 먹고 있는지 살피게 하소서. 길을 잃은 양은 없는지, 쓰러진 양이나 웅덩이에 빠져 허우적대는 양은 없는지 부지런히 살피게 하소서. 교사는 영혼을 목양하는 작은 목회자라는 사실을 잊지 않게 하소서.

모세라는 교사가 없었더라면 여호수아는 존재하지 않았을 것입니다. 요나단이라는 교사가 없었더라면 다윗은 존재하지 못했을 것입니다. 바나바라는 교사가 없었더라면 바울은 없었을 것입니다. 본을 보인 모세처럼, 친구 같은 요나단처럼, 형님 같은 바나바처럼 우리 교회 교사들도 주일학교 학생들에게 선한 영향력을 끼칠 수 있게 하소서.

교사들의 마음속에 떨림이 있게 하소서. 하나님의 말씀 앞에 설 때마다 경외함과 두려움으로 가슴이 떨리게 하소서. 학생들 앞에 설 때마다 사모함으로 가슴이 설레게 하소서. 혼자만의 힘이 아닌 성령의 능력을 의지하면서 성령의 울림으로 교육에 임하게 하소서. 교육의 현장에는 어울림이 있게 하소서. 교사와 학생이, 학생과 학생이, 교사와 교사가 한마음이 되어 사랑이 넘치는 교육 공동체가 되게 하소서.

오늘도 교사들을 말씀으로 세워 주실 목사님을 권능의 손으로 붙들어 주셔서 풍성한 은혜의 말씀을 내려 주소서.

우리의 참 교사 되신 예수님의 이름으로 기도합니다. 아멘.

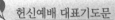
성가대 헌신예배

호흡이 있는 자마다 여호와를 찬양할지어다 할렐루야
_〈시편〉 150편 6절

찬양을 받으시기에 합당하신 하나님 아버지!

찬양하는 모습이 아름다운 성가대가 구별된 마음으로 헌신예배를 드리게 하시니 감사합니다. 하나님이 주신 노래의 재능을 허무한 노래로 허비하지 않고 하나님을 높여 드리는 찬양 사역에 쓰임받게 하시니 감사합니다. 매주마다 울려 퍼지는 거룩한 노래가 하나님에게는 영광이요, 교우들에게는 은혜가 되게 하시니 무한 감사합니다.

하지만 하나님의 시선만 바라보아야 할 우리가 때로는 사람의 눈을 더 의식했음을 고백합니다. 찬양을 받으시는 분은 오직 하나님 한 분밖에 없다는 것을 알면서도 때로는 사람들의 평가에 민감했음을 고백합니다. 오늘 드려지는 헌신예배를 통해서 우리 자신의 모습을 말씀의 거울 앞에서 점검받게 하시고, 하나님만 높이며 하나님에게만 영광을 돌리는 성가대로 거듭 헌신 되게 하소서.

매주 성가대가 올려 드리는 경배와 찬양이 하늘 보좌로 온전히 올려

지기를 간절히 소원합니다. 성가 한 곡 한 곡이 성가대원들의 뜨거운 심장에서 우러나오게 하소서. 성가 한 절 한 절이 성가대원들의 깊은 영혼에서 샘솟아 오르게 하소서. 온 마음과 온 정성을 다해서 하나님만을 경배하고 찬양하게 하소서.

다윗이 온 마음과 온 정성을 다해 수금을 연주하며 찬양했을 때 사울을 지배하고 있던 악한 영이 떠나간 것을 기억합니다. 우리 성가대에도 치유의 능력을 덧입혀 주사 찬양을 듣는 교우들에게 회복의 역사가 일어나게 하소서. 특별히 성가대원들이 말씀과 기도로 충만하여 영성이 넘치는 성가대가 되게 하소서. 성실한 연습을 통해 찬양의 수준도 높아지게 하사 영성과 전문성이 균형 잡힌 멋진 성가대원들 되게 하소서. 그래서 모든 교우가 성가대의 찬양하는 모습을 보면서 찬양의 본을 발견할 수 있게 인도하소서. 성가대원 한 사람 한 사람이 성전 찬양과 더불어 생활 찬양에서도 승리하게 하시고, 입술의 찬양과 더불어 삶의 찬양으로도 영광을 돌리게 하소서.

성가대 봉사에 임할 때에는 우월감을 내려놓고 겸손의 마음을 갖게 하소서. 구별 의식을 내려놓고 항상 두렵고 떨리는 마음으로 낮아지게 하소서. 제사장 홉니와 비느하스가 자기 유익을 위해 성전 봉사를 할 때 하나님은 근심하셨습니다. 성가대가 자아도취와 자기 유익을 멀리할 때 하나님의 마음을 시원하게 해 드릴 수 있을 줄 믿습니다.

늘 수고하고 애쓰는 지휘자와 반주자, 성가대장을 비롯한 임원들에게 영육 간의 강건함을 허락하사 성가대를 이끌어 나가기에 부족함이 없게 하소서.

우리의 찬양을 흠향하시는 예수님의 이름으로 기도합니다. 아멘.

대표기도의 내용에는
예배나 모임의 참가자들의 상황이 녹아져 있어야 한다.

5장

예식
대표기도문

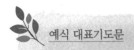

약혼예배 1

사랑하는 자들아 하나님이 이같이 우리를 사랑하셨은즉 우리도 서로
사랑하는 것이 마땅하도다 _〈요한일서〉 4장 11절

모든 기쁨의 근원이 되시는 하나님 아버지!

죄로 인해 슬픔과 절망 속에서 살아갈 수밖에 없는 우리를 위해 아들
을 주시고 예수 그리스도를 믿는 모든 사람들에게 참된 기쁨을 주시
니 감사합니다. 하나님이 아닌 다른 것들을 통해 기쁨을 구하려 했던
어리석음을 용서하시고 세상의 기쁨을 따라 방황하던 삶을 그치고 참
된 기쁨을 주시는 주님만을 구하는 삶을 살 수 있게 하소서. 눈물로 십
자가 앞에 나아가 죄를 회개하고 예수 그리스도와 함께 살아가는 것
이 진정한 기쁨을 얻는 길이라는 것을 깨닫고 날마다 주님 앞에 엎드
리게 하소서.

늘 사랑으로 충만케 하시는 하나님 아버지! 이 시간 _____ 군과
_____ 양의 약혼예배를 드리오니 기쁘게 받으시고 예배드리는 두
젊은이와 우리 모두에게 주님의 큰 기쁨이 충만한 시간이 되게 인도
하소서. 결혼을 약속하는 이 시간 주님이 함께하셔서 하나님과 증인

들 앞에서 약속한 것들이 깨어지지 않게 지켜 주소서. 이제 약혼식을 행하오니 결혼할 때까지 이들의 마음을 지켜 주시고 세상의 잘못된 가치관을 따르지 않게 하시고 서로가 서로를 지켜 순전하게 하소서. 결혼을 약속하는 이 일이 그저 지나가는 하나의 행사처럼 여겨지지 않게 하시고 하나님 앞에서 이들의 마음이 더욱 굳세게 하소서. 결혼을 약속한 두 젊은이의 삶 가운데 함께하셔서 아직 결혼을 한 것은 아니지만 서로를 향한 대의를 지키게 하시고 하나님이 정해 두신 짝임을 잊지 않고 하나님 안에서 아름다운 사랑을 하게 하소서.

약혼을 하는 두 젊은이의 가정들을 기억하셔서 인도하소서. 각 가정마다 주님의 풍성한 은혜를 부어 주소서. 두 젊은이를 통해 가정이 주님의 은혜 안에 더욱 화목하게 하시고 두 가정이 온전히 주님 안에 하나 되게 하소서. 결혼하기까지 준비하는 여러 절차 가운데 함께하셔서 이런 절차들이 양가의 불편함이 되지 않게 하시고 오히려 결혼을 준비하며 하나님이 예비해 두신 더욱 크신 은혜를 경험하게 하소서. 특별히 양가의 부모님들에게 은혜를 주셔서 그동안 귀한 자녀를 길러 온 수고를 기억하시고 위로하소서.

사랑의 하나님 아버지! 하나님에게 드리는 두 젊은이의 서약을 받으시고 하나님이 친히 증인이 되어 주소서. 드려지는 예배 가운데 임재하시고 하나님이 친히 이 두 젊은이의 앞날을 주관하고 계심을 기억하게 하소서. 말씀을 전하시는 주의 사자에게 함께하셔서 선포되는 모든 말씀이 오늘 약혼하는 두 젊은이의 마음에 새겨지게 하시고 어디서 무엇을 하더라도 주님의 뜻에 순종하게 하소서.

무엇보다도 우리를 사랑하시는 예수님의 이름으로 기도합니다. 아멘.

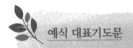
약혼예배 2

그의 계명은 이것이니 곧 그 아들 예수 그리스도의 이름을 믿고 그가 우리에게
주신 계명대로 서로 사랑할 것이니라 _〈요한일서〉 3장 23절

믿는 모든 사람을 사랑하시는 하나님 아버지!

하나님이 베푸신 사랑과 은혜에 감사합니다. 예수 그리스도를 믿는
모든 사람을 구원하시고 또 구원받은 백성들이 하나님의 은혜 안에서
기뻐하며 살게 하셨으니 감사합니다.

하나님이 주신 이 좋은 날에 하나님의 사랑을 입은 귀한 두 젊은이가
약혼예배를 드립니다. 기쁘게 받아 주소서. 하나님과 여러 증인들 앞
에서 결혼을 서약하는 예식을 행합니다. 두 젊은이의 아름다운 약속
을 주님이 친히 증인이 되어 주소서. 하나님 앞에서 서로의 사랑을 확
인하고 때가 되면 결혼하기로 약속하는 두 사람을 기억하시고 하나님
의 사랑으로 충만하게 하소서.

사랑의 하나님 아버지! 이 두 사람의 앞날을 기억하시고 이들이 이루
어 갈 모든 인생에 주님이 주인이 되어 주소서. 세상의 가치관에 따라
살지 않게 하시고 언제나 주님의 말씀에 순종하게 하소서. 이 세상의

평판과 소리가 아닌 하나님의 말씀에만 귀를 기울이게 하소서. 아름답고 좋은 길이라도 하나님의 의가 아니면 가지 않게 하시고 힘들고 어려운 길이라도 주님이 가신 길이라면 두려움 없이 따라가게 하소서. 사랑하는 이 두 사람의 믿음을 지켜 주셔서 어느 누구라도 하나님을 떠나가는 일이 없게 하시고 항상 성령의 도우심을 구하는 믿음의 사람들이 되게 하소서.

약혼의 의미를 분명히 기억하게 하소서. 이제 결혼을 약속했으니 하나님 앞에서 부부의 연을 맺을 때까지 서로를 존중하고 순간의 즐거움과 쾌락을 따르지 않도록 지켜 주소서. 오히려 결혼할 때까지 아끼고 더 사랑하며 보호하는 아름다운 본을 보이는 두 젊은이가 되게 하소서. 결혼을 준비하는 모든 과정에도 함께하셔서 이런저런 일들로 어려움을 겪지 않게 하소서. 세상의 가치관에 따라 준비하지 않게 하시고 하나님의 뜻이 무엇인지를 묻고 하나님의 뜻에 따르게 하소서.

서로 사랑하기를 원하시는 하나님 아버지! 약혼의 예식을 통해 양가에 큰 기쁨이 넘치게 하시고 세상의 가치관으로 불편해지거나 어려움을 겪지 않도록 인도하소서. 사랑하는 두 젊은이의 부모님들을 기억하셔서 두 사람이 결혼할 때까지 두 가정이 함께 기도하게 하며 아름다운 믿음의 가정을 세울 수 있도록 도와주소서. 두 사람의 약혼을 축하하기 위해 모이신 여러 일가친척들과 하객들에게도 은혜를 베풀어 주셔서 우리를 사랑하시는 하나님을 경험하게 하소서. 말씀을 전하실 목사님과 함께하셔서 약혼예배를 드리는 두 젊은이와 양가와 모든 분들에게 참되신 하나님의 말씀만을 전할 수 있게 하소서.

언제나 함께하시는 예수님의 이름으로 기도합니다. 아멘.

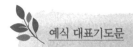

결혼예배 1

이러므로 남자가 부모를 떠나 그의 아내와 합하여 둘이 한 몸을 이룰지로다
_〈창세기〉 2장 24절

가정을 만드신 하나님 아버지!

태초에 사람을 만드시고 남자와 여자를 가정이라는 이름으로 하나가 되게 하시니 감사합니다. 이 시간 하나님의 뜻에 따라 _____ 군과 _____ 양이 아름다운 가정을 이루고자 결혼예배를 드리오니 기쁘게 받아 주소서.

이제 각자의 삶을 살던 두 사람이 하나님 앞에서 결혼합니다. 하나님 안에서 진정으로 하나 되게 하시고 그동안 많은 시간 동안 서로 다른 삶을 살아왔기 때문에 서로의 생각과 행동에 차이가 있겠지만 서로가 다름을 인정하고 이해하게 하소서. 하나님이 하나님을 배신하고 떠난 우리를 살리시려고 아들이신 예수 그리스도를 보내셔서 우리와 다시 화평하신 것처럼 사랑하는 두 젊은이의 모든 삶이 예수 그리스도로 말미암아 화평하게 하소서.

사랑의 하나님 아버지! 이 두 사람이 이루는 가정을 언제나 지켜 주소서. 그 어떤 악한 권세도 이 가정을 흔들지 못하게 하시고 주님의 손으로 보호하여 주소서. 주께서 이 두 사람이 이루는 가정의 주인이 되어 주시고 그들이 걸어가는 모든 길을 주관하여 주소서. 하나님 안에서 서로가 한뜻 되게 하시고 항상 기도하며 겸손히 주님의 뜻을 구하는 믿음의 가정이 되게 하소서. 이 두 사람이 이루는 가정에서는 하나님을 찬양하는 소리가 그치지 않게 하시고 기쁠 때나 슬플 때나 언제나 하나님에게 감사하는 가정이 되게 하소서. 삶의 문제 앞에 기도하며 하나님이 주시는 응답을 기다리며 순종하는 가정이 되게 하소서. 주께서 이 두 사람이 이룰 가정에 복을 내려 주셔서 이 가정을 통해 수많은 사람들이 예수 그리스도를 만나게 하시고 이 가정으로 인해 하나님이 크게 영광받으시는 복을 내려 주소서.

사랑하는 이 두 젊은이를 지금까지 믿음 안에서 양육한 귀한 가정들을 기억하여 주소서. 양가의 부모님들의 마음에 기쁨이 충만하게 하시고 양가가 이 귀한 두 사람을 통해 하나님의 크신 사랑을 함께 누리게 하소서. 일가친지들에게도 복을 주셔서 하나님을 알지 못하는 분들이 이제 믿음의 가정을 이루는 이 두 사람을 통해 하나님을 만나게 하시고 모든 가정 가정이 예수 그리스도를 주인으로 섬기는 은혜를 허락하소서.

이제 세우신 주례 목사님을 통해 하나님의 말씀을 듣겠습니다. 믿음의 가정을 이룰 두 사람에게 꼭 필요한 생명의 말씀이 선포되게 하시고 이 말씀을 듣는 우리 모두가 하나님의 크신 은혜를 누리며 하나님의 주권을 인정하는 은혜를 베풀어 주소서.

믿는 모든 가정의 주인 되시는 예수님의 이름으로 기도합니다. 아멘.

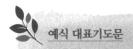

결혼예배 2

모든 사람은 결혼을 귀히 여기고 침소를 더럽히지 않게 하라 음행하는 자들과
간음하는 자들을 하나님이 심판하시리라 _〈히브리서〉 13장 4절

거룩하고 영화로우신 하나님 아버지!

천지를 지으시고 또 사람을 만드신 후 남자와 여자를 짝지어 하나의
아름다운 가정을 시작하게 하신 하나님의 뜻을 기억합니다. 믿는 모
든 가정마다 하나님의 거룩하심을 기억하고 하나님의 뜻에 합당한 믿
음의 삶을 이루어 갈 수 있도록 인도하소서.

하나님의 뜻 가운데 오늘 아름다운 믿음의 가정을 세우시니 감사합니
다. 신랑 _____ 군과 신부 _____ 양이 하나님이 주신 날 부부의 연
을 맺기 위해 예배하오니 기뻐 받아 주소서. 이 두 사람이 이룰 가정을
지켜 주셔서 세상의 그 어떤 것도 흔들지 못하는 믿음의 가정을 이룰
수 있게 도와주소서. 부부가 되기 위해 행하는 이 결혼의 예식으로부
터 언젠가 하나님 앞에 이르는 그날까지 서로가 지켜야 할 부부의 대
의를 지키게 하시고 무엇보다도 서로를 위해 먼저 하나님 앞에 엎드
리며 이들의 가정의 주인이 예수 그리스도이심을 알게 하소서.

서로의 다름을 인정하게 하시고 하나님의 사랑으로 서로 사랑하며 배려하는 아름다운 가정을 이루게 하소서. 남편은 남편으로서 또 아내는 아내로서의 역할을 감당하게 하시고 이 세상의 가치관에 따라 서로의 단점을 찾거나 허물을 추궁하지 않게 하시며 오히려 서로의 장점으로 자신의 단점을 덮고 서로를 위해서 기도하게 하소서. 이 세상에 있는 헛된 것들을 목표로 삼지 않게 하소서. 스스로의 삶의 풍요함과 마음의 위안과 만족을 위해 사는 것보다 하나님 나라를 구하며 하나님의 선하신 뜻을 이루기 위해 사는 믿음의 가정이 되게 하소서. 남편은 아내를 예수 그리스도께서 교회를 사랑하듯 사랑하게 하시고 아내는 교회가 예수 그리스도를 섬기듯 따르게 하소서. 서로가 아끼고 보호하며 어렵고 힘들 때 위로자가 되게 하시고 평생을 함께 손잡고 걸어가는 믿음의 동역자가 되게 하소서. 경제적인 모든 일들과 살아가며 만나는 모든 사람들과의 관계를 주장하여 주시고 이 두 사람이 이룰 가정에 기쁨과 즐거움이 충만하게 하소서.

믿음의 가정의 주인이 되시는 하나님 아버지! 지금까지 사랑하는 두 사람을 믿음 안에서 잘 양육한 양가의 부모님들을 기억하셔서 사랑하는 자녀의 결혼을 통해 큰 기쁨을 얻게 하소서. 이 두 사람의 결혼을 축하하기 위해 모인 친척들과 하객들에게도 은혜를 주셔서 하나님이 주시는 큰 기쁨을 얻게 하소서. 주례 목사님에게 성령께서 함께하셔서 선포되는 말씀이 오늘 새로운 믿음의 가정을 이루는 두 사람에게 평생의 교훈이 되게 하시고 함께하는 모든 분들에게도 예수 그리스도를 믿는 가정의 즐거움을 알게 하소서.

기쁨의 근원이 되시는 예수님의 이름으로 기도합니다. 아멘.

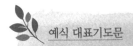

입관예배 1

악인은 그의 환난에 엎드러져도 의인은 그의 죽음에도 소망이 있느니라
_〈잠언〉 14장 32절

위로를 베푸시는 자비로우신 하나님 아버지!

마음이 상하고 슬픔에 잠긴 사람들을 불쌍히 여기시고 위로하시는 하나님의 크고 놀라우신 은혜를 기억합니다. 하나님의 크신 은혜가 아니면 도저히 헤어날 수 없는 깊은 절망과 아픔과 슬픔이 우리 가운데 너무도 많습니다. 세상이 주는 이런 고통 가운데 오직 하나님만을 바라오니 우리들에게 찾아오셔서 하나님의 위로를 부어 주소서.

사람은 죄로 인해 죽을 수밖에 없는 유한한 존재입니다. 하지만 죄의 결과로 죽을 수밖에 없다 해도 또한 그 순간을 맞이했다 할지라도 사랑하는 이의 죽음 앞에서 우리는 슬퍼할 수밖에 없음을 고백합니다.

위로하시는 하나님 아버지! 사랑하는 고 _____을(를) 먼저 주님의 품으로 돌려보내고 다 함께 모여 입관예배를 드립니다. 이 시간 친히 찾아오셔서 슬픔에 잠긴 유가족들을 위로하여 주소서. 입관의 절차 가운데 주님이 함께하셔서 모든 시간 가운데 주님의 은혜를 누리게 하소서. 이제 이 입관의 시간이 지나면 이 땅에서는 더 이상 사랑하는 고 _____을(를) 뵐 수 없음을 잘 압니다. 이 사실이 너무도 마음 아프고 가슴을 먹먹하게 합니다. 사랑하는 가족을 잃은 유가족들의 마음을 하나님이 아시오니 그들의 눈에 맺힌 눈물을 닦아 주소서.

"주께서 나의 날을 한 뼘 길이만큼 되게 하시매 나의 일생이 주 앞에는 없는 것 같사오니 사람은 그가 든든히 서 있는 때에도 진실로 모두가 허사뿐이니이다"라고 노래한 다윗을 기억합니다. 사람이 자신의 삶을 자랑하고 그 무엇도 부러울 것이 없다고 외친다 해도 결국 하나님 앞에서 그의 삶은 한 뼘 길이도 되지 못함을 우리는 너무도 잘 알고 있습니다. 하오니 주님! 우리도 다윗처럼 "주여 이제 내가 무엇을 바라리요 나의 소망은 주께 있나이다"라고 고백할 수 있게 인도하소서.

입관예배를 드리는 모든 주의 백성들을 불쌍히 여겨 주소서. 사랑하는 고 _____께서 이제 관에 누워 다시는 이 세상에 그 얼굴을 보이지 못하는 것이 이 세상 몇몇 사람에게만 일어나는 일이 아니라 살아 있는 모든 사람들이 결국은 겪어야 할 인생의 과정이라는 것을 깨닫게 하시고 이 슬픔의 시간에 오히려 하나님이 정하신 귀한 뜻을 발견하고 오직 하나님만을 의지하는 우리 모두가 되게 하소서. 특히 사랑하는 유가족들과 조문하는 모든 분들의 마음을 주장하셔서 주님 때문에 이 슬픔의 시간을 견디게 하소서. 이제 말씀을 전하시는 주의 사자와 함께하셔서 선포되는 말씀으로 인하여 사랑하는 유가족과 우리 모두가 하나님의 크신 위로를 누리게 하소서.

애통하는 자들의 눈물을 닦아 주시는 거룩하신 우리 주 예수님의 이름으로 기도합니다. 아멘.

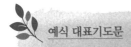

입관예배 2

한번 죽는 것은 사람에게 정해진 것이요 그 후에는 심판이 있으리니
_〈히브리서〉 9장 27절

삶과 죽음의 주관자이신 하나님 아버지!

사랑하는 고 _____을(를) 영원한 천국으로 환송하고 입관예배를 하나님에게 드립니다. 이 시간 하나님이 함께하셔서 사랑하는 고인을 생각하며 슬픔에 잠긴 유가족들과 성도들의 마음을 위로하여 주소서.

사람이 죽는 것은 정한 이치라는 것을 잘 알고 있습니다. 하지만 아는 것과 겪는 것은 너무도 달라서 사랑하는 이의 죽음을 받아들이기가 쉽지 않습니다. 이제 더 이상 고인의 음성을 들을 수 없고 함께 숨 쉬며 살아갈 수 없다는 사실이 우리를 너무 아프게 합니다. 사랑하는 고인을 입관하는 유가족들의 아픔을 아시는 주님이 이들의 마음을 위로하시고 만져 주소서.

사랑하는 고인과 이별하는 상한 심령들을 기억하소서. 애통하는 유가족들을 위로하소서. 사람의 말로 어떻게 다 위로할 수 있겠습니까! 사람의 위로가 이들의 슬픔과 애통함을 어찌 다 씻을 수 있겠습니까! 오직 하나님의 위로와 평안만이 유가족들의 슬픔을 위로할 수 있사오니 하나님이 이들을 위로하여 주셔서 하늘의 평안을 누리게 하소서.

이 땅에서 더 이상 그 얼굴을 볼 순 없지만 사랑하는 고인은 지금 이 순간 영원한 하늘나라에서 주님과 함께 있음을 믿습니다. 주님이 친히 고인을 안아 주시고 이제 더 이상 어떤 아픔과 슬픔이 없는 곳에서 영원한 복을 누리게 하시니 모든 것이 주의 은혜입니다. 천국에 들어갈 아무런 자격도 없는 우리들을 위해 예수 그리스도를 보내시고 믿기만 하면 구원을 얻게 하신 하나님의 은혜가 사랑하는 고인을 천국 백성으로 만드셨습니다. 오직 예수 그리스도로 말미암아 저 영원한 천국에서 주님과 함께 기뻐하고 있을 사랑하는 고인을 기억하며 이 시간 모든 유가족들과 성도들이 위로를 얻게 하소서. 그리고 우리 모두도 사랑하는 고인처럼 예수 그리스도를 구주로 믿어 천국을 소유하는 은혜를 허락하소서.

사랑하는 하나님 아버지! 입관예배를 드리는 유가족들과 조문객들을 살펴주소서. 혹시 아직도 예수 그리스도를 구주로 믿지 않아 천국 백성이 되지 못한 분들이 있다면 지금 이 예배를 통하여 살아 계신 예수 그리스도를 만나 영접하게 하시고 사람의 죽음 이후에 천국과 지옥이 있음을 알게 하소서. 이제 하나님의 말씀을 듣겠습니다. 말씀을 전하실 목사님에게 은혜를 주시고 말씀을 통해 유가족들과 모든 조문객들이 함께 위로받게 하소서. 위로가 필요한 분들에게는 위로를 믿음이 필요한 분들에게는 더 큰 믿음을 허락하소서.

남아 있는 모든 장례의 절차 가운데도 함께하실 것을 믿사오며 부활이요 생명이신 예수님의 이름으로 기도합니다. 아멘.

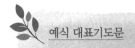

하관예배 1

네가 흙으로 돌아갈 때까지 얼굴에 땀을 흘려야 먹을 것을 먹으리니
네가 그것에서 취함을 입었음이라 너는 흙이니 흙으로 돌아갈 것이니라
하시니라 _〈창세기〉 3장 19절

은혜와 사랑을 베푸시는 거룩하신 하나님 아버지!

이 시간 사랑하는 고 _____을(를) 안치하고 하관예배를 드립니다. 고통과 슬픔 중에도 하나님에게 드리는 이 예배를 받아주소서. 천하 만물을 지으신 하나님이 사람을 흙으로 지으셨음을 기억합니다. 비록 흙으로 지음 받았으나 영원히 하나님과 동행하며 살아갈 수 있었던 인간이 범죄하여 결국은 다시 흙으로 돌아갈 수밖에 없게 된 것 또한 기억합니다. 이제 다시 흙으로 돌아가는 고 _____을(를) 기억하여 주소서. 하지만 그것이 전부가 아니며 사랑하는 고인의 영혼은 지금 천국에서 주님과 함께 있음을 우리가 믿습니다.

믿는 모든 사람을 받으시는 하나님 아버지! 예수 그리스도를 구주로 영접하고 믿음의 삶을 살다가 이제 이 땅에서의 수고를 그치고 영원한 천국에서의 삶을 살게 되신 고인을 기억합니다. 그가 지금 주님의 나라에서 주님과 함께 있음은 고인의 공로가 아니라 오직 예수 그리스도의 공로이며 예수 그리스도께서 십자가에서 죽으심 때문인 것을 믿습니다. 그의 육신은 한 줌의 흙으로 돌아간다 하더라도 지금 고인의 영혼은 주님과 함께 있고 주님이 다시 오시는 날 다시 살아 영원토록 함께 살게 될 것을 믿습니다. 지금 이 자리에 함께한 모든 유가족들과 성도들이 이런 믿음을 가지게 하소서. 사랑하는 고인을 하관하는 이 자리에 함께하시며 구원의 비밀을 알려 주시는 주님을 만나게 하시고 남은 인생을 주님을 믿고 살아가게 하소서.

"만일 그리스도 안에서 우리가 바라는 것이 다만 이 세상의 삶뿐이면 모든 사람 가운데 우리가 더욱 불쌍한 자이리라 그러나 이제 그리스도께서 죽은 자 가운데서 다시 살아나사 잠자는 자들의 첫 열매가 되셨도다"라는 말씀을 주시니 감사합니다. 우리가 바라는 삶이 다만 이 세상의 삶만이 아니며 영원한 천국에서의 삶을 소망하게 하셨습니다. 하나님을 알지 못하고 이 세상에서 더 잘 살기 위해 애쓰며 살다 결국 때가 되어 아무것도 소유하지 못하고 세상을 떠나고 마는 사람들의 모습을 봅니다. 이런 어리석은 모습을 닮지 않게 하시고 죽은 자 가운데서 다시 살아나셔서 잠자는 자들의 첫 열매가 되시는 예수 그리스도만을 믿게 하소서.

위로의 하나님 아버지! 예배하는 유가족들과 모든 성도들을 위로하여 주소서. 하관의 절차를 진행하는 모든 손길들을 기억하시고 진행하는 모든 순서 가운데 함께하여 주소서. 천국의 비밀을 말씀하시는 목사님에게 함께하셔서 삶과 죽음이 모두 주님의 뜻이며 우리는 오직 예수 그리스도만을 소망해야 함을 깨닫는 은혜의 시간이 되게 하소서.

죽으셨으나 다시 사신 예수님의 이름으로 기도합니다. 아멘.

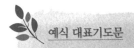

하관예배 2

그 후에 우리 살아 남은 자들도 그들과 함께 구름 속으로 끌어 올려 공중에서
주를 영접하게 하시리니 그리하여 우리가 항상 주와 함께 있으리라 그러므로
이러한 말로 서로 위로하라 _〈데살로니가전서〉 4장 17~18절

말씀으로 위로하시는 하나님 아버지!

하나님의 백성들을 향한 하나님의 자비와 긍휼을 찬양합니다. 이 시
간 하나님의 크신 위로를 구하며 예배하는 모든 자들을 만나 주소서.
슬픔과 애통 중에도 주님을 찾는 주님의 백성들을 기억하시고 풍성한
하나님의 사랑을 누리는 은혜의 시간이 되게 하소서.

데살로니가 교회를 향한 하나님의 말씀을 기억합니다. 예수 그리스도
께서 죽으셨다가 다시 살아나신 것처럼 예수 그리스도께서 다시 오실
때에 이미 자는 자들을 함께 데리고 오실 것이라고 말씀하셨으니 감
사합니다. 주님이 하늘로부터 강림하실 때에 죽은 자들이 먼저 일어
나고 살아 남은 자들도 함께 공중에서 주를 영접할 것을 믿습니다.

세상의 많은 사람들이 죽음을 마지막이라 여기며 살아갑니다. 그래
서 그들은 죽음 앞에서 의연하지 못하고 비통과 절망에 사로잡힙니
다. 죽음 앞에서 체념하기도 하며 어떤 이는 죽음으로 자신의 비참했

던 인생을 끝내려고 시도합니다. 사랑하는 주님! 오늘 우리에게 죽음이 마지막이 아니며 죽음 이후의 세계가 있음을 믿게 하소서. 죄의 결과로 죽음은 피할 수 없는 것이지만 예수 그리스도로 말미암아 우리는 다시 살아 영원한 생명을 누리게 된다는 것을 알게 하소서.

하나님에게 하관예배를 드리는 유가족들과 성도들의 마음을 만져 주소서. 사랑하는 고인을 안치하는 이 시간이 세상 사람들처럼 비통과 절망의 시간이 되지 않게 하시고 언젠가 주님이 다시 오실 날 주님과 함께 살아갈 것을 기대하는 은혜의 시간이 되게 하소서. 고인을 안치하고 흙을 덮을 때 흘릴 유가족들의 눈물을 닦아 주시고 사랑하는 고인의 생전의 신앙을 기억하게 하소서. 사랑하는 고인이 생전에 주님을 믿고 주님과 동행한 것처럼 이 시간 위로하시는 주님을 만나 각자에게 주신 선한 삶을 살아갈 새 힘을 얻게 하소서. 주님이 부르시는 그날이 되면 우리 역시 육신은 흙으로 돌아갈 수밖에 없다는 것을 깨닫고 주님이 부르실 때까지 각자에게 맡기신 선한 사명을 잘 감당하게 하소서.

하나님에게 예배하는 이 시간 함께하셔서 유가족들과 성도들을 만져 주시고 하나님을 알지 못하는 분들이 하나님을 알게 되고 믿음이 연약했던 분들의 믿음이 굳건해지는 은혜를 허락하소서. 하관의 절차를 진행하는 분들의 수고를 기억하시고 주님의 사랑으로 함께하소서. 하나님의 말씀을 전하시는 목사님에게도 은혜를 주셔서 사랑하는 유가족들과 모든 조문객들이 말씀을 통해 삶과 죽음을 주관하시는 하나님을 알게 하소서.

처음이요 나중이신 예수님의 이름으로 기도합니다. 아멘.

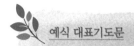
화장예배 1

예수께서 이르시되 나는 부활이요 생명이니 나를 믿는 자는 죽어도 살겠고
무릇 살아서 나를 믿는 자는 영원히 죽지 아니하리니 이것을 네가 믿느냐
_〈요한복음〉11장 25~26절

영원한 생명이 되시는 하나님 아버지!

이 시간 고 _____을(를) 주님의 품에 돌려보내고 그 육신을 화장하
며 하나님에게 엎드려 예배합니다. 슬프고 애통한 가운데서도 하나님
께 온전히 예배하는 사랑하는 유가족들과 모든 성도들의 마음을 위로
하시고 이 예배를 받아 주소서.

예수 그리스도께서 마르다에게 하셨던 말씀을 기억합니다. 그리고
"이것을 네가 믿느냐?"고 하신 말씀이 또한 오늘 우리에게 하신 말씀
임을 믿습니다. 주님, 우리가 믿습니다. 예수 그리스도를 구주로 믿는
모든 사람은 죽어도 살겠고 영원히 죽지 아니할 것을 믿습니다. 주님
을 향한 이 믿음으로 이 아픔과 슬픔의 시간을 이겨 낼 수 있도록 도와
주소서.

슬픈 자를 위로하시는 하나님 아버지! 사랑하는 고 _____의 육신은
이제 이 땅에서 사라질 것입니다. 지금 이 순간 우리에게 지혜를 허락

하소서. 우리의 생애가 기껏해야 칠팔십 년에 불과하고 길어도 백 년이 되기 어려움을 압니다. 이 땅에서 사는 시간 동안 우리는 주님이 주신 육신으로 살아갑니다. 하지만 주님이 부르시는 그날이 되면 육신은 더 이상 쓸모없는 것이 되고 말 것이라는 것도 우리는 잘 압니다. 하오니 주님! 결국 사라질 이 육신을 입고 썩어 없어질 쓸데없는 것들을 따라서 사는 어리석음을 범치 않게 도와주시고 영원한 것을 깨달아 알 수 있는 지혜를 허락하소서.

하나님 앞에서 내세울 것 없는 연약한 육신으로 순간과 같은 시간을 살아가는 우리의 작고 약함을 깨닫게 하소서. 육신의 정욕과 안목의 정욕과 이생의 자랑으로만 달려가던 어리석음을 발견하고 주님에게 돌아오게 하소서. 결국은 한 줌의 흙으로 돌아가고 말 육신을 만족시키려고 이 세상의 유익을 구하고 쾌락과 향락을 좇던 죄를 버리고 우리를 구원하기 위해 십자가에서 죽으신 예수 그리스도만 믿게 하소서. 이 시간 함께하는 모든 유가족들과 성도들이 사랑하는 고인의 신앙의 유업을 이어받아 이 세상의 헛된 것이 아닌 오직 예수 그리스도로만 살아가도록 도와주소서.

화장을 진행하는 모든 과정 가운데 하나님이 함께하셔서 수고하시는 분들의 손길을 지켜 주시고 이 시간을 지켜보아야만 하는 사랑하는 유가족들이 슬픔과 고통으로 쓰러지지 않도록 하나님의 크신 위로와 평안을 부어 주소서. 말씀을 전하시는 목사님과 함께하셔서 하나님이 주시는 영원한 위로와 평안이 가득한 은혜의 시간이 되게 하소서.

부활이요 생명이신 거룩하신 우리 주 예수님의 이름으로 기도합니다. 아멘.

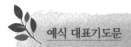

화장예배 2

우리 살아 있는 자가 항상 예수를 위하여 죽음에 넘겨짐은 예수의 생명이 또한 우리 죽을 육체에 나타나게 하려 함이라 _〈고린도후서〉 4장 11절

모든 시간의 주인이신 하나님 아버지!

"흙은 여전히 땅으로 돌아가고 영은 그것을 주신 하나님께로 돌아가기 전에 기억하라 전도자가 이르되 헛되고 헛되도다 모든 것이 헛되도다"라는 말씀을 기억합니다. 사람이 이 땅에서 더 좋은 것을 얻기 위해 애쓰고 더 나은 삶을 살기 위해 노력하며 더 높은 이상을 실현하기 위해 자신의 모든 것을 다 바쳐도 죽음 앞에서 모든 것이 헛될 수밖에 없음을 인정합니다. 그러므로 주님! 생명을 주신 하나님이 그것을 다시 가져가기 전에 하나님을 기억하고 보내신 예수 그리스도를 구주로 믿어야 함을 알게 하소서.

사랑하는 고 _____의 육신을 화장하며 하나님에게 예배합니다. 슬픔 중에도 하나님을 예배하는 유가족들과 조문객들을 기억하셔서 이들의 예배를 받으시고 위로하소서. 애통하는 주님의 백성들과 함께하셔서 안아 주소서. 이제 고인의 육신이 한 줌의 흙으로 돌아갑니다. 모든 것이 하나님이 정하신 섭리에 따라 이루어질 것입니다. 흙에서 와서 흙으로 돌아가는 지금 이 시간 하나님의 은혜를 부어 주소서.

사랑하는 고인의 육신은 이제 이 땅에서 사라지지만 이미 그 영혼은 천국에서 그토록 사모하던 주님과 함께 있음을 믿습니다. 고인의 육신이 처음 왔던 곳으로 돌아가기 전에 하나님이 그를 부르셔서 예수 그리스도를 구주로 믿게 하시고 천국을 소유하게 하셨으니 감사합니다. 하나님의 부르심이 아니었다면 지금 이 순간은 가장 슬프고 아픈 절망의 순간에 불과했을 것입니다. 하지만 하나님은 고인의 생전에 그를 부르시고 예수 그리스도를 구주로 믿게 하셨습니다. 예수 그리스도께서 십자가에서 흘리신 보혈의 공로로 고인을 깨끗하게 하셨고 천국 백성으로 삼아 주셨습니다. 그러므로 주님! 사랑하는 유가족들과 함께 조문하는 성도들이 지금의 이 시간이 잠시의 이별일 뿐임을 알고 다시 만날 날을 기대하게 하소서.

구원을 베푸시는 하나님 아버지! 잠시 잠깐 살아가는 이 땅 위에서의 삶이 결국 헛될 뿐이지만 우리가 살아가는 삶을 헛되지 않게 하는 유일한 길이 예수 그리스도를 믿는 것임을 깨닫게 하소서. 그래서 남은 생을 살아가는 유가족들과 모든 성도들의 삶이 예수 그리스도 때문에 헛되지 않고 오히려 은혜와 기쁨이 충만한 삶이 될 수 있게 인도하소서. 말씀을 전하시는 목사님과 함께하셔서 하나님이 주시는 크고 놀라운 위로를 선포하게 하시고 선포된 하나님의 말씀 가운데 애통하는 유가족들과 모든 성도들이 남은 생을 살아갈 새 힘을 얻게 하소서.

애통하는 자들의 눈물을 닦아 주시는 우리 주 예수님의 이름으로 기도합니다. 아멘.

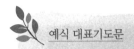

발인예배 1

진실로 진실로 너희에게 이르노니 사람이 내 말을 지키면 영원히 죽음을
보지 아니하리라 _〈요한복음〉 8장 51절

모든 인생의 주인 되시는 하나님 아버지!

우리가 이 땅에서 사는 것도, 우리가 죽어 영원한 하나님 나라에 들어
가는 것도 모두 하나님의 은혜인 줄 믿습니다. 하나님의 은혜로 이 땅
에서 살다가 이제 하나님이 부르셔서 영원한 천국 백성이 되신 사랑
하는 고인을 기억하며 발인예배를 하나님에게 드립니다. 이 시간 임
재하셔서 이 예배를 받으시고 함께 예배하는 유가족들과 모든 성도들
에게 은혜를 베풀어 주소서.

"만일 땅에 있는 우리의 장막 집이 무너지면 하나님께서 지으신 집 곧
손으로 지은 것이 아니요 하늘에 있는 영원한 집이 우리에게 있는 줄
아느니라"라는 말씀을 기억합니다. 이 땅에서의 사람의 인생이 마지
막 순간을 맞이한다고 해도 하나님이 함께하시는 영원한 집이 믿는
자에게 예비되어 있음을 믿습니다. 하나님이 예비해 두신 영원한 집
에 거할 수 있는 것은 우리의 힘과 노력으로 인한 것이 아니며 우리에

게 어떤 자격이 있기 때문도 아니라는 것을 압니다. 모든 것이 예수 그리스도의 공로입니다. 예수 그리스도께서 우리를 위해 이 땅에 오셔서 십자가에서 죽으시고 십자가에서 흘리신 보혈의 공로가 우리를 하나님의 집에 거할 수 있게 하셨습니다. 지금 사랑하는 고인이 예수 그리스도의 공로로 하나님의 집에 계심을 믿습니다.

믿는 자에게 영원한 집을 주시는 하나님 아버지! 사랑하는 고인을 발인하는 유가족들과 성도들 가운데 함께하소서. 사랑하는 고인의 육신을 발인하여 장지로 떠납니다. 사랑하는 고인이 장지로 떠나는 이 모든 과정이 영원한 이별이 아니라 잠시 잠깐의 이별이라는 것을 알게 하시고 하나님이 예비해 두신 영원한 집에서 다시 만날 것을 믿음으로 위로받게 하소서. 지금 사랑하는 유가족들과 성도들에게 다가온 이 땅 위에서의 슬픔은 하나님이 예비해 두신 집에서의 헤아릴 수 없는 기쁨과 비교할 수도 없다는 것을 알게 하시고 모두가 하나님의 집을 바라보며 이 슬픔의 시간을 이기게 하소서.

발인하는 모든 과정 가운데 함께하시고 진행하는 모든 분들의 수고를 기억하여 주소서. 이런 시간들을 통해 모든 유가족들이 하나님 안에서 하나 되게 하시고 가족들 한 사람 한 사람이 서로를 배려하며 하나님의 사랑으로 사랑하게 하소서. 위로하는 조문객들에게도 함께하셔서 그들의 선한 마음을 주님이 기쁘게 여겨 주시고 언제나 하나님의 크신 사랑 안에서 살아가게 하소서. 이 예배 가운데 말씀을 전하실 목사님에게 은혜를 부어 주셔서 하늘의 위로와 평강의 말씀이 선포되게 하시고 선포되는 말씀을 통해 예수 그리스도만 나타나게 하소서.

세상의 소망이 되시는 예수님의 이름으로 기도합니다. 아멘.

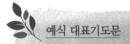
발인예배 2

모든 눈물을 그 눈에서 닦아 주시니 다시는 사망이 없고 애통하는 것이나
곡하는 것이나 아픈 것이 다시 있지 아니하리니 처음 것들이 다 지나갔음이러라
_〈요한계시록〉 21장 4절

애통하는 자들의 눈물을 닦아 주시는 하나님 아버지!

우리의 슬픔과 고통을 아시고 만지시는 그 은혜에 감사합니다. 사람이 겪는 모든 고통을 이해하시고 함께하시는 하나님을 기억하며 어떤 상황이나 환경에서도 오직 하나님만을 의지하게 하소서.

사랑하는 고인을 주님의 품으로 돌려보내고 이제 발인하려 합니다. 고인을 발인하며 먼저 하나님에게 엎드려 예배하오니 우리의 예배를 받아 주시고 예배하는 유가족들과 모든 성도들에게 하나님의 크신 위로를 베풀어 주소서. 하나님 나라를 우리에게 말씀하여 주셔서 알게 하시니 감사합니다. 사랑하는 고인이 애통하지도 않고 아프지도 않은 이제 다시는 사망이 없는 곳에서 살게 하셨습니다. 모든 눈물을 닦아 주시는 주님과 함께 계심을 말씀해 주셨으니 사랑하는 유가족들과 성도들이 이 말씀을 믿고 위로받게 하소서.

사랑하는 주님! 우리를 이 세상과 구별하시고 죽음의 의미를 이해하게 하시고 죽음 이후의 세계를 믿음으로 기대하게 하소서. 사랑하는 고인의 발인 앞에서 어쩔 수 없는 근원적인 문제인 죽음을 신앙으로 받아들이는 유가족들과 성도들이 되게 하소서. 인간의 죄악이 모든 인간을 죽음으로 이끌었음을 인정하게 하시고 무엇보다 예수 그리스도로 말미암아 다시 사는 것을 믿게 하소서.

유가족들 한 사람 한 사람을 지켜 주소서. 각자의 삶의 자리에서 최선을 다해 살아가다가 사랑하는 고인을 주님이 부르셨음을 듣고 한자리에 모였습니다. 두고 온 가정과 직장과 미처 하지 못한 모든 일 가운데 함께하셔서 불편함이 없게 하시고 오히려 고인의 장례를 통해 하나님의 큰 위로를 경험하게 하시고 모든 가족들이 서로를 아끼고 사랑하는 주님의 참된 사랑이 충만하게 하소서. 사랑하는 고인을 떠나보내는 각자의 마음을 주님이 돌아보시고 유가족들 모두가 예수 그리스도로 인해 모든 아픔과 슬픔을 이기게 하소서.

사랑하는 고인의 발인예배에 참석한 성도들을 기억하셔서 슬픔과 고통 중에 있는 형제를 돌아보는 선한 마음을 기쁘게 받아 주시고 주님의 크고 놀라운 은혜를 부어 주소서. 유가족들과 조문객들 중에 혹시라도 하나님을 믿지 않는 분이 있다면 이 시간을 통해 하나님을 믿을 수 있게 역사하소서. 발인의 절차를 진행하는 분의 수고를 기억하시고 모든 절차 가운데 하나님이 섭리하셔서 어떠한 문제도 일어나지 않게 도와주소서. 하늘의 위로를 전하실 목사님에게 은혜를 베풀어 주셔서 예수 그리스도로 인해 사랑하는 고인과 믿는 우리 모두가 함께 살아갈 하나님 나라를 소망하게 하소서.

거룩하신 예수님의 이름으로 기도합니다. 아멘.

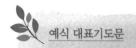

추모예배 1

또 내게 이르시되 인자야 너는 생기를 향하여 대언하라 생기에게 대언하여
이르기를 주 여호와께서 이같이 말씀하시기를 생기야 사방에서부터 와서
이 죽음을 당한 자에게 불어서 살아나게 하라 하셨다 하라 _〈에스겔〉 37장 9절

생명의 근원이신 하나님 아버지!

모든 만물의 삶과 죽음을 주관하시는 하나님의 위대하심을 찬양합니다. 이 땅에서 살아가는 하나님의 백성들의 삶 가운데 함께하셔서 어떤 상황이나 환경에서도 하나님이 주시는 은혜의 삶을 살게 하시니 감사합니다.

아버지 하나님! 오늘 사랑하는 고_____의 추모예배를 드리게 하시니 감사합니다. 사랑하는 고 _____은(는) 지금 우리 곁에 육신으로 함께하지 못하지만 영원한 하늘나라에서 하나님을 찬양하며 예수 그리스도와 함께 계시는 줄 믿습니다. 이제는 영원한 본향에서 오직 하나님을 찬양하는 아름다운 삶을 사는 것을 믿사오니 언젠가 때가 되면 우리도 사랑하는 고 _____와(과) 함께 영원한 천국에서 하나님을 찬양하게 하소서.

이 땅에서의 삶이 끝나고 영원한 천국에서의 삶을 살아갈 수 있는 유일한 이유가 예수 그리스도인 줄 믿습니다. 사랑하는 고인께서 이 땅에서 살아갈 때 예수 그리스도를 영접하고 구주로 믿었기 때문에 지금 천국에서 주님과 함께 있는 것을 확신합니다. 하오니 주님! 지금 예배하는 우리 모두가 이런 믿음을 갖게 하소서. 이 땅에서 살아가는 동안 세상의 헛된 것을 따라가지 않게 하시고 우리도 오직 예수 그리스도만 믿고 의지하게 하소서.

"우리는 그의 약속대로 의가 있는 곳인 새 하늘과 새 땅을 바라보도다"라는 말씀처럼 하나님이 약속하신 새 하늘과 새 땅을 바라보며 믿음으로 살게 하소서. 사람의 욕심에 따라 세상의 썩어질 것을 추구하며 살지 않게 하시고 마음이 원하는 바를 좇아 하나님을 잊어버리는 잘못을 범하지 않게 하소서. 죄로 가득한 우리를 의롭다고 여겨 주실 예수 그리스도만을 소망하게 하시고 새 하늘과 새 땅으로 이끌어 주시는 주님의 약속을 신뢰하게 하소서.

하나님에게 드리는 이 추모예배에 함께하소서. 이 예배가 세상 사람들처럼 자신들의 복을 빌기 위한 도구가 되지 않게 하시고 죽은 이에게 절하는 어리석은 일이 되지 않게 하소서. 오직 예수 그리스도만을 믿어 우리도 천국 백성으로 살아가는 은혜의 시간이 되게 하소서. 이 시간을 통해 가족들 중 하나님을 알지 못하는 자가 있다면 하나님을 알게 되고 예수 그리스도를 "나의 주 나의 하나님"으로 고백하는 복을 허락하소서. 말씀이 선포될 때 함께하셔서 말씀을 전하는 분의 입술을 하나님의 도구로 사용하시고 선포되는 말씀을 통해 우리를 구원하신 예수 그리스도의 크신 은혜를 충만히 누리게 하소서.

주께 모든 것을 의탁하며 예수님의 이름으로 기도합니다. 아멘.

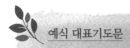

추모예배 2

예수께서 이르시되 나는 부활이요 생명이니 나를 믿는 자는 죽어도 살겠고
_〈요한복음〉 11장 25절

영원하신 하나님 아버지!

영원 전부터 계셨고 영원 후까지도 계실 하나님의 영원하심을 찬양합니다. 유한하고 작은 우리의 입술로 하나님을 찬양하기에 너무도 부족하지만 하나님이 우리의 찬양을 받으시기를 기뻐하시니 감사합니다. 우리의 입술을 열어 날마다 하나님의 영원하심을 찬양하는 것을 그치지 않게 도와주소서.

하나님이 계획하시는 영원한 시간 속에 잠시 잠깐의 인생을 살다가 주님의 때에 부르셔서 하나님의 집에 거하고 계신 사랑하는 고인을 추모하며 하나님에게 예배합니다. 하나님이 이 시간 함께하셔서 예배하는 우리 모두를 만나 주시고 영원하신 하나님을 믿고 의지하며 우리에게 주어진 삶을 은혜 가운데 살도록 인도하소서.

택하신 백성의 모든 걸음을 인도하시는 하나님 아버지! 사랑하는 고인의 생전의 삶을 잠시 떠올려 봅니다. 늘 하나님의 뜻을 구하고 하나님 나라를 위해 살며 예수 그리스도의 이름을 나타내신 고인의 믿음을 기억합니다. 하나님이 사랑하는 고인의 믿음을 기뻐하시고 이 세상에서의 수고를 끝낸 후 영원한 천국으로 인도하셨습니다. 이제 이 땅에 남아 하나님이 주신 인생을 살아가는 우리 모두가 고인의 믿음을 본받게 하소서. 우리를 구원하시기 위해 이 땅에 보내신 예수 그리스도를 구주로 믿게 하시고 하나님만 섬기며 하나님의 뜻에 순종하며 살게 하소서. 우리를 통해 예수 그리스도가 나타나며 흑암에 죽어 가던 영혼들이 주께로 돌아오게 하소서.

함께 모여 사랑하는 고인을 추모하는 가족들을 기억하소서. 한 사람 한 사람에게 주신 삶을 믿음으로 살게 하소서. 각자의 주어진 삶의 자리에서 참 빛을 비추는 사람들이 되게 하소서. 매일의 삶에서 하나님에게 기도하고 찬양하며 감사하게 하시고 예수 그리스도의 몸인 교회에 나아가 예배하는 것에 소홀하지 않도록 믿음을 지켜 주소서.

거룩하신 하나님 아버지! 사랑하는 고인을 추모하는 시간이 그저 지나가는 가족 행사가 되지 않게 하소서. 이 시간을 통해 사랑하는 고인을 추모할 뿐만 아니라 함께 모인 모든 가족들이 주님의 사랑으로 서로 사랑하는 은혜가 충만하게 하소서. 무엇보다도 추모 예배를 통해 온 가족의 주인이신 예수 그리스도를 기억하게 하시고 우리의 모든 삶을 주님께 내어놓고 순종하는 믿음의 결단이 있게 하소서. 말씀을 전하시는 주의 사자와 함께하소서. 함께 모인 모든 가족들에게 가장 필요한 말씀이 선포되게 하시고 우리에게 행하신 하나님의 크신 일들을 깨닫게 하셔서 우리 모두가 온전한 하나님의 사람이 되게 하소서.

우리와 함께하시는 예수님의 이름으로 기도합니다. 아멘.

대표기도는 사람에게 보이려는 기도가 아니다.
사람에게 잘 보이려고 준비하다 보면 기도가 막히게 된다.

6장

각종 모임
대표기도문

구역예배 1

각각 자기 일을 돌볼뿐더러 또한 각각 다른 사람들의 일을 돌보아 나의 기쁨을
충만하게 하라 _〈빌립보서〉 2장 4절

사랑과 은혜가 풍성하신 하나님 아버지!

우리를 하나님의 자녀로 부르시고 한 구역 공동체로 불러 주심을 감
사합니다. 특별히 이 시간 사랑하는 지체의 장막에서 구역예배로 교
제할 수 있게 해 주심을 감사합니다. 같은 주님을 바라보고 같은 주님
을 사랑하며 같은 주님을 함께 섬길 수 있다는 것이 얼마나 행복한 일
이지 우리들은 잘 알고 있습니다.

하지만 우리는 주 안에서 한 가족이라는 사실을 망각한 채 여전히 혈
연에 매여 내 집, 내 가족의 문제에만 집중했음을 고백합니다. 때로는
쓸데없는 비교 의식에 사로잡혀 질투의 늪에 빠져 허우적댄 적도 있
었음을 용서하소서. 구역을 이끌어 가는 구역장님의 인도에 적극적으
로 동참하지도 않았음을 인정합니다.

〈사도행전〉의 제자들이 오순절에 가정에 모여 구역예배 드릴 때 성령
이 강림하셔서 모든 제자들이 뜨거운 성령의 체험을 한 것을 기억합

니다. 주님께서 오늘 이 모임에도 성령을 보내 주실 줄 믿습니다. 성령의 기름 부음으로 인해 우리의 식어진 가슴마다 뜨거운 역사가 일어나게 하소서. 이 자리에 모인 지체들의 가슴마다 성령의 불이 붙어 새롭게 결단하는 시간이 되게 하소서.

우리 구역에 속한 모든 가정들이 주의 평안함 가운데 있게 하소서. 구역에 속한 모든 어르신들을 영육 간의 강건함으로 인도하소서. 모든 부부들이 서로 돕는 배필로 온전히 서게 하소서. 미래를 준비하고 있는 자녀와 손자 손녀들에게 지혜와 명철을 허락하시고 성실과 인내로 성장기를 잘 보내도록 도와주소서. 대박을 꿈꾸며 요행을 바라기보다는 뿌린 만큼 거두게 하시는 하나님만 믿고 한 걸음씩 전진하게 도와주소서. 구역원들의 가족 중에 고통 가운데 있는 환우들이 있습니다. 모든 환우들의 연약한 육신에 치료의 은총을 덧입혀 주소서.

구역원들을 위해 날마다 기도하시는 구역장님에게 주님의 위로를 덧입혀 주소서. 오늘도 말씀을 전하실 때에 담대하게 가감 없이 주님의 마음을 전하게 하소서. 예배 순서를 맡은 지체들에게도 주의 능력으로 함께하소서. 우리 구역이 세포가 증식하듯이 양적으로 질적으로 부흥되어지길 소원합니다. 우리 구역이 말씀과 기도와 찬송이 살아 있는 건강한 기초 공동체가 되게 하소서.

예배 장소를 제공해 주신 _____의 장막이 하나님이 통치하시는 하나님 나라가 되게 하소서. 다과를 대접하는 손길 위에도 주의 복이 충만하게 넘치게 하소서. 구역예배를 드리는 식구들의 마음이 올 때보다 갈 때에 더욱 아름답고 풍성해질 줄 믿습니다.

우리를 구원하신 예수님의 이름으로 기도합니다. 아멘.

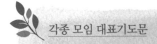

구역예배 2

그러므로 나의 사랑하고 사모하는 형제들, 나의 기쁨이요 면류관인
사랑하는 자들아 이와 같이 주 안에 서라 _〈빌립보서〉 4장 1절

우리를 한 가족으로 부르신 하나님 아버지!

그리스도 안에서 한 형제 된 _____의 가정에서 구역예배로 영광을 돌리게 하시니 감사합니다. 죄와 사망의 노예로 살던 우리들을 예수님을 믿음으로 주 안에서 한 식구가 되게 하시니 감사합니다. 오늘 예배를 통해 우리가 주 안에서 더욱 하나 되길 소망합니다.

예배를 통해 드려지는 찬송이 하늘 보좌를 울리게 하시고 한마음으로 드리는 기도가 하늘 성전으로 올라가는 향기가 되게 하소서. 함께 먹고 마시는 애찬을 통해 우리가 주 안에서 한 가족임을 다시 한 번 확인하게 하소서. 서로 나누는 대화를 통해 위로를 받고 격려를 받게 하소서. 주님의 몸 된 구역 공동체를 분열시키고 이간하는 어둠의 세력들을 이곳에서 떠나가게 하소서.

우리 구역에 속해 있는 가정들을 위해서 기도합니다. 가정마다 삶의 무거운 짐을 지고 있습니다. 경제적인 문제로 어려움을 겪고 있는 지체에게 힘을 주소서. 자녀로 인해 매일 눈물을 흘리며 기도하는 지체에게 위로를 주소서. 우리의 힘만으로는 자녀들을 바르게 양육할 수 없음을 고백하오니 주의 은총을 부어 주셔서 자녀들이 주님의 뜻대로 변화되게 도와주소서. 부부간의 작은 갈등과 가족 간의 갈등으로 마음을 졸이는 지체도 있고 건강 회복을 소망하는 지체도 있습니다. 무질서를 질서로 바꾸시고 혼돈을 샬롬으로 역전시키시는 하나님의 새 창조의 능력이 구역 식구들의 가정마다 역사하기를 소망합니다.

변함없이 우리에게 신앙의 본을 보여 주시는 구역장님을 주님의 손으로 붙잡아 주소서. 구역을 이끌어 갈 때에 지치지 않도록 늘 새 힘을 공급해 주소서. 구역예배를 위해서 기꺼이 헌신해 주시는 분들을 축복해 주소서. 예배 장소를 열린 마음으로 제공한 지체, 사랑의 식사를 위해 애찬을 준비한 지체, 모임을 위해 서로 연락해 주는 수고를 아끼지 않는 지체, 이동하는 데 필요한 차편을 제공해 준 지체, 이 모든 지체들의 아름다운 헌신이 있었기에 우리 구역예배가 가능한 줄 믿습니다. 뒤에서 우리 구역을 기도로 지원하고 있는 담임목사님과 교구 목회자님 그리고 교구장님과 교구 임원들에게도 동일한 은총을 주소서.

교회에서 진행하는 모든 대그룹 모임과 소그룹 모임 가운데 생명력을 더하심으로 살아 숨 쉬는 공동체가 되게 하소서. 소외된 이웃의 필요를 채워 주는 나눔 사역에 성령의 기름을 부으소서. 우리 교회가 기도하고 후원하는 모든 선교사님들과 미자립교회 목회자들에게도 동일한 은혜로 함께하소서.

구역예배의 모든 순서에 충만한 은혜를 부어 주실 것을 믿으며 예수님의 이름으로 기도합니다. 아멘

성경공부 1

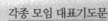

모든 성경은 하나님의 감동으로 된 것으로 교훈과 책망과 바르게 함과
의로 교육하기에 유익하니 _〈디모데후서〉 3장 16절

달고 오묘한 말씀으로 새 생명을 주시는 하나님 아버지!

목마른 사슴이 시냇물을 찾듯이 말씀에 갈급하여 한자리에 모였습니다. 각자의 분주한 삶을 잠시 내려놓고 생명의 말씀 앞에 둘러앉게 하시니 감사합니다. 우리말로 된 성경을 주심에 감사하고 성경을 마음대로 공부할 수 있는 환경과 여건을 주심도 감사합니다.

그 옛날 부활하신 예수님께서 엠마오로 내려가던 두 제자에게 성경을 풀어 주실 때 제자들의 가슴은 뜨거워지고 심장에는 열정이 더해졌던 것을 기억합니다. 실망감으로 가득했던 제자들의 마음에 말씀의 소망이 넘침으로 가던 발걸음을 돌이켜 사명의 자리로 나아갔던 것을 분명히 기억합니다. 이제 부활하신 주님께서 우리에게도 임하셔서 말씀하여 주소서. 성경공부를 통해 냉랭해진 마음이 뜨거워지게 하시고 식어진 열정이 성령의 불로 다시 타오르게 하소서.

광야 같은 세상을 살아갈 때에 어디로 갈지 몰라 헤맬 때가 많았음을 고백합니다. 절망의 구덩이에 빠져 무기력할 때도 있었음을 고백합니다. 하지만 우리의 발에 등이요 우리의 길에 빛이 되시는 말씀이 있기에 안심합니다. 우리의 어두운 눈으로는 말씀의 참뜻을 깨달을 수 없음을 인정하오니 성경의 저자 되신 성령님께서 이 자리에 임재하시어 우리의 어두운 두 눈을 밝혀 주소서. 닫혔던 마음을 활짝 열어 주시어 성경공부를 통해 새로운 통찰력을 얻게 하소서.

성경공부를 통해 깨달은 말씀을 마음에만 담아 두지 않게 하소서. 성경공부를 마치고 삶의 현장으로 돌아간 후에도 손과 발로 성실하게 움직여 깨달은 말씀을 부지런히 적용하게 하소서. 천성을 향해 가는 길, 수많은 장애물을 만날 때마다 오늘 양 어깨에 달아 주실 말씀의 날개로 넉넉히 뛰어넘게 하소서.

오늘 성경공부에 사용하는 교재를 집필하고 출판한 문서 사역자들을 위해서 기도합니다. 부족한 재정과 열악한 환경에도 불구하고 소중한 문서 사역을 감당하고 있는 그들에게 주의 은총을 덧입혀 주소서. 포기하고 싶을 때마다 박해 속에서 성경을 기록한 믿음의 선배들을 기억하게 하소서. 대한민국의 교회와 성도들이 소중한 문서 사역에 잘 협력하게 하시고 기도와 물질로 후원을 아끼지 않게 하소서.

성경공부를 인도하시는 _____에게 지혜와 명철을 주셔서 오늘 모임을 잘 인도할 수 있도록 능력을 주소서. 성경공부에 참여하고 있는 모든 지체들에게도 정직하게 질문하고 성실하게 답할 수 있게 하소서. 서로에게 열린 마음으로 각자의 삶을 진솔하게 나누게 하시고 다른 지체의 나눔을 경청할 수 있도록 도와주소서.

말씀으로 회복시키실 예수님의 이름으로 기도합니다. 아멘

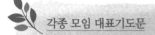

성경공부 2

진리를 알지니 진리가 너희를 자유롭게 하리라 _ 〈요한복음〉 8장 32절

길이요 진리요 생명이신 하나님 아버지!

이 시간 성경공부를 통해 귀하고 귀한 말씀을 값없이 받아 누릴 수 있게 하시니 감사합니다. 나날이 변하는 세상 풍조에도 불구하고 변하지 않는 진리의 기둥을 붙잡게 하시니 진정으로 감사합니다.

한 주간의 삶을 돌아보면 하나님의 말씀을 잘 듣고 순종해야 함에도 불구하고 우리 자신의 욕망의 목소리를 따라 살았음을 고백합니다. 우리 안에 계시는 성령님의 음성을 따라 살지 않고 세상의 유혹의 목소리와 사탄의 혼돈의 음성에 이끌려 다녔음을 용서하소서.

삶의 결정적인 순간에 선택의 기준을 몰라 흔들릴 때가 있습니다. 그때마다 성경공부를 통해 우리 마음에 세워진 말씀의 깃발을 바라보며 중심을 잡게 하소서. 사람을 보며 세상을 볼 때에는 만족함이 없어 주님의 얼굴이 그리워질 때가 있습니다. 그때마다 말씀 속에서 보았던 주님의 모습을 떠올리며 위로를 받게 하소서. 사탄의 세력이 우리를 넘어뜨리기 위해서 영적인 공격을 해올 때에는 성령의 검인 말씀으로 어둠의 공격을 파하게 하소서.

하나님의 말씀은 살아 있고 운동력이 있음을 믿습니다. 하나님을 닮아 변화되고 싶지만 여전히 우리 안에는 세상적인 가치관과 세계관이 뿌리박혀 있음을 고백합니다. 영혼의 의사이신 성령님 앞에 우리의 모든 모습을 내려놓사오니 우리를 고쳐 주소서. 험한 세상에 지치고 사람에게 상처받은 영혼이 있다면 구약과 신약의 말씀으로 우리를 치료하여 주소서. 싸매어 아물어야 할 상처를 말씀으로 감싸 안아 주소서. 말씀의 생명력으로 우리의 심령과 골수를 쪼개어 새롭게 창조해 주시고 말씀의 운동력으로 세상 가치관에 얽매어 있는 우리를 자유롭게 하여 주소서.

우리말로 된 성경이 있음에 감사합니다. 지금 세계 각국에서 성경을 외국어로 번역하시는 성경 번역 선교사님들에게 주의 능력을 덧입혀 주소서. 길고 긴 번역 작업에 지치지 않도록 인도하시고 생활에 필요한 모든 것을 부족함이 없도록 공급하여 주소서. 에스라에게 부어 주셨던 학사의 영을 부어 주사 정확하고 알맞은 번역이 이루어지게 하소서.

오늘도 성경공부를 인도하신 인도자와 함께하시고 함께하는 우리들에게도 새로운 통찰력으로 이끌어 주소서. 성경공부에 필요한 것들을 정성스럽게 준비하신 모든 지체들의 수고도 기억하여 주소서. 광야와 같이 메마른 세상을 살아갈 때 우리의 목마름을 해결해 줄 오아시스 같은 말씀을 오늘도 기대합니다.

우리의 생명수 되시는 예수님의 이름으로 기도합니다. 아멘.

성가연습 1

온 땅이여 여호와께 즐거운 찬송을 부를지어다 기쁨으로 여호와를 섬기며
노래하면서 그의 앞에 나아갈지어다 _〈시편〉 100편 1~2절

영원히 우리의 찬송을 받으실 하나님 아버지!

우리를 왕 같은 제사장으로 부르시고 교회 공동체의 존귀한 예배위
원으로 임명하여 주시니 감사합니다. 하나님이 주신 찬송의 달란트를
땅에 묻어 두지 않고 착하고 충성스러운 성가대로 봉사하게 하심도
감사합니다. 분주한 삶을 내려놓고 예배의 때에 올려 드릴 거룩한 노
래를 연습하기 위해 모였사오니 이 시간 우리와 함께하여 주소서.

먼저 경배와 찬양을 담아낼 우리의 마음을 점검하기 원합니다. 야고
보는 주의 형제들의 입에서 찬송과 저주가 함께 나오는 것이 마땅하
지 않다고 했음에도 우리는 생활 중에 하나님이 기뻐하지 않으시는
언어를 쏟아냈음을 고백합니다. 거룩한 찬송을 담아 올릴 우리의 입
술의 그릇에 쓸모없는 언어들을 담지는 않았는지 뒤돌아보게 하소서.

주님, 우리는 말라기 선지자 시대의 황폐하고 오염된 예배를 기억하
고 있습니다. 더러운 떡을 드림으로 여호와의 식탁을 더럽히지 않게

하소서. 우리의 찬송은 깨끗한 떡이 되어 여호와의 식탁에 맛을 더하게 하소서. 눈먼 것, 저는 것, 병든 것으로 희생 제사를 드림으로 여호와의 마음을 불쾌하게 만들지 않게 하소서. 우리의 찬송은 향기로운 제물이 되어 하나님의 마음을 시원케 해 드리게 하소서. 말라기 시대의 제사장처럼 예배를 번거로운 것으로 생각하지 않게 하소서. 성가연습을 생명처럼 귀하게 여기게 하시고 성가 연습도 예배 찬송처럼 소중하게 생각하게 하소서.

지휘자님을 위해서 기도합니다. 무너진 예루살렘 성벽을 재건한 후 성가대 감독으로 섬겼던 예스라히야와 같은 지휘자가 되게 하소서. 성가대는 물론 모든 회중들을 큰 제사로 이끌 수 있는 리더십을 주소서. 하나님이 즐거움을 주셔서 기쁨으로 성가대를 지휘할 수 있게 하소서. 성가대원 한 사람 한 사람을 온전히 세워 아름답고 조화로운 성가를 만들어 가게 하소서.

반주자님을 위해서 기도합니다. 나팔과 수금과 비파와 제금 연주를 신령한 노래로 하나님에게 올려 드린 다윗 시대의 아삽과 헤만, 여두둔의 자손들처럼 신령한 반주를 올려 드리게 하소서. 소프라노, 알토, 테너, 베이스 등 각 파트를 책임지는 파트장들에게도 동일한 은혜를 주소서. 한결같이 성가대의 살림을 도맡아 수고하시는 성가대장님과 임원에게도 은총을 부어 주소서. 하나님 아버지께서 우리에게 귀한 직분을 맡겨 주셨으니 실력과 영력을 겸비한 멋진 성가대원으로 날마다 날마다 성장하고 성숙되게 하소서.

홀로 찬양받기에 합당하신 예수님의 이름으로 기도합니다. 아멘.

성가연습 2

새 노래로 여호와께 노래하라 온 땅이여 여호와께 노래할지어다 여호와께 노래하여
그의 이름을 송축하며 그의 구원을 날마다 전파할지어다 _〈시편〉 96편 1~2절

찬양받으시기에 합당하신 하나님 아버지!

한없이 부족하고 연약한 우리에게 거룩한 성가복을 입혀 주사 하나님의 이름을 높이는 귀한 직분을 주심에 감사합니다. 하나님이 우리를 지으신 목적대로 찬송의 사명을 감당하게 하심도 감사합니다. 생각도 다르고 성품도 다른 우리들을 성가대로 묶어 주시고 지금까지 아름다운 하모니를 이루게 하시니 감사합니다. 오늘도 어김없이 성가 연습으로 모였사오니 성령 안에서 잘 준비하게 하소서.

찬양 중에 거하시는 하나님은 거룩하시다 하였는데 우리의 모습을 돌아볼 때 거룩함보다는 부정함이 더 많음을 고백합니다. 하나님은 입술의 찬양뿐 아니라 삶의 찬양을 원하심에도 우리는 또다시 제멋대로 살았음을 용서하소서. 찬송은 곡조 있는 기도이기에 무엇보다 기도에 힘써야 했는데 기도하지 못했습니다. 성가를 입술로만 준비하지 말고 무릎으로 준비하는 우리들이 되게 하소서.

하나님은 찬송을 통해 기쁨과 치유를 주시며 승리와 능력을 주시는 줄 믿습니다. 옥중에서 드린 바울과 실라의 찬송처럼 우리의 찬송에 능력을 덧입혀 주소서. 우리의 찬송이 모든 얽매인 것과 닫혀 있는 것들을 자유케 하는 찬송이 되게 하소서. 여리고 성을 무너뜨린 여호수아 성가대처럼 우리의 찬송이 사탄의 견고한 진을 무너뜨리는 찬송이 되게 하소서. 우리의 성가 연주를 듣는 모든 교우들이 "아멘"으로 화답할 수 있도록 들을 귀와 열린 마음을 허락하소서. 찬송하는 우리들도 감동 감화되어 전인적인 찬송이 올려지도록 인도하소서.

지휘자님을 위해서 기도합니다. 전쟁에 성가대를 끌고 나갔던 여호사밧 왕처럼 강하고 담대하게 성가대를 끌고 나가게 하소서. 하나님의 임재 앞에서 하나님만 바라보고 힘을 다해 춤추며 찬양한 다윗 왕처럼 하나님만을 사랑하고 바라보면서 열정을 다해 지휘하게 하소서. 반주자님에게도 함께하시고 사울의 악신을 쫓아낸 다윗의 수금과 같은 능력 있는 연주가 되게 하소서.

너무나 소중한 성가대원 한 사람 한 사람을 지키시고 보호하소서. 성가대를 섬기는 데 필요한 모든 환경과 여건을 마련해 주소서. 성가대원들의 영성과 전문성이 날로 진보하게 하셔서 하나님과 성도들에게 큰 영광이 되게 하소서. 영육 간에 강건하게 하셔서 주님 다시 오시는 그날까지 성가대의 사명을 감당하는 축복이 있게 하소서. 연주에 필요한 모든 것들이 조화를 이루며 잘 작동하게 하소서. 악기나 음향 시설에 문제가 생기지 않도록 붙들어 주소서.

천상의 성가대에 앉아 영원히 주님을 찬송할 그날을 소망하며 예수님의 이름으로 기도합니다. 아멘.

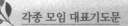

각종 모임 대표기도문

교사모임 1

이 모든 일에 전심 전력하여 너의 성숙함을 모든 사람에게 나타나게 하라 네가
네 자신과 가르침을 살펴 이 일을 계속하라 이것을 행함으로 네 자신과 네게
듣는 자를 구원하리라 _〈디모데전서〉 4장 15~16절

선한 목자 되신 하나님 아버지!

우리 교회에 교회학교를 허락하시어 자라나는 다음 세대를 하나님의
말씀으로 양육하게 하시니 감사합니다. 헌신된 교사들과 순종하는 학
생들이 한마음 한뜻으로 한 울타리에 거하게 하시니 감사합니다. 미
련하고 연약한 우리를 미쁘게 여기사 하나님의 귀한 말씀을 맡겨 주
셨으니 힘을 다해 사명을 감당하게 하소서.

교사 된 우리 자신을 돌아봅니다. 예수님이 베드로를 향해 "나를 사랑
한다면 내 양을 먹이라"고 세 번이나 외치셨던 그 음성이 우리의 귓가
에 메아리칩니다. 잃은 양 한 마리를 위해 목숨을 걸었던 목자처럼 한
영혼을 위해 목숨을 걸어야 함에도 게으름과 안일함에 빠져 허우적대
고 있음을 용서하소서. 한 영혼을 천하보다 귀하게 여기시는 하나님
의 마음을 시원케 해 드리지 못하고 매주 힘들고 지쳤다는 핑계로 사
명 감당에 소홀했음을 고백합니다. 말과 지식으로만 가르치고 행동하

는 신앙의 본을 보여 주지 못했음을 용서하여 주소서.

교통 표지판이 잘못되면 큰 사고를 일으키듯 교사가 잘못되면 우리 교회의 미래도 잘못되고 하나님 나라의 미래도 어두워짐을 알게 하소서. 하나님 나라와 교회의 미래가 우리의 사명에 달려 있다는 막중한 책임감으로 교회 교육에 임하게 하소서. 우리들이 교육 현장에서 학생들을 대할 때마다 성령의 능력으로 붙잡아 주소서. 학생들을 가르칠 때에 성령의 지혜로 하게 하소서. 학생들의 말을 들을 때에 경청하게 하시며 그들의 마음과 영적 상태를 분별하게 하소서.

우리 부서 학생들을 위해서 기도합니다. 병환 중에 있는 학생들에게 치유의 은총을 베풀어 주셔서 하루 속히 함께 예배할 수 있도록 도와 주소서. 잃은 양과 같은 학생들의 마음을 붙잡아 주시어 다시 주님의 품으로 달려 나오게 하소서. 임원으로 봉사하는 학생들과 성가대와 찬양팀으로 섬기는 학생들에게 주의 은총을 더해 주소서.

교회학교 교장이신 담임목사님과 교육위원장과 교육위원들에게 지혜를 주시어 교회 교육의 큰 틀을 건실하게 세워 나가게 하소서. 우리 부서를 지도하시는 _____ 전도사님에게 그리스도의 심장을 주셔서 열정을 다해 부서를 이끌게 하소서. 부장님을 비롯한 모든 교사들에게 사명을 감당할 수 있는 환경과 여건을 마련해 주소서. 우리가 하나님의 일을 하면 하나님은 우리의 일을 책임져 주실 줄 믿습니다.

이제 부서 운영에 관한 지혜를 모으려고 합니다. 합력하여 선을 이루게 하시고 좋은 생각들이 아름답게 모아지는 시간이 되게 하소서.

탁월한 교사 되신 예수님의 이름으로 기도합니다. 아멘.

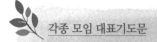

교사모임 2

어떤 사람은 목사와 교사로 삼으셨으니 이는 성도를 온전하게 하여 봉사의
일을 하게 하며 그리스도의 몸을 세우려 하심이라 _〈에베소서〉 4장 11~12절

지혜와 지식의 근원이 되시는 하나님 아버지!

교사와 학생이 하나 되어 아름다운 교육 공동체를 이루게 하시니 감사합니다. 하나님의 말씀인 성경을 허락해 주시고 잘 만들어진 교육 교재를 주심도 감사합니다. 함께 예배할 수 있고 함께 성경을 공부할 수 있는 좋은 공간을 주심도 감사합니다. 특별히 부족한 우리에게 교사의 사명을 맡기셔서 믿음의 유산을 다음 세대에 전달할 수 있게 하시니 감사합니다.

하지만 하나님이 주신 귀한 사명을 잘 감당하지 못하고 있음을 고백합니다. 우리의 능력만으로 학생을 변화시킬 수 없음을 알면서도 더 많이 무릎을 꿇고 기도하지 못했음을 용서하여 주소서. 교육의 현장에서 순간마다 진리의 영이신 성령님의 능력을 의지했어야 하는데 내 생각과 내 경험만을 앞세웠음도 용서하여 주소서. 영적 부모의 마음으로 영혼을 가슴에 품고 사랑해야 함에도 늘 학생들 앞에서 인간적인 모습만 보여 주는 우리를 불쌍히 여겨 주소서.

반을 목회하는 작은 목회자로서 최선을 다하게 하시고 항상 새로운 변화를 시도하는 교사가 되게 하소서. 진리의 깃발을 들고 앞장서서 나갈 때 때로는 힘이 빠지고 때로는 회의감이 들 때도 있습니다. 사랑하는 주님이 그때마다 새 힘과 새 능력을 공급해 주심으로 다시 일어서서 깃발을 붙들게 하소서. 학생들에게 하나님의 뜻을 잘 전달할 수 있도록 지혜와 명철을 주시고 학생들이 예수 그리스도를 만날 수 있도록 영적인 징검다리의 역할을 하게 하소서. 바울이 자신을 하나님의 중매자라고 소개한 것처럼 우리들도 하나님과 학생을 중매하는 일에 열정을 다하게 하소서.

사랑하는 우리 부서의 학생들을 위해 기도합니다. 학생들이 하나님의 형상으로 회복되어지고 예수 그리스도의 성품을 닮아 변화되게 하소서. 언제 어디서든 하나님의 자녀답게 성령의 열매를 맺으며 생활하게 하소서. 예수님처럼 지혜와 키가 균형 있게 성장하게 하시고 하나님과 사람에게 사랑스러워가는 성숙의 모습이 있게 하소서. 눈 앞에 보이는 입시, 학원, 성적에만 급급하지 않게 하시고 하나님이 주신 꿈과 비전을 볼 수 있는 영안을 열어 주소서.

예배 실행을 돕고 있는 예배위원들과 성가대와 찬양팀이 늘 성령으로 충만하게 하소서. 교육 행정으로 섬기시는 부장님과 교육위원회 가운데 지혜와 섬김과 성실로 인도하소서. 학생들을 관리하는 담임교사들에게 목자의 마음을 주시어 한 영혼을 소중히 여기게 하소서.

교회학교의 영원한 교장이 되시는 우리 주 예수님의 이름으로 기도합니다. 아멘.

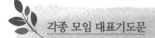

당회 1

여호와의 계획은 영원히 서고 그의 생각은 대대에 이르리로다 여호와를
자기 하나님으로 삼은 나라 곧 하나님의 기업으로 선택된 백성은 복이 있도다
_〈시편〉 33편 11~12절

계획을 세우시고 또한 성실하게 이루시는 하나님 아버지!

하나님이 뜻이 계셔서 이 지역에 우리 교회를 세우시고 지금까지 인도하여 주신 것을 감사합니다. 특별히 목사님과 장로님들을 당회로 부르셔서 교회를 섬기게 하시니 감사합니다. 이 시간 회무에 앞서 당회의 작은 소망을 올려 드리오니 응답하여 주소서.

먼저 당회를 주님 존전에 올려 드립니다. 하나님이 맡겨 주신 당회의 직무를 지혜와 성실로 잘 감당하게 하소서. 성도들이 당회의 결정을 존중하며 즐거운 마음으로 따를 수 있도록 도와주소서. 선한 목자가 양 한 마리 한 마리를 유심히 살피는 것처럼 당회도 교우 각 사람을 정성을 다해 살피는 성실함을 주소서.

예배를 섬기는 자들로 예배를 예배 되게 하소서. 예배를 받으시는 하나님의 얼굴에 미소가 드리워지도록 정성을 다해 예배를 준비하게 하소서. 말씀을 전하시는 목사님에게는 말씀의 영을 부어 주시고 기도를 인도하시는 장로님에게는 기도의 영을 부어 주소서. 거룩한 성례식을 거행할 때에는 부족함이 없게 하시고 성령의 도구가 되어 성례를 집례하게 하소서.

교회를 이끌어 갈 차세대 지도자들을 발굴하여 교양하는 일에도 소홀함이 없게 하소서. 집사들에게 본이 되게 하시고 젊은이들에게 닮고 싶은 장로의 모델이 되게 하소서. 교회와 성도가 범죄하는 일은 없는지를 살필 수 있는 분별력을 주소서. 두 손을 들어 교회를 위해 기도하게 하시고 각 기관의 목소리를 잘 경청하는 소통하는 당회가 되게 하소서. 이 모든 당회의 직분을 잘 감당함으로 주님 다시 오시는 날에 착하고 충성된 종이라고 칭찬받을 수 있는 당회원들이 되게 하소서.

당회 회무를 처리하고자 자리에 모였습니다. 주님이 친히 당회장이 되어 주시고 주님의 뜻이 이루어지는 당회가 되게 하소서. 회무를 진행하실 목사님을 피곤치 않도록 붙들어 주시고 배석한 장로님들에게도 선명한 판단력을 주소서. 좋은 의사는 환자의 병을 잘 진단하고 좋은 정치인은 민심을 잘 반영하는 것처럼 우리도 좋은 당회가 되어 하나님의 뜻을 잘 분별하고 성도들의 필요에 경청함으로 모든 것을 의논하게 하소서. 오늘의 회의가 탁상공론으로 그치지 않게 하시고 교회의 교회 되게 하는 좋은 의견들이 나누어지게 하소서.

사람이 마음으로 자기의 길을 계획할지라도 그의 걸음을 인도하시는 분은 오직 하나님 한 분뿐임을 고백합니다. 오늘 당회가 계획하고 결의할지라도 교회의 미래는 오직 아버지 손에 있음을 인정합니다.

당회를 마치는 시간까지 이 자리에 함께해 주실 것을 믿사오며 우리의 영원한 당회장 되신 예수님의 이름으로 기도합니다. 아멘.

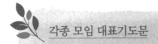

당회 2

이를 위하여 나도 내 속에서 능력으로 역사하시는 이의 역사를 따라 힘을
다하여 수고하노라 _〈골로새서〉 1장 29절

일을 행하시며 그것을 성취하시는 하나님 아버지!

한 몸에도 여러 지체가 있듯이 우리 교회 성도들에게 다양한 은사를
주시어 섬기게 하시니 감사합니다. 특별히 가르치는 은사로 섬기는
목사님과 위로하는 은사로 섬기는 장로님이 당회를 구성하여 교회를
섬기게 하시니 감사합니다. 하나님이 세우신 당회가 맡은 일을 부지
런하게 감당함으로 주님을 온전히 섬기게 하소서.

당회를 이끌어 가시는 목사님을 위해서 기도합니다. 말씀과 가르침에
수고하심으로 늘 성도들에게 사랑과 존경을 받게 하소서. 양 무리를
푸른 초장으로 인도하는 참된 목자가 되게 하소서. 하나님의 뜻을 백
성에게 전해 주시는 복음의 사신이 되게 하시고 구원의 소식을 세상
사람들에게 전하시는 탁월한 전도자가 되게 하소서.

장로님들을 위해서 기도합니다. 목사님을 잘 돕고 협력하는 목회의
동역자가 되게 하소서. 목사님을 지탱해 주는 버팀목이 되게 하시고

목사님의 위로가 되는 지지대가 되게 하소서. 하나님의 사랑으로 성도들을 건실하게 붙잡아 주게 하시고 뒤로 물러가는 성도들을 선한 길로 다시 인도하는 견인차가 되게 하소서. 장로님들에게 기도의 능력을 더하사 아픈 자를 위해 기도할 때 치료의 역사가 나타나게 하소서. 슬픈 자를 위로할 때에는 하늘의 평안이 임하게 하소서. 목사님을 도와 교인 한 사람 한 사람의 신앙을 잘 살피게 하시고 성도들의 필요를 구체적으로 채워 주게 하소서.

바울은 디모데에게 잘 다스리는 장로들을 배나 존경하라고 권면했습니다. 우리 교회 목사님과 장로님들이 성도들로 하여금 배나 존경받는 분들이 되게 하소서. 목사님은 믿고 따를 수 있는 인도자가 되게 하시고 장로님은 목사님에게 인정받고 성도들에게 존경받게 하소서.

목회자 바울이 에베소 장로들과 이별할 때의 장면을 늘 기억하게 하소서. 함께 동역하며 함께 기도했던 그들이 목을 안고 다 크게 울면서 헤어짐을 아쉬워했듯이 우리 당회원들도 주 안에서 끊을 수 없는 동지애로 하나 되게 하소서.

바나바 장로가 없었다면 목회자 바울은 없었을 것이고 조만식 장로님이 없었다면 순교자 주기철 목사님은 없었을 것입니다. 우리 당회의 목사님과 장로님들도 서로가 없으면 빛을 발하지 못하는 좋은 동역자이자 협력자가 다 되도록 인도하소서. 오늘도 당회 회무를 처리할 때 주님이 말없이 듣고 계심을 깨닫고 말에나 일에나 부끄러움이 없도록 인도하소서.

"너의 행사를 여호와께 맡기라 그리하면 네가 경영하는 것이 이루어지리라"고 말씀하신 예수님의 이름으로 기도합니다. 아멘.

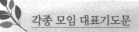
제직회 1

그에게서 온 몸이 각 마디를 통하여 도움을 받음으로 연결되고 결합되어 각 지체의
분량대로 역사하여 그 몸을 자라게 하며 사랑 안에서 스스로 세우느니라
_〈에베소서〉 4장 16절

우리의 피난처 되시며 힘이 되신 하나님!

이 시간 주님이 피 흘려 사신 우리 교회의 제직회원들이 한자리에 모였습니다. 이 지역에 시온 성과 같은 교회를 세워 주시고 교회와 모든 성도가 말씀의 반석 위에 든든히 세워져 가게 하시니 진심으로 감사합니다. 지금까지 성도들의 눈물의 기도가 있었기에 우리 교회가 지속될 수 있었고 생명을 다한 봉사가 있었기에 예배의 제단이 계속될 수 있었음을 고백합니다. 하지만 이 모든 것이 주님의 은혜와 은총이었음을 고백하며 감사와 영광을 올려 드립니다.

그러나 교회의 제직회원으로서의 모습을 뒤돌아볼 때 부족한 것이 너무도 많음을 고백합니다. 겸손히 주를 섬겨야 하지만 교만한 마음이 들 때가 많았음을 용서하소서. 우리의 손과 발이 주의 일에 더욱 민첩했어야 함에도 우리의 사사로움 때문에 머리로만 일하며 우둔하게 행했음을 용서하소서. 주님이 주신 물질을 주 뜻대로 사용해야 함에도 여전히 나의 뜻과 마음대로 허비했음을 고백하오니 용서하여 주소서.

교회의 재정을 제직회원들의 헌금을 통해 채워 주심에 감사합니다. 어려움 중에도 정성 다해 헌상獻上하는 모든 손길마다 주의 은총을 더해 주소서. 일터와 사업장에서 아침부터 저녁까지 수고하는 모든 이들에게 주의 위로를 내려 주소서. 부자의 교만한 헌금보다는 겸손한 과부의 동전 둘을 기뻐하신 하나님. 지금까지 잘 해온 것처럼 장래에도 성도들이 자원하는 심정으로 헌금하게 하시고 모아진 헌금을 하나님의 뜻하신 사업에 귀하게 사용할 수 있도록 도와주소서.

제직회장이신 담임목사님을 위해 기도합니다. 오늘 제직회 회무를 잘 진행하실 수 있도록 지혜와 명철을 허락해 주소서. 목자의 마음으로 기도하는 일과 말씀 사역에 전념하실 때에 지치지 않도록 영육 간에 강건함을 주소서.

제직회원들에게는 믿음을 주소서. 온 땅의 주인 되신 하나님만을 인정하게 하소서. 하나님이 위임해 주신 교회의 재정을 하나님이 기뻐하는 용도에 사용할 수 있게 하소서. 성령으로 충만하게 하셔서 먼저 그 나라와 의를 구할 수 있는 분별력을 주소서. 맡은 자에게 구할 것은 충성이라고 하셨사오니 제직회 임원들에게 각자가 맡은 직무들을 신실함으로 감당하게 하소서. 헌금계수위원으로 섬기는 자들에게는 정직한 영을 주소서. 회계 담당자에게는 지혜와 명철을 주시고 서기에게는 신실한 헌신을 허락하소서. 매주 헌금위원으로 봉사하는 지체들에게는 제사장의 심장을 주소서.

제직회의 시종을 하나님의 손에 맡겨 드리오며 우리의 주인 되신 예수님의 이름으로 기도합니다. 아멘.

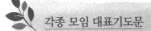

제직회 2

만일 내가 지체하면 너로 하여금 하나님의 집에서 어떻게 행하여야 할지를
알게 하려 함이니 이 집은 살아 계신 하나님의 교회요 진리의 기둥과 터니라
_〈디모데전서〉 3장 15절

살아 계신 하나님 아버지!

우리 교회에 값비싼 향유를 아낌없이 드린 마리아 같은 성도들과 자신의 무덤을 기꺼이 내어 드린 아리마대 요셉과 같은 든든한 교우들을 허락해 주심에 감사합니다. 늘 성실과 인내로 주님만 바라보며 믿음의 길을 걸어가는 지체들이 있기에 우리 교회가 오늘도 이 자리에 서 있을 수 있음에 감사합니다.

하지만 우리의 믿음이 너무나 작아서 온전한 마음을 드리지 못했음을 고백합니다. 여전히 봉사를 하면서 불평하고 헌신을 하면서 계산합니다. 아직도 우리의 섬김에는 의심이 섞여 있으며 우리의 수고에는 한숨이 새어 나옵니다. 이제는 십자가의 희생을 온전히 따르게 하소서.

광야 공동체의 필요를 채워 주신 하나님. 배고플 때에는 만나와 메추라기로 먹여 주시고 목마를 때에는 사막에서 샘이 나게 하셨음을 기억합니다. 낮의 더위는 구름 기둥으로 막아 주시고 밤의 추위는 불 기둥으로 막아 주셨음도 기억합니다. 우리 교회의 재정적인 필요도 채워 주실 줄 믿습니다. 우리 교회에 속한 모든 사업장과 일터에 하나님의 은총을 내려 주소서. 불황 중이라도 성도들이 일한 대로 대가를 얻게 하소서. 더불어 성도들 각자가 믿음의 분량대로 주께 드림으로 인생과 물질의 주인이 하나님 되심을 겸손하게 고백하게 하소서.

모든 제직회원들이 이 땅을 감찰하시고 통촉하고 계시는 하나님 앞에서 살게 하소서. 제직회의 의장이신 목사님에게 강건함을 주셔서 회무를 은혜 가운데 마칠 수 있게 도와주소서. 서기의 직무를 맡고 계신 장로님의 손을 붙들어 주사 회의 기록을 선명하게 남기게 하소서. 재정부 집사님들의 수고를 기억하여 주소서. 총리 요셉이 풍년과 가뭄의 때에 맡은 곡식을 잘 관리함으로 모든 백성과 생명들이 구원을 받은 것처럼 지혜와 명철함으로 교회의 재정을 잘 관리하게 하소서. 헌금계수위원들의 헌신을 아시는 주님. 하나님에게 드려진 봉헌물을 정성을 다해 계수하게 하시고 초대 교회 일곱 집사와 같은 순결한 헌신으로 나아가게 하소서. 서리집사, 권사, 안수집사, 장로, 교역자 등 모든 제직회원들에게 교회를 사랑하는 마음을 더해 주사 교회가 계획하는 모든 사역에 마음과 물질로 기꺼이 헌신하게 하소서.

이제 회무를 시작하오니 마치는 시간까지 은혜로 인도하여 주소서. 주님의 마음으로 모든 것을 생각하게 하시고 주님의 눈으로 모든 것을 바라보게 하소서. 우리의 아집과 경험을 내려놓고 오직 하나님의 뜻에 맡겨 드리며 회의에 임하게 하소서.

이 제직회가 교회를 든든히 세워 가는 밑거름이 되게 하실 줄 믿사오며 힘과 능력 주시는 예수님의 이름으로 기도합니다. 아멘.

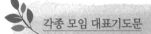

공동의회 1

만군의 여호와께서 경영하셨은즉 누가 능히 그것을 폐하며 그의 손을
펴셨은즉 누가 능히 그것을 돌이키랴 _〈이사야서〉 14장 27절

만군의 여호와 하나님 아버지!

예수 그리스도를 구주로 믿는 우리들이 모여 공동의회를 열게 하시니
감사합니다. 예수 안에서 한 가족이 된 교우들이 한자리에 모여 있음
이 우리의 행복임을 고백합니다. 이 시간 주님의 임재 안에서 교회의
기쁨과 아픔을 함께 나눌 때 은혜와 사명이 충만하게 도와주소서.

오늘 모인 공동의회가 〈사도행전〉 6장과 같은 모습이 되길 원합니다.
열두 사도가 모든 제자를 불러 교회의 문제를 허심탄회하게 의논했듯
이 모든 교우들이 열린 마음으로 의논하게 하소서. 연약한 지체들의
필요를 어떻게 채워주어야 할지, 형제의 아픔에 어떻게 동참해야 할
지를 가슴깊이 생각하고 고민하는 자리가 되게 하소서.

우리의 공동의회가 〈출애굽기〉 32장과 같은 모습이 되지 않길 원합니
다. 백성들이 아론에게 자신들을 위하여 인도할 신을 달라고 했을 때
무지한 그들이 금송아지를 만들자고 결의했던 것을 기억합니다. 하나

님 아버지, 우리에게 하나님의 뜻을 분별할 수 있는 지혜와 명철을 주시길 간절히 원합니다. 혹여 우리 중의 다수가 금송아지를 만들어 내지 않도록 이 회의를 지켜 보호하여 주소서. 회의의 유일한 목적은 공동의회를 통해 하나님의 뜻이 이루어지게 하는 것임을 기억하게 하소서. 모든 안건을 다룸에 있어서 신중하게 검토할 수 있게 하시고 하나님의 뜻에 온전히 부합하는지를 생각하게 하소서.

공동의회의 의장이신 목사님에게 불꽃 같은 판단력과 통찰력을 허락하여 주소서. 평안함 가운데 질서 있게 회무를 처리하실 수 있도록 도와주소서. 공동의회의 방향이 하나님의 마음과 뜻에 부합한지를 바르게 감독할 수 있도록 도와주소서. 혹여 성도 간에 의견들이 불일치한다 할지라도 부드럽게 조정해 갈 수 있는 지혜를 주시고 모든 안건을 원망과 시비가 없이 처리되도록 인도하여 주소서. 회의를 돕는 모든 이들에게 지혜와 성실함을 주셔서 회의 진행이 물 흐르듯 이루어질 수 있도록 인도하여 주소서.

그동안 교회의 모든 일을 앞장서서 이끌어 온 당회원들을 위로하고 격려하여 주소서. 공동의회 서기 장로님이 당회의 경과 상황을 보고할 때에 그동안 교회를 인도하여 주신 하나님을 기억하며 마음으로 감사의 찬송을 올려 드리게 하소서. 제직회를 비롯한 각 부서의 결산 보고와 사업 보고를 받을 때에도 하나님의 인도하심의 손길을 발견하며 감사할 수 있는 시간이 되게 하소서. 공동의회가 경직되고 폐쇄된 회의 절차가 아니라 우리 교회를 인도해 오신 은혜의 발자취를 뒤돌아보고 감사하는 축제가 되게 하소서.

거룩하신 예수님의 이름으로 기도합니다. 아멘

공동의회 2

의논이 없으면 경영이 무너지고 지략이 많으면 경영이 성립하느니라
_〈잠언〉 15장 22절

온 우주를 지혜로 경영하시는 하나님 아버지!

이 시간 우리 교회의 입교인들이 한자리에 모여 공동의회를 개회하고
자 합니다. 거룩한 세례를 받고 예수님과의 신비로운 연합을 통해 구
원의 반열에 오른 것도 가슴 벅찬 일인데 하나님의 거룩한 회의에 동
참하게 하시니 진심으로 감사합니다.

오늘은 특별히 공동의회를 통해 우리 교회를 섬길 중직자들을 선출하
려고 합니다. 우리 교회에 꼭 필요한 장로님이 선출될 수 있도록 인도
하여 주소서. 목사님을 도와 교회를 잘 치리하며 양 무리의 본이 될 수
있는 분이 선출되도록 인도하여 주소서. 바울이 디모데에게 세우라고
부탁했던 바로 그 장로님들이 공동의회를 통해 선출되게 하소서. 선
한 일을 사모하고 책망할 것이 없는 장로님, 절제하며 관용하며 돈을
사랑하지 않고 자기 집을 잘 다스리는 분이 선출되게 하소서.

우리 교회의 기둥이 될 안수집사님들도 선출되어지길 원합니다. 깨끗

한 양심에 믿음의 비밀을 가진 분들이 선출되게 하소서. 일구이언―口二言하지 않고 쾌락과 탐욕을 멀리하는 분들이 선출되게 하소서.

우리 교회에 예수의 향기를 더하실 권사님들도 아름답게 선출되게 하소서. 정숙하고 모함하지 않으며 절제하고 모든 일에 충성된 권사님들이 세워지기를 원합니다.

중직자를 선출하는 모든 입교인들에게 거룩한 통찰력과 선명한 판단력을 허락하여 주소서. 인정이나 인맥에 매이지 않게 하소서. 중직자 선출이 인기몰이 투표가 되지 않게 하소서. 우리 교회에 정말 필요한 일꾼을 선출하는 축제가 되게 하소서.

중직자 후보들에게 하나님만을 바라보는 마음을 주소서. 선출되었다 하여 교만하지 않게 하시고 선출되지 않았다 하여 낙망하지 않게 하소서. 예루살렘 다락방에서 백이십 명의 성도들이 제비를 뽑아 사도를 선출한 것을 기억하게 하소서. 선출된 맛디아가 교만하지 않았고 선출되지 않은 요셉이 낙망하지 않은 것처럼 모든 중직자 후보들에게도 당락에 좌지우지되지 않는 굳건한 마음을 허락하여 주소서.

중직자 선출 이외의 모든 회무도 은혜 중에 마치게 하소서. 한 해의 재정을 결산하며 내년도 예산을 채용할 때 기도하는 마음으로 임하게 하소서. 공동의회의 모든 회무를 인도하실 의장 목사님에게 강건함을 주시고 회무 기록을 담당할 서기 장로님에게도 지혜와 명철을 덧입혀 주소서. 회무를 돕는 많은 분들도 붙잡아 주셔서 회무를 은혜롭게 마무리하게 도와주소서.

교회를 통해 일하시는 예수님의 이름으로 기도합니다. 아멘.

임원회 1

존귀한 자는 존귀한 일을 계획하나니 그는 항상 존귀한 일에 서리라
_〈이사야〉 32장 8절

어제나 오늘이나 영원토록 동일하신 하나님 아버지!

한없이 부족하고 연약한 우리를 임원으로 세워 주시고 지금까지 은혜 가운데 섬기게 하시니 감사합니다. 주님의 은혜가 아니면 모든 것이 불가능함을 고백합니다. 시간을 주시고 물질을 주신 분도 하나님이시며 환경과 여건을 만들어 주심도 하나님의 은총임을 고백합니다.

이 시간 임원들이 열정으로 다시 뭉쳐 회의를 하려 합니다. 이 자리를 통해 많은 고민과 선택을 하게 될 때에 모든 임원들의 마음과 생각을 지켜 주소서. 열린 마음으로 참여하게 하시고, 독선이 아닌 협력의 마음을 허락하소서. 다양한 생각과 은사를 가진 우리를 하나로 묶어 하나님의 섭리를 알게 하소서. 한 사람이면 패하고 두 사람이면 맞설 수 있지만 세 겹 줄은 쉽게 끊어지지 않는다는 솔로몬의 권면을 마음에 새기게 하소서. 고집이나 욕심이나 편협함과 같은 하나 됨의 방해물은 과감히 버리게 하소서. 나의 경험보다는 우리의 경험을 소중하게

생각하며 무엇이든 합력하여 선을 이루게 하소서.

우리 임원회의 목적은 오직 하나님의 교회를 든든하게 세우는 것을 잊지 않게 하소서. 더불어 회원들의 영적 유익만을 생각하게 하소서. 임원인 우리에게 맡겨 주신 권한을 우리 자신을 보호하는 데 사용하지 않게 하소서. 우리의 마음을 굳건히 붙잡아 주시고 오직 섬기는 자로만 서게 하소서.

회의를 인도하실 회장님을 붙잡아 주소서. 항상 앞장서서 임원들의 본을 보이시는 회장님을 위로하시고 축복하소서. 오늘 임원회의도 잘 인도하실 수 있도록 지혜와 명철을 더해 주소서. 부회장님은 회장을 잘 보좌하게 하시고 총무님에게 전체를 볼 수 있는 넓은 시야를 주시고 회원 모두를 아우를 수 있는 큰마음을 허락하여 주소서. 여러 모양으로 섬기는 임원들에게도 동일한 은혜를 베풀어 주소서.

주의 일을 위해 시간과 물질을 드리는 임원들을 기억하시고 그들의 가정과 일터를 지키시고 보호하소서. 주 안에서 계획했던 연간 사업을 성실하게 추진하고 실천하게 하시니 감사합니다. 남은 회기 동안에도 최선을 다하게 하시고 하나님과 사람 앞에 충성을 다하게 하소서.

예수님의 제자들이 귀신을 쫓아내지 못한 이유를 물어볼 때 예수님은 "기도 외에 다른 것으로는 이런 종류가 나갈 수 없다"고 말씀하셨듯이 함께 기도하는 임원회가 되길 원합니다. 우리가 기도할 때에 놀라운 역사가 일어날 줄 믿습니다. 오늘도 기도하는 마음으로 회의에 임하게 하시고 은혜 가운데 마치게 하소서.

참 진리와 생명 되시는 예수님의 이름으로 기도합니다. 아멘.

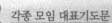 각종 모임 대표기도문

임원회 2

사람의 마음에는 많은 계획이 있어도 오직 여호와의 뜻만이 완전히 서리라
_〈잠언〉 19장 21절

지혜가 무궁하신 하나님 아버지!

하나의 몸 안에도 여러 지체와 기관이 있어 제 역할을 하듯이 우리 교회에도 다양한 부서와 기관을 허락해 주시니 감사합니다. 그중에 우리에게도 작은 사명을 허락하시어 임원으로 섬기게 하시니 또한 감사합니다. 우리 자신의 삶을 돌아볼 때 임원의 사명을 감당할 그릇이 되지 않음을 고백합니다. 그러나 주님이 여전히 우리를 미쁘게 여기사 사명을 감당하라고 하심에 오늘도 순종하는 마음으로 나아갑니다.

이 시간 임원회로 모일 수 있도록 환경과 여건을 마련해 주심을 감사합니다. 잠시 교회와 기관을 위해 우리의 생각과 마음을 모을 때 주님의 지혜를 덧입혀 주소서. 솔로몬 왕은 "사람이 마음으로 자기의 길을 계획할지라도 그의 걸음을 인도하시는 이는 여호와시니라"고 고백했습니다. 우리가 아무리 완벽한 계획을 세운다 할지라도 그것을 성취하시고 그 걸음을 인도하는 분은 오직 하나님 한 분이심을 고백합니다.

우리의 계획이 늘 주 뜻 안에 있기를 원합니다. 주님이 말씀하시면 나아가고 주님이 멈추라 하시면 멈추어 서는 순종의 마음으로 회의에 임하게 하소서. 믿음의 선배 바울은 아시아에서 말씀을 전하고자 했지만 성령은 그것을 막으셨습니다. 바울이 자기 고집대로 하지 않고 성령의 인도하심에 따랐던 것처럼 우리도 성령의 인도하심에 민감하게 하소서. 열정적으로 선교 계획을 세우되 그 결과는 하나님의 인도하심에 맡겼듯이 우리도 하나님만을 의지하고 신뢰하게 하소서.

임원회를 이끌어 가시는 회장님을 주님의 손으로 붙잡아 주소서. 회의를 잘 진행할 수 있도록 강건함을 주소서. 영안을 열어 주사 하나님의 마음을 읽고 회원들의 마음을 읽게 하소서. 분별력을 주셔서 임원들의 의견들을 잘 분석하고 판단하게 하소서. 오케스트라의 지휘자처럼 각자 개성이 강한 임원들을 잘 조화시켜 아름다운 하모니를 이루게 하소서. 힘들고 지칠 때에 주님이 위로해 주시고 붙잡아 주소서. 잠시 흔들렸다가도 다시 제자리를 찾을 수 있는 영적 복원력을 허락하여 주소서.

다른 임원들에게도 주의 은총을 부어 주사 임원의 사명을 감당하기에 부족함이 없도록 하소서. 잘 협력하여 하나님 나라를 든든히 세우게 하소서. 하늘에 계신 주님이 미소 지으실 수 있도록 최선을 다해 임원의 사명을 감당하게 하소서.

오늘 회의도 주 안에서 진행되길 원합니다. 우리의 입술의 모든 말과 우리 마음의 모든 묵상과 우리의 모든 결정이 주님이 열납하기에 합당하길 소망합니다.

거룩하신 우리 주 예수님의 이름으로 기도합니다. 아멘.

단합대회 1

경건에 형제 우애를, 형제 우애에 사랑을 더하라 _〈베드로후서〉 1장 7절

창조주 하나님 아버지!

솔로몬의 옷보다 더 고운 옷을 입은 들꽃들이 하나님을 경배하며, 창공을 비상하며 노래하는 산새들이 하나님을 찬양하는 대자연 속에서 사랑하는 형제자매들과 단합대회를 갖게 하시니 감사합니다.

그동안에도 우리는 형제자매를 사랑하고자 애썼지만 너무나 부족한 모습이었음을 고백합니다. 십자가를 지신 예수님처럼 스스로를 희생해야 함에도 여전히 자존심만 내세웠습니다. 제자들의 발을 씻어 주신 주님처럼 낮아져야 함에도 여전히 다른 지체 위에 군림하려고만 했습니다. 자기 생각에 갇혀 서로에게 경청하지 않으며 바쁘다는 이유로 서로의 얼굴을 마주하지 않은 것을 용서하소서.

기쁘고 좋은 날, 하나님이 단합대회를 통해 사랑을 실천하게 하시니 감사하는 마음으로 오늘을 누리길 원합니다. 아름답게 조화를 이루며 더불어 지내는 자연 만물처럼 서로를 아껴 주고 귀하게 여기게 하소

서. 오늘을 시작으로 사랑의 물결이 우리 안에서 일어나게 하소서.

성도의 단합을 위해 다채로운 행사를 준비한 준비위원들의 수고를 격려하여 주소서. 앞에서 진행하는 자들이 지치지 않도록 새 힘을 공급해 주소서. 뒤에서 따르는 자들도 열심을 다해 참여함으로 이 모임을 아름답게 만들어 가게 하소서. 운동을 통해 교제할 때 한마음이 한뜻이 되게 하소서. 같은 목표를 위해 땀 흘리며 함께 뛸 때에 충만한 일체감을 누리게 하소서. 대화할 때에는 열린 마음으로 서로를 이해하는 친밀함의 시간이 되게 하소서. 삶을 나누고 기도 제목을 말할 때에 풀리지 않던 문제들의 해답을 찾게 되는 은총도 있게 하소서.

오늘의 모임이 천국의 교제가 되게 하소서. 주님이 다시 오시는 날 새 하늘과 새 땅에서 나누게 될 천상의 대화를 미리 연습하게 하소서. 함께 나누는 점심시간도 애찬이 되게 하소서. 하늘 아버지를 모시고 형제자매들이 같은 양식을 나누는 천국의 식탁이 되게 하소서. 애찬을 위해 수고하고 애쓴 여전도회 지체들에게 기쁨과 격려가 함께하길 기도합니다.

단합대회를 마치고 귀가하는 시간까지 안전사고가 없도록 발걸음을 지키시고 인도하소서. 집으로 돌아가는 마음이 올 때의 마음보다 더 시원하고 풍요롭도록 성령께서 모든 지체들의 마음을 붙들어 주소서. 어쩔 수 없는 사정으로 인해 단합대회에 참석하지 못한 지체들에게도 동일한 은혜를 부어 주셔서 다음 기회를 소망하게 하시고 이 공동체를 더욱 사랑하게 하소서.

남은 일정 가운데 불 기둥과 구름 기둥의 은혜로 함께해 주실 것을 믿으며 예수님의 이름으로 기도합니다. 아멘.

단합대회 2

형제 사랑에 관하여는 너희에게 쓸 것이 없음은 너희들 자신이 하나님의
가르치심을 받아 서로 사랑함이라 _〈데살로니가전서〉 4장 9절

모든 것을 때를 따라 아름답게 하시는 하나님 아버지!

하나님이 창조하신 대자연 속에서 우리 교회의 모든 지체가 함께 단
합대회로 모이게 하시니 감사합니다. 아름다운 봄과 싱그러운 여름,
풍성한 가을과 시원한 겨울을 통해 자연 만물 형형색색을 맛보고 누
리게 하시니 감사합니다. 모든 피조물들이 아름다운 하모니로 하나님
을 찬양하는 좋은 날에 단합대회로 영광을 돌리오니 받아 주소서.

하나님은 우리를 부르시고 예수 가족 공동체로 하나 되게 하셨습니
다. 하지만 우리는 형제자매를 내 몸과 같이 사랑하지 못했음을 고백
합니다. 말과 혀로는 사랑한다고 했지만 사실은 늘 그 자리에 머물러
있었음을 고백합니다. 함께 기뻐하고 함께 슬퍼하지 못했음을 용서하
소서. 오늘 이 곳에 마련해 주신 천국의 축제를 통해 아름다운 성도의
교제를 나누게 하소서. 우리 모두 마음을 활짝 열고 어린아이처럼 뛰
놀게 하소서. 함께 웃고 소리치게 하소서. 보이지 않는 벽들이 무너지

게 하시고 무관심의 막힌 담들이 허물어지게 하소서.

그동안 단합대회를 위해서 기도하고 준비한 준비위원들을 축복하소서. 교회의 하나 됨을 위해 올려 드렸던 간절한 기도가 헛되지 않게 하소서. 개회예배를 시작으로 진행되는 모든 순서마다 성령으로 함께하소서. 행사 중에 실족하는 지체가 없도록 모든 교우들의 몸과 마음을 붙잡아 주소서. 정성을 다해 점심식사를 준비한 여전도회를 격려하여 주소서. 함께 먹고 마시며 대화를 나눌 때 서로에 대해 더 깊이 알고 이해하는 시간이 되게 하소서. 어떻게 살아가고 있는지, 무엇을 기도하고 있는지, 어떤 고민과 문제를 안고 있는지, 열린 마음으로 대화하고 서로의 말에 귀 기울이게 하소서.

성령께서 단합대회 가운데 운행하심으로 우리의 마음이 치유되며 재충전되게 하소서. 답답했던 마음들이 성령의 시원함으로 변화되게 하소서. 불쾌했던 마음들이 성령의 유쾌함으로 바뀌게 하소서. 찜찜했던 마음들이 성령의 신선함으로 가득하게 하소서. 유쾌하고 상쾌하고 통쾌한 단합대회가 되게 하심으로 올 때의 마음보다 돌아갈 때의 마음이 더 행복하고 충만하게 하소서.

이 시간에도 말씀을 전하실 목사님을 위해서 기도합니다. 예수님이 산 위에서 제자들에게 전해 주셨던 산상수훈과 같은 보배로운 말씀들을 기대합니다. 오늘 선포되는 말씀이 단합대회에 참석하는 모든 교우를 하나로 묶게 하소서. 이 자리에 함께하지 못한 지체들에게도 동일한 은총을 내려 주시길 원합니다.

사랑과 은혜가 풍성하신 우리 구주 예수님의 이름으로 기도합니다. 아멘.

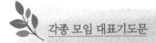

야외예배 1

여호와 우리 주여 주의 이름이 온 땅에 어찌 그리 아름다운지요
_〈시편〉 8편 9절

천지를 창조하신 하나님 아버지!

주의 영광이 가득한 자연 속에서 예수 가족이 한자리에 모여 야외예배를 드리게 하시니 감사합니다. 잠시 세상의 분주함을 내려놓고 아름다운 에덴동산에서 안식을 누리게 하시니 감사합니다. 일상의 굴레에서 갇혀 세상만 바라보던 우리의 눈이 다시 창조주 하나님을 향하게 하시니 감사합니다. 이 시간 주께서 창조하신 주님의 동산에 왔사오니 친히 우리를 안내해 주시고 가르쳐 주소서.

야외예배를 통해 온 땅에 새겨진 아름다운 주의 이름을 발견하길 원합니다. 드넓은 하늘에 펼쳐진 주의 영광도 다시 느끼길 원합니다. 성경 속 믿음의 선배들이 자연 속에서 하나님을 만나고 느낀 것처럼 오늘 하루 광대하신 하나님을 발견하며 새 마음을 회복할 수 있도록 도와주소서. 모세가 야외의 가시떨기 나무 앞에서 하나님의 음성을 들은 것처럼 우리도 자연 속에서 들려 오는 주님의 음성을 듣게 하소서.

다윗이 하늘을 바라보며 "사람이 무엇이기에 주께서 우리를 생각해 주십니까?"라며 하나님의 사랑에 감격한 것처럼 우리도 하나님의 무한한 사랑을 느끼게 하소서. 예수님이 제자들과 함께 하늘을 보시며 공중의 새처럼 하나님에게 맡기고 염려하지 말라고 하셨듯이 우리도 자연을 보며 하나님의 교훈을 느끼게 하소서.

한 몸에도 여러 지체가 있듯이 여기에 모인 우리도 제각각 다르지만 같은 방향을 바라보며 함께 달려가는 공동체임을 다시 깨닫게 하소서. 우리를 하나 되게 하는 분은 오직 예수 그리스도뿐임을 고백합니다. 오늘 예배를 통해 우리가 예수공동체 됨을 다시 느끼게 하소서.

이후에 진행될 모든 일정을 주님께 맡겨 드립니다. 함께 식사를 할 때에 천국의 식탁이 되게 하소서. 예수님이 제자들과 함께 먹고 마시며 천국의 대화를 하신 것처럼 우리도 먹고 마시는 애찬을 통해서 천국 가족이 되게 하소서. 기뻤던 일을 나눌 때에는 기쁨이 배가 되게 하시고 하나님에게 영광 돌리게 하소서. 힘들었던 일을 나눌 때에는 슬픔이 반으로 줄게 하소서. 대자연의 숨결을 호흡하며 손을 잡고 함께 뛰는 시간에는 함께 웃고 함께 소리치며 천국의 기쁨을 누리게 하소서. 함께하는 모든 시간이 먼 훗날 좋은 추억이 될 수 있도록 서로에게 기쁨이 되게 은혜 내려 주소서.

오늘도 나무 그늘 아래에서 목사님의 말씀을 듣습니다. 푸른 초장 쉴 만한 물가에서 풀을 뜯는 양처럼 우리의 맘을 평안케 하는 말씀이 선포될 때 주의 은혜로 배부르게 하소서. 모든 일정을 마치고 돌아가는 발걸음도 가볍게 하시고 안전하게 보호하여 주소서.

오직 사랑이신 예수님의 이름으로 기도합니다. 아멘.

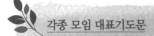
야외예배 2

보라 형제가 연합하여 동거함이 어찌 그리 선하고 아름다운고
_〈시편〉 133편 1절

사랑이 많으신 하나님 아버지!

회색빛 도시를 잠시 벗어나 하나님이 창조하신 대자연 속에서 사랑하는 교우들과 함께 야외예배를 드리게 하시니 감사합니다. 빛나는 태양과 늘 푸른 산, 시원한 바람과 맑은 새소리 속에서 하나님의 숨결을 느끼게 하시니 감사합니다.

모든 만물은 서로 조화를 이루며 저마다의 자리에서 겸손하게 하나님의 뜻에 순종하는 모습을 보면서 우리 공동체를 돌아봅니다. 혹시 우리에게 남보다 더 높아지려고 서로 겨루고 시기질투하며 교만하게 살아온 모습이 있다면 용서하여 주소서. 세상에서 가장 선하고 아름다운 것은 형제들이 연합하고 함께 어울리는 것이라고 고백한 다윗의 시를 기억하게 하소서. 야외예배를 통해 우리 교회의 형제자매들이 더욱 하나 되길 소망합니다.

야외예배로 보내는 오늘 하루, 복되고 행복한 날이 되게 하시고 안식하며 치유받는 날이 되게 하소서. 지체들과 대화할 때에 답답했던 마음이 시원해지고 풀리지 않던 삶의 숙제도 답을 찾게 하소서. 신앙의 선배에게는 신앙의 진리를 배우게 하시고 인생의 선배에게는 생활의 지혜를 얻게 하소서. 자연을 닮은 사람으로 인해 예수 향기를 경험하는 복된 모임이 되게 하소서. 성령을 통해 하늘의 기쁨을 보배로운 기름처럼 부어 주소서.

재미있고 다채로운 프로그램을 준비하고 진행하시는 분들에게 힘을 주소서. 참여하는 교우들에게도 자원하는 마음으로 기쁘게 누리게 하소서. 앞에서 끌어 주고 뒤에서 밀어 주는 신나고 행복한 행사가 되게 하소서. 진행하는 과정에서도 시험에 들지 않게 하소서. 기회마다 우리의 귀에 속삭이는 무질서와 혼돈의 목소리들은 물러가게 하소서. 천군 천사를 보내셔서 지켜 주소서. 다른 지체를 나보다 낮게 여기게 하시고 승부보다 화합을 먼저 생각하게 하소서.

하늘이 없으면 구름이 헛되고 산이 없으면 나무가 헛되듯이 우리가 서로의 아름다운 배경이 되어 주는 하루가 되게 하소서. 세상살이에 지친 어깨들을 위로하고 삶의 무게로 힘겨워하는 발걸음들을 격려하는 진정한 예수 가족 공동체가 되게 하소서. 세상이 알 수 없는 평안이 이 모임 안에 있게 하소서. 세상이 감당할 수 없는 능력이 이 예배 안에 솟아나게 하소서. 표현할 수 없는 그 무엇이 우리의 마음과 마음을 이어주어 가슴 벅찬 하루가 되게 하여 주소서. 서로가 서로에게 주님이 보내 주신 선물이라는 것을 다시 깨닫는 귀한 시간이 되게 하소서.

참 진리로 하나 되게 하시는 우리 주 예수님의 이름으로 기도합니다. 아멘.

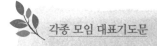

교사대학 1

내가 너희에게 분부한 모든 것을 가르쳐 지키게 하라 볼지어다 내가 세상 끝날까지
너희와 항상 함께 있으리라 하시니라 _〈마태복음〉 28장 20절

우리를 생명으로 인도하시는 하나님 아버지!

우리 교회에 주일학교를 허락하시고 헌신적인 교사들을 세워 주심에
감사를 드립니다. 자라나는 다음 세대를 하나님의 말씀으로 바로 세
워야 한다는 귀한 열정을 주심도 감사합니다. 특별히 이 시간 하나님
의 교사들을 격려하고 위로하며 새 힘으로 무장하는 교사대학을 허락
해 주시니 깊이 감사 드립니다.

강의에 들어가기 전 우리 자신을 조용히 돌아봅니다. 주님이 처음 우
리를 교사로 부르셨을 때의 감격과 감동은 어느새 사라지고 메마른
책임감과 의무감만이 남아 있지는 않은지 생각해 봅니다. 학생들로
인해 힘들 때에 우리 자신을 돌아보기보다는 학생들에게서 원인을 찾
으려 했음을 고백합니다. 집 나간 아들을 기다리는 아버지의 심정으
로 학생들을 섬기지 못했음을 용서하소서.

이제 교사대학을 통해 우리의 흐트러졌던 마음을 다시 세우길 원합니

다. 예수님을 세 번 부인한 베드로가 다시 일어나 주님을 사랑한다고 세 번 고백한 것처럼 우리도 주님을 사랑한다고 다시 외치게 하소서. 미련한 우리를 지혜와 지식으로 충만케 하소서. 연약한 우리를 굳게 세워 주소서.

강의를 인도하실 목사님을 위해서 기도합니다. 목사님에게 에스라에게 부어 주셨던 학사의 영을 부어 주소서. 바울에게 부어 주셨던 지식의 영을 부어 주소서. 강의를 듣는 우리에게는 명철함을 주소서. 선명한 깨달음을 주시고 새로운 통찰력을 허락하소서. 열린 마음을 주사 가슴이 뜨거워지게 하소서. 강의를 통해 우리가 어떻게 달라져야 할지를 고민하게 하소서.

우리 교회의 교육 공동체를 위해서 기도합니다. 늘 노심초사 기도하시며 지원을 아끼지 않으시는 주일학교의 교장 되시는 담임목사님을 붙들어 주소서. 주일학교의 미래와 방향을 결정하는 교육위원회에 지혜를 주사 주일학교의 항해사 역할을 온전히 감당하게 하소서. 교육의 최일선에서 학생들과 호흡하는 교사들을 붙들어 주소서. 공교육의 위기와 입시 위주 사교육의 거친 풍랑 속에서도 꿋꿋하게 복음의 등불을 내려놓지 않고 끝까지 지켜 내려는 교사들을 축복하여 주소서.

그 누구보다 사랑스러운 우리 학생들을 주님의 손에 의탁드립니다. 학생들을 변화시킬 수 있는 힘은 우리의 능력이 아닌 성령의 능력인 줄 믿습니다. 성령님께서 학생들을 변화시켜 주시고 만져 주소서. 또한 그들을 돕고 섬길 능력을 교사들에게 부어 주소서.

오늘도 우리에게 은혜를 베풀어 주실 예수님의 이름으로 기도합니다. 아멘.

교사대학 2

네가 네 자신과 가르침을 살펴 이 일을 계속하라 이것을 행함으로
네 자신과 네게 듣는 자를 구원하리라 _〈디모데전서〉 4장 16절

우리의 소망이 되시는 하나님 아버지!

우리에게 가르치는 은사를 주시고 교사의 사명을 감당할 수 있게 해
주심을 감사합니다. 특별히 교사대학을 개설해 주시고 교사로서의 우
리 자신을 점검하며 우리의 교육 현황도 살펴보게 하시니 감사합니
다. "모든 일에 전심전력하여 너의 성숙함을 모든 사람에게 나타나게
하라" 바울이 에베소의 성경교사 디모데에게 했던 권면을 우리 마음
에 새기게 하소서.

우리는 학생들 앞에서 성숙함을 나타내기에는 너무 부족한 자들임을
고백합니다. 그래서 전심전력으로 훈련받고 연단받아야 할 연약한 자
들임을 고백합니다. 교사대학을 통해서 훈련되고 연단받기를 원합니
다. 우리 자신과 우리의 가르침을 철저하게 점검하게 하소서.

나침반이 잘못되면 항해하는 배가 길을 잃고 암초에 부딪혀 침몰할
수 있듯이 교사가 잘못 가르치면 학생의 인생 항로가 바뀔 수 있다는

282

경각심을 갖게 하소서. 북극성은 언제나 그 자리에 있어 모든 항해사들의 방향 기준이 되듯이 교사인 우리들도 변함없는 모습으로 학생들의 본이 되게 하소서.

교사대학에 강사로 오신 교수님들을 위해서 기도합니다. 기도하며 준비하신 과목들을 설명하실 때 충분하고 효과적으로 잘 전달하게 하소서. 강의 중에 피곤치 않도록 강건하게 하시고 강의에 방해되는 여러 가지 요소들로부터 지켜 주소서. 강의를 듣는 우리에게 배우고자 하는 열정을 주소서. 듣고자 하는 귀와 보고자 하는 눈을 열어 주소서. 변화되고자 하는 가슴과 느끼고자 하는 심장이 살아 있게 하소서. 우리가 교사대학을 끝까지 잘 마칠 수 있도록 모든 환경과 여건을 인도해 주소서. 가정과 일터를 평안함 가운데 지켜 주소서. 교사대학을 준비하고 진행하는 교육위원회와 함께하여 주소서. 계획된 모든 일정을 차질 없이 진행할 수 있도록 섬세하게 인도하여 주소서.

더불어 가정의 부모 교사들을 위해서 기도합니다. 가정에서 교사 역할을 하시는 부모님을 붙들어 주소서. 자녀를 노엽게 하지 말고 오직 주의 교훈과 훈계로 양육하라는 말씀을 기억하고 실천하게 하소서. 가정학교의 교사인 부모님과 교회학교의 교사인 선생님이 잘 협력하여 우리 교회의 다음 세대를 말씀으로 세워 나가게 하소서. 특별히 교사대학과 함께 진행되고 있는 어머니들의 기도 모임을 성령으로 인도하여 주소서. 기도하는 어머니 뒤에는 실패하는 자녀들이 없다는 사실을 깨닫고 자녀들을 위한 기도에 힘쓰게 하소서. 우리 교회가 교사대학을 통해 주일학교에 새로운 부흥이 일어나길 소망합니다.

이 모든 것 예수님의 이름으로 기도합니다. 아멘.

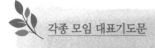

식사모임 1

손님 대접하기를 잊지 말라 이로써 부지중에 천사들을 대접한 이들이
있었느니라 _〈히브리서〉 13장 2절

사랑과 은혜가 풍성하신 하나님 아버지!

우리를 주 안에서 한 가족이 되게 하시고 이렇게 한 상에 둘러앉아 먹
고 마실 수 있는 은혜를 주시니 감사합니다. 맛을 음미할 수 있는 미각
과 향을 맡을 수 있는 후각을 주셔서 식사 모임의 즐거움을 느낄 수 있
게 해 주셔서 감사합니다. 더불어 하나님 나라를 위해 수고한 지체들
을 서로 격려하고 위로하는 음식 이상의 기쁨을 누리게 해 주셔서 감
사합니다.

이 모든 것이 하나님의 은혜 가운데 이루어지는 기적임을 고백합니
다. 하지만 우리는 먹고 마시는 것이 당연한 것처럼 여기고 온 마음으
로 감사하지 못했음을 고백합니다. 우리도 광야의 출애굽 백성들처럼
만나와 메추라기에 감사하지 않고 더 나은 것에 욕심내며 원망하고
불평하지 않았는지 돌아봅니다. 주님은 우리에게 일용할 양식을 구하
라 하셨으니 우리가 더 이상 육체의 정욕, 안목의 정욕, 이생의 자랑을

따라 욕심을 부리지 않고 자족하는 마음으로 살게 하소서.

예수님이 이 땅에서 제자들과 함께하셨던 마지막 식탁을 기억합니다. 예수님의 몸을 먹고 예수님의 피를 마심으로 모인 자들이 새로운 예수 가족임을 확인하였듯이 우리도 오늘 식사 모임을 통해 예수 안에서 한 가족임을 확인하게 하소서. 또한 주님이 다시 오시는 날 새 하늘과 새 땅에서 맛보게 될 천국의 식탁을 사모하는 우리가 되게 하소서.

초대 교회가 함께 먹고 마시면서 고아와 과부를 잊지 않은 것을 기억하게 하소서. 오늘도 먹을 것이 없어 어려움을 당하고 있는 지체들이 있음을 기억하며 나눔을 실천하게 하소서. 열 사람이 한 숟가락씩 밥을 보태면 한 사람의 먹을 것이 나온다는 십시일반十匙一飯의 교훈에 따라 우리 공동체도 마음과 정성을 모아 나누게 하소서. 예수님이 비유로 하신 말씀을 기억하게 하소서.

오늘 식사 모임을 주관한 _____에게 주의 은총을 부어 주소서. 아브라함이 알지 못하는 가운데 나그네 세 명을 대접했을 때 하나님의 약속을 전하는 천사를 만나게 되었던 것을 기억합니다. 사랑하는 지체들을 위해 아낌없이 대접하는 마음에 주의 은총을 더해 주소서. 수고로이 음식을 준비한 손길도 있습니다. 주님을 사랑하는 마음으로 사랑과 정성을 가득 담아 준비한 손길에도 주의 은총으로 함께하소서.

식사 모임 중에 나누는 대화 가운데 은혜가 충만하게 하소서. 음식을 나눈 것처럼 우리의 삶도 나누게 하소서. 기쁜 일을 나눌 때에는 그 기쁨이 배가 되고 슬픈 일을 나눌 때에는 그 슬픔이 절반이 되게 하소서.

우리 식탁의 주인 되시는 예수님의 이름으로 기도합니다. 아멘.

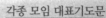

식사모임 2

그들이 사도의 가르침을 받아 서로 교제하고 떡을 떼며 오로지 기도하기를
힘쓰니라 _〈사도행전〉 2장 42절

생명의 주인이 되시는 하나님 아버지!

주 안에서 한 가족이 된 교우들이 한 식탁에 둘러앉아 식사모임을 갖
게 해 주시니 감사합니다. 이 시간 함께 먹고 마심으로 우리가 한 가족
임을 확인하게 해 주심도 감사합니다. 하나님 나라의 영광을 위해 여
러 모양으로 수고한 지체들을 서로 격려하고 위로할 수 있게 해 주셔
서 감사합니다. 우리의 만남은 주님의 은혜이며 우리의 모임은 주님
의 축복임을 고백합니다. 십자가와 부활로 우리 사이의 막힌 담을 허
무신 예수님을 찬양하며 경배합니다.

때로는 여전히 죽지 않은 우리의 자아로 인해 주의 영광을 가릴 때가
있음을 고백합니다. 부디 불쌍히 여기시고 용서하여 주옵소서.

가나의 혼인 잔치에 식탁의 기쁨을 더해 주신 주님. 이 시간 우리에게
도 찾아오셔서 변화의 기적을 일으켜 주소서. 물을 포도주로 변화시
키셨듯이 우리의 심령을 변화시켜 주소서. 슬픈 마음이 있는 사람은

기쁜 마음으로 변화되게 하소서. 절망 가운데 빠진 영혼은 하늘 소망으로 충만하게 하소서. 절망과 슬픔 속에 빠져 있었던 마태에게 "나를 따르라"고 하신 것처럼 우리에게 주님의 음성을 들려 주소서. 마태의 집에서 음식을 함께 드시며 구원에 대해 말씀해 주신 것처럼 우리에게도 구원으로 인도하는 길을 가르쳐 주소서. 이 시간 우리도 예수님의 식탁으로 나아가오니 의원 되시는 주님의 손으로 우리를 어루만져 주소서.

광야의 식탁에 만나와 메추라기를 내려 주신 주님. 이 시간 우리에게도 임재하셔서 하늘의 만나를 내려 주소서. 이 땅의 먹을 것과 마실 것으로는 만족할 수 없음을 고백하오니 하늘의 양식으로 우리의 갈급한 영혼을 채워 주소서. 목마른 우리의 영혼이 생명수로 만족하게 하소서. 주린 우리의 영혼이 생명의 떡으로 배부르게 하여 주소서. 하나님만이 우리의 만족 되심을 고백합니다. 이스라엘 백성들이 유월절 식사를 하면서 하나님의 구원의 손길을 기념하고 아픈 역사를 기억했듯이 오늘 우리의 식사 모임도 구원의 주님을 기념하고 기억하는 시간이 되게 하여 주소서. 이 식탁의 주인공은 오직 예수님 한 분뿐임을 고백하는 식탁이 되게 하소서.

오늘도 식탁을 준비한 손길 위에 주의 복을 더해 주소서. 우리가 먹고 마실 때마다 무거운 책임을 느낍니다. 지금도 일용할 양식이 없어서 고통당하는 자들을 우리로 하여금 잊지 않게 하시고 주께서 그들을 불쌍히 여겨 주소서. 하나님의 백성인 우리가 또한 그들을 돕게 하소서.

오늘도 일용할 양식을 공급해 주신 우리 주 예수님의 이름으로 기도합니다. 아멘.

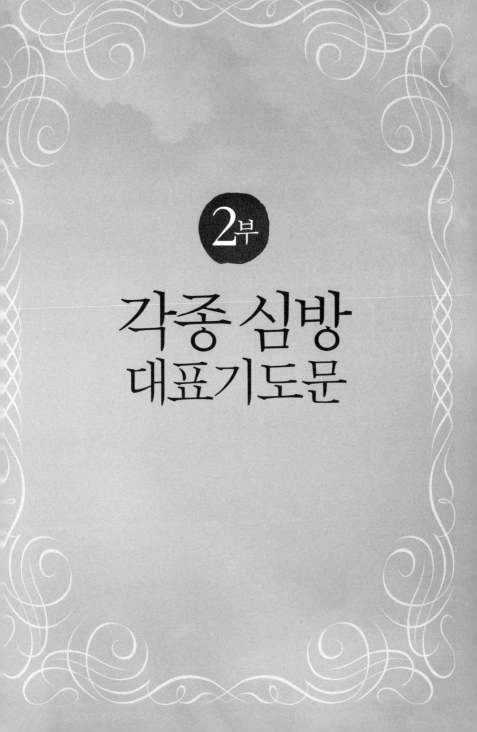

2부

각종 심방
대표기도문

성령님을 의지하면서
먼저 공동체를 위해서 대표기도해야 한다.

1장

가정생활의 경사
대표기도문

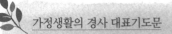

믿음의 가정

마른 떡 한 조각만 있고도 화목하는 것이 제육이 집에 가득하고도 다투는
것보다 나으니라 _〈잠언〉 17장 1절

가정을 세우시고 지켜 주시는 하나님 아버지!

주님의 이름으로 믿음의 가정을 심방하게 하시니 감사합니다. 하나님
의 방문을 환영하며 심방대원들을 주의 종들처럼 영접하게 하심도 감
사합니다. 이 가정을 예수만 섬기는 임마누엘의 가정이 되게 하시고
이 예배를 통해 영광 받으시고 다시 한 번 주의 은총을 내려 주소서.

가정의 건축가이신 하나님, 모든 가족들이 하나님을 왕으로 인정하게
하소서. 매주 시간을 정해 놓고 가정예배를 드리게 하심을 감사합니
다. 왕 되신 하나님을 찬송하고 기도로 의지할 때 주의 임재가 나타나
게 하소서. 가족 모두 왕의 명령인 성경을 사랑하며 묵상할 때 왕의 통
치가 실현되게 하소서. 가정에서 일어나는 모든 일을 하나님의 말씀
에 기준해 행하며 주 뜻대로 이뤄지게 하소서. 노아의 가족이 하나님
의 말씀을 듣고 순종할 때 새로운 인류의 출발점이 되며 구원의 통로
가 되었듯이 이 가정이 또한 하나님의 축복의 통로가 되게 하소서.

가정의 파수꾼이신 하나님, 가족 한 사람 한 사람을 지켜 주소서. 믿음의 가장 _____을(를) 위해 기도합니다. 가정의 제사장으로서 거룩한 손을 들어 가족을 축복할 때 그 기도에 응답하여 주소서. 충성스러운 손이 가정의 필요를 채워 나갈 때 가정이 변화되고 온전히 세워져 나가게 하소서. 일터와 교회에서 부지런히 땀 흘리며 일할 때 수고한 대로 열매를 거둘 수 있는 복을 주소서.

아내이자 어머니로 부름 받은 _____을(를) 위해 기도합니다. 남편에게는 결실한 포도나무와 같게 하시고 늘 쉬어갈 수 있는 든든한 버팀목이 되게 하소서. 기도하는 어머니로서 자녀들을 양육하고 있사오니 그 기도가 하늘에 상달되게 하소서. 방랑자 어거스틴이 어머니의 기도로 교부 어거스틴으로 변화된 것을 기억합니다. 기도의 놀라운 능력이 자녀들을 통해 나타나게 하소서. 남편과 아내가 한마음이 되게 하시고 부모가 자녀들을 주의 교훈으로 양육할 때 말씀의 능력이 나타나게 하시고 자녀들은 주 안에서 부모에게 순종하게 하소서. 자녀들이 하나님의 꿈을 품고 열심을 다해 미래를 준비하고 있사오니 믿음과 학업에 진보가 있게 하소서.

아침부터 수고한 가족들이 저녁이면 한 상에 둘러앉아 먹고 마실 수 있는 복을 주소서. 제육이 집에 가득하면서 다툼만 있는 가정이 아니라 마른 떡 한 조각만 있어도 화목한 가정이 되게 하소서. 여호와께서 집을 세우지 아니하시면 세우는 자의 수고가 헛된 줄 믿습니다. 왕 되신 하나님이 이 가정의 주인이 되어 주시고 이 가정을 향하신 하나님의 뜻이 온전히 이루어지게 하소서.

거룩하신 우리 구주 예수님의 이름으로 기도합니다. 아멘.

예비부부

> 너희에게 인내가 필요함은 너희가 하나님의 뜻을 행한 후에 약속하신 것을
> 받기 위함이라 _〈히브리서〉 10장 36절

약속을 영원토록 지키시는 하나님 아버지!

영원히 신실하신 하나님을 찬양합니다. 이 시간 결혼을 앞둔 예비부부와 함께 하나님의 도우심을 구하며 예배를 드리게 하시니 감사합니다. 하나님 앞과 여러 증인 앞에서 평생의 언약을 맺는 결혼예식을 준비하고 있사오니 하나님의 능력의 손길로 도와주소서.

무엇보다 기도로 결혼을 준비하는 예비부부가 되게 하소서. 전쟁 전에는 한 번 기도하고 항해 전에는 두 번 기도하며 결혼 전에는 세 번 기도하라는 신앙 선배들의 격언처럼 무릎으로 결혼예식을 준비하게 하소서. 기도를 통해 하나님이 주시는 마음을 알게 하시고 기도를 통해 하나님의 인도하심을 경험하는 은혜를 누리도록 축복하소서.

예비부부였던 요셉과 마리아가 하나님의 말씀을 존중히 여기며 사랑한 것처럼 두 사람도 하나님의 뜻을 존귀하게 여기게 하소서. 결혼예식 전까지 수많은 결정과 선택을 해야 하는데 그때마다 인간적인 생

각이 아닌 하나님의 뜻에 따라 결정하게 하소서. 두 사람이 결혼을 준비하는 과정에서부터 하나님의 말씀에 순종해 나간다면 분명 하나님이 새롭게 이루실 가정 가운데 주의 복을 내려 주시리라 믿습니다.

성경의 수많은 예비부부들이 배우자를 위해 순결한 몸으로 준비된 것처럼 신부는 신랑을 위해, 신랑을 신부를 위해 정결한 몸으로 준비되게 하소서. 하나님이 선하게 창조하신 남성성과 여성성을 깊이 이해할 수 있는 지혜와 명철을 주소서. "네 부모를 떠나 한 몸을 이루라"는 하나님의 말씀을 담을 수 있는 정결한 그릇으로 준비되게 하소서.

여호와 이레이신 하나님이 결혼예식에 필요한 모든 것을 채워 주시되 특별히 주례와 말씀을 준비하실 목사님에게 지혜의 영을 부어 주소서. 더불어 결혼예식의 여러 순서를 맡은 자들에게도 은총을 부어 주사 결혼예식을 더욱 향기 나게 하는 순서자들이 되게 하소서.

혹여 결혼을 준비하는 과정에서 갈등이 생길 때면 잘 이겨 낼 수 믿음을 주소서. 진주조개가 아픈 모래알을 견뎌 찬란한 진주를 빚어 가듯 서로의 차이를 믿음으로 품어 성숙의 도구로 삼을 수 있도록 도와주소서. 서로 다른 것은 나쁜 것이 아님을 깨닫게 하시고 주의 사랑으로 이해하고 품어 줌으로 결혼을 준비하는 과정도 은혜롭게 하소서.

함께 기도하며 결혼예식을 준비하고 있는 양가 부모님과 가족들도 붙잡아 주소서. 가나의 혼인 잔치를 더욱 풍성하게 하셨던 예수님의 손길이 신랑 신부의 가문에 충만히 임하길 소망합니다. 약속을 지키시는 하나님이 두 사람의 결혼 언약도 든든히 세워 주실 줄 믿습니다.

우리의 영원한 신랑 되신 예수님의 이름으로 기도합니다. 아멘.

믿음의 결혼

나의 사랑, 나의 어여쁜 자야 일어나서 함께 가자 _〈아가서〉 2장 13절

가정을 창조하신 하나님!

이렇게 좋은 날 레바논의 백향목과 같은 신랑과 샤론의 수선화와 같은 신부가 결혼예식을 통해 한 가정을 이루게 하시니 감사합니다. 이제 각자의 인생길을 걸어가던 두 사람이 결혼이라는 새로운 시작점에서 만나 새로운 출발을 하고자 하오니 하나님 친히 이곳에 임재하시어 새로운 가정을 축복하여 주소서.

이 시간 마음과 정성을 모아 신랑 신부를 위해 기도합니다. 새롭게 시작하는 가정이 믿음과 소망과 사랑이 넘치는 가정이 되게 하소서. 하나님의 말씀을 붙잡고 알지 못하는 미래를 담대하게 개척해 나가게 하소서. 형통한 날에는 주님과 함께 기뻐하며 감사하게 하소서. 혹시 곤고한 날이 있을지라도 주님만 의지하며 믿음으로 이기게 하소서.

아브라함과 사라의 가정처럼 소망의 가정이 되게 하소서. 약속의 땅을 소망하며 한 걸음씩 나아갔던 아브라함과 사라처럼 두 사람에게도

하나님의 꿈을 주소서. 가슴 속에 지워지지 않는 하나님의 비전을 주소서. 힘들고 어려울 때 하나님이 주신 꿈과 비전을 붙잡고 다시 일어나게 하소서.

야곱과 라헬의 가정처럼 사랑의 가정이 되게 하소서. 야곱과 라헬이 칠 년을 하루같이 여기며 서로를 사모했듯이 신랑과 신부도 서로를 아끼고 존중하며 사랑하게 하소서. 서로의 허물과 약점이 보일 때는 주의 사랑으로 덮어 주게 하소서. 원망 대신 용기를, 후회 대신 위로를 서로의 마음에 전하게 하소서.

오늘의 두 사람이 있기까지 눈물과 땀을 아끼지 않으신 양가 부모님을 축복하여 주소서. 두 사람을 통해 양가가 하나 되었으니 하나님이 기뻐하시고 사람들이 축복하는 명문 가문이 되게 하소서. 신랑 신부에게 하늘의 별과 같이 빛나는 자녀들을 주사 열방의 부모가 되게 하소서. 특별히 두 사람이 믿음으로 하나 되어 주님의 교회를 멋지게 섬기게 하소서. 두 사람으로 인해 모든 공동체가 복을 받게 하시고 두 사람을 통해 모든 지체들이 기쁨과 격려를 받게 하소서.

가나의 혼인 잔치에 찾아가셔서 기쁨을 넘치도록 부어 주셨던 예수님. 오늘 이곳에도 임재하시고 신랑 신부를 비롯한 우리 모두에게 기쁨과 행복을 충만하게 부어 주소서. 예식을 집례하시고 축복의 말씀을 선포하실 목사님에게 주님의 권능을 덧입혀 주소서. 목사님의 말씀이 신랑 신부는 물론 우리에게도 삶의 지표가 되게 하소서. 결혼예식을 빛나게 할 모든 이들에게도 함께하여 주소서.

신랑 신부의 하나 됨을 그 누구보다 기뻐하고 축복하시는 예수님의 이름으로 기도합니다. 아멘.

신혼부부

아담이 이르되 이는 내 뼈 중의 뼈요 살 중의 살이라 이것을 남자에게서
취하였은즉 여자라 부르리라 하니라 _〈창세기〉 2장 23절

사랑이 풍성하신 하나님 아버지!

이 시간, 주의 이름으로 신혼부부의 새로운 보금자리를 방문하며 먼저 예배로 하나님 앞에 영광을 돌리게 하시니 감사합니다. 두 사람에게 인생 중 최고의 기쁨인 신혼의 행복을 선물로 주시고 누리게 하심을 감사합니다. 특별히 두 사람을 하나님의 자녀 삼아 주시고 신앙 안에서 만나 믿음의 가정을 이루게 하시니 감사합니다.

결혼예식을 은혜 중에 마치게 하시고 새 가정의 첫 걸음을 순조롭게 인도하시니 감사합니다. 신혼부부가 결혼 서약을 늘 기억하게 하시고 그 서약을 신실하게 지키게 하소서. 신랑은 예수님이 교회를 사랑하듯이 아내를 사랑하고 보호하게 하소서. 예수님이 십자가 위에서 자신의 몸을 희생함으로 평화를 완성하신 것처럼 신랑도 자신을 희생함으로 가정의 평화를 이루게 하소서. 신부는 교회가 예수님에게 순종하듯이 남편의 결정과 선택을 존중하며 남편의 권위를 세워 주고 인

생의 동반자로서 돕는 배필이 되게 하소서.

솔로몬이 〈아가서〉에서 노래한 것처럼 남편은 수풀 가운데 사과나무가 되어 아내를 든든히 지켜 주고 세워 주게 하소서. 아내는 가시나무 가운데 백합화가 되어 아름다운 내면의 향기로 남편의 안식처가 되게 하소서. 결혼예식에서 받았던 하나님의 말씀대로 온전히 둘이 하나가 되게 하소서. 자기희생으로 합력하여 선을 이루게 하소서.

사랑의 하나님, 신혼부부에게 우리 날을 계수할 수 있는 지혜를 주소서. 인생에서 한 번 지나가면 다시 찾아오지 않을 행복의 신혼을 허비하지 않게 도와주소서. 신혼생활을 통해 새롭게 알게 된 서로의 연약함에 실망하거나 후회하거나 원망하지 않게 하소서. 솔로몬 왕과 술람미 여인이 신혼의 위기를 지혜롭게 극복함으로 더 깊은 사랑의 노래를 부르게 된 것처럼 이 부부에게도 새 창조의 은총을 충만하게 부어 주소서. 사랑과 헌신으로 신혼의 아름다운 추억을 많이 만들게 하소서. 하나님이 선물해 주신 신혼이라는 앨범에 아름다운 추억의 사진들을 수놓게 하소서. 훗날 인생의 여정이 끝날 때쯤 이 시간을 돌아볼 때 감사와 찬양만이 있게 하소서.

신혼부부로 인해 양가에 기쁨과 행복이 넘치게 하소서. 신랑 신부가 축복의 통로가 되어 모든 가족의 새로운 힘이 되게 하소서. 하나님의 때에 맞추어 태의 열매도 허락하사 생육하고 번성하는 복의 근원이 되게 하소서. 오늘도 신혼부부에게 선포하실 말씀이 우리에게도 은혜가 될 것을 기대합니다.

가정을 기뻐하시고 축복하시는 우리 주 예수님의 이름으로 기도합니다. 아멘.

임신 중에 있는 가정

엘리사벳이 마리아가 문안함을 들으매 아이가 복중에서 뛰노는지라 엘리사벳이 성령의 충만함을 받아 큰 소리로 불러 이르되 여자 중에 네가 복이 있으며 네 태중의 아이도 복이 있도다 _〈누가복음〉 1장 41~42절

생명의 주인이 되시는 하나님 아버지!

하나님의 가정에 천하보다 귀한 생명을 허락하여 주시니 감사합니다. 한나의 간절한 기도를 들으시고 사무엘을 주신 하나님이 이 가정의 기도에도 응답하여 주신 것을 감사합니다. 이 기쁜 소식을 듣고 우리 모두 축하하는 마음으로 산모와 태아를 심방합니다. 이 시간 감사의 예배를 드리오니 이곳에 임재해 주소서. 오래 전 예수님을 잉태한 마리아와 세례 요한을 잉태한 엘리사벳이 만났을 때를 기억합니다. 산모가 성령으로 충만하니 태중의 아기들도 기뻐 뛰놀았던 것처럼 이 예배를 통해 산모와 태아가 성령으로 충만하게 되길 소망합니다.

이 시간 두 손 모아 산모의 건강을 위해서 기도합니다. 점점 불어나는 몸처럼 마음의 짐이 하나둘 무거워질 때 하늘의 평안을 허락하소서. 출산일이 가까워질수록 복잡해지는 마음에 하나님의 질서를 부어 주소서. 남편과 가족들에 대해 서운한 마음이 생길 때면 주의 사랑으로

녹이게 하소서. 우울증으로부터 자유롭게 하시고 담대하게 출산의 사명을 감당하게 하소서. 때마다 늘 함께하시는 주님을 바라보며 하늘의 평안을 누리게 하소서.

예비 아빠도 주님의 능력의 손으로 붙들어 주소서. 일터와 가정을 병행해서 섬길 때에 지치지 않도록 영육의 강건함을 주소서. 가정에서 산모와 태아의 필요를 채울 때에 지혜롭게 하소서. 우리의 마음을 온전히 이해하시는 성령님처럼 아내의 마음을 공감하게 하시고 성실함으로 돕게 하소서. 이 가정의 형편과 사정을 누구보다 잘 아는 분은 하나님밖에 없음을 고백합니다. 지금까지 선하게 인도하신 하나님이 장래에도 함께하여 주실 줄 믿습니다.

아빠와 엄마, 그리고 태아가 함께하는 시간을 축복하여 주소서. 태교의 시간에도 은총을 내려 주셔서 성령의 지혜로 신앙적인 태교를 하게 하소서. 산모의 아기방이 주님을 모시는 성전이 되게 하소서. 태아도 엄마의 몸 안에서 주님의 임재를 경험하게 하소서. 아빠와 엄마가 찬송할 때마다 태아도 태중에서 "할렐루야"를 외치게 하시고 아빠와 엄마가 기도할 때면 태아도 "아멘"으로 화답하게 하소서.

태아의 건강한 심장 소리를 듣게 하시고 초음파 사진을 통해 태아의 건강한 모습을 보게 하시니 감사합니다. 태아가 한 인간으로서 온전해질 때까지 태중에서 안전하게 거하도록 도와주소서. 산모의 임신과 출산 과정을 돕는 의사와 간호사에게 지혜와 명철을 주셔서 산모와 태아를 바르게 진단하고 돕게 하소서. 출산 이후 부모와 태아가 맞이할 여러 가지 환경 변화에도 잘 대처할 수 있는 명철을 주소서.

우리의 도움이 되시는 예수님의 이름으로 기도합니다. 아멘.

출산한 가정

아브라함이 그의 아들 이삭이 그에게 태어날 때에 백 세라 사라가 이르되 하나님이 나를 웃게 하시니 듣는 자가 다 나와 함께 웃으리로다 _〈창세기〉 21장 5~6절

은혜의 날개로 덮어 주시는 하나님!

하나님이 사랑하시는 _____이(가) 임신 기간을 잘 인내한 후 새 생명을 출산하게 하시니 감사합니다. 그동안 순산을 위해 기도한 양가 부모님과 성도들의 기도에 응답하여 주시니 감사합니다. 모든 것이 은혜임을 고백합니다. 처음 아이의 심장 소리를 듣고 감격해 하던 날을 기억합니다. 이제 그 아이가 힘찬 울음으로 우리에게 첫 인사를 하는 오늘까지 지켜 주시고 보호해 주셨음을 감사합니다.

사랑스러운 아기를 위해서 기도합니다. 아기 예수님이 지혜와 키가 자라간 것처럼 이 아기도 건강하게 성장하게 하소서. 아기 예수님이 하나님과 사람에게 점점 더 사랑스러워 가신 것처럼 하나님과 많은 사람들에게 사랑스러운 아기가 되게 하소서. 엄마의 뱃속과 다른 새로운 환경과 변화에 잘 적응하게 하소서. 하나님이 이 아기를 주 날개 아래 품어 주시어 세상의 무질서와 혼돈으로부터 지켜 주소서.

엄마를 위해서 기도합니다. 해산의 고통으로 흘렸던 고된 눈물을 닦아 주시고 해산의 수고를 아끼지 않았던 산모의 땀을 닦아 주소서. 출산의 과정을 인도하신 것처럼 이후의 산후 조리 과정에도 함께하여 주소서. 출산할 때 긴장했던 근육들과 풀어졌던 뼈마디들이 원래의 모습대로 회복되게 하시고 이전보다 더 질서 있는 몸이 되게 하소서. 산후 조리를 돕는 여러 손길들을 지켜 주시어 하나님의 마음으로 산모와 신생아를 도울 수 있도록 도와주소서.

아빠를 위해서 기도합니다. 새로 태어난 아기와 산후 조리 중인 아내를 잘 품고 도울 수 있도록 인도해 주소서. 매일 아침 아기에게 축복의 기도를 해 줄 수 있는 가정의 제사장으로 서게 하소서. 산후 조리 중인 아내를 마음과 몸으로 잘 도울 수 있게 하소서. 하나님이 돕는 배필로 세우셨사오니 탁월한 지혜와 섬김으로 아내에게 힘이 되게 하소서.

아이를 안고 기뻐하는 두 사람이 좋은 아빠, 좋은 엄마가 되게 하소서. 아기와 함께 찬송하며 아기와 함께 기도하는 성령 충만한 새 가정이 되게 하소서. 태어난 아기는 부모의 자녀이기 이전에 하나님의 자녀임을 잊지 않게 하시고 신생아 때부터 신앙으로 잘 키워 나가게 하소서. 이삭이 사라의 기쁨이 된 것처럼 새 생명이 이 가정의 큰 기쁨이 되게 하소서. 또한 이 아기를 지켜보는 많은 사람들에게 큰 기쁨이 되게 하여 주소서.

이제 사랑하는 아기와 함께 교회에 출석해 목사님의 축복기도를 받을 때까지 건강하게 잘 자랄 수 있도록 도와주시고 이 가정의 새 생명으로 인해 많은 사람이 복을 받게 되기를 소망합니다.

거룩하신 예수님의 이름으로 기도합니다. 아멘.

백일

보라 자식들은 여호와의 기업이요 태의 열매는 그의 상급이로다 젊은 자의
자식은 장사의 수중의 화살 같으니 이것이 그의 화살통에 가득한 자는 복되도다
_〈시편〉 127편 3~5절

기업을 세우시고 복을 주시는 하나님 아버지!

이 시간 _____ 아기의 백일을 맞이하여 온 가족이 기쁜 마음으로 백일 감사예배를 드립니다. 출산의 고통과 새로운 탄생의 기쁨이 엊그제 같은데 벌써 백 번의 낮과 밤이 지나 아기의 백일을 맞이하게 하시니 감사합니다. 온 가족이 감사함으로 하나님이 주신 기업과 열매를 누리게 하시고 하나님이 주신 복을 찬양하게 하소서.

고이 잠든 아기의 모습을 지켜보는 우리의 마음이 더할 수 없이 흡족합니다. 지난 백일 간 어미 새가 새끼 새를 보호하듯이 아기를 지켜 낸 부모를 위로하시고 격려하소서. 세상에서 가장 감당하기 힘든 사명이 부모의 사명이라고 하였는데 이 사명을 훌륭히 감당한 아빠와 엄마를 축복하소서. 더불어 뒤에서 기도하고 응원하며 물심양면으로 도움을 준 양가 가족들에게도 은총을 부어 주소서.

이제 _____ 아기가 세상에 홀로서기 위해 성장과 성숙의 과정을 거

쳐야 합니다. 기도의 열매로 태어난 _____이(가) 사무엘처럼 하나님의 음성을 들을 수 있는 아기가 되게 하소서. 어린 다윗이 수금을 타며 주님을 찬송했듯이 _____(이)도 어릴 때부터 찬송하는 아기가 되게 하소서. 기쁠 때에나 슬플 때에도 모든 마음을 하나님에게 드리는 믿음의 아이가 되게 하소서. 예수님을 닮아 지혜와 그 키가 자라가며 하나님과 사람에게 사랑받는 아이가 되게 하소서. 첫돌 예배를 드릴 때까지 생각과 감정과 의지가 전인격적으로 균형 있게 성숙하게 하소서. 아기가 자신의 힘으로 두 발로 설 때까지 육신의 건강도 책임져 주소서. 몸의 면역력을 지켜 주사 수많은 병균들을 능히 이겨 낼 수 있게 도와주소서.

부모에게는 독수리 날개 치며 올라감 같은 새 힘을 공급하여 주소서. 밤낮으로 아이를 돌보는 엄마에게 주의 능력을 덧입혀 주소서. 하루하루 아이를 돌보고 기르는 과정이 힘들다고 느껴질 때 하나님을 바라보며 힘을 얻게 하소서. 외롭다고 느껴질 때 함께하시는 주님을 바라보며 찬송할 수 있게 하소서. 우울하다고 느껴질 때 붙잡고 일어설 수 있는 말씀을 주소서.

가정과 일터와 교회를 밤낮없이 섬기게 될 아빠에게도 성령의 능력을 덧입혀 주소서. 아내와 아기가 의지할 수 있는 든든한 버팀목이 되게 하소서. 남편과 아빠로서의 사명을 잘 감당하게 할 수 있도록 영육 간의 강건함을 주소서.

이 가정이 하나님의 복된 가정이 될 줄 믿습니다. 성경에 나오는 수많은 믿음의 가정처럼 이 가정도 예수 명문 가정이 되게 하소서.

새 생명을 기뻐하시는 예수님의 이름으로 기도합니다. 아멘.

돌

내가 주께 감사하오음은 나를 지으심이 심히 기묘하심이라 주께서 하시는 일이
기이함을 내 영혼이 잘 아나이다 _〈시편〉139편 14절

온 땅의 생명의 주인이신 하나님!

하나님이 허락하셔서 이 땅에 태어난 _____(이)가 사계절을 보내
고 첫돌을 맞이하게 하심을 감사합니다. 이 시간 모든 가족이 기쁨으
로 한자리에 모여 첫돌을 감사하며 주께 예배하오니 기뻐 받아 주시
고 흠향하여 주소서.

지난 한 해를 돌아보면 모든 것이 하나님의 은혜였음을 고백합니다.
아기가 엄마의 태중에 있다는 소식을 처음 듣고 감격했던 때를 기억
합니다. 기나긴 산고 끝에 우리 귀에 들렸던 아기의 울음소리에 모두
가 기뻐하며 눈물 흘렸던 것을 기억합니다. 엄마 품에서 고이 잠들어
있는 모습과 아기의 고운 입술에서 "아빠"라는 한마디가 터져 나온 순
간의 행복도 우리는 생생하게 기억하고 있습니다. 이 모든 것이 다 하
나님의 은혜요 은총임을 고백하며 찬송합니다.

특별히 아빠와 엄마를 좋은 부모로 세워 주시고 여기까지 오게 하심

을 감사합니다. 두 분이 더욱더 하나님을 닮아 신실하고 지혜로운 부모가 되게 하소서. 무엇보다 _____(을)를 믿음으로 키우게 하소서. 주의 교훈과 훈계로 양육하되 말과 혀로만 가르치는 것이 아니라 신앙의 본을 보이는 부모가 되게 하소서. 예수님의 부모였던 요셉과 마리아와 같이 말씀에 사로잡혀 순종하는 모습을 보여 주게 하소서. 사무엘의 부모였던 엘가나와 한나처럼 주의 얼굴을 구하며 기도하는 본을 보이게 하소서.

양가의 조부모님들에게 은총을 베풀어 주사 _____(을)를 위해 날마다 축복하며 기도하는 사명을 잘 감당하게 하소서. 외할머니 로이스의 기도와 양육이 에베소의 목회자 디모데를 태어나게 했던 것을 기억하게 하소서. 그래서 이 가문이 대대로 신앙을 전수하는 믿음의 명문이 되도록 복을 내려 주소서.

오늘 첫돌을 축하하기 위해서 방문한 모든 축하객들에게도 주의 은총을 내려 주소서. 복된 이 가정을 지켜보면서 새 생명을 창조하시고 기르시는 하나님의 은총의 손길을 발견하며 함께 찬양하게 하소서. 오늘 첫돌 감사예배를 드린 것처럼 매해마다 감사의 제사를 드릴 수 있도록 믿음에 믿음을 덧입혀 주소서.

첫돌 감사예배를 위해 축복의 말씀을 전하실 목사님에게 성령으로 충만케 하옵소서. _____(이)가 첫해 봄, 여름, 가을, 겨울을 잘 보낸 것처럼 인생의 사계절도 잘 살아갈 수 있도록 주께서 첫돌의 주인공에게 은혜를 내려 주시길 원합니다.

만물을 지으시고 자라게 하시는 만복의 근원이신 예수님의 이름으로 기도합니다. 아멘.

생일

그의 아들들이 자기 생일에 각각 자기의 집에서 잔치를 베풀고 그의 누이 세 명도 청하여 함께 먹고 마시더라 그들이 차례대로 잔치를 끝내면 욥이 그들을 불러다가 성결하게 하되 _〈욥기〉1장 4~5절

우리의 생사화복을 주관하시는 하나님!

지난 1년간 _____(를)을 하나님의 날개 아래 보호해 주셨다가 다시 생일을 맞이하게 하심을 감사합니다. 이 시간, _____(를)을 사랑하는 우리가 한자리에 모여 감사의 예배를 드리기 원합니다. 생명을 주시고 돌보시는 하나님을 찬양하며 경배할 때 예배를 통해 영광받으시고 _____에게 새 은혜가 임하는 귀한 시간이 되게 하소서.

지금까지 지내 온 것이 주님의 크신 은혜였음을 고백합니다. 하나님이 심장을 뛰게 하셨기에 지금까지 우리의 생명이 이어지고 있음을 고백합니다. 하나님이 숨을 불어넣어 주셨기에 지금도 우리는 호흡할 수 있음을 고백합니다. 하나님이 허락하지 않으시면 단 하루도 이 땅에 존재할 수 없음을 기억하며 감사와 찬양과 경배를 올려 드립니다.

뒤돌아보면 하나님 아버지를 섭섭하게 해 드린 일도 있었고 하나님의 뜻에 따라 살지 못해 마음을 상하게 해 드린 때도 있었음을 고백하오

니 용서하여 주소서. 살고 죽는 것이 하나님의 손에 있음을 알면서도 하나님을 의지하지 못했사오니 이 어리석음을 용서하여 주시고 불쌍히 여겨 주소서. 이제 다시 우리 삶의 형통과 곤고를 하나님의 손에 맡기고 인생길을 걸어가게 하소서. 주님이 허락하신다면 한 해 한 해를 주님이 기뻐하시는 날들로 채워 가게 하소서.

오늘 생일을 맞이하신 _____에게 강건함을 허락하여 주소서. 육신의 연약함을 강함으로 역전시켜 주소서. 마음속에 있는 무거운 짐들을 다 주께 내려놓게 하소서. 가벼운 몸과 마음으로 하나님이 은총으로 주시는 날들을 누리며 살아가게 하소서. 믿음 또한 날마다 새롭게 하여 주소서. 주님을 처음 만났을 때 품었던 처음 사랑이 날마다 샘솟게 하소서. 하나님을 사랑한다고 고백했던 처음 마음으로 돌아가게 하셔서 영이 늘 새로워지게 하소서. 오늘 생일을 맞이한 것처럼 앞으로 맞이할 새로운 생일에도 더욱 새롭게 되는 은혜로 하나님에게 영광을 돌리게 하소서.

생일을 축하하기 위해 이 자리에 모인 축하객들에게 기쁨을 더해 주시고 함께 잔치에 참여함으로 주 안에서 하나 되게 하소서. 의로운 욥이 자녀들과 함께 생일잔치를 마친 후 성결의 영으로 하나님을 바라본 것처럼 이 잔치가 하나님에게 영광을 돌리는 잔치가 되게 하소서.

하나님의 축하의 메시지를 전달하실 목사님도 강건하게 하소서. 오늘 선포되는 말씀이 _____(를)을 새롭게 함은 물론 더불어 말씀을 듣는 우리도 새롭게 하여 주소서.

우리 인생에 참 진리로 참된 복을 내려 주시는 예수님의 이름으로 기도합니다. 아멘.

회갑

그는 늙어도 여전히 결실하며 진액이 풍족하고 빛이 청청하니 여호와의
정직하심과 나의 바위 되심과 그에게는 불의가 없음이 선포되리로다
_〈시편〉 92편 14~15절

우리 인생의 주인이 되신 하나님!

_____님의 회갑을 맞이하여 감사의 예배를 드리게 하시니 하나님에게 영광과 찬송을 올려 드립니다. _____님의 60년 인생길을 돌아보면 형통하고 기쁜 날도 있었고 곤고하고 슬픈 날도 있었습니다. 그 모든 순간마다 하나님의 보호하심이 있었음을 고백합니다. 인생의 어두운 밤에는 불 기둥으로 밝히 보호하셨고 인생의 뜨거운 낮에는 구름 기둥으로 지켜 주셨습니다. 참으로 감사합니다.

예부터 우리 선조들은 오래 산 것을 축하하는 수연壽宴/壽筵이라는 잔치를 열고 기뻐했음을 기억합니다. 이제 우리도 _____님의 회갑을 함께 기뻐하고 즐거워하길 원합니다. 이 자리에 함께하셔서 잔치의 주인공에게 복을 내려 주시고 우리에게도 한량없는 기쁨을 허락하소서.

그동안 _____님이 흘리신 땀과 눈물을 기억하시고 위로하여 주소서. 전쟁 후 폐허가 된 대한민국을 일으키기 위해, 산업화의 역군으로

나라와 가정을 위해 밤낮으로 흘린 땀을 주님의 손으로 닦아 주소서. 가정을 위해 흘려야 했던 눈물을 기억하여 주시고, 삶의 무게를 견디기 위해 참아야 했던 눈물을 친히 닦아 주소서. ＿＿＿＿님의 영혼이 잘됨같이 범사가 형통하도록 인도하여 주소서. 영으로 주님을 예배할 때마다 더 깊이 만나 주시고, 하나님이 허락하시는 남은 삶을 주 안에서 누릴 수 있도록 육체의 연약함도 만져 주소서.

결혼이라는 끈을 통해 회갑의 반원을 함께 해오신 배우자 ＿＿＿＿님을 위해서 기도합니다. 함께 해온 지난 시간들보다 앞으로 함께하는 시간들이 더 복되게 하소서. 앞으로 남은 생은 주 안에서 더욱 빛나는 시간들이 되게 하소서. 이 가문의 자자손손이 종려나무처럼 번성하게 하시고 백향목처럼 성장하게 하소서. 이 가문이 하나님의 뜰에 늘 거하게 하시고 풍족하고 청청한 주님의 상록수가 되게 하소서.

이 땅의 선조들은 인간의 수명은 육십까지이고 그 이상은 덤으로 사는 것이라고 했지만 ＿＿＿＿님의 남은 생은 덤으로 사는 인생을 뛰어넘어 지난날보다 주님과 더 친밀하며, 주신 사명에 더욱더 순종하는 거룩한 주의 자녀로서의 삶이 되게 하소서. '인생은 육십부터'라는 아주 흔한 말처럼 인생의 시작점에 다시 한 번 섰사오니 야곱이 돌고 돌아 벧엘의 하나님을 다시 만난 것처럼 신앙의 초심으로 돌아가게 하소서. 하나님이 주신 사람들과의 관계를 점검하고 인생의 목표를 새롭게 하는 출발점이 되게 하소서. 백의종군白衣從軍하는 계기로 삼아 새로운 인생이 펼쳐지게 하소서.

모든 인생을 진리로 새롭게 하시는 우리 주 예수님의 이름으로 기도합니다. 아멘.

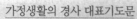
입주

그러므로 누구든지 나의 이 말을 듣고 행하는 자는 그 집을 반석 위에 지은 지혜로운 사람 같으리니 비가 내리고 창수가 나고 바람이 불어 그 집에 부딪치되 무너지지 아니하나니 이는 주추를 반석 위에 놓은 까닭이요 _〈마태복음〉 7장 24∼25절

공간을 창조하시고 통치하시는 하나님!

이 시간 사랑하는 지체들과 함께 입주 감사예배로 영광을 돌리게 하시니 진심으로 감사합니다. 하나님 나라가 이곳에 임하기를 간절히 소망하며 예배를 드리오니 이곳에 임재하시어 이 장막을 통치하여 주소서.

하나님이 허락하신 새로운 보금자리를 위해 기도합니다. 새롭게 입주한 이 장막이 하나님을 모시는 아름다운 성전이 되게 하소서. 이 집의 대문은 축복의 통로가 되길 소망합니다. 이 대문을 통해 들어오는 모든 사람이 복을 받고, 나가는 사람도 복을 받은 축복의 통로가 되게 하소서. 무질서와 혼돈의 세력은 이 문을 통과하지 못하도록 하나님의 천군 천사로 지켜 주소서.

이 집의 주방은 힘의 원천이 되길 소원합니다. 주방에서 준비되어지는 모든 양식이 가족에게 큰 힘과 기쁨이 되게 하소서. 주방에서 조리로 섬기는 자들에게 기쁨이 넘치게 하소서. 모든 음식들이 기도로 만들어지게 하시고 모든 사람들이 그 음식을 감사함으로 먹고 마시게 하소서. 이 집의 식탁에는 늘 웃음이 가득 넘치게 하시고 속 깊은 대화를 통해 치유가 임하는 식탁이 되게 하소서.

이 집의 거실을 주님의 이름으로 축복합니다. 거실에 모이는 모든 영혼들에게 찬송이 넘치게 하시고 웃음과 격려가 넘치게 하소서. 침실은 사랑의 샘이 되게 하소서. 하나님은 사랑하는 자에게 잠을 주신다고 하신 것처럼 침실에서 잠을 자는 모든 영혼들에게 숙면의 은혜가 있게 하여 주소서. 자녀들의 방은 지혜의 공간이 되게 하소서. 미래의 사명을 위해 한 걸음 한 걸음 준비할 때에 하나님이 주시는 꿈을 보는 축복의 공간이 되게 하소서. 특별히 이 장막의 창문은 세상과 소통하는 문이 되게 하소서. 이웃과 아름다운 소통을 하는 화평의 창문이 되게 하소서. 다니엘이 창문을 열고 예루살렘을 바라보았듯이 이 가정도 늘 교회를 향한 열린 마음을 갖게 하소서.

때로는 이곳이 선교 센터가 되길 원합니다. 이웃을 전도하는 공간으로 사용하여 주소서. 때로는 이곳이 힐링 센터가 되길 원합니다. 지치고 힘든 영혼이 잠시 쉼을 얻는 공간으로 사용하소서. 다윗은 백향목 궁전에 입주한 후 성전 건축에 대한 비전도 함께 품은 것처럼 이 가정도 하나님의 교회를 향한 비전들이 날마다 커지게 하소서.

말씀으로 세상을 창조하신 하나님, 이 시간도 목사님을 통해 선포될 하나님의 귀한 말씀을 기대합니다. 선포되는 말씀이 능력이 되어 이 가정에 거하길 원하오니 풍성한 은혜를 내려 주소서.

말씀대로 이루시는 예수님의 이름으로 기도합니다. 아멘.

가정생활의 경사 대표기도문

이사

여호와께서 아브람에게 이르시되 너는 너의 고향과 친척과 아버지의 집을 떠나 내가 네게 보여 줄 땅으로 가라 내가 너로 큰 민족을 이루고 네게 복을 주어 네 이름을 창대하게 하리니 너는 복이 될지라 _〈창세기〉 12장 1~2절

공중의 새를 기르시고 들꽃들을 입히시는 하나님!

주께서 사랑하시는 가정이 이사의 모든 과정을 마치고 감사의 마음으로 예배를 드리오니 이 예배를 기뻐 받아 주소서. 특히 새로운 안식처를 하나님에게 의탁하며 주의 임재를 사모하는 믿음을 주셔서 감사합니다. 이곳에 오기까지 모든 것이 하나님의 은혜였음을 고백합니다.

새로운 거처에 모든 기물들이 질서 있게 자리 잡은 것처럼 모든 식구들의 내면에도 믿음과 소망과 사랑이 질서 있게 채워지게 하소서. 이 집이 믿음의 집이 되게 하소서. 온 가족이 한마음으로 하나님만을 믿고 신뢰하게 하소서. 구원의 방주에 들어간 노아의 가족이 한마음으로 하나님을 예배한 것처럼 예배가 살아 있는 가정이 되게 하소서. 가정예배가 드려질 때마다 하나님이 흠향하시고 이 집에 복을 내려 주소서. 이 집이 말씀과 기도로 가득 차게 하소서.

이 집이 소망의 집이 되게 하소서. 하나님의 비전을 품고 가나안으로

이사한 아브라함처럼 이 가정도 하나님의 비전을 바라보게 하소서. 새 집으로 오려면 옛 집을 포기해야 하듯 이 가정이 영원한 집을 바라보며 하나님만을 소망하게 하소서. 나그네와 같은 인생을 접고 영원한 장막에 거하게 될 그날을 간절히 소망하는 가정이 되게 하소서.

더불어 이 집이 사랑의 집이 되게 하소서. 한 가족으로 불러 주신 가족 공동체가 사랑으로 하나 되게 하소서. 서로의 모습이 달라 이해하기 어려울지라도 주의 사랑으로 서로를 품는 가정이 되게 하소서. 사랑은 자기희생이 있을 때 열매를 맺는다고 한 것처럼 가족 모두가 서로 섬기고 희생함으로 고귀한 사랑의 열매를 맺어가게 하소서.

이 가정이 새로운 이웃과 만나게 될 때에 서로에게 좋은 만남으로 이어지게 하소서. 이웃들이 이 집에서 풍기는 그리스도의 향기를 맡고 예수님에 대해 관심을 갖게 하소서. 이 가정에서 비추이는 빛을 통해 도전을 받게 하소서. 이 장막이 소금의 역할을 감당함으로 이 지역에 맛을 더하게 하소서. 요셉이 가는 곳마다 하나님의 복이 임했던 것처럼 새롭게 이사 온 이 가정을 통해 이 지역이 하나님의 복으로 충만하게 하소서.

모든 가족들이 새로운 처소에서 잘 적응하게 하소서. 등하교와 출퇴근의 어색함이 빨리 극복되게 하소서. 새로운 거처에서 교회를 출석하는 일에도 빠르게 적응되게 하소서. 하나님이 함께하시면 모든 일이 합력하여 선을 이룰 줄 믿으며 새로움을 기쁨으로 받아들이게 될 줄 믿습니다.

우리의 발걸음을 인도하시는 거룩하신 우리 구주 예수님의 이름으로 기도합니다. 아멘.

기도는 그리스도인들에게
새 생명의 호흡을 가능하게 해 주는 유일한 통로이다.

2장

입학과 졸업
대표기도문

유치원 입학

예수는 지혜와 키가 자라가며 하나님과 사람에게 더욱 사랑스러워
가시더라 _〈누가복음〉 2장 52절

사랑이 많으신 하나님 아버지!

우리 모두 _____(이)의 유치원 입학 소식을 듣고 기쁜 마음으로
달려와 감사 예배를 드립니다. 이 시간 마음을 다해 예배하고 있는
_____(이)와 부모님에게 주의 은총을 충만하게 내려 주소서. 무엇
보다 _____(이)가 예수님을 닮아 지혜가 자라게 하시고 키도 무럭
무럭 자라게 해 주시니 감사합니다. 집에서는 부모님과 가족들에게
기쁨이 되고 교회에서도 목사님과 교우들에게 사랑스러운 어린이가
되게 하시니 감사합니다.

이제 부모의 품을 떠나 유치원이라는 새로운 환경에서 생활하게 됩니
다. 그곳에서 잘 적응하며 생활하게 하소서. 원장님과 선생님의 말씀
에 순종하게 하시고 다른 원생들과 조화롭게 지내게 하소서. 원장님
과 선생님의 마음에 예수님의 사랑을 부어 주셔서 _____(이)를 자
신의 자녀처럼 소중하게 가르치게 하소서. 등하교를 도와주실 통학

지도 선생님과 버스 기사님에게 명철함을 주사 안전 지도할 수 있도록 도와주소서.

부모와 교회로부터 신앙 교육을 받은 _____(이)가 유치원에서 생활할 때 예수님을 닮은 어린이답게 생활하게 하소서. 식사 시간에는 두 손 모아 감사의 기도를 드리게 하소서. 노는 시간에는 친구를 소중히 여기며 배려하게 하소서. 공부 시간에는 선생님에게 집중하게 하시고 유치원에서 소중하고 멋진 꿈들이 자라나게 하소서. 기초 지식과 질서를 배울 때 명석한 머리를 허락하시고 친구에게는 따뜻한 마음을 허락하소서. 예수님처럼 서로 사랑하고 양보하며 예수님의 향기를 발하는 작은 예수가 되게 하소서.

무엇보다도 _____(이)의 믿음이 성장하고 성숙되게 하소서. 교회학교 유치부를 인도하시는 교역자와 선생님이 바른 신앙 교육을 할 수 있도록 성령 충만하게 하소서. _____(이)가 어릴 때부터 사무엘처럼 하나님의 말씀을 듣는 아이가 되게 하소서. 요셉처럼 하나님의 꿈을 꾸는 아이가 되게 하소서. 예수님처럼 하나님만을 사랑하는 아이가 되게 하소서. 예수님의 성품을 닮아 훌륭한 성품으로 성숙되게 하소서. 그래서 하나님을 미소 짓게 하는 아이가 되게 하소서.

부모님을 위해서 기도합니다. 자녀 교육을 실패한 제사장 엘리를 기억하게 하소서. 신앙에 기초한 자녀 교육에 힘쓰게 하소서. 부모님이 한마음으로 기도할 때 그 기도에 응답하사 _____(이)를 사무엘처럼 세워 주실 줄 믿습니다. 장차 나라와 민족과 열방을 위해 크게 쓰임 받을 일꾼으로 세워 주시리라 믿습니다.

사랑이 많으신 예수님의 이름으로 기도합니다. 아멘.

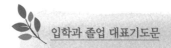

초등학교 입학

네 길을 여호와께 맡기라 그를 의지하면 그가 이루시고 네 의를 빛 같이
나타내시며 네 공의를 정오의 빛 같이 하시리로다 _〈시편〉 37편 5~6절

어린이를 사랑하시는 하나님 아버지!

_____(이)가 유치원 과정을 잘 마치고 건강하게 자라 초등학교에
입학하게 하심을 감사합니다. 부모님의 기도에 응답하셔서 예수님처
럼 지혜와 키가 자라나 공교육의 첫 관문에 들어가게 하심을 감사합
니다.

먼저 _____(이)를 위해서 기도합니다. _____(이)가 초등학교 6
년의 시간을 보낼 때 전인적인 성장과 성숙이 이루어지게 하소서. 가
장 우선적으로 영적인 성숙이 있게 하소서. 사무엘처럼 하나님의 집
에 머물며 하나님의 음성을 들을 수 있는 영적인 귀를 열어 주소서. 하
나님의 말씀인 성경을 매일 아침 묵상하게 도와주소서. 말씀 묵상 시
간을 통해 _____(이)의 영혼이 치유되며 힘을 얻는 시간이 되게 하
소서. 예수님이 열두 살 때 이미 하나님의 말씀으로 충만했던 것처럼
_____(이)의 머리와 가슴에도 하나님의 말씀으로 충만케 하소서.

_____(이)의 마음이 자라게 해 주소서. 오병이어를 아낌없이 주님에게 드린 어린이처럼 사람을 사랑할 줄 알고 섬길 줄 아는 어린이가 되게 하소서. 초등학교라는 낯선 환경을 잘 적응하게 하시고 선생님과 친구들의 새로운 얼굴을 하나하나 잘 익혀서 좋은 관계를 맺을 수 있도록 도와주소서. 선생님의 가르침을 잘 받아들일 수 있는 열린 마음을 주시고 같은 반 친구들과도 원만한 관계를 유지할 수 있도록 인도하소서. 예수님처럼 사랑하고 사랑받을 수 있는 마음이 튼튼한 어린이가 되게 하소서.

더불어 _____(이)의 육체도 더욱 튼튼히 잘 자라게 하소서. 아침에 일찍 일어나 등교할 수 있는 강인한 체력을 주소서. 학교생활을 잘 따라갈 수 있는 성실한 마음을 주소서. 일기와 독서록을 통해 마음의 양식이 잘 쌓이게 하시고 학문의 기초석을 놓는 초등학교 시절이 되게 하소서. 초등학교 6년의 주춧돌이 잘 놓여짐으로 멋진 청소년으로 성장하게 하소서.

부모님들은 욕심을 버리게 하소서. 어머니 무릎에서 모세가 신앙을 배웠듯이 _____(이)를 주의 교훈과 훈계로 잘 양육하게 하소서. 잘 키워 보겠다는 지나친 열정이 자녀를 숨막히게 할 수 있음을 항상 기억하게 하소서. 자녀는 부모의 소유가 아니라 하나님의 소유임을 잊지 않게 하소서. 내 뜻이 아닌 하나님의 뜻대로 잘 양육하게 하소서.

화장실은 잘 갈지, 높은 학년 아이들이 해코지를 하지는 않을지 걱정이 됩니다. 이런 모든 염려와 걱정을 다 주님 앞에 내려놓게 하소서.

지금까지 지켜 주신 하나님이 앞으로도 동일하게 지켜 주실 줄 믿으며 예수님의 이름으로 기도합니다. 아멘.

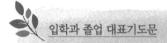
초등학교 졸업(중학교 입학)

사무엘이 돌을 취하여 미스바와 센 사이에 세워 이르되 여호와께서 여기까지
우리를 도우셨다 하고 그 이름을 에벤에셀이라 하니라 _〈사무엘상〉 7장 12절

사랑이 많으신 하나님 아버지!

_____(이)가 6년 동안의 긴 여정을 마치고 초등학교를 졸업하게 하
시니 감사합니다. 엄마 손을 붙잡고 떨리는 마음으로 입학한 것이 엊
그제 같은데 이렇게 어엿한 청소년이 되어 중학교에 입학하게 하시니
감사합니다. 이 시간 가족들과 졸업과 입학의 기쁨을 나누며 주께 감
사의 예배를 드리오니 받아 주소서.

이제 청소년이라는 새 옷으로 갈아입는 _____(이)를 주님의 손에
의탁드립니다. 질풍노도와 같은 청소년 시기를 주 안에서 잘 보낼 수
있도록 도와주소서. 우리에게 가장 중요한 신앙을 붙잡아 주소서. 자
아 발견의 진통을 겪을 때에 하나님 앞에서 자신을 발견하게 하소서.
죄인인 자신을 직면하게 하시고 하나님에게 나아가 구원의 손을 붙잡
게 하소서. 자신이 어디로부터 왔는지 고민될 때에 생명의 근원 되신
하나님을 볼 수 있게 하소서. 자신의 인생의 끝은 어디인지 알고자 할

때에 하나님 나라를 깨닫게 하소서.

사랑하는 _____(이)의 마음과 생각도 붙들어 주소서. 중2병이라는 말이 생길 정도로 힘든 시기가 되겠지만 성장과 성숙의 아픔을 겪어야 한다면 주 안에서 잘 아프고 잘 치유되게 하소서. 번데기를 벗어야 나비가 되듯 변화의 과정을 잘 극복하도록 도와주소서. 지정의가 균형 잡힌 멋진 청소년으로 성장하게 하소서. 입술의 모든 말과 마음의 묵상이 주님께서 받으시기에 합당하게 하소서.

몸이 성장함으로 생기는 변화에도 잘 적응하게 하소서. 남성과 여성에 눈을 뜨게 될 때에 건강한 정보와 시각이 만들어지게 하소서. 성적인 유혹들로부터 자신을 지킬 수 있는 순결한 믿음도 허락하여 주소서. 세상에서 하나뿐인 자신의 모습을 사랑하게 하소서. 자만심과 열등감에 치우치지 않는 당당한 _____(이)가 되게 하소서.

중학교 생활도 잘 감당하게 도와주소서. 새로 입는 중학교 교복처럼 모든 것이 낯선 환경일지라도 하나님과 함께 잘 적응하도록 능력을 주소서. 평생을 함께할 수 있는 좋은 친구를 만나게 하소서. 여호수아와 갈렙 같은 믿음의 동지를 만날 수 있는 은총을 주소서. 지혜와 명철을 주셔서 고등학교로 이어지는 학문의 기초석도 잘 쌓아 가게 하소서. 우리 교회 주일학교에서도 디딤돌의 역할을 하는 멋진 중등부 학생이 되게 하소서. 고등부 선배를 잘 받쳐 주고 초등부 후배들을 잘 이끌어 주는 이음쇠 역할을 잘 감당하게 하소서. 여기까지 우리를 도우신 에벤에셀의 하나님이 앞으로도 도우실 줄 믿습니다.

_____(이)의 중학교 3년을 축복하며 우리 구주 예수님의 이름으로 기도합니다. 아멘.

중학교 졸업 (고등학교 입학)

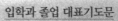

너희 염려를 다 주께 맡기라 이는 그가 너희를 돌보심이라 _〈베드로전서〉 5장 7절

우리를 돌보시는 하나님 아버지!

사랑하는 _____ 학생이 중학교를 졸업하고 고등학교에 입학할 수 있는 은총을 주시니 감사합니다. 쉽지 않았던 3년의 시간 속에서 거센 바람과 소용돌이가 불 때마다 하나님은 능력의 손으로 붙잡아 주셨음을 고백합니다. 이제 _____ 학생이 사춘기의 모든 어려움들을 잘 이겨 내고 의젓한 고등학생으로 서게 하시니 진심으로 감사합니다. 이 시간 하나님에게 감사의 마음을 올려 드리며 예배를 드리오니 영광과 존귀를 받아 주소서.

이제 피할 수 없는 입시의 현실 앞에 서게 될 _____ 학생을 위해 기도합니다. _____ 학생이 다니엘의 지혜를 얻게 하소서. 왕궁 학교에서 바벨론의 학문을 깊이 연구했던 다니엘의 성실을 본받게 하소서. 하지만 금신상 앞에서 당당하게 우상 숭배를 거부했던 믿음을 본받게 하소서. 신앙과 학문이 균형 잡혔던 다니엘처럼 고등학교의 생활을 멋지고 아름답게 감당하게 하소서. 입시라는 핑계로 신앙 생활을 등지지 않게 하소서. 또한 신앙과 교회 때문에 입시를 포기했다고 변명하지 않게 하소서.

_____ 학생의 고교 시절에 예수님을 인격적으로 만나는 최고의 은총을 베풀어 주소서. 부활하신 예수님을 직접 만남으로 구원의 확신을 얻게 하소서. 등교하기 위해 집을 나서는 그 순간부터 주님을 찬양하게 하소서. 기쁜 때에는 기쁨의 찬미를 드리고 힘들 때에는 고백의 찬송을 드리게 하소서. 쉬지 않고 주님을 의지하며 기도하게 하소서. 먼 훗날 이 시간을 뒤돌아볼 때 믿음으로 승리하였노라고 고백할 수 있는 멋진 나날들이 되게 하소서.

중학교에서 좋은 친구를 만나게 하신 것처럼 고등학교에서도 좋은 만남으로 인도하여 주소서. 다윗에게 요나단이라는 좋은 친구가 있었고 바울에게 바나바라는 좋은 친구가 있었듯이 믿음의 친구를 만나게 하소서. 어렵고 힘들 때 서로 의지하고 기도해 줄 수 있는 신앙의 동지를 만나게 하소서.

이제 더 긴장하며 기도할 부모님을 위해서 기도합니다. 자녀에 대한 모든 염려를 하나님에게 맡기게 하소서. 우리를 돌보시는 하나님의 능력을 더욱 신뢰하게 하소서. 로이스와 유니게가 기도의 지원 사역을 통해 청소년 디모데를 멋진 청년으로 길러 낸 것처럼 부모님과 우리도 합심해서 _____ 학생을 위해서 기도하게 하소서. 청소년부를 지도하시는 목사님과 교사들에게 지혜와 명철을 주소서. 뜨거운 가슴으로 청소년을 품고 지도하게 하소서.

우리의 친구 되시는 예수님의 이름으로 기도합니다. 아멘.

수능

너의 행사를 여호와께 맡기라 그리하면 네가 경영하는 것이 이루어지리라
_〈잠언〉 16장 3절

주께서 사랑하시는 자녀 _____ 학생이 대학수학능력시험을 앞두고 하나님을 의지하는 마음으로 예배를 드리게 하시니 감사합니다. 우리는 연약한 인간인지라 인생의 중대사 앞에서 주님을 의지할 수밖에 없음을 고백합니다. 예수님이 집안의 모든 문을 걸어 잠근 채 두려움에 갇혀 있던 제자들을 찾아가신 것을 기억합니다. 그리고 부활하신 예수님이 제자들에게 "평안할지어다"라고 말씀하여 주신 것도 기억합니다. 동일한 평안을 우리에게 부어 주시길 소망합니다.

하나님이 평안을 주신다면 수능은 더 이상 두려움의 시간이 아니라 소망의 시간이 될 줄 믿습니다. 두렵고 떨리는 마음과 두근대는 심장을 주님의 평안으로 붙잡아 주소서. 결과에 대해 불안한 생각으로 긴장할 때마다 세상이 알 수 없는 평안함으로 함께하소서.

지난 초중고 12년 동안에 땀과 눈물로 뿌렸던 학업의 씨앗들이 수능으로 열매 맺어 돌아오게 하소서. 다윗이 평상시에 끊임없이 연습했

던 물맷돌 위에 하나님의 능력이 더해질 때 천하의 골리앗도 쓰러뜨릴 수 있었듯이 ______ 학생도 주님의 능력을 의지함으로 담대하게 시험 문제를 대하게 하소서. 그동안 배우고 익혔던 모든 지식들이 하나님의 지혜 안에서 잘 기억나게 하소서. 장애물 달리기 선수가 허들 하나하나를 가볍게 넘어가듯이 한 문제 한 문제를 기도하는 마음으로 잘 풀어나갈 수 있도록 지혜를 주소서. 혹여 어려운 문제를 만나더라도 흔들리지 말고 담대한 마음으로 난관을 헤쳐 나가게 하소서.

하나님이 시험 중에 함께하셔서 ______ 학생에게 평안을 덧입혀 주소서. 시험 당일의 몸과 마음의 상태를 붙들어 주소서. 시험장에 들어서는 순간부터 시험장을 나오는 시간까지 매분 매초 하나님의 능력으로 붙들어 주소서.

시험장 밖에서 기도로 도울 부모님과도 함께해 주소서. 십자가를 지고 골고다 언덕을 오르시는 예수님을 바라보던 마리아처럼 안타까운 마음이 들 때마다 성령의 위로를 부어 주소서. 그 두렵고 떨리는 마음을 주님의 손길로 꽉 붙잡아 주소서.

수능 이후의 일정 가운데도 함께하셔서 선한 길로 인도하여 주소서. 결과에 낙심치 말게 하시고 하나님의 인도하심을 따르게 하소서. 주님이 말씀하시면 앞으로 나아가고 주님 뜻이 아니면 멈추어 설 수 있는 용기를 주소서. 우리의 삶의 목표는 명문 대학이 아니라 명문 제자가 되는 것임을 한시도 잊지 않게 하소서. 수능 이후의 시간이 게으름과 나태의 시간이 되지 않게 하시고 방종의 유혹이 찾아올 때마다 성령의 능력으로 물리치게 하소서.

평안을 주시는 예수님의 이름으로 기도합니다. 아멘.

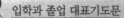
실기(논술)시험

모든 지각에 뛰어나신 하나님 아버지!

존귀한 하나님의 자녀 _____ 학생에게 아름답고 귀한 재능을 허락
해 주셔서 감사합니다. 하나님이 주신 재능을 땅에 묻어 두지 아니하
고 땀과 눈물을 통해 멋진 작품으로 열매 맺게 하시니 감사합니다. 이
제 실기 시험을 앞두고 잠시 주님 앞에 무릎을 꿇었습니다. 우리의 간
절한 예배를 받으시고 하나님의 은총을 부어 주소서. 우리는 이미 수
많은 과정을 통과할 때마다 하나님의 도우심을 경험했습니다. 우리의
마음과 생각을 지켜 주시는 하나님에게 모든 것을 맡기게 하소서.

아브라함의 종 엘리에셀이 "오늘 나에게 순조롭게 만나게 하사"라고
만남의 은총을 간구한 것처럼 우리에게도 만남의 은총을 베풀어 주
소서. 공정한 심사관을 만날 수 있도록 도와주소서. 심사관에게 공정
하신 하나님의 마음을 주사 _____ 학생의 능력을 정확하게 평가하
게 하소서. 그동안 끊임없는 자신과의 싸움을 통해 갈고닦았던 실력

을 공정하게 평가받게 하소서. 심사관의 마음이 불공정한 원인 때문에 흐트러지지 않게 하소서. 지혜와 명철을 주사 바르게 판단하고 평가할 수 있는 분별력을 주소서.

_____ 학생에게 담대함을 주사 심사관 앞에서 떨지 않게 하소서. 에스더의 믿음을 본받게 하소서. 에스더는 민족의 생사를 걸고 왕 앞에 긴장되고 떨리는 마음으로 나아갔음을 기억합니다. 우리도 에스더처럼 긴장되고 떨리는 마음을 감출 수 없음을 고백합니다. 하지만 에스더는 왕 앞에 서기 전부터 기도를 통해 하늘의 능력을 받았다는 사실을 알았습니다. 이제 우리도 에스더를 본받아 실기시험을 앞두고 기도하오니 우리에게 하늘의 능력을 허락하여 주소서.

예수님이 제자들에게 무엇을 말할지 걱정하지 말고 성령을 의지하라고 하신 말씀대로 우리는 성령님만을 의지하기로 결정합니다. 지혜의 영이신 성령께서 성경 66권의 기록자들을 감동시키시고 영감을 주신 것처럼 _____ 학생의 마음도 붙들어 주소서. 실기시험장에 설 때에 성령으로 충만하게 하소서. 성령님이 주시는 영감과 지혜로 실기 능력을 유감없이 발휘하게 하소서. 다윗의 수금 연주가 듣는 사울의 마음에 평안함을 준 것처럼 _____ 학생의 재능이 심사관들의 마음을 녹이게 하여 주소서.

공평하신 하나님, 심은 대로 거두리라는 하나님의 자연법칙대로 될 줄 믿습니다. 우리는 _____ 학생의 요행을 바라지 않음을 고백합니다. 오직 하나님만을 의지하오니 하나님의 은총을 실기시험 가운데 충만히 부어 주소서.

능력 주시는 예수님의 이름으로 기도합니다. 아멘.

대학교 합격

하나님이 이 네 소년에게 학문을 주시고 모든 서적을 깨닫게 하시고 지혜를
주셨으니 다니엘은 또 모든 환상과 꿈을 깨달아 알더라 _〈다니엘서〉 1장 17절

은혜가 풍성하신 하나님 아버지!

이 시간 _____ 학생의 대학 합격 소식을 듣고 함께 즐거워하며 기쁨
으로 예배를 드릴 수 있게 하시니 감사합니다. 그동안 책과 씨름하며
성실하게 준비해 온 땀의 결실을 아름답게 거두게 하시니 감사합니
다. 대학이라는 고등 교육 기관에서 전문 분야를 연구할 수 있는 은혜
를 주시니 감사합니다. 전 세계에서 대학 교육을 받은 사람이 1%밖에
되지 않는데 그 주인공이 되게 하시니 감사합니다.

하나님이 대학 교육의 기회와 은혜를 주신 이유를 깨달아 알게 하소
서. 하나님 나라와 온 인류와 지구촌을 섬기는 일꾼이 되라는 뜻임을
알게 하소서. 진리의 상아탑에서 학문을 연구할 때에 경건의 바탕 위
에 전문 지식을 쌓아가게 하소서. 개인의 성공만을 위해 공부하지 않
게 하시고 인류와 교회에 봉사할 능력을 준비하게 하소서. 민족의 아
픔을 보게 하시고 나라의 실상을 깨닫게 하소서. 냉철한 지성으로 세

상을 보게 하시고 하나님 나라의 관점으로 대안을 고민하게 하소서.

지금까지 인도하신 것처럼 _____ 학생이 대학에서도 만남의 은혜를 얻게 하소서. 대학에서 자신의 본보기상이 될 수 있는 교수님을 만나게 하소서. 본받을 만한 선배와 연결되게 하시고 평생을 함께할 수 있는 친구도 만나게 하소서. 하나님의 비전을 함께 나눌 수 있는 캠퍼스 동역자도 만나게 하소서. 만남의 축복을 통하여 _____ 학생의 대학 생활이 더 풍성해지게 하시고 더불어 자신도 다른 사람에게 소중한 존재가 되게 하소서.

젊은 날에 창조주 하나님을 기억하게 하소서. 세상의 문화와 정면승부를 해야 할 때 물러서지 않게 하소서. 음주 문화와 개방적인 성 문화, 그리고 종교 다원주의 등의 공격을 진리의 방패로 잘 막아서게 하소서. 진리의 허리띠를 띠고 믿음의 방패로 무장하게 하소서. 순결한 가슴이 세상의 더러운 문화에 찌들지 않도록 보호하여 주소서.

하나님이 허락하신 인생의 황금기를 마음껏 누리게 하소서. 다시 돌아오지 않는 꽃과 같은 나날들을 주님과 함께 아름답게 수놓을 수 있게 하소서. 대학에 합격했다고 모든 것을 다 이룬 양 교만하지 않게 하소서. 대학이 인생의 최종 목적지가 아님을 알게 하시고 지금부터 더 차분하게 미래를 준비하게 하소서. 혹여 사람이 구분해 놓은 대학의 높고 낮음에 따라 교만하거나 낙심하지 않게 하소서.

밤낮으로 애쓰신 부모님의 수고의 땀과 기도의 눈물을 닦아 주소서. 함께 기도해 준 교회의 가족들에게도 기쁨을 더해 주소서.

존귀하시고 겸손하신 예수님의 이름으로 기도합니다. 아멘.

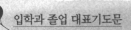

군 입대

내가 누워 자고 깨었으니 여호와께서 나를 붙드심이로다. 천만인이 나를
에워싸 진 친다 하여도 나는 두려워하지 아니하리이다 _〈시편〉 3편 5~6절

우리를 눈동자처럼 지키시는 하나님!

예수 그리스도의 좋은 군사 _____ 형제를 군대로 파송하기 전 믿음
의 형제들이 한자리에 모여 예배로 환송합니다. 20여 년 동안 지혜와
키가 자라게 하셔서 군 입대가 가능한 영육의 강건함을 주셨으니 감
사합니다. 민간인의 옷을 내려놓고 군복이라는 멋진 제복을 입고 나
라를 섬길 수 있는 기회를 주시니 감사합니다.

민간인에서 군인으로 거듭 태어나는 기초 군사 훈련을 잘 소화할 수
있도록 도와주소서. 몸과 마음이 새로운 환경에 잘 적응하도록 도와
주소서. 교관의 지시와 명령을 잘 이해할 수 있는 지혜를 주시고 신속
히 반응할 수 있는 판단력과 민첩함을 주소서. 훈련소 동기들과의 좋
은 만남도 허락하셔서 끈끈한 전우애로 훈련의 어려움을 잘 이겨 나
가게 하소서. 주특기 훈련도 잘 받게 하셔서 자대에서 임무를 수행하
는 데 불편함이 없게 하소서. 자대에 배치될 때에는 _____ 형제가

합력하여 선을 이룰 수 있는 적재적소로 인도하여 주소서.

약할 때 강함 되시는 주님, _____ 형제의 마음이 흔들릴 때마다 믿음으로 붙잡아 주소서. 군 생활의 기간이 연단의 과정이 되게 하소서. 힘들어도 참을 수 있는 인내가 연단되게 하소서. 육체와 마음의 고통을 이겨 내며 즐길 수 있는 인내가 훈련되게 하소서. 가슴에는 분단된 조국을 품어 내는 나라 사랑으로 채워지게 하소서. 자대에서 만나는 지휘관과 선임병에게 순종하는 법을 배우게 하시고 후임병을 잘 이끌어 갈 수 있는 리더십이 훈련되게 하소서. 육신은 가정과 교회와 지역 사회를 이끌어 갈 강인한 체력으로 무장되게 하소서.

함께 신앙 생활을 할 군인교회를 위해서 기도합니다. 군종목사님과 믿음의 형제들을 은혜 가운데 만나게 하소서. 군 생활 중 무질서와 혼돈의 세력들이 음주와 흡연과 음란의 세상 문화로 공격해 올 때에 요셉처럼 순결한 믿음을 지켜 나가게 하소서.

귀하디 귀한 아들을 눈물로 군대에 보내는 어머니의 마음을 붙잡아 주소서. 군 선배로서 군대가 어떤 곳인 줄 알기에 더 마음이 아픈 아버지의 마음도 붙들어 주소서. 하지만 눈물과 땀의 골짜기를 통과해야만 진짜 사나이, 멋진 사나이로 태어날 수 있기에 아들을 보내는 부모님의 마음을 위로해 주소서.

만군의 하나님이 하나님의 군대로 _____ 형제를 호위하여 주심으로 머리털 하나 상하지 않게 하실 줄 믿습니다. 생명줄이 되시는 주님만 꼭 붙잡고 첫 휴가 때까지 모든 과정을 잘 마치게 하소서.

우리의 대장 되시는 예수님의 이름으로 기도합니다. 아멘.

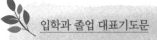

군 휴가

수고하고 무거운 짐 진 자들아 다 내게로 오라 내가 너희를 쉬게 하리라
_〈마태복음〉 11장 28절

우리에게 안식을 주시는 하나님!

나라의 부름을 받아 군 복무 중이던 _____ 형제가 잠시 휴가를 통해 안식과 쉼을 누리게 하시니 감사합니다. 군 입대 전 두려움으로 가슴 졸이던 시간이 엊그제 같은데 이렇게 늠름한 대한민국 군인으로 우리 앞에 서게 하시니 진심으로 감사합니다.

_____ 형제가 며칠간의 꿀맛 같은 휴가를 누릴 때 영육 간에 재충전이 될 수 있도록 도와주소서. 고된 훈련과 근무로 지쳐 있던 육체가 충분한 쉼을 누리게 하소서. 주님은 사랑하는 자에게 잠을 주신다고 하셨사오니 _____ 형제가 잠을 잘 때에 숙면의 은혜로 함께하소서. 그동안 먹고 싶었던 집 밥을 먹으며 어머니의 사랑으로 지친 영육이 회복되게 하소서. 보고 싶었던 믿음의 형제를 만나 대화하며 기도할 때 영적인 회복이 있게 하소서. 예배 시간을 통해 영적인 재무장이 되게 하시고 잃어버렸던 사명감도 다시 새로워지게 하소서.

휴가 중 가정에서 쉴 때에 평소에 부모님에게 못 다했던 효도를 하게 하소서. 강인한 정신과 단련된 육체로 가정의 필요를 잠시나마 채워 주게 하소서. 형제의 변화된 모습을 보며 부모님이 안심하며 기쁨을 누리게 하소서.

군에서도 죄의 유혹을 잘 이겨 낸 것처럼 휴가 기간에도 영적인 긴장을 늦추지 않게 하소서. 진정한 안식은 주님으로부터 온다는 것을 믿으며 일탈 행위를 절제할 수 있도록 건강함을 주소서. 다윗은 나라가 전쟁 중임에도 왕궁에서 휴가를 즐기다가 짓지 말아야 할 죄를 범했던 것을 기억하게 하소서.

부대로 복귀하기 전 알 수 없는 아쉬움과 두려움이 몰려올 때에는 마음속에 용기를 더해 주소서. 군대를 선교지로 생각하고 주님의 십자가를 생각하며 담대하게 복귀하게 하소서. 복귀한 후에도 하나님이 지금까지 지켜 주신 것처럼 앞으로 지켜 주실 줄 믿습니다. 거듭되는 근무와 훈련 속에서 안전 사고를 당하지 않도록 주님의 그 크신 팔로 안아 주소서. 병영에서 일어나는 다양한 관계의 문제를 지혜롭게 잘 풀어 가게 하소서. 병영 생활을 통해 다양한 연단과 훈련으로 단련되어져서 진정한 사나이로 거듭나게 하소서.

복귀하는 아들의 뒷모습을 보며 또다시 노심초사할 부모님을 붙들어 주소서. 쉬지 않고 기도하는 부모님의 눈물의 기도에 응답하시어 _____ 형제가 제대하는 그날까지 건강한 모습으로 군 복무를 잘 하게 하소서. 이 아들의 군 생활이 인생 가운데 잊지 못할 소중한 날들이 되게 하소서. 나라를 위해 헌신한 젊은 날이 헛되지 않게 하소서.

쉼과 평안을 주시는 예수님의 이름으로 기도합니다. 아멘.

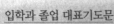
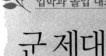

군 제대

너는 그리스도 예수의 좋은 병사로 나와 함께 고난을 받으라 병사로 복무하는
자는 자기 생활에 얽매이는 자가 하나도 없나니 이는 병사로 모집한 자를
기쁘게 하려 함이라 _〈디모데후서〉 2장 3~4절

만군의 하나님 아버지!

사랑하는 _____ 형제가 군 복무를 은혜 가운데 마치고 만기 전역
하게 하시니 감사합니다. 국방의 의무를 멋지게 감당하고 건강한 모
습으로 진짜 사나이가 되어 돌아오게 하시니 진심으로 감사합니다.
_____ 형제가 이전보다 더 듬직한 모습으로 가정과 교회를 섬기게
될 것을 생각하니 벌써부터 가슴이 벅차오름을 고백합니다.

제대 후 부모님과 가족들과의 새로운 생활이 다시 시작됩니다. 제
대한 _____ 형제를 가정 공동체가 잘 환영하고 맞이하게 하소서.
_____ 형제로 인해 가정이 더욱 든든히 세워져 가게 하소서. 부모님
에게 든든한 버팀목이 되게 하시고 형제들에게 힘이 되는 존재가 되
게 하소서.

복학(취업)의 일정 가운데에도 함께해 주소서. 요셉이 하나님의 꿈을
품고 현실의 장애물들을 하나하나 뛰어넘은 것처럼 이 아들도 하나님

의 인도하심을 기다리며 인내로 준비하게 하소서. 군에서 만남의 축복을 주신 것처럼 제대 후에도 꼭 필요한 사람들을 만나게 해 주실 줄 믿습니다.

우리 교회 공동체 안에서도 그리스도 예수의 좋은 군사로서의 사명을 잘 감당하게 하소서. 청년부 안에서 없어서는 안 될 귀한 일꾼이 되게 하소서. 군대에서 배운 참된 공동체 생활의 비밀을 교회 지체들과 함께 나누게 하소서. 특별히 형제가 섬기던 군인 교회를 붙잡아 주소서. 군에 두고 온 군종목사님과 믿음의 형제들을 지켜 주소서. 군인 교회에 남은 형제들도 제대할 때까지 강건하도록 도와주소서. 형제의 빈자리가 크지 않게 하시고 새로운 후임병이 그 자리를 대신할 수 있도록 도와주소서.

_____ 형제가 군대에서 연단받았던 덕목들을 생활 가운데 잘 적용하게 하소서. 규칙적인 생활 습관으로 미래와 비전을 성실하게 준비하게 하소서. 지휘관과 선임병에게 순종한 것처럼 공동체의 권위자들에 순복하게 하소서. 후임병을 잘 이끈 지도력으로 후배들을 잘 이끌어 가게 하소서. 그동안 연단과 훈련을 통해 무장된 강인한 정신으로 가정과 교회와 삶의 현장을 잘 섬기게 하소서. 특별히 군에서 분단된 조국의 아픔을 몸소 체험하게 하셨으니 이제는 조국의 통일을 위해서 작은 십자가를 질 수 있는 민족의 일꾼이 되게 하소서.

_____ 형제가 제대하기까지 늘 그 자리에서 나무 그늘이 되어 주신 부모님을 위로하여 주소서. 형제를 위해 함께 기도했던 교우들에게도 주의 격려를 내려 주소서.

선한 뜻대로 인도하실 예수님의 이름으로 기도합니다. 아멘.

기도는 그리스도인들의 영적인 건강을 유지하는
첫걸음이며 최고의 도구이다.

3장

교회 임직
대표기도문

유아세례 1

이르되 내가 모태에서 알몸으로 나왔사온즉 또한 알몸이 그리로 돌아가올지라
주신 이도 여호와시요 거두신 이도 여호와시오니 여호와의 이름이 찬송을
받으실지니이다 하고 _〈욥기〉 1장 21절

사랑의 주 하나님 아버지!

도저히 사랑받을 수 없는 부패하고 타락한 우리를 미쁘게 여기시고
아들을 주시기까지 사랑하신 그 사랑에 감사합니다. 이 세상의 그 어
느 것도 끊을 수 없는 위대하고 놀라우신 하나님의 사랑을 찬양합니
다. 이 시간 예배하는 우리 모두가 하나님의 그 사랑을 누리며 그 사랑
에 감격하여 오직 하나님만을 진실로 사랑하는 삶으로 인도하소서.

혹시라도 세상의 잘못된 사랑에 눈 돌리지 않게 하시고 세상이 미혹할
때에 도우셔서 오직 하나님 품 안에 거하도록 인도하소서. 주님의 손
길이 필요한 우리를 버려 두지 마시고 늘 주님의 손으로 잡아 주소서.

어린아이를 사랑하시는 주님! 하나님이 사랑하시는 귀한 어린 영혼
이 유아세례를 받게 하시니 감사합니다. 이 영혼이 믿음의 가정에서
태어나게 하시고 자라 유아세례를 받게 하시고 교회와 가정의 큰 기
쁨이 되게 하시니 감사합니다. 이 어린 영혼을 기억하여 주셔서 하나

님만을 신뢰하고 하나님만을 섬기며 온 세상에 예수 그리스도의 이름을 전하는 주님의 큰 일꾼이 되게 하소서. 이 어린 영혼의 모든 삶을 주께서 주관하셔서 항상 교회를 중심으로 살며 무엇보다 믿음을 지키며 예수 그리스도를 아는 것이 가장 소중한 아이가 되게 하소서.

죄악으로 가득한 세상에서 살아갈 때 하나님이 함께하셔서 이 어린 영혼이 세상의 악한 것에 눈을 돌리지 않게 하시고 세상의 쾌락과 유익에 마음을 빼앗기지 않게 지켜 주소서. 하나님을 대적하는 악한 것들을 경계하며 부패하고 어두운 세상에 예수 그리스도의 생명을 나타내는 소금과 빛이 되게 하소서. 인생의 모든 걸음을 항상 주께서 인도하시고 위험 가득한 이 세상에서 이 귀한 영혼의 안전을 지켜 주시고 항상 주님만 따라 가게 하소서. 이 어린 영혼이 인생을 살아갈 때 필요한 모든 것을 주시고 주신 것에 감사하는 주님의 자녀가 되게 하소서.

유아세례를 받은 이 어린 영혼이 자라서 입교할 때도 하나님이 함께하시고 특히 부모의 신앙을 기억하셔서 언제나 이 아이의 믿음의 본이 되게 하소서. 세상의 가치관으로 아이를 양육하지 않고 오직 참되고 의로우신 주님의 말씀으로 양육하게 하소서. 사랑하는 부모들이 먼저 예수 그리스도의 십자가 앞에서 무릎 꿇게 하시고 가정 안에서 하나님을 찬양하는 소리가 그치지 않게 하시며 항상 감사하는 부모가 되게 하소서.

이제 주님의 말씀을 전하는 주의 사자 위에 함께하셔서 이 가정에 가장 필요한 말씀이 선포되게 하소서. 이 말씀을 듣는 우리 모두가 우리를 기르시는 하나님 아버지를 경험하게 하소서.

새 생명을 기뻐하시는 예수님의 이름으로 기도합니다. 아멘.

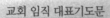
유아세례 2

예수께서 이르시되 어린 아이들을 용납하고 내게 오는 것을 금하지 말라
천국이 이런 사람의 것이니라 _〈마태복음〉 19장 14절

사랑과 은혜가 풍성하신 하나님 아버지!

부패하고 악한 죄인인 우리를 불쌍히 여기셔서 예수 그리스도를 통해 구원하시니 감사합니다. 우리를 향한 하나님의 순전하고 완전한 그 사랑을 기억하며 날마다 그 은혜만을 찬양하며 살아가도록 도와주소서. 하나님을 사모하며 하나님이 원하시고 기뻐하시는 뜻을 이루는 하나님의 자녀가 될 수 있도록 인도하소서.

천국이 어린아이와 같은 사람의 것이라고 말씀하셨으니 감사합니다. 우리가 천국을 소유할 수 있는 길이 강력한 힘이나 큰 권세나 많은 재물이나 높은 명예였다면 우리가 어찌 구원을 얻을 수 있겠습니까! 오직 어린아이와 같이 주님을 향한 순수한 믿음만이 천국을 소유할 수 있다고 말씀하여 주시니 감사합니다. 이 말씀에 의지하여 오직 예수 그리스도를 믿사오니 믿는 우리 모두를 천국 백성으로 삼아 주소서.

은혜가 풍성하신 하나님 아버지! 귀한 가정의 어린아이가 유아세례를 받게 하시니 감사합니다. 아직 자신의 입으로 믿음을 고백하지 못하지만 부모님의 신앙으로 유아세례를 받았으니 자라는 동안 예수 그리스도를 만나 십자가 앞에 자신의 죄를 내려놓고 예수 그리스도를 구주로 고백할 수 있게 도와주소서. 자라는 동안 주께서 함께하셔서 세상의 그 어떤 것도 이 아이를 해치지 못하게 지켜 주시고 세상의 헛된 가치관이 이 아이를 사로잡지 못하도록 인도하소서. 귀한 믿음의 가정에서 말씀으로 양육받게 하시고 세상이 아닌 하나님 나라를 위해 사는 믿음의 일꾼이 되게 하소서.

자라는 동안 필요한 것들을 잘 배우게 하시고 어떤 사고의 위험도 겪지 않게 하시고 건강하게 자라나게 하소서. 세상 가운데 살지만 세상과 타협하지 않게 하시고 오히려 세상을 변화시켜 하나님에게로 돌아오게 하는 복의 통로가 되게 하소서. 하나님이 원하시고 기뻐하시는 뜻이 무엇인지 깨달아 알게 하시고 온전히 예수 그리스도만을 나타내게 하소서.

믿음의 가정을 세우신 하나님 아버지! 이 가정을 기억하소서. 하나님을 사랑하고 하나님의 뜻에 따라 살아가기를 소원하는 이 가정을 도와주소서. 이 아이를 양육하는 부모님과 함께하셔서 온전한 믿음으로 양육하게 하시고 어떤 일이든 하나님의 뜻에 순종하게 하소서. 하나님이 주신 이 귀한 아이를 세상과 구별되게 하시고 언제나 주님이 동행하여 주소서. 이 귀한 가정에 하나님의 말씀을 전해 주실 주의 사자에게 복을 주시고 유아세례를 받은 아이와 이 가정이 평생을 두고 따를 하나님의 말씀이 선포되게 하소서.

죽기까지 우리를 사랑하신 예수님의 이름으로 기도합니다. 아멘.

학습세례 1

누구든지 그리스도와 합하기 위하여 세례를 받은 자는 그리스도로
옷 입었느니라 _〈갈라디아서〉 3장27절

존귀하신 하나님 아버지!

온 세상을 향하신 하나님의 크고 놀라우신 일들을 찬양합니다. 잠시
도 쉬지 않으시고 하나님의 백성들을 살피시고 계획하신 일들을 이
루시는 하나님의 크신 은혜를 찬양하며 감사합니다. 언제나 하나님의
그 계획하심 아래에 순종하며 살아가는 우리 모두가 되도록 인도하소
서. 하나님의 뜻 안에서 살아가노라 말하면서도 오히려 하나님의 뜻
을 훼방하며 살았던 우리가 아니었는지 돌아봅니다. 내 뜻대로 행하
면서 이것이 하나님의 뜻이라고 우겼던 어리석음을 불쌍히 여기시고
용서하소서.

하나님의 백성들을 불러 반석 위에 세우시는 하나님 아버지! 하나님
이 택하신 자녀가 학습세례를 받게 하시니 감사합니다. 하나님의 백
성으로 불러 주셔서 하나님을 알고 믿는 믿음을 주시니 감사합니다.
학습을 받고 세례를 받는 것이 곧 구원을 받는 길은 아니지만 학습세

례를 통해 하나님의 자녀가 하나님을 알고 예수 그리스도를 구주로 믿는 것을 증명하게 하셨으니 감사합니다. 학습세례를 의례적인 것으로 여기지 않게 하시고 하나님이 그에게 주신 큰 은혜의 시간이라는 것을 알게 하소서.

학습세례를 받은 주님의 귀한 자녀가 이제 무엇보다도 하나님을 아는 데 힘쓰게 하소서. 하나님이 무엇을 하셨는지, 하나님을 배신한 인간을 어떻게 구원하시는지를 깨닫게 하시고 지금도 살아 계셔서 사랑하는 주의 자녀의 모든 삶을 인도하시는 하나님을 만나게 하소서.

무엇보다도 하나님의 말씀을 듣는 것에 열심을 내게 하소서. 하나님의 말씀이 얼마나 달고 오묘한지를 알게 하셔서 말씀을 듣지 않고는 견딜 수 없는 심령을 주소서. 교회의 모든 공적인 예배에 참석하여 하나님을 예배하게 하시고 하나님의 이름을 찬양하며 높이는 것을 기뻐하게 하시고 쉬지 않고 하나님 앞에 엎드려 기도하는 믿음을 주소서. 하나님의 자녀로 살아가는 기쁨이 온 세상의 모든 것을 더한 것보다 더 크다는 것을 경험하게 하시고 세상의 그 어떤 것과 비교할 수 없는 하나님의 은혜를 날마다 맛보게 하소서.

우리를 양육하시는 하나님 아버지! 교회의 양육을 성실하게 받게 하시고 교회의 치리에 순종하게 하셔서 그 믿음이 그리스도의 장성한 분량에까지 이르게 하셔서 정해진 시간에 하나님의 뜻에 따라 세례받을 수 있게 인도하소서. 이제 말씀을 전하시는 목사님의 입술을 주장하여 주소서.

사랑하는 주의 자녀와 늘 함께하심을 믿사오며 우리 구주 예수님의 이름으로 기도합니다. 아멘.

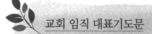

학습세례 2

너희는 이 세대를 본받지 말고 오직 마음을 새롭게 함으로 변화를 받아
하나님의 선하시고 기뻐하시고 온전하신 뜻이 무엇인지 분별하도록 하라
_〈로마서〉 12장 2절

거룩하신 하나님 아버지!

하나님의 자녀와 함께하셔서 새롭게 하시니 감사합니다. 스스로를 정결하게 하려고 아무리 애를 써도 우리는 더러운 죄를 조금도 씻을 수 없는 불쌍한 죄인입니다. 예수 그리스도께서 십자가에서 흘리신 보혈의 공로로 우리를 씻으시어 새롭게 하시니 감사합니다. 우리의 죄를 씻어 주신 주님의 그 크신 은혜를 온 마음으로 찬양하며 살게 하소서.

학습세례를 받은 사랑하는 주의 자녀를 기억하여 주소서. 어둔 세상에서 이리저리 헤매다가 하나님의 은혜로 학습세례를 받게 하시니 감사합니다. 예수 그리스도를 구주로 믿는 삶이 얼마나 풍성하고 아름다운지를 날마다 경험하게 하여 주소서. 눈을 들 때마다 예수 그리스도를 보게 하시고 항상 귀를 열어 하나님의 말씀을 듣게 하소서.

하나님을 더 많이 알게 하시고 더욱 굳센 믿음을 주소서. 모든 공적인 예배에 잘 참석하여 하나님을 예배하게 하시고 교회의 양육을 잘 받아 하나님이 사용하시는 믿음의 일꾼이 되게 하소서. 학습세례를 받았으니 이제 스스로의 마음을 살펴 이 세대를 본받지 않게 하시고 예수 그리스도께 자신을 드려 변화된 삶을 살게 하소서. 하나님이 사랑하는 주의 자녀에게 원하시는 뜻이 무엇인지 분별하게 하셔서 영적으로 혼란한 세대에 미혹되지 않고 거룩한 하나님의 성품에 동참할 수 있게 인도하소서. 믿음이 약해질 때에 강하신 하나님의 능력으로 보호하시고 항상 겸손한 마음으로 십자가 앞에 나아가게 하소서.

이제 학습세례를 받았으니 믿음을 지켜 정한 때에 세례를 받게 하시고 세례가 끝이 아니라 온전한 하나님의 일꾼이 되도록 인도하소서. 신앙 생활 가운데 함께 좋은 신앙의 동역자들을 주셔서 바른 믿음이 자라게 하소서. 하나님을 떠나서는 바로 살아갈 수 없음을 깨닫게 하셔서 사랑하는 주의 자녀가 언제나 하나님 안에서 살게 하소서. 성경을 늘 가까이 두고 읽으며 기록된 모든 말씀을 마음에 새기게 하시고 하나님의 뜻에 순종하게 하소서. 하나님이 사랑하는 주의 자녀의 신앙 생활을 위해 주신 교회를 아끼게 하시고 모여 함께 기도하게 하소서. 교회를 떠나 세상과 벗하며 살지 않게 하시고 늘 교회의 가르침에 따르게 하소서.

사랑하는 하나님 아버지! 하나님이 친히 불러 하나님의 자녀로 삼으시고 학습세례를 받게 하셨으니 사랑하는 주의 자녀의 모든 인생을 지켜 주시고 함께하소서. 이 시간 말씀을 전하실 주의 사자에게 은혜를 베풀어 주셔서 오직 하나님의 말씀만 나타나는 은혜의 시간이 되게 하소서.

구원하심을 기뻐하시는 예수님의 이름으로 기도합니다. 아멘.

교회 임직 대표기도문

세례

> 그러므로 우리가 그의 죽으심과 합하여 세례를 받음으로 그와 함께 장사되었나니
> 이는 아버지의 영광으로 말미암아 그리스도를 죽은 자 가운데서 살리심과 같이
> 우리로 또한 새 생명 가운데서 행하게 하려 함이라 _〈로마서〉 6장 4절

그리스도를 보내셔서 새 생명을 주시는 하나님 아버지!

죄로 말미암아 죽을 수밖에 없었던 우리를 사랑하셔서 아들을 주시고 새 생명을 주시니 감사합니다. 새 생명을 주시는 하나님의 크고 놀라운 구원의 은혜를 기억하며 날마다 하나님의 뜻 안에서만 살게 하소서. 예수 그리스도를 구주로 믿어 새 생명을 얻었지만 여전히 죄 가운데서 살아가는 부족한 우리를 용서하시고 같은 죄를 반복하며 괴로워하는 우리를 불쌍히 여기셔서 예수님의 능력으로 죄를 이기게 하소서.

사랑하는 주의 자녀가 예수 그리스도를 구주로 믿고 그 믿음을 세례 받음으로 나타내게 하시니 감사합니다. 세례받는 것이 곧 구원의 증표가 될 수는 없지만 세례를 받는 것으로 예수 그리스도를 구주로 믿어 예수 그리스도의 보혈로 씻김을 받았음을 증명하였사오니 은혜를 베풀어 주소서. 죄의 노예로 살아가던 어리석고 방탕한 옛 사람을 벗어버리고 그리스도로 말미암은 의의 옷을 입게 하소서.

믿는 자와 함께하시는 하나님 아버지! 교회를 통해 주의 자녀가 세례를 받게 하셨으니 감사합니다. 하나님의 뜻에 순종할 뿐 아니라 교회의 치리에 순종하며 세례 교인의 의무를 잘 감당할 수 있게 도와주소서. 그의 평생에 하나님만을 영화롭게 하고 영원히 하나님만을 즐거워하게 하시고 예수 그리스도를 구주로 믿고 섬기게 하소서. 세례 교인으로서 살아갈 때 함께하셔서 주일을 지키고 십일조를 드리며 봉사하는 일에 소홀하지 않도록 인도하소서. 교회에서 드리는 모든 예배에 열심히 참석하게 하시고 온 몸과 마음으로 하나님의 선한 사명을 감당하게 하소서. 교회를 통해 더욱 잘 양육받게 하시고 하나님을 더 많이 알고 더 깊이 믿어 하나님이 맡기시는 더 큰 일을 감당할 수 있는 믿음의 일꾼이 되게 하소서.

하나님이 주신 모든 곳에서 세례받은 자로서 오직 예수 그리스도만 전하는 자가 되게 하소서. 하나님을 알지 못하는 사람에게 하나님을 전하며 예수 그리스도로 인한 구원을 선포하는 전도자가 되게 하소서. 부패하고 어두운 모든 곳에서 소금과 빛이 되게 하소서. 예수 그리스도의 마음으로 선한 행실을 하게 하시고 이것으로 예수 그리스도께서 영광받으시는 주님의 제자가 되게 도와주소서.

사랑하는 주의 자녀가 성경을 읽을 때 말씀하여 주시고 기도할 때 응답해 주시고 찬양할 때 큰 은혜를 부어 주소서. 이제 말씀을 전하실 목사님과 함께하소서. 말씀이 선포될 때 하나님의 영을 부으셔서 하나님의 자녀로 살아갈 힘을 주소서.

지금도 살아 계셔서 역사하시는 우리 구주 예수님의 이름으로 기도합니다. 아멘.

입교

오직 너희는 그리스도의 복음에 합당하게 생활하라 이는 내가 너희에게 가 보나 떠나 있으나 너희가 한마음으로 서서 한 뜻으로 복음의 신앙을 위하여 협력하는 것과 무슨 일에든지 대적하는 자들 때문에 두려워하지 아니하는 이 일을 듣고자 함이라 이것이 그들에게는 멸망의 증거요 너희에게는 구원의 증거니 이는 하나님께로부터 난 것이라 _〈빌립보서〉 1장 27~28절

존귀하신 하나님 아버지!

도저히 하나님의 자녀가 될 수 없는 우리를 불러 예수 그리스도의 공로로 하나님의 자녀가 되게 하시니 그 은혜에 감사합니다. 우리가 하나님의 자녀라고 불릴 수 있는 유일한 이유는 예수 그리스도께서 우리를 위해 십자가에서 흘리신 보혈의 공로뿐임을 믿습니다. 우리를 살리신 예수 그리스도의 놀라우신 사랑을 영원히 찬양하게 하소서.

어려서 아무것도 알지 못할 때에 부모님의 신앙으로 유아세례를 받고 하나님의 은혜 가운데서 잘 자라게 하시고 이제 정한 때가 되어 입교하게 하셨으니 감사합니다. 이제 자신의 입으로 하나님을 창조주로, 또 십자가에서 피 흘려 죽으신 예수 그리스도를 구세주로 고백하였으니 주께서 이 고백을 기쁘게 받아 주소서. 입교하며 고백한 이 믿음이 흔들리지 않고 더욱 굳건해지도록 은혜 내려 주소서.

사랑하는 주의 자녀가 하나님의 뜻 안에서 입교하였으니 입교인으로

서의 책임과 의무를 다할 수 있게 하소서. 하나님과 사람 앞에서 손을 들고 서약한 내용들을 지키게 하시고 무엇보다 주일을 성수하며 하나님에게 십일조를 드리고 교회의 가르침에 순종하게 하소서. 하나님의 말씀을 듣고 배우는 것을 즐거워하게 하시고 다른 것을 하나님을 찬양하는 것보다 우선 순위에 두지 않게 하시고 누리고 살아가는 모든 것에 감사하게 하소서. 자신의 모든 삶이 하나님이 주신 것이라는 것을 알고 하나님에게 순종하게 하시고 하나님이 주시지 않는 쾌락과 만족을 얻으려 헤매는 어리석은 자가 되지 않게 하소서.

사랑하는 주의 자녀가 하나님에게로부터 오는 복을 누리며 살게 하소서. 하나님을 섬김으로 세상의 그 어떤 것과도 비교할 수 없는 기쁨을 누리게 하시고 이 땅 위에서 유익을 누리는 잠깐의 만족이 아니라 주께로부터 나오는 영원한 만족을 누리며 살게 하소서. 악한 세대 가운데 두려워하며 불안에 떨지 않게 하시고 예수 그리스도께서 주시는 세상이 줄 수 없는 평안을 누리게 하소서. 자신이 원하는 꿈을 이루며 스스로 높은 위치에 서는 것보다 하나님이 다스리는 나라에서 하나님의 뜻 가운데 살아가는 것이 더 크고 놀라운 복이라는 것을 알게 하셔서 오직 하나님 나라를 위해 살게 하소서.

입교한 주님의 자녀의 모든 삶 가운데 함께하실 하나님 아버지! 하나님이 사랑하는 주의 자녀에게 이 시간이 하나님을 만나는 인생의 가장 중요한 시간이 되게 하셔서 영원토록 하나님을 잊지 않게 인도하소서. 말씀을 전하실 주의 사자와 함께하셔서 듣는 우리 모두에게 은혜를 내려 주소서.

갈급한 사람을 만나 주시는 예수님의 이름으로 기도합니다. 아멘.

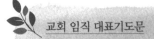

서리집사 임명 1

이와 같이 집사들도 정중하고 일구이언을 하지 아니하고 술에 인박히지
아니하고 더러운 이를 탐하지 아니하고 깨끗한 양심에 믿음의 비밀을
가진 자라야 할지니 _〈디모데전서〉 3장 8~9절

거룩하시고 신실하신 하나님 아버지!

하나님의 백성들을 향한 하나님의 크고 놀라운 사랑과 성실하심에 감
사합니다. 아무런 의도 공로도 없는 죄인들을 위해 아들이신 예수 그
리스도를 보내시고 십자가에서 피 흘려 죽게 하심으로 우리를 구원하
신 은혜에 또한 감사합니다. 하나님을 사랑하고 하나님의 뜻을 이루
기를 소망하며 믿음으로 살아가는 주의 백성을 서리집사로 삼으시니
감사합니다. 하나님이 이들을 택하여 주님의 일꾼으로 삼으셨으니 앞
으로 이들이 주의 이름으로 행할 모든 일들에 함께하여 주소서.

하나님이 주신 귀한 직분을 감당할 힘을 허락하시고 이 직분이 사랑
하는 집사님에게 부담이 되거나 불편함이 되지 않게 하소서. 오히려
이 직분을 받음으로 말미암아 하나님을 더 깊이 사랑하고 믿는 은혜
를 부어 주소서. 교회와 가정과 삶의 모든 자리에서 오직 예수 그리스
도만을 나타내는 믿음의 사람이 되게 하소서. 교회를 통해 주신 직분

이니 교회의 치리에 순종하게 하시고 집사로서 해야 하는 모든 의무에 기쁨으로 순종하게 하소서. 하나님이 교회를 통해 주시는 여러 가지 봉사를 선한 마음으로 하게 하시고 무엇보다도 잃어버린 영혼들을 찾게 하소서.

택하신 백성들을 위해 일하기를 멈추지 않으시는 하나님 아버지! 하나님의 이 놀라운 은혜에 감사하며 우리도 하나님을 위해 일하기를 쉬지 않게 하소서. 또한 집사님의 가정을 기억하셔서 이 가정이 집사님을 통해 하나님의 아름다운 사랑을 누리게 하시고 오직 예수 그리스도가 주인 되는 믿음의 가정이 되게 하소서. 사랑하는 집사님의 모든 삶의 자리에 함께하셔서 어디에서 무엇을 하든지 하나님이 기뻐하시는 믿음의 사람이 되게 하소서.

"항상 기뻐하라 쉬지 말고 기도하라 범사에 감사하라 이것이 그리스도 예수 안에서 너희를 향하신 하나님의 뜻이니라"고 하셨으니 이 말씀을 기억하여 어떤 상황과 환경에서도 하나님 때문에 기뻐할 수 있게 하시고 하나님에게 나아가 엎드려 하나님의 뜻을 묻는 기도를 쉬지 않게 하시며 언제나 주신 모든 것에 감사하는 집사님이 되게 하소서. 사랑하는 집사님을 통해 하나님 나라가 확장되며 예수 그리스도의 이름이 전파되게 하소서. 하나님께서 계획하고 이루시는 모든 선한 일에 사랑하는 집사님을 사용하여 주소서. 이제 사랑하는 주의 종을 통해 하나님의 말씀을 듣습니다. 종의 입술을 통해 사랑하는 집사님께 하나님의 음성을 들려주시고 하나님을 더 사모하는 심령을 허락하소서.

늘 우리와 함께하시는 예수님의 이름으로 기도합니다. 아멘.

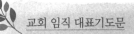
서리집사 임명 2

이르시되 추수할 것은 많되 일꾼이 적으니 그러므로 추수하는 주인에게 청하여
추수할 일꾼들을 보내 주소서 하라 _〈누가복음〉 10장 2절

모든 만물의 주인이신 하나님 아버지!

우리를 향한 하나님의 크고 놀라운 은혜를 기억합니다. 하나님 앞에
아무것도 자랑할 것이 없는 부족한 우리를 위해 아들을 보내시고 십
자가에서 죽게 하심으로 우리를 구원하셨으니 감사합니다.

추수할 것은 많은데 일꾼이 적다는 예수 그리스도의 말씀을 기억합니
다. 하나님이 이 땅을 향한 계획은 정말 크고 놀라운데 이 일을 감당할
일꾼이 없다는 예수 그리스도의 말씀이 우리의 마음을 아프게 합니
다. 예수 그리스도를 구주로 믿었고 이제는 예수 그리스도의 제자로
살아간다고 말하면서도 주인의 일에 무관심하고 오히려 자신의 일을
행하기에만 급급하였던 어리석고 부족한 우리들이었음을 고백합니
다. 불쌍히 여기시고 예수 그리스도의 참된 제자로 주님의 일을 감당
할 수 있는 힘을 주소서.

일꾼을 찾으시는 하나님 아버지! 사랑하는 집사님을 불러 예수 그리

스도의 몸 된 교회를 통해 서리집사의 직분을 주시니 감사합니다. 하나님이 친히 찾으시고 부르셨으니 하나님이 주신 사명을 감당할 수 있는 능력을 더하여 주소서. 사람들이 부러워하는 힘이나 재물이나 능력으로 주님의 일을 감당할 수 있다고 생각하지 않게 하시고 오히려 하나님 앞에서 가장 겸손한 자세로 엎드릴 때 주시는 하나님의 능력으로 하나님의 일을 감당할 수 있음을 깨달아 알게 하소서.

예수 그리스도의 몸 된 교회를 위해 힘써 섬기는 집사님이 되게 하시고 함께 신앙 생활하는 성도들의 신앙을 위해 자신의 것을 내어놓을 줄 아는 믿음의 사람이 되게 하소서. 교회의 치리에 순종하며 교회의 모든 예배와 모임에 열심히 참석하게 하셔서 사랑하는 집사님을 통해 많은 사람들이 믿음의 본을 받게 하소서. 교회에서 뿐만 아니라 처한 모든 상황에서도 예수 그리스도를 나타내는 삶을 살게 하소서. 가정에서도 예수 그리스도의 아름다운 사랑을 드러내게 하시고 집사님이 계시는 모든 곳에서 예수 그리스도로 말미암는 구원의 소식을 전하는 전도자가 되게 하소서.

새 힘을 주시는 하나님 아버지! 사랑하는 집사님을 기억하셔서 세상의 다른 헛된 것을 따르지 않고 오직 성령의 도우심을 구하고 성령의 이끄심을 따라 가는 성령에 사로잡힌 자가 되게 하소서. 하나님의 말씀을 손에서 놓지 않게 하시고 때를 따라 도우시는 하나님에게 나아가는 겸손한 기도의 사람이 되게 하소서. 이 시간 우리 모두에게 말씀을 전하실 주의 사자 위에 함께하시고 하나님을 신뢰하는 일꾼을 부르셔서 큰일을 이루어 가시는 하나님을 만나게 하소서.

우리의 중보자이신 예수님의 이름으로 기도합니다. 아멘.

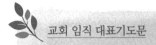

구역장 임명 1

이 복음을 위하여 그의 능력이 역사하시는 대로 내게 주신 하나님의 은혜의
선물을 따라 내가 일꾼이 되었노라 _〈에베소서〉 3장 7절

온 세상 모든 만물보다 더 뛰어나신 하나님 아버지!

연약하고 부족한 입술로 하나님의 존귀하심을 찬양합니다. 인간의 모든 언어를 더하여도 표현하지 못할 하나님의 아름다우심을 찬양하며 그토록 영광스러운 하나님이 부족한 우리를 자녀 삼아 주시니 또한 감사합니다. 우리가 가진 것으로는 그 어떤 것으로도 하나님의 자녀가 되기에 너무도 부족하지만 예수 그리스도만 믿고 나아가면 우리를 자녀로 인정해 주시니 그 은혜에 감사합니다.

은혜로 채우시는 하나님 아버지! 하나님의 자녀들이 더불어 하나님을 예배하며 교제하는 귀한 교회를 허락하시니 감사합니다. 뿐만 아니라 각각의 구역을 주시고 함께 모여 예배하며 하나님의 말씀을 나누며 삶을 공유하고 하나님의 사랑을 누리게 하시니 감사합니다. 우리 교회에 주신 모든 구역 위에 임재하셔서 모일 때마다 하나님 나라를 경험하게 하소서.

귀한 구역장들을 세워 주시니 감사합니다. 사람의 뜻이 아니라 오직 하나님의 선하신 뜻인 줄 믿사오니 세워진 모든 구역장들이 각자에게 주어진 하나님의 선한 뜻을 이루어가기에 부족함이 없게 하소서. 주님이 주신 귀한 사명이오니 이 사명을 감당할 수 있는 힘을 주시고 주님의 뜻이 아닌 것은 하지 않게 하시고 주님의 뜻이라면 어렵고 힘든 일이라도 믿음으로 감당할 수 있게 도와주소서. 늘 십자가 앞에 엎드려 자신의 믿음을 먼저 점검하게 하시고 눈물로 스스로의 죄를 회개하며 예수 그리스도와 함께 살아가는 구역장이 되게 하소서.

구하는 자에게 주시는 하나님 아버지! 사랑하는 구역장의 모든 사역 위에 함께하소서. 주님의 마음을 닮아 구역 식구들의 기쁨과 슬픔과 아픔을 이해하고 그들의 삶에 깊이 공감하며 모든 것을 함께 나누게 하소서. 가르치려 하기보다 주님의 아름다운 사랑을 함께 누리게 하시고 구역 식구들에게 신앙의 유익을 주는 모범적인 믿음의 사람이 되게 하소서. 구역장이 섬기는 직분이라는 것을 알게 하소서. 권위로 구역 식구를 대하지 않게 하시며 겸손과 배려로 그들을 섬기게 하소서.

구역이 모일 때 세상의 여러 가치관과 헛된 유익을 구하지 않게 하시고 우리를 위해 죽으신 예수 그리스도만을 말하게 하소서. 예수 그리스도의 구원의 은총을 나누며 그 은혜에 감사할 때 하나님 나라를 경험하는 복된 구역이 되도록 구역장의 믿음을 지켜 주소서.

이제 하나님의 말씀을 듣습니다. 구역장으로 임명받은 사랑하는 주의 자녀가 하나님의 선하신 일을 감당할 믿음의 말씀이 목사님의 입술을 통해 선포되게 하소서.

믿는 자들과 늘 함께하시는 예수님의 이름으로 기도합니다. 아멘.

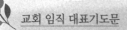

구역장 임명 2

날마다 마음을 같이하여 성전에 모이기를 힘쓰고 집에서 떡을 떼며 기쁨과 순전한
마음으로 음식을 먹고 하나님을 찬미하며 또 온 백성에게 칭송을 받으니 주께서
구원 받는 사람을 날마다 더하게 하시니라 _〈사도행전〉 2장 46~47절

구원을 베푸시는 은혜의 하나님 아버지!

하나님의 백성들이 모일 때마다 함께하셔서 한량없는 은혜와 사랑을
베푸시니 감사합니다. 지금 이 시간 하나님의 크신 은혜를 구하는 주
의 백성들 가운데 임재하셔서 우리 모두가 하나님의 크신 은혜를 경
험하게 하소서.

교회에 각각의 구역을 주시고 이 시간 구역장을 임명하게 하시니 감
사합니다. 모든 것이 오직 하나님의 은혜로 이루어진 것임을 믿습니
다. 성경에 기록된 초대 교회 성도들의 삶을 기억합니다. 한마음으로
성전에 모이기를 힘썼으며 기쁘고 순전한 마음으로 음식을 나누었고
하나님을 찬양하며 온 백성에게 칭찬을 받았던 그들처럼 우리 구역
모임이 이런 선한 모임이 되게 하소서. 모일 때에 오직 예수 그리스도
의 마음으로 하나 되게 하시고 언제나 하나님이 주신 말씀을 나누며
오직 하나님 한 분만을 찬양하게 하소서. 그리하여 모든 구역을 통해

하나님을 알지 못하던 사람들이 하나님에게로 돌아오는 크고 놀라운 일들을 이루어 주소서.

이런 일들을 위해 하나님의 뜻 가운데 구역장을 세우셨음을 믿습니다. 하오니 하나님의 명령에 순종하게 하소서. 구역장의 직분을 부담스러워하거나 귀찮게 여기지 않게 하시고 오히려 하나님 나라를 위해 선하게 사용될 좋은 기회로 삼게 하소서. 혹시라도 이 직분이 다른 사람보다 우위에 있다고 여겨 교만한 마음을 품지 않게 도와주소서. 제자들의 발을 씻기신 주님을 기억하여 오히려 더 낮고 겸손한 자세로 구역원들을 섬기게 하소서. 구역원들의 신앙과 삶을 돌아보는 일을 게을리하지 않게 하시고 주님이 맡기신 영혼들을 위하여 수고하며 눈물로 기도하는 참된 목자의 마음을 가지게 하소서.

하나님의 뜻에 따라 구역장으로 세우셨으니 언제나 돌보아 주소서. 구역을 살피며 구역원들을 돌볼 때 낙심하지 않도록 주님이 먼저 사랑하는 구역장을 살피고 돌보아 주소서. 어떠한 상황과 형편에 처하더라도 늘 함께하시며 손잡아 주시는 주님을 경험하게 하소서. 구역모임을 이끌어 나가는 일이 힘에 겹고 어려워 눈물 흘릴 때에 친히 안아 주셔서 주님의 사랑이 얼마나 크고 놀라운지를 느끼게 하소서. 말씀을 공부할 때 그 말씀의 비밀을 깨닫게 하시고 기도할 때마다 응답하여 주소서. 사랑하는 구역장이 있는 모든 곳에서 예수 그리스도의 향기가 나게 하시고 하나님 나라가 나타나게 하소서. 주님이 세우신 구역장에게 목사님이 준비된 말씀을 전하실 때 하나님의 선하신 뜻을 깨달아 알게 하소서.

언제나 도우시는 예수님의 이름으로 기도합니다. 아멘.

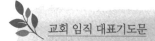

교사 임명 1

마땅히 행할 길을 아이에게 가르치라 그리하면 늙어도 그것을 떠나지
아니하리라 _〈잠언〉 22장 6절

거룩하신 하나님 아버지!

하나님의 백성들과 늘 함께하시며 그들의 길을 인도하시는 하나님의
크신 은혜에 감사합니다. 날마다 베푸시는 하나님의 은혜에 감사하며
살아가는 주님의 백성들을 잊지 않으시니 또한 감사합니다. 무엇보다
택하신 백성들이 하나님의 뜻에 순종할 때 이들을 통해 하나님의 크
신 일들을 이루어가시니 감사합니다. 하나님이 계획하신 모든 선한
일들을 이루기 위해 세우신 일꾼들을 사용하소서. 또한 그들에게 능
력 주사 온전히 하나님이 주시는 새 힘을 공급받게 하소서.

하나님 나라를 세워 가는 일에 귀한 주님의 일꾼으로 부르셔서 교사
로 삼으시니 감사합니다. 우리의 생각과 뜻으로 일하지 않게 하시고
언제나 예수 그리스도의 십자가 아래 나아가 하나님의 뜻을 겸손히
구하는 교사가 되게 하소서. 또한 직분을 자랑하지 않게 하시고 오직
예수 그리스도만 자랑하는 참된 교사가 되게 하소서.

진정한 교사였던 예수 그리스도를 기억합니다. 예수 그리스도께서는 제자들을 부르시고 함께하시면서 제자들을 가르치셨습니다. 제자들이 둔하여 주님의 뜻을 이해하지 못하고 오히려 주님의 마음을 아프고 힘들게 할 때에도 그들을 사랑하셨습니다. 원하기는 이제 교사의 직분을 받은 우리가 끝까지 참고 기다리셨던 주님처럼 언제나 학생들을 사랑하며 그들과 함께하는 주님을 닮는 교사가 되게 하소서. 하나님이 맡기신 영혼들을 주와 같은 마음으로 품게 하시고 이 세상의 가치관이 아닌 하나님 나라의 가치관을 올바로 가르치게 하소서. 억지로 주입하려 드는 교사가 아니라 예수 그리스도처럼 먼저 몸과 마음으로 행하여 그 본을 보이는 참된 교사가 되게 하소서.

사랑의 하나님 아버지! 이 직분이 많은 것들을 희생해야 하는 어려운 것임을 잘 알고 있습니다. 이런 직분을 주께서 주셨으니 이 직분을 감당할 힘도 허락하여 주소서. 자신의 힘과 노력으로 감당하려는 어리석은 모습을 버리게 하시고 언제나 성령의 도우심을 간구하게 하소서. 항상 하나님에게 엎드려 기도하며 성령의 도우심에 따라 이 직분을 감당하여 수많은 영혼들이 하나님을 바로 알고 참된 진리 안에서 올바로 살아갈 수 있게 인도하소서. 무엇보다 하나님의 말씀을 더 깊이 묵상하고 늘 하나님의 말씀을 연구하여 맡겨 주신 학생들과 하나님의 말씀을 나눌 때에 하나님의 음성을 듣게 하소서.

이 시간 교사의 직분을 맡은 귀한 주의 자녀에게 하나님의 말씀을 선포하실 주의 사자에게 은혜를 부어 주소서. 가장 필요하고 적절한 말씀을 허락하시고 이 시간을 통해 함께하시는 주님을 의지하게 하소서.

참된 교사가 되시는 우리 주 예수님의 이름으로 기도합니다. 아멘.

교사 임명 2

사랑은 여기 있으니 우리가 하나님을 사랑한 것이 아니요 하나님이 우리를
사랑하사 우리 죄를 속하기 위하여 화목제물로 그 아들을 보내셨음이라
_〈요한일서〉 4장 10절

우리를 위해 독생자를 내어 주신 사랑의 하나님 아버지!

우리를 향한 위대하신 하나님의 사랑을 찬양합니다. 사랑하기를 쉬지
않으시는 하나님을 날마다 경험하며 살아가게 하소서. 이토록 크고
놀라운 사랑을 받은 우리들이지만 하나님을 사랑하기보다 오히려 세
상의 유익과 가치를 더 사랑하며 살았음을 고백합니다. 주여! 불쌍히
여기시고 용서하소서.

하나님의 사랑이 필요한 수많은 사람들을 위해 예수 그리스도를 보내
셔서 구원의 길을 열어 주시고 그 길을 전하게 하시려고 주님의 제자
들을 세우신 것을 기억합니다. 많은 시간을 함께하며 아무리 가르쳐
도 여전히 어리석고 무능했던 제자들을 포기하지 않으시고 사랑으로
안아 주셨던 주님! 우리에게 참 교사가 무엇인지를 알려 주시니 감사
합니다. 오늘 주님의 부르심으로 교사의 직분을 받은 주님의 자녀에
게 은혜를 주셔서 주님을 닮은 교사가 될 수 있게 도와주소서.

주님이 교사로 세워 주시고 맡기신 영혼들을 위해 생명을 거는 교사가 되게 하소서. 한 영혼을 천하보다 귀하게 여기시는 주님의 마음을 알게 하셔서 맡겨진 영혼 가운데 단 하나라도 잃어버리지 않게 하시고 오히려 사랑하는 교사를 통해 더 많은 영혼들이 주께로 돌아오게 인도하소서. 하나님이 맡기신 영혼들을 위해 십자가 앞에서 눈물로 기도하는 교사가 되게 하시고 귀한 영혼들이 하나님의 말씀 안에 거하도록 양육하게 하소서. 스스로를 가르치는 자로 여겨 자신의 생각만을 강요하지 않게 하시되 믿음을 지키는 것에는 단호하게 하소서. 자신을 지켜 하나님이 맡기신 이 직분에 충성하게 하시고 교사로서 먼저 영과 진리로 온 마음을 다해 예배하게 하소서. 어린 영혼들을 바른 신앙 안에서 양육하는 이 직분의 소중함을 알게 하소서. 주님을 닮아 언제나 섬기는 자세로 그들을 대하게 하시고 그들 한 사람 한 사람을 위해 예수 그리스도께서 십자가에서 죽으셨음을 기억하게 하소서.

일을 맡은 자에게 충성을 요구하시는 하나님 아버지! 하나님이 일을 맡기셨으니 그저 자신의 힘으로 이 직분을 감당하게 마시고 복음의 능력을 더해 주소서. 하나님이 힘 주셔서 그 힘으로 맡겨진 영혼들을 양육하는 데 힘쓰게 하소서. 하나님이 이 귀한 직분을 맡은 주의 자녀를 얼마나 사랑하시는지 알게 하시고 날마다 영성을 갑절로 주시기 원하시는 하나님을 만나게 하소서. 언제나 성령으로 충만하게 하셔서 그 어떤 악한 것의 미혹에도 속지 않게 지켜 주소서. 이제 주님의 말씀을 전하시는 목사님과 함께하셔서 선포되는 하나님의 말씀을 통해 하나님의 일을 감당하는 자에게 능력 주시는 하나님을 만나게 하소서.

하나님의 일꾼을 도우시는 예수님의 이름으로 기도합니다. 아멘.

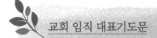

권사 취임 1

만일 누가 말하려면 하나님의 말씀을 하는 것 같이 하고 누가 봉사하려면 하나님이
공급하시는 힘으로 하는 것 같이 하라 이는 범사에 예수 그리스도로 말미암아 하나님이
영광을 받으시게 하려 함이니 그에게 영광과 권능이 세세에 무궁하도록 있느니라 아멘
_〈베드로전서〉 4장 11절

자비로우신 하나님 아버지!

하나님의 인자와 자비에 감사합니다. 연약하고 불쌍한 우리들을 그냥
버려두지 않으시고 크고 깊은 인자하심과 자비로우심으로 함께하셔
서 날마다 새 힘을 얻게 하시니 감사합니다.

우리의 부족함과 연약함을 고백합니다. 우리는 아무리 많은 노력과
아무리 많은 선행을 행하여도 주님의 거룩하심에 조금도 참여할 수
없는 불쌍한 존재입니다. 그럼에도 우리는 스스로를 겸손히 여기지
않고 오히려 조그만 성공과 유익을 자랑하며 스스로를 높이는 어리석
은 사람들이었습니다. 하나님 없이는 아무것도 아님을 알면서도 내게
주어진 것이 마치 나의 공로인 것처럼 자랑하며 오히려 하나님을 거
추장스럽게 여겼던 패악한 죄인이 바로 우리들이었습니다. 이런 어리
석고 가여운 죄인들을 불쌍히 여겨 주시고 예수 그리스도께서 십자가
에서 흘리신 보혈로 용서하여 주소서.

사랑의 하나님 아버지! 이렇게 부족한 사람들을 부족하다 여기지 않으시고 오히려 하나님의 일을 하게 하시려고 부르시니 감사합니다. 이 시간 사랑하는 권사님을 세우셔서 취임하게 하시고 하나님의 선한 일들을 감당하게 하시니 감사합니다. 주께서 부르셨고 주께서 세우셨으니 주님의 일을 감당할 새 힘을 날마다 부어 주소서. 하나님이 주신 이 귀한 직분에 감사하게 하시고 모든 힘과 정성과 생명을 다해 주님의 일을 하게 하소서. 무엇보다 기도하는 것을 쉬지 않게 하소서. 기도하지 않고는 일하지 않게 하시고 모든 것을 하나님에게 아뢰고 응답을 구하는 기도의 사람이 되게 하소서.

하나님이 주신 직분이 오히려 멍에가 되지 않게 보호하여 주소서. 권사라는 이름이 세상적인 자랑이 되지 않게 하소서. 다른 직분보다 높다 하여 교만을 범하지 않게 하소서. 오히려 더 많이 섬기고 더 많이 기도하고 더욱 겸손해야 함을 깨닫게 하소서. 교회에서 혹시라도 소외받고 힘들어하는 사람들이 있다면 그들에게 예수 그리스도의 이름으로 찾아가게 하시고 가장 힘들고 어려운 일을 하는 곳에 먼저 나아가게 하시고 이름도 없이 빛도 없이 섬기는 일을 기뻐하는 권사님이 되게 하소서. 무엇보다 하나님을 더 많이 사랑하는 권사님이 되게 하시고 하나님의 뜻을 이루기 위해 살아가는 믿음의 삶을 살게 하소서.

이제 하나님의 말씀을 전하실 주의 사자의 입술을 주장하여 주소서. 취임하고 하나님의 선하신 뜻을 구하는 권사님에게 하나님의 음성을 듣게 하시고 더불어 우리에게도 온전히 하나님만을 위하여 살 수 있는 믿음을 허락하소서.

언제나 우리와 함께하시는 예수님의 이름으로 기도합니다. 아멘.

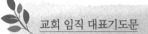

권사 취임 2

이는 성도를 온전하게 하여 봉사의 일을 하게 하며 그리스도의 몸을 세우려 하심이라 _ 〈에베소서〉 4장 12절

존귀하신 하나님 아버지!

모든 믿는 자의 반석이시며 요새가 되시는 하나님의 은혜를 찬양합니다. 우리를 두렵게 하는 세상의 모든 위협 앞에서 든든히 지켜 주시는 하나님의 크고 놀라우신 은혜에 감사합니다.

주님이 우리의 간구에 응답하신다는 것을 알면서도 주께 나아가 기도하지 못했던 우리의 어리석음을 용서하소서. 가장 필요한 것으로 도우시는 하나님을 신뢰하지 못하고 세상의 헛된 것에게 도움을 구하며 하나님과 멀어져만 갔던 우리의 죄를 씻어 주소서. 예수 그리스도께서 십자가에서 흘리신 보혈의 공로를 의지하오니 우리를 불쌍히 여기사 우리의 죄를 기억하지 마시고 우리를 주님의 품에 안아 주소서.

우리를 도우시는 은혜의 하나님 아버지! 이 시간 권사로 취임한 사랑하는 주님의 일꾼을 위해 기도합니다. 하나님의 선한 사명을 감당하게 하시려고 귀한 직분을 주셨으니 하나님의 은혜에 감격하여 잘 감당하게 하소서. 주님의 뜻을 구하려 늘 기도하는 권사님의 모습을 기억하셔서 더 겸손한 마음으로 주께 엎드리게 하시고 주어진 일에 매여 하나님을 잊지 않게 도와주소서. 이 직분을 감당하는 것이 예수님이 지신 십자가를 지고 주님을 따르는 것임을 알게 하소서.

더 우월한 지위를 얻었다고 여기지 않게 하시고 예수 그리스도께서 하셨던 것처럼 어렵고 연약한 형제를 살피고 돌보는 일에 최선을 다하게 하소서. 믿음이 연약하여 흔들리는 자들을 찾아가 그들을 위해 기도하며 권면하게 하시고 하나님을 아는 지식이 부족한 자들에게 하나님을 알게 하는 귀한 사명을 감당하게 하소서. 기도하는 자리에 늘 있게 하시고 교회의 모든 일들을 돕는 데 힘을 내게 하소서. 어디에서든지 하나님 나라를 자랑하는 주님의 참 제자가 되게 하소서.

사명을 주시는 하나님 아버지! 하나님이 주신 직분을 감당할 때 어떤 어려움이 있어도 믿음으로 이기게 하소서. 예수 그리스도께서 우리를 위해 생명을 주신 것처럼 주님이 맡기신 일을 위해 자신의 생명을 내어놓는 믿음을 허락하소서. 사랑하는 권사님의 믿음을 통해 교회와 가정이 하나님의 놀라우신 사랑을 경험하게 하시고 권사님이 계시는 모든 곳에 예수 그리스도의 은혜가 충만하게 하소서. 늘 온유하고 겸손한 마음으로 다른 사람을 섬기는 권사님의 모습에서 예수 그리스도를 보게 하시고 하나님의 큰 영광이 권사님을 통해 나타나게 하소서. 이제 사랑하는 권사님과 이 가정을 위해 말씀을 전하실 목사님에게 충만한 은혜를 주시기 원합니다.

주님을 따라 살기 원하는 자를 인도하시는 거룩하신 예수님의 이름으로 기도합니다. 아멘.

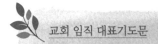

안수집사 임직 1

형제들아 너희 가운데서 성령과 지혜가 충만하여 칭찬 받는 사람 일곱을 택하라
우리가 이 일을 그들에게 맡기고 _〈사도행전〉 6장 3절

존귀하신 하나님 아버지!

"호흡이 있는 자마다 여호와를 찬양하라"고 하셨으니 그 말씀에 순종
하여 우리의 주인이신 하나님을 찬양합니다. 우리가 호흡하는 것을
잊지 않는 것처럼 하나님을 찬양하는 것을 쉬지 않게 하소서.

하나님이 _____ 집사님을 안수집사로 세우시니 감사합니다. 세우
신 집사님과 함께하셔서 오직 하나님만을 섬기며 하나님의 뜻을 이루
어 가는 귀한 주님의 사람이 되게 하소서. 초대 교회 성도들이 일곱 집
사를 세울 때 성령과 지혜가 충만하여 칭찬받는 사람 일곱을 택하였
습니다. 주님! 사랑하는 집사님이 초대 교회 일곱 집사와 같이 성령과
지혜가 충만하여 하나님과 교회와 사람 앞에서 칭찬받는 주님의 일꾼
이 되게 하소서. 그 어떤 세상의 가치관과도 타협하지 않게 하시고 오
직 주님의 뜻만을 이루어 나가는 참된 일꾼이 되게 하소서.

하나님이 교회를 통하여 사랑하는 집사님을 안수집사로 임직하게 하

셨으니 교회의 치리에 순종하게 하시고 교회를 섬기며 봉사하는 일에 모범을 보이게 하소서. 주님이 맡기신 모든 일에 충성하게 하시고 하나님의 일에 앞장서게 하소서. 어떤 일을 맡아도 잘 감당하게 하시고 자신의 힘과 생각을 버리고 하나님의 뜻을 먼저 구하는 집사님이 되게 하소서. 교회의 중직자가 되었으니 교회의 여러 다른 형제들을 돌아보게 하시고 교회에 필요한 것이 무엇인지를 먼저 살피는 자가 되게 하소서. 믿음이 연약한 자의 믿음을 이끌어 가는 자가 되게 하시고 무엇보다도 예수 그리스도께서 원하시는 믿음의 사람이 되게 하소서.

믿는 자를 세우시는 하나님 아버지! 이 세상에서 가진 자신의 지위와 학문과 명예와 부요를 자랑하지 않게 하시고 언제나 예수 그리스도만 자랑하는 사람이 되게 하소서. 하나님이 주신 이 땅의 것들로 교만하지 않게 하시고 예수 그리스도를 닮아 겸손하게 하소서. 죄인들을 구하러 세상에 오신 예수 그리스도를 전하는 전도자가 되게 하시고 예수 그리스도의 이름을 높이는 일에 열심을 내게 하소서.

"집사의 직분을 잘한 자들은 아름다운 지위와 그리스도 예수 안에 있는 믿음에 큰 담력을 얻느니라"라는 말씀을 기억합니다. 사랑하는 집사님이 주께서 주신 아름다운 직분을 잘 감당하여 주님이 주시는 크고 놀라운 은혜를 누리는 주님의 참 일꾼이 되게 도와주소서. 하나님 나라에서 하나님에게 받을 칭찬을 기대하며 맡기신 직분을 잘 감당하기를 소망합니다. 사랑하는 집사님과 이 가정에 말씀을 전하실 목사님에게 성령의 충만함을 주소서.

하나님 우편에서 우리를 도우시는 우리 주 예수님의 이름으로 기도합니다. 아멘.

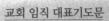교회 임직 대표기도문

안수집사 임직 2

만일 누가 말하려면 하나님의 말씀을 하는 것 같이 하고 누가 봉사하려면 하나님이
공급하시는 힘으로 하는 것 같이 하라 _〈베드로전서〉 4장 11절

성실하신 하나님 아버지!

하나님을 믿는 모든 사람에게 쉬지 않고 은혜를 부어 주시니 감사합
니다. 지금 엎드린 우리 모두를 붙잡아 주셔서 헤아릴 수 없는 하나님
의 생각과 영원무궁하신 하나님의 자비를 일평생 찬양하게 하소서.

주께서 사랑하는 집사님을 불러 안수집사로 임직하게 하시니 감사합
니다. 하나님의 일을 할 때 자신의 상식과 생각을 내세우지 않게 하시
고 맡은 바 모든 일에 겸손함으로 감당하게 하소서. 특히 말로 다른 사
람을 상처 주지 않게 하소서. 사랑하는 집사님의 입술을 통해 흘러나
오는 모든 말들이 하나님의 선하신 언어가 되게 하소서.

항상 하나님의 도우심을 구하게 하소서. 잠시라도 하나님에게 구하지
않는다면 결국 인간의 생각과 의지로 일할 수밖에 없습니다. 단 한순
간도 하나님의 뜻을 잊지 않게 하셔서 사랑하는 집사님을 통해 언제
나 예수 그리스도의 십자가만 나타나게 인도하소서. 집사님의 믿음을

지켜 주셔서 먼저 하나님을 사랑하게 하시고 날마다 십자가에 피 흘리신 예수 그리스도를 만나는 데 힘쓰게 하소서. 예수 그리스도의 보혈의 공로가 아니라면 하나님의 일을 할 아무런 자격도 얻을 수 없음을 알게 하셨으니 날마다 자신을 다스려 죄의 길로 가지 않고 주님만을 의지하게 하소서.

귀 기울이는 자에게 응답하시는 하나님 아버지! 무엇보다 하나님 나라와 예수 그리스도의 몸인 교회를 위해 충성하게 하소서. 하나님 나라를 세우며 하나님을 알지 못하는 영혼들을 하나님에게로 이끄는 곳에 언제나 서 있게 하시고 교회를 통해 일하시는 하나님의 뜻에 순종하게 하소서. 사람들이 꺼리는 곳에 먼저 가게 하시고 사람들이 피하는 일을 기쁨으로 행하는 믿음을 허락하소서. 하나님을 예배하는 자리에 언제나 자리하게 하시고 하나님을 찬양할 때 소리 높여 노래하게 하시며 구할 것이 있어 기도할 때 온 마음으로 부르짖게 하소서.

주님의 일을 행하기 위해 다른 사람에게 조언을 구하는 것을 부끄러워하지 않게 하시고 "다 서로 겸손으로 허리를 동이라 하나님은 교만한 자를 대적하시되 겸손한 자들에게는 은혜를 주시느니라"라는 말씀을 기억하게 하소서. 자신에게 주어진 십자가를 지고 주님을 따르는 데 주저함이 없게 하시고 사랑하는 집사님을 지으시고 부르시고 보내시는 하나님의 명령에 순종하게 하소서. 믿음의 눈을 들어 예수님만 바라보고 세상의 그 어떤 것에도 미혹되지 않게 지켜 주소서. 이제 주님의 말씀을 전하시는 목사님에게 한량없는 은혜를 부어 주소서.

베풀어 주신 모든 은혜에 감사드리며 예수님의 이름으로 기도합니다. 아멘.

장로 장립 1

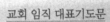

너희 중 장로들에게 권하노니 나는 함께 장로 된 자요 그리스도의 고난의
증인이요 나타날 영광에 참여할 자니라 _(베드로전서) 5장 1절

존귀하신 하나님 아버지!

허물과 죄로 죽을 수밖에 없던 우리를 위해 아들을 보내시고 십자가에
서 피 흘리게 하심으로 구원하신 은혜에 감사합니다. 하나님의 놀랍고
크신 은혜를 찬양하며 그 은혜 가운데에서만 살아가게 인도하소서.

이 땅에 교회를 세우시고 교회를 통해 하나님 나라를 이루시는 하나
님 아버지! 우리에게 귀한 교회를 허락하시니 감사합니다. 하나님이
세우신 교회가 세상의 소금과 빛이 되도록 우리 모두를 도와주소서.
특히 교회에 주신 귀한 사명을 감당하기 위해 많은 일꾼들을 세우시
니 감사합니다. 하나님이 세우신 일꾼들이 하나님의 마음으로 교회를
섬기고 하나님 나라를 확장하는 데 부족함이 없게 인도하소서.

사랑하는 장로님을 교회의 지도자로 세우셨으니 감사합니다. 수많은
교회들이 세상과 타협하고 세상이 이끄는 대로 따라가는 어두운 이
시대에 우리 교회를 사랑하셔서 장로님을 세우시고 교회의 기둥으로

삼으셨습니다. 간절히 원하기는 장로님을 사용하셔서 이 어두운 세대에 참 빛을 들고 나아가는 주님의 도구가 되게 하시고 장로님을 통해 세상의 어둠을 물리치고 빛 되신 주님만이 나타나는 역사를 일으켜 주소서. 장로님의 모든 걸음을 지켜주셔서 날마다 하나님의 영광이 드러나는 삶을 살게 하소서.

하나님이 맡기신 귀한 영혼들을 하나님의 뜻에 따라 섬기게 하시고 그들이 하나님의 사람으로 살아갈 수 있도록 믿음의 본이 되게 하소서. 하나님의 뜻을 따라 자원하여 이 모든 일을 감당하게 하소서. 하나님이 맡기신 영혼들에게 권위적이지 않게 하시고 자신의 생각을 먼저 내세우기보다는 다른 사람의 생각을 먼저 듣게 하시고 모든 일을 행할 때 믿는 모든 사람의 본이 되게 하소서. 사랑하는 장로님의 믿음을 지켜 주셔서 하나님이 기뻐하시는 선한 일들을 행하게 하시고 주님이 다시 오실 때에 시들지 않는 영광의 면류관을 얻게 하소서.

충성하는 자에게 영광의 면류관을 약속하신 하나님 아버지! 교회의 모든 성도들이 모여 사랑하는 장로님을 세운 것은 예수 그리스도를 닮은 섬김과 희생을 원한 것임을 기억하게 하소서. 이 직분이 혹시라도 장로님의 신앙에 걸림돌이 되지 않게 하시고 날마다 하나님의 뜻을 간구하게 하소서. 교회와 가정에서 뿐만 아니라 생활하는 모든 곳에서 우리를 구원하신 예수 그리스도를 나타내게 하시고 하나님을 알지 못하는 사람들에게 예수 그리스도를 전하게 하소서. 이제 하나님의 말씀을 전하실 목사님에게 성령을 부으셔서 선포되는 말씀을 듣고 장로님을 향한 하나님의 큰 뜻이 무엇인지 알게 하소서.

거룩하신 예수님의 이름으로 기도합니다. 아멘.

장로 장립 2

인자가 온 것은 섬김을 받으려 함이 아니라 도리어 섬기려 하고 자기 목숨을
많은 사람의 대속물로 주려 함이니라 _〈마태복음〉 20장 28절

아들을 우리의 대속물로 주신 은혜의 하나님 아버지!

우리에게 주신 하나님의 크고 놀라운 은혜를 찬양합니다. 죄로 인해
결국은 죽을 수밖에 없던 우리들을 불쌍히 여기셔서 아들의 생명으로
우리의 죗값을 대신 치르게 하신 하나님의 크신 사랑에 감사합니다.
단 한 순간이라도 자신의 생명을 주신 예수 그리스도를 잊지 않도록
인도하소서. 주의 선하신 뜻을 이루며 살아가도록 도와주소서.

예수 그리스도의 구원의 은혜를 받고 그 은혜에 감격하여 하나님을
위해서 살아왔던 믿음의 사람을 세우셔서 장로로 장립하게 하시니 감
사합니다. 지금껏 하나님을 위해 생명을 다해 살았고 하나님 나라를
확장하며 교회를 섬기는 일에 충성하셨던 귀한 장로님을 기억하셔서
교회의 지도자로 세우셨으니 이제 이 일을 감당할 새 힘을 부어 주소
서. 하나님의 더 크고 놀라운 일이 세우신 장로님을 통해 나타나도록
인도하소서. 장로님의 모든 사역을 통해 하나님이 영광받으시고 교회

에 하나님의 은혜가 충만하게 하소서.

섬김을 받으려 하지 않으시고 오히려 자신의 목숨을 많은 사람의 대속물로 주셨던 예수 그리스도를 기억합니다. 이 시간 엎드린 사랑하는 장로님을 기억하셔서 예수 그리스도의 모습을 닮게 하소서. 섬김을 받으려 하지 않고 오히려 모든 사람을 섬기는 주님의 제자가 되게 하소서. 세상의 수많은 사람들을 위해 자신의 생명을 아끼지 않으셨던 예수 그리스도를 본받아 하나님 나라와 믿음의 형제들을 위해 자신의 생명을 조금도 아까워하지 않는 섬김의 사람이 되게 하소서.

이제 장립하여 하나님이 주신 더 큰 사명과 교회를 위한 더 많은 일들을 감당하실 장로님을 도와주소서. 모든 일을 행할 때마다 솔로몬이 가졌던 지혜를 부어 주시고 다윗과 같은 믿음을 허락하소서. 하나님의 선한 일을 행할 때에 두려워하지 않게 하시고 하나님의 뜻 안에서 담대하게 하소서. 사람의 지혜와 지식을 구하기보다는 하나님의 뜻을 먼저 구하게 하시고 세상의 그 어떤 악한 것과도 타협하지 않게 하소서. 하지만 자신의 주장만을 내세우지 않게 하시고 하나님이 세우신 모든 일꾼들이 자신들에게 주어진 일들을 잘 감당할 수 있도록 돕게 하소서. 교회의 필요가 무엇인지 구석구석 살피며 하나님 나라와 교회에 필요한 일꾼들을 찾아 잘 양육하여 교회의 곳곳에서 섬기게 하는 역할을 하게 하시고 성도들의 삶을 이해하고 그들의 믿음을 돕는 자가 되게 하소서. 이제 하나님의 말씀을 듣겠습니다. 말씀을 전하실 목사님에게 은혜를 부어 주셔서 말씀을 듣는 우리 모두가 하나님의 뜻을 분별할 수 있게 인도하소서.

거룩하신 예수님의 이름으로 기도합니다. 아멘.

《대표기도문》은 영적인 기도를 위한
온전한 준비 가이드로서 매우 중요한 역할을 한다.

4장

직장·사업·기타
대표기도문

취업 준비

여호와를 의뢰하고 선을 행하라 땅에 머무는 동안 그의 성실을 먹을 거리로
삼을지어다 _〈시편〉37편 3절

사랑과 은혜의 하나님 아버지!

모든 사람의 상황과 환경을 감찰하시고 인도하시는 하나님의 크신 은
혜를 찬양합니다. 언제나 함께하시며 가장 좋은 것을 주시는 하나님
을 의지하며 살아가는 우리가 될 수 있게 인도하소서.

"사람이 마음으로 자기의 길을 계획할지라도 그의 걸음을 인도하시
는 이는 여호와시니라"라고 말씀하신 하나님 감사합니다. 하나님의
백성들이 스스로 길을 결정하고 계획하는 것처럼 보일지라도 실은 이
모든 것이 하나님의 선하신 뜻 아래에 있음을 알게 하시고 믿음으로
살게 하시니 감사합니다. 간절히 구하기는 지금도 취업을 준비하는
사랑하는 주의 자녀에게 이 말씀을 의지하게 하시고 믿게 하옵소서.

위대하신 하나님 아버지! 하나님은 온 세상을 향해 크고 놀라운 계획
을 가지고 계심을 믿습니다. 그리고 그 놀라운 계획을 하나님의 사람
을 통해 이루어 가시는 것을 또한 믿습니다. 하오니 우리가 믿음의 눈

을 들어 우리를 통해 일하실 하나님을 바라보게 하소서. 특히 취업을 준비하는 사랑하는 주의 자녀가 이 사실을 기억하며 온전히 하나님만 의지하게 하소서. 혹여 취업하는 것이 자신의 욕심과 유익, 개인적인 꿈을 이루기 위한 수단이 되지 않게 하시고 이 일이 하나님의 뜻을 이루기 위한 길이 되게 하소서.

취업을 준비하고 있습니다. 준비하는 그 시간들이 때로 힘들고 고통스럽게 느껴질 수 있을 것입니다. 하지만 이 시간을 통해 사랑하는 주의 자녀를 향한 하나님의 크고 놀라운 계획을 발견하게 하시고 이러한 시간보다 더 오래 주의 자녀를 기다리셨던 하나님으로 인해 감사하는 은혜를 허락하소서. 취업을 준비하며 오히려 주위 사람들과의 관계가 더 화목하게 하시고 더 나아가 예수 그리스도의 아름다운 사랑이 취업을 준비하는 주의 자녀를 통해 나타나게 하소서.

취업을 준비하는 사랑하는 주의 자녀의 마음을 살펴주소서. 스스로 조급하여 하나님의 뜻을 헤아리지 못하는 어리석은 모습은 버리게 하시고 하나님의 때를 기다리는 넓은 마음을 주소서. 젊은이들에게 기회의 문이 너무도 좁은 이 세상에서 하나님을 신뢰하는 사람들의 본을 보이게 하시고 악하고 패역한 세대에 예수 그리스도의 빛을 나타내는 성령의 사람이 되게 하소서. 귀한 자녀의 취업을 기다리며 기도하는 가족들과도 함께하시고 특히 부모님의 마음을 주장하셔서 한마음으로 하나님의 뜻을 구하게 하소서. 이제 하나님의 말씀을 전하시는 주의 사자와 함께하셔서 취업을 준비하는 주의 자녀와 이 가정에 하나님의 선하신 뜻을 선포하게 하소서.

간절히 기도하는 자를 도우시는 예수님의 이름으로 기도합니다. 아멘.

취직

가난하여도 성실하게 행하는 자는 입술이 패역하고 미련한 자보다 나으니라
_〈잠언〉 19장 1절

모든 찬양을 받으시기에 합당하신 하나님 아버지!

연약하고 부족한 우리 입술의 찬양도 기쁘게 받아 주시니 감사합니다. 우리의 모든 삶이 찬양이 되게 하시고 우리에게 베푸신 하나님의 크신 은혜에 항상 감사하게 하소서. 우리를 구원하신 예수 그리스도의 크신 은혜를 잊지 않게 하시고 언제나 십자가 앞에 무릎 꿇게 하소서.

사랑하는 주의 자녀에게 일할 곳을 허락하시니 감사합니다. 이 땅의 많은 젊은이들이 일할 곳을 찾지 못해 고민하는 이때에 주의 자녀에게 일할 수 있는 곳을 주셨습니다. 하오니 주님! 사랑하는 주의 자녀가 주님이 베푸신 크고 놀라운 은혜를 잊지 않고 감사하게 하소서.

주님이 주신 직장임을 기억하고 언제나 주님의 뜻 안에서 살아가는 주의 자녀가 되게 하소서. 그저 세상에서 일하고 경제적인 유익을 얻고 자신의 꿈을 실현하는 곳이 아니라 하나님이 그에게 주신 하나님의 성산이라는 것을 기억하고 어디에서 무엇을 하든지 하나님 앞에서

하는 것임을 잊지 않게 하소서. 동료들과의 관계 가운데 함께하셔서 누구에게라도 주님의 사랑을 전하는 자가 되게 하시고 맡은 일을 행하는 중에서도 실수하지 않고 혹여 실수하더라도 인정하고 다시 고치며 자신의 모든 능력을 십분 발휘하여 인정받게 하소서.

자신이 만나는 모든 사람들에게 예수 그리스도를 나타내는 믿음의 삶을 살게 하소서. 그리스도인이라는 이유로 직장에서 따돌림을 당하지 않게 하시고 오히려 많은 사람들을 주께로 돌아오게 하는 복의 통로가 되게 하소서. 맡겨진 일에 최선을 다하며 항상 솔선수범하는 자세를 가지게 하소서. 함께 일하는 사람들을 유연한 자세로 대하여 불편하거나 다투는 일이 없게 하시되 하나님의 사람으로 할 수 없는 것들에 대해서는 단호히 대처하는 믿음의 사람이 되게 하소서.

사랑하는 주의 자녀의 취직을 위해 엎드려 기도한 것을 하나님이 들으셨으니 감사합니다. 하나님이 베푸신 은혜를 기억하며 이전보다 더 주께 순종하게 하소서. 취직을 한 후 여러 가지 일로 분주하여 영육이 피곤해질 때라도 하나님을 예배하는 일을 빠뜨리지 않게 하시고 오히려 주께 나아와 예배하며 하나님이 주시는 새 힘을 공급받아 더 활기차게 일할 수 있게 도와주소서. 사랑하는 주의 자녀의 취직을 위해 눈물로 기도한 부모님과 가족들과 동역자들을 기억하여 주셔서 하나님이 주신 응답으로 기쁨을 누리게 하소서.

이 시간 취직하고 기뻐하는 주의 자녀와 이 가정에 하나님의 말씀을 선포하실 목사님의 입술을 주장하셔서 일평생 가슴에 안고 살아갈 복음이 선포되게 하소서.

기쁨의 근원이 되시는 예수님의 이름으로 기도합니다. 아멘.

이직

사람이 마음으로 자기의 길을 계획할지라도 그의 걸음을 인도하시는 이는
여호와시니라 _〈잠언〉 16장 9절

인자와 자비가 풍성하신 하나님 아버지!

하나님의 백성들을 향한 하나님의 인자하심과 자비하심에 감사합니다. 하나님의 인자와 자비가 아니었다면 죄로 말미암아 죽어야 할 우리였습니다. 하지만 하나님이 우리를 사랑하셔서 예수 그리스도의 공로로 살리셨습니다. 이제 예수 그리스도께서 십자가에서 흘리신 보혈의 공로를 의지하여 새 생명을 얻은 우리가 그 은혜에 감사하며 주를 찬양하오니 우리의 찬양을 기쁘게 받아 주소서.

믿는 모든 사람과 함께 걸으시는 하나님 아버지! 직장을 옮기며 하나님의 도우심을 구하는 사랑하는 주의 백성을 기억하소서. 하나님이 주신 지난 일터에서도 주의 은혜 가운데 일하였습니다. 이제 새롭게 주신 일터 역시 하나님의 은혜 가운데서 열심히 일할 수 있게 도와주소서. "여호와의 계획은 영원히 서고 그의 생각은 대대에 이르리로다"라는 말씀을 믿습니다. 지금 사랑하는 주의 백성이 이직이 마치 자신

의 계획 같으나 모든 것은 선하신 주님의 계획 아래 있음을 믿습니다. 그러므로 주님! 결정된 이 일로 인해 더 이상 염려하거나 두려워하지 않게 하시고 믿음으로 주님이 주신 길을 걸어가게 하소서.

새로운 직장에 잘 적응할 수 있게 도와주소서. 새로운 장소에서 새로운 사람들을 만나고 새로운 일을 하게 될 것입니다. 좋은 환경을 주시고 믿는 사람들을 만나게 하셔서 함께 일하는 데 조금도 어려움 겪지 않도록 인도하소서. 오직 하나님을 신뢰함으로 어떤 환경에서도 담대하게 하소서. 사랑하는 주의 백성과 함께하셔서 어디서나 예수 그리스도를 나타내는 삶을 살게 하시고 예수 그리스도가 자신의 주인이심을 증언하는 믿음의 사람이 되게 하소서. 자신에게 주어진 모든 일을 성실히 감당하게 하시고 최선을 다하여 일하게 하소서.

새로운 직장에서의 삶이 기쁘고 즐거울 수 있게 도와주소서. 직장에서 원하는 일들을 하나님 나라에서 일하듯 하게 하시고 주님의 뜻이 아닌 일에 타협하지 않게 하소서. 직장을 옮기는 것 때문에 어떤 상처도 생기지 않게 하시고 오히려 이 일이 더 큰 기쁨이 되게 하소서. 새로운 직장에서의 일들로 인해 하나님을 예배하는 것에 어려움을 겪지 않게 하시고 하나님 나라를 위해 일하기 시작했던 처음 마음을 잊지 않게 하소서. 하나님을 위해 작은 손해를 보거나 자신의 소유를 희생해야 하는 것을 즐거워하게 하시고 어디에서나 자신을 위해 십자가에서 피 흘려 죽으신 예수 그리스도만 바라보게 하소서.

사랑하는 주의 백성을 위해 말씀을 전하실 목사님과 함께하시고 선포되는 말씀을 통해 세상을 이길 힘을 얻게 하소서.

우리와 늘 함께하여 주시는 예수님의 이름으로 기도합니다. 아멘.

승진

사람들이 너를 낮추거든 너는 교만했노라고 말하라 하나님은 겸손한 자를
구원하시리라 _〈욥기〉 22장 29절

믿는 자에게 은총을 주시는 사랑의 하나님 아버지!

하나님을 믿고 하나님의 뜻을 따라 살기 원하는 사람들을 기억하시고
인도하시니 감사합니다. 하나님이 주신 말씀을 따라 항상 기뻐하며
쉬지 않고 기도하며 범사에 감사하는 믿음의 삶을 살 수 있도록 도와
주소서.

주의 백성들에게 가장 좋은 것을 주시는 하나님 아버지! 하나님의 크
신 은혜를 찬양합니다. 하나님의 은혜로 우리는 먹고 마시고 숨 쉬며
살아갑니다. 우리에게 일터를 주시고 그곳에서 열심히 일하여 경제적
인 풍요를 누리며 만족을 누리게 하셨습니다. 이 모든 것만으로도 감
사를 쉬지 않는 우리 모두가 되도록 인도하소서.

지금껏 베풀어 주신 은혜에도 감사가 부족하거늘 우리에게 승진이라
는 또 다른 은혜를 내려 주시니 감사합니다. 이 모든 것이 주님의 은혜
입니다. 더 열심히 주님을 위해 살아가는 주님의 백성이 되게 하시고

선하신 하나님의 뜻을 이루며 살아가게 인도하소서. 하나님이 주신 지위를 자신의 힘으로 이룬 양 스스로 높이지 않게 하시고 교만한 마음 때문에 하나님의 영광을 가리지 않도록 도와주소서. 작은 성공에 도취하여 하나님이 이루고자 하시는 크고 놀라운 일들을 잊지 않게 하소서. 지금의 승진이 하나님이 주신 기회인 것을 알고 죄인들을 구원하신 예수 그리스도를 전하는 일에 더 열심을 내게 하시고 하나님의 이름만을 나타내는 믿음의 사람이 되게 하소서.

더 높은 지위를 가지면 그만큼 더 많은 책임이 따른다는 것을 잘 알고 있습니다. 사랑의 하나님 아버지! 승진하며 더 많은 책임감을 가져야 하는 주의 백성을 지켜 주소서. 주님이 주신 그 지위에 맞는 일들을 잘 감당하게 하시고 윗사람의 명령에 순종하고 아랫사람에게 관대한 마음을 부어 주소서. 일터에서 누구를 만나고 어떤 일을 하더라도 주께 하듯 하게 하시고 함께하는 모든 사람에게 그리스도의 향기를 전하게 하소서. 하나님에게 일터를 구하며 기도하던 때를 기억하게 하시고 일터에서 일할 때 품었던 처음 마음을 잊지 않게 하소서.

사람의 마음을 감찰하시는 하나님 아버지! 사랑하는 주의 백성의 마음을 항상 살피시고 지켜 주소서. 하나님을 향한 마음이 변하지 않게 하시고 주님이 주신 은혜에 항상 감사하는 삶을 살게 하소서. 이제 말씀을 전하실 목사님에게 성령을 부어 주셔서 은혜의 말씀이 선포되게 하소서.

사랑하는 주의 백성을 통해 교회와 모든 성도들에게 큰 기쁨을 주시는 하나님을 찬양하오며 거룩하신 예수님의 이름으로 기도합니다. 아멘.

퇴사

너희는 강하고 담대하라 두려워하지 말라 그들 앞에서 떨지 말라 이는
네 하나님 여호와 그가 너와 함께 가시며 결코 너를 떠나지 아니하시며
버리지 아니하실 것임이라 하고 _〈신명기〉 31장 6절

영광을 받으실 하나님 아버지!

하나님의 모든 선하신 뜻으로 하나님의 백성들을 다스리시니 감사합니다. 하나님을 아버지라 부르는 모든 사람들을 기억하셔서 어떠한 상황에서라도 함께하시고 하나님이 예비해 두신 길로 인도하소서.

사랑하는 주의 자녀를 절대 포기하지 않으시는 하나님 아버지! 이 시간 주의 자녀가 드리는 기도에 응답하여 주소서. 주의 자녀가 퇴사하고 앞으로의 일들로 인해 주님 앞에 엎드립니다. 모든 것을 주께 맡기고 주님의 뜻을 구하는 자에게 하나님의 선하신 길을 보여 주소서. 그의 마음을 붙잡아 주셔서 세상이 주는 걱정과 두려움에 사로잡히지 않게 하시고 주님이 행하시는 일들을 기대하며 겸손히 엎드려 주님의 일을 기다리게 하소서.

"두려워하지 말고 믿기만 하라"고 말씀하신 주님! 주의 말씀에 의지하여 지금 처한 상황에 두려워하지 않고 주님만을 신뢰하게 도와주소

서. 자신의 딸의 죽음 앞에서 떨며 두려워하던 야이로에게 말씀하시고 그 딸을 살려 주신 말씀을 통해 주님을 믿는 자에게는 어떤 일도 두렵지 않음을 우리로 알게 하셨으니 감사합니다. 이후에 일어날 모든 일들에 섭리하셔서 주님의 선한 길로 이끌어 주소서.

지금까지 다니던 직장을 그만두고 이후의 일들을 생각하면 걱정과 두려움이 앞섭니다. 이후에 일어날 일들을 알지 못하여 전전긍긍하며 고민하게 됩니다. 하나님의 때에 하나님의 일을 이루어 주실 것을 믿지만 그때가 언제인지 몰라 걱정하고 이루어 주실 일이 무엇인지 몰라 염려하는 어리석은 우리의 마음을 살펴 주소서. 하나님을 믿는다고 말하면서도 여전히 믿지 못하고 사람의 방법을 찾아 헤매는 우리의 불신앙을 용서하소서. 어쩔 수 없는 인간의 연약함을 불쌍히 여기시고 주님의 뜻을 담대히 기다릴 수 있는 굳센 믿음을 주소서.

사랑하는 주의 자녀가 퇴사한 일이 가정과 성도들의 걱정거리가 되지 않게 하시고 주님의 선하신 뜻을 기다리며 함께 기도하게 하소서. 가족과 형제자매들의 기도가 사랑하는 주의 자녀에게 큰 위로가 되게 하시고 그들의 기도를 하나님이 들으셔서 속히 응답하여 주소서. 함께 믿음으로 기다리는 사람들에게 너무 오래 지체하지 마시고 하나님의 뜻을 보여 주소서. 그리하여 오히려 이 일로 인해 주님이 지금도 살아 계셔서 믿는 성도들에게 역사하고 계심을 알게 하소서.

이제 말씀을 전하실 목사님과 함께하셔서 선포되는 말씀을 통해 믿는 자에게 반드시 선한 일을 행하시는 하나님을 만나게 하소서.

하나님의 백성들의 소리에 응답하시는 하나님을 기대하오며 우리 주 예수님의 이름으로 기도합니다. 아멘.

은퇴

택하신 백성과 늘 함께하시는 하나님 아버지!

주의 백성들을 위해 쉬지 않으시고 일하시는 그 은혜에 감사합니다.
우리 가운데 계셔서 우리와 함께하시고 우리의 모든 걸음을 지키시는
하나님을 기억하며 날마다 하나님과 동행하는 우리가 되게 하소서.

"오직 나와 내 집은 여호와를 섬기겠노라"고 고백했던 여호수아를 기
억합니다. 하나님이 맡기신 모든 일들을 그치고 이스라엘 백성들에게
순전한 마음으로 외쳤던 여호수아의 이 놀라운 고백이 오늘 우리의
고백이 되게 하소서. 특히 이제 은퇴하시는 귀한 주님의 백성을 기억
하여 주셔서 여호수아처럼 오직 하나님만을 더욱 섬기는 귀한 믿음의
백성이 되게 도와주소서.

사람이 정한 나이에 이르러 은퇴하게 되었으니 이 모든 것이 주님의
은혜인 줄 믿습니다. 주께서 지금까지 인도하지 않으셨다면 어떻게
지금에 이르도록 주님이 주신 이 귀한 일들을 감당할 수 있었겠습니

까! 지난날을 돌아보면 단 한 순간도 주님의 은혜가 아닌 시간이 없었음을 고백합니다. 그러하오니 주님! 지금까지 하나님이 함께하셨던 것처럼 이제 남은 모든 시간도 사랑하는 주님의 백성과 함께하셔서 오히려 은퇴하기 이전보다 더 힘 있게 주님이 주신 모든 일들을 감당해 나가는 은혜를 부어 주소서.

주님이 기뻐하실 일이 무엇인지 찾아 행하게 하시고 육신의 힘이 다할 때까지 하나님을 섬기는 일을 쉬지 않게 하소서. 예수 그리스도를 알지 못하는 사람들에게 나아가 생명이신 예수 그리스도를 전하게 하시고 사랑하는 교회와 성도들과 가족들을 위해 십자가 앞에서 눈물로 기도하게 하소서. 은퇴 이후에 남는 많은 시간들을 하나님의 말씀을 읽을 수 있는 귀한 시간들로 채우게 하소서. 은퇴하기 이전의 바쁜 삶들로 하나님을 찬양하는 일에 소홀했다면 이제 마음껏 하나님을 찬양하게 하시고 이전보다 하나님의 말씀을 듣는 자리에 더 많이 앉아 있는 복을 받았음을 알게 하소서.

정한 때가 되면 그동안 하던 일을 멈추고 은퇴하는 것이 사람에게 정해진 법이지만 그 마음의 허전함을 돌아보소서. 어찌할 바를 몰라 방황하지 않게 하시고 은퇴한 이후에 해야 할 주님의 사명이 무엇인지 분명히 깨닫게 하소서. 오히려 주님이 주시는 새 비전을 발견하는 시간들로 충만한 은혜를 부어주소서.

은퇴한 후 주님의 도우심을 구하는 사랑하는 주의 자녀에게 주님의 말씀을 전합니다. 말씀을 전하시는 목사님께 더 놀라운 말씀의 은혜를 부어주소서.

언제나 함께하시는 예수님의 이름으로 기도합니다. 아멘.

실직

이것을 너희에게 이르는 것은 너희로 내 안에서 평안을 누리게 하려 함이라
세상에서는 너희가 환난을 당하나 담대하라 내가 세상을 이기었노라
_〈요한복음〉 16장 33절

우리의 걸음을 인도하시는 하나님 아버지!

하나님을 신뢰하고 따르는 모든 사람들의 삶을 주관하시고 언제나 하나님의 풍성하심을 맛보게 하시니 감사합니다. 어렵고 힘든 순간에도 함께하셔서 오히려 그 시간이 더 큰 은총의 시간임을 깨닫게 하시는 하나님의 섭리를 찬양합니다. 우리의 연약함을 주님 앞에 내려놓습니다. 이 세상을 살면서 하나님이 아닌 세상의 것들을 더 많이 구하던 우리의 잘못을 용서하시고 예수 그리스도의 십자가만으로 충분한 믿음을 우리에게 부어 주소서.

저마다 자신의 이익을 위해 분주한 이 세대를 불쌍히 여겨 주소서. 수많은 젊은이들이 취업을 위해 최선을 다함에도 원하는 것을 쉬이 얻지 못하고 바라던 곳에 취업한 후에도 자신의 생각과 달라 고민하는 하나님 없이 살아가는 인생들이 너무도 많습니다. 어쩔 수 없는 쳇바퀴 속에서 일하며 어렵게 신앙을 지켜 나가는 주님의 모든 자녀들과

함께하소서. 이런 상황에서 전혀 생각하지도 원하지도 않은 실직의 소식을 듣습니다. 주여! 이런 어려움을 겪는 주의 자녀를 안아 주소서.

은혜의 하나님! 원하지 않던 일을 겪고 실망하며 애통하는 주님의 자녀를 기억하여 주소서. 이 땅에서 살아가면서 우리가 원하는 일보다 오히려 원하지 않았던 일들을 만날 때가 더 많음을 고백합니다. 그 고통이 심히 크고 무겁습니다. 갑자기 다가온 아픈 소식들 앞에서 주께 나아와 위로를 구하는 자들을 기억하여 주소서.

하지만 이 모든 것이 하나님의 섭리 가운데 있음을 믿습니다. 지금은 이 일이 감당하기 어렵고 힘이 들지만 언젠가는 이 일로 말미암아 하나님을 찬양하게 될 줄 믿습니다. 구하는 자에게 주시겠다고 하신 주님의 말씀을 기억하며 이제 이후의 삶을 하나님에게 의탁하오니 엎드려 간절히 구하는 주님의 자녀에게 하나님의 때에 가장 좋은 것을 주소서. 이 시간을 통해 주께 더 가까이 나아가는 은혜를 부어 주시고 혹시 그동안 시간이 부족하다 말하며 기도하지 못했다면 이제 기도의 자리로 나아가게 하시고 말씀을 읽는 것에 소홀했다면 하나님의 말씀으로 더 가까이 나아가는 복된 시간이 되게 하소서. 지금 겪는 실직의 고통이 인생의 끝이 아니라는 것을 알게 하시고 하나님이 주실 더 나은 삶을 기대하며 주님의 뜻을 잠잠히 기다리게 하소서. 이 아픔의 시간을 주시고 함께 아파하시는 주님을 만나게 하소서.

주님의 말씀으로 위로하시고 힘을 주소서. 말씀을 전하시는 목사님에게 성령을 충만하게 부어 주셔서 선포되는 말씀을 통해 우리와 함께하시는 주님을 알게 하소서.

우는 자를 위로하시는 예수님의 이름으로 기도합니다. 아멘.

개업

우리는 구원 받는 자들에게나 망하는 자들에게나 하나님 앞에서 그리스도의
향기니 _〈고린도후서〉 2장 15절

택하신 자녀를 늘 새롭게 하시는 하나님 아버지!

하나님의 은혜로 우리를 늘 새롭게 하시니 감사합니다. "그런즉 누구
든지 그리스도 안에 있으면 새로운 피조물이라 이전 것은 지나갔으니
보라 새 것이 되었도다"라는 말씀처럼 예수 그리스도로 말미암아 옛
것과 비교할 수도 없는 새로운 피조물이 되게 하소서. 혹여 우리가 어
리석어 옛 사람의 모습으로 되돌아가려 할 때라도 우리를 버리지 마
시고 붙잡아 주셔서 예수님의 보혈의 공로로 다시 새롭게 하소서.

사랑의 하나님! 하나님의 뜻 안에서 새로운 일을 시작하는 주의 자녀
들을 기억하여 주옵소서. 새로운 일을 시작하는 것이 그저 육신의 만
족과 경제적인 유익과 자신들의 안위만을 위한 것이 되지 않게 하시
고 이 일을 통해 이루고자 하시는 하나님의 뜻을 발견하며 성실하게
걸어가게 하소서. 세상의 많은 사람들이 스스로의 만족과 욕심을 채
우기 위해 자신을 속이며 심지어 하나님마저 속이려 합니다. 바라옵

기는 새로운 일을 시작하는 주의 자녀가 세상 사람들의 어리석음을 따라가지 않게 하시고 세상의 유혹에 미혹되지 않게 하소서.

여기 이 사업장을 하나님이 지켜 주소서. 하나님의 섭리로 이곳에서 새로운 일을 시작하였으니 하나님이 늘 돌보아 주소서. 이 사업장에 그 어떤 어려움도 생기지 않게 하시고 이 사업장을 드나드는 모든 사람들이 하나님을 만나고 경험하는 은혜의 장소가 되게 하소서. 이곳이 주님의 나라가 되게 하셔서 예수 그리스도를 전하는 복음의 기지가 되게 하시고 악한 사탄의 권세가 흔들지 못하게 지켜 주소서. 주님을 찬양하는 소리가 늘 흘러나오게 하시고 믿음의 사람들이 기도하는 장소가 되게 인도하소서. 마음이 상한 사람들이 이곳을 통해 하나님의 위로를 얻게 하시고 성도의 아름다운 교제가 넘치는 곳이 되게 하소서.

인간의 모든 계획을 아시는 하나님 아버지! 하나님의 뜻으로 개업하게 하셨으니 하나님이 늘 함께하여 주소서. 믿음의 사람들이 하는 모든 일들 가운데 역사하셔서 하나님이 도우시는 사람들의 일이 어떠한지를 세상이 알게 하소서. 새로 시작하는 이 일이 육신의 일이 아니라 하나님이 주의 백성들에게 주신 사명이라는 것을 기억하게 하시고 주께서 맡기신 이 땅에서의 일에 충성하게 하소서. 혹시라도 새로 시작하는 일 때문에 하나님이 주신 생명을 위한 일을 소홀하지 않게 하시고 하나님을 예배하고 말씀을 읽으며 찬양하는 것에 더 열심을 낼 수 있게 도와주소서. 이제 개업한 가정을 위해 말씀을 전하시는 목사님에게 큰 은혜를 주실 줄 믿습니다.

거룩하신 우리 주 예수님의 이름으로 기도합니다. 아멘.

사업의 확장

야베스가 이스라엘 하나님께 아뢰어 이르되 주께서 내게 복을 주시려거든 나의 지역을
넓히시고 주의 손으로 나를 도우사 나로 환난을 벗어나 내게 근심이 없게 하옵소서
하였더니 하나님이 그가 구하는 것을 허락하셨더라 _〈역대상〉 4장 10절

존귀하신 하나님 아버지!

하나님을 믿고 따르는 모든 자들에게 구원을 베풀어 주시고 삶의 모든 순간에도 함께하시니 감사합니다. 지금도 하나님 앞에 엎드려 하나님의 도우심을 구하는 모든 사람들에게 임재하셔서 세상을 이길 힘을 주시고 도우시는 하나님의 손을 경험하게 하소서.

하지만 우리는 어리석어 날마다 내밀어 주시는 하나님의 손을 잡기보다는 오히려 세상을 향해 손 내밀 때가 더 많았음을 고백합니다. 하나님만을 의지한다고 말하면서 하나님이 아닌 다른 것의 도움을 더 간절하게 기다렸던 어리석은 우리를 불쌍히 여기시고 예수님의 십자가의 공로로 우리를 변화시켜 주소서.

모든 것 위에 뛰어나신 하나님 아버지! 귀한 하나님의 자녀에게 하나님의 선한 일들을 감당하게 하시니 감사합니다. 이 땅 위에서 살아갈 힘을 주시고 하나님이 주신 힘과 재능으로 귀한 사업을 잘 감당하게

하셨으니 감사합니다. 하나님을 믿고 의지하며 하나님의 사업을 감당한 주님의 자녀에게 사업을 확장하게 하셨으니 은혜에 감사합니다. 모든 것이 하나님의 은혜이며 하나님의 공로임을 믿습니다. 이 시간 사업을 확장하고 하나님 앞에 엎드려 예배하는 하나님의 자녀의 경배를 기쁘게 받아 주소서.

지금까지 이루어진 모든 일들이 하나님의 뜻이었음을 인정하게 하시고 이후의 모든 사업을 하나님의 손에 의탁하는 믿음의 자녀가 되게 하소서. 단 한 순간도 지금의 성공이 자신의 힘과 노력으로 이루어졌다고 여기지 않게 하시고 언제나 겸손한 마음으로 주님이 주신 사업을 행하게 하소서. 사업을 확장한 이 일에 취하여 하나님의 뜻을 구하지 않는 어리석은 잘못을 범하지 않게 하시고 이전보다 더 많이 엎드려 기도하는 기도의 사람이 되게 하소서.

하나님 나라를 위해 더 크게 사용하여 주시고 더 많이 일할 수 있도록 인도하소서. 하나님이 사랑하는 자녀에게 사업을 확장하도록 도우신 것을 기억하여 자신의 소유를 드려 하나님 나라를 확장하는 일에 충성할 수 있게 하소서. 허락하신 모든 것이 내 것이 아니고 하나님의 것임을 분명히 알고 주를 위해서 사용하는 은혜를 부어 주소서. 그래서 사랑하는 주의 자녀가 사업을 확장한 이 일이 하나님과 교회와 성도들에게 큰 기쁨이 되게 인도하소서.

매사 하나님의 도우심을 구하는 사랑하는 주의 자녀에게 이제 하나님의 말씀을 전하실 목사님을 인도하소서. 선포되는 말씀을 듣고 언제나 도우시는 하나님을 만나는 은혜가 충만한 시간이 되게 하소서.

기도하는 자를 기뻐하시는 예수님의 이름으로 기도합니다. 아멘.

사업의 번창

너희는 의인에게 복이 있으리라 말하라 그들은 그들의 행위의 열매를
먹을 것임이요 _〈이사야서〉 3장 10절

우리와 함께하시는 하나님 아버지!

하나님의 말씀에 불순종하여 하나님의 크신 사랑을 버리고 죄악의 길
로 떠났던 어리석고 연약한 사람들을 끝까지 사랑하시니 감사합니다.
아들이신 예수 그리스도를 보내시고 믿기만 하면 구원받게 하신 하나
님의 놀라우신 구원의 은혜를 찬양합니다. 우리 모두의 평생의 삶이
하나님의 이 놀라운 구원의 은총을 찬양하며 감사하는 삶이 되게 하
소서. 주의 은혜를 떠나지 않는 우리 모두가 되게 하소서.

우리의 삶을 인도하시는 하나님 아버지! 세상의 헛된 것과 악한 모든
것을 벗어버리고 하나님이 기뻐하시는 빛의 자녀가 되게 하셨으니 감
사합니다. 우리 모두의 삶을 주관하셔서 항상 하나님의 뜻을 이루어
갈 수 있도록 도와주소서. 오늘도 우리에게 생명을 허락하셔서 하나
님의 선하신 뜻을 바로 알게 하시고 하나님의 이름을 높이며 하나님
나라를 이루어 가는 데 사용하여 주소서.

하나님의 크고 놀라운 구원의 은총을 받고 믿음으로 살아가는 주님의 자녀에게 사업을 주시고 번창하게 하시니 감사합니다. 사업을 시작한 것도 사업이 번창하게 된 것도 하나님의 은혜임을 믿습니다. 옛날 믿음의 선진들에게 늘 함께하셨던 것처럼 하나님의 은혜로 사업하는 주님의 자녀와 항상 함께하여 주소서. 믿음의 선진들과 함께하셨을 뿐만 아니라 그들의 소유를 더 풍요하게 하시고 보호하셨던 주님! 오늘 엎드린 주님의 자녀에게 동일한 은혜를 허락하소서. 그러나 이 모든 것이 개인의 유익을 위함이 아니라 오직 하나님 나라를 위함이라는 것을 먼저 깨닫게 하시고 자신의 소유가 아니라 모든 것이 하나님의 것이라 믿음으로 고백하는 주의 자녀가 되게 하소서.

이 세상의 어리석은 사람들의 모습을 닮지 않게 하소서. 세상 사람들은 사업이 번창하고 경제적인 부요를 더 얻을수록 교만해져서 다른 사람들을 업신여기고 자신의 지위를 자랑하며 결국은 멸망의 길로 들어서고 마는 것을 봅니다. 사랑하는 주님! 이 시간 주님 앞에 엎드려 기도하는 주의 자녀에게 세상 사람들의 모습이 타산지석이 되게 하소서. 오히려 그들과는 다르게 사업이 번창하면 할수록 자신을 낮추고 겸손하며 하나님이 원하시는 뜻만을 구하는 은혜를 부어 주소서. 세상의 가치관과 다르더라도 주님의 말씀을 따르는 것을 기뻐하게 하시고 모든 일의 우선순위가 주님의 나라가 될 수 있게 인도하소서.

이제 말씀을 전하시는 목사님의 입술을 주장하소서. 선포되는 말씀을 통해 사업을 번창하게 하신 주님의 은혜를 다시 깨달아 알게 하시고 주님을 위해 살아갈 열정이 불타오르는 시간이 되게 하소서.

거룩하신 우리 주 예수님의 이름으로 기도합니다. 아멘.

사업의 부도

그러나 내가 가는 길을 그가 아시나니 그가 나를 단련하신 후에는 내가
순금 같이 되어 나오리라 _〈욥기〉 23장 10절

우리가 가는 모든 길을 아시는 하나님 아버지!

하나님이 우리의 길을 모두 아신다는 이 말씀으로 새 힘을 얻게 하시
니 감사합니다. 우리를 붙잡아 주셔서 주님의 뜻 안에서 단련하시고
마침내 우리 모두를 순금같이 되게 하소서.

이 시간 하나님의 위로를 구합니다. 모든 상한 심령을 위로하시고 만
지시는 하나님의 도우심을 간절히 구합니다. 하나님 나라를 세우기
위해 계획하고 시작하고 진행했던 사업에 큰 어려움을 겪고 있는 주
님의 자녀를 기억하여 주소서. 우리는 모두 어리석고 부족해서 미처
생각하지 못하고 원하지도 않았던 어려움과 걱정이 닥쳐오면 어찌할
바를 알지 못하고 헤매는 연약한 자들이오니 불쌍히 여겨 주소서.

새 힘을 주시는 하나님 아버지! 하나님 앞에 엎드린 주의 자녀를 기억
하여 주소서. 사업을 진행하다가 겪는 이런 큰일들로 말미암아 낙심
하지 않게 하소서. 혹시라도 하나님에게 버려진 것이 아닌지 두려워

하지 않게 하시고 어떤 상황에서라도 하나님이 함께하심을 확실히 믿게 하소서. 지금 일어난 사업의 어려움이 비록 힘들고 어렵지만 오히려 이 시간 하나님을 더 깊이 만나고 주께로 더 가까이 나아가는 은총의 시간이 되게 하소서. 지금 한 번 쓰러진 것이 영원히 쓰러진 것이 아님을 알게 하시고 쓰러질 때에 일으키시는 하나님을 보게 하소서.

주님이 사랑하는 주의 자녀의 마음을 만져 주셔서 강하고 담대하게 하소서. 하나님이 함께하시기 때문에 그 어떤 일도 실패가 아니라는 것을 알게 하시고 겸손히 주께 엎드려 선한 뜻을 구하게 하소서. "그런데 내가 앞으로 가도 그가 아니 계시고 뒤로 가도 보이지 아니하며 그가 왼쪽에서 일하시나 내가 만날 수 없고 그가 오른쪽으로 돌이키시나 뵈올 수 없구나"라고 한탄했던 욥을 기억합니다. 지독한 인생의 문제 앞에서 하나님을 찾기 위해 앞과 뒤로 또 왼쪽과 오른쪽으로 이리저리 헤매었지만 결국 하나님의 도우심을 얻지 못했던 욥과 같이 하나님의 뜻이 무엇인지 몰라 고통받는 주의 자녀를 기억하소서. 그리고 마침내 욥이 그럼에도 불구하고 자신의 길을 아시는 하나님을 찬양했던 것처럼 사랑하는 주의 자녀의 모든 삶을 아시고 함께하시는 하나님을 굳게 믿는 믿음으로 이 아픔의 시간을 이기게 하소서.

우리의 길을 아시는 하나님 아버지! 우리는 하나님의 뜻이 어디에 있는지 잘 모를 때가 너무 많습니다. 하지만 하나님은 믿고 따르는 자를 결코 버리지 않으시는 분이심을 믿습니다. 이 시간 말씀을 전하시는 목사님을 통해 이렇게 놀라운 하나님의 은혜를 누리게 하소서.

결국은 우리의 믿음을 순금과 같이 정결하게 하실 하나님을 찬양하오며 예수님의 이름으로 기도합니다. 아멘.

직장 · 사업 · 기타 대표기도문

출국

은혜가 충만하신 하나님 아버지!

하나님을 경배하며 순종해야 할 인간들이 하나님에게 불순종하였음
에도 불구하고 하나님의 사랑으로 구원하여 주시니 감사합니다. 예수
그리스도를 이 땅에 보내시고 십자가에서 죽게 하심으로 믿는 우리를
구원하신 것은 오직 하나님의 사랑 때문이었음을 믿습니다. 하나님이
우리에게 주신 사랑이 우리를 새롭게 하며 어떤 환경에서도 살아갈
의지가 됩니다. 날마다 하나님의 크고 놀라운 사랑에 감사하며 하나
님만을 사랑하게 하소서.

사랑하는 주의 자녀들을 부르셔서 각자에게 맞는 삶을 주시고 주님의
뜻 안에서 살게 하시니 감사합니다. 주님의 자녀들이 어디에 있을 때
든지 오직 주님만을 바라보고 주님이 기뻐하시는 일을 행할 수 있게
인도하소서. 교회에서나 가정에서나 또는 직장에서 하나님이 주신 달
란트를 사용하게 하시고 각각의 장소에서 하나님이 원하시는 삶을 살

도록 도와주소서.

사랑하는 주의 자녀가 주님이 주신 일로 인해 출국하려고 합니다. 오고 가는 모든 여정을 하나님이 친히 돌보아 주셔서 안전하게 지켜 주시고 목적대로 일을 잘 마치고 돌아올 있도록 인도하소서. 믿는 사람들의 안전은 세상의 것에 달려 있지 않고 오직 하나님의 뜻에 있음을 믿습니다. 우리가 세상의 것들을 겹겹이 두르고 안전하다 말할지라도 하나님이 치시면 무슨 소용이 있겠습니까! 우리가 빈 몸이라도 하나님이 지켜 주시면 세상의 그 어떤 것도 두렵지 않다는 것을 알고 오직 하나님만을 신뢰하며 출국하도록 인도하소서. 출국하는 사랑하는 주의 자녀에게 은혜를 베풀어 주셔서 하나님이 친히 불로 둘러싼 성곽이 되어 주소서. 돌아올 때까지 방패가 되는 주님을 경험하게 하시고 함께하셨던 주님을 간증하며 기뻐하는 믿음의 사람이 되게 하소서.

출국하는 사랑하는 주의 자녀를 위해 기도하는 가족들과 성도들을 기억하셔서 언제나 자신의 백성들과 함께하시는 하나님을 믿게 하소서. 주님이 함께하심을 믿어 미래의 일들로 인해 불안해하지 않게 하시고 세상이 줄 수 없는 평안을 받아 누리게 하소서. 모든 두려움은 벗어버리고 예수 그리스도로 말미암은 굳센 믿음을 갖게 하소서.

하나님의 말씀을 듣기를 원합니다. 말씀을 전하실 목사님과 함께하셔서 출국을 앞둔 사랑하는 주의 자녀와 가족들과 성도들에게 가장 필요한 말씀이 선포되게 하소서. 하나님의 말씀 때문에 평안을 누리게 인도하소서.

언제나 하나님의 백성들과 함께하시는 하나님을 찬양하오며 거룩하신 예수님의 이름으로 기도합니다. 아멘.

이민

여호와께서 아브람에게 이르시되 너는 너의 고향과 친척과 아버지의 집을 떠나 내가 네게 보여 줄 땅으로 가라 내가 너로 큰 민족을 이루고 네게 복을 주어 네 이름을 창대하게 하리니 너는 복이 될지라 _〈창세기〉 12장 1~2절

인생의 걸음을 주관하시는 하나님 아버지!

오로지 홀로 완전하고 거룩하신 하나님을 찬양합니다. 하나님은 거룩하셔서 이 세상의 그 어떤 것도 하나님의 거룩하심 앞에 나아갈 수 없음을 고백합니다. 하물며 진노의 자녀이며 아무리 노력해도 가진 죄를 털끝만큼도 씻을 수 없는 우리는 하나님의 거룩하심을 바라볼 수도 없는 죄인인 것을 인정합니다. 하지만 우리에게 예수 그리스도를 보내셔서 십자가에서 죽으심으로 그를 믿는 모든 자를 구원해 주시니 감사합니다. 우리의 그 어떤 공로도 아닌 오직 예수 그리스도의 십자가의 공로로 우리가 구원받았으니 은혜에 감사합니다.

"주께서 내가 앉고 일어섬을 아시고 멀리서도 나의 생각을 밝히 아시오며 나의 모든 길과 내가 눕는 것을 살펴보셨으므로 나의 모든 행위를 익히 아시오니"라는 말씀을 기억합니다. 하나님은 우리의 모든 것을 이미 아시는 주님이심을 고백합니다. 그러므로 항상 우리를 살펴

시는 주님을 신뢰하게 하소서. 항상 하나님만 바라보게 하소서.

믿고 의지하는 자를 결코 포기하지 않으시는 하나님 아버지! 여기 이민을 앞둔 귀한 가정이 있습니다. 이 땅 위에서 살아가다 하나님의 뜻이 계셔서 이 가정을 다른 나라로 이민하게 하셨음을 믿습니다. 하나님만을 신뢰하며 따르는 믿음의 가정을 인도하셔서 이민하는 모든 과정 가운데 아무런 어려움이 없도록 도와주소서. 이 나라에서 살아가면서 혹여 겪은 어려움들이 오히려 경험이 되어 다른 나라에서 살아갈 때에 어떠한 일도 견딜 수 있는 힘이 되게 하소서. 전혀 다른 시간과 문화와 언어와 사람들 사이에서 살아가게 됩니다. 가족들 모두 잘 적응하게 도와주시고 이 가정이 정착해 살아가는 곳에서도 그리스도의 향기를 전하는 복된 가정이 되게 하소서.

떠나는 그 시간까지도 함께하셔서 모든 것이 잘 준비되게 하시고 지금까지 살아오던 곳을 떠나야 하는 마음을 만져 주소서. 이 가정의 이민이 모두에게 아픔과 슬픔이 되지 않게 하시고 오히려 주위의 모든 분들과 더 깊은 사랑의 교제를 나눌 수 있도록 인도하소서. 남겨진 가족들과 교회를 위해 늘 기도하게 하시고 그 어떤 순간에도 하나님의 뜻을 구하게 하소서. 오직 하나님의 도우심만을 구하며 일어나는 모든 일들에 감사하는 믿음의 가정이 되게 하소서.

이제 말씀을 전하시는 목사님에게 은혜를 주셔서 이민을 준비하는 이 가정에 가장 필요한 말씀이 선포되게 하시고 이 가정이 하나님의 뜻을 듣고 순종하는 은혜의 시간이 되게 하소서.

도움을 구하는 모든 사람과 함께하시는 예수님의 이름으로 기도합니다. 아멘.

유학

다니엘은 뜻을 정하여 왕의 음식과 그가 마시는 포도주로 자기를 더럽히지
아니하리라 하고 자기를 더럽히지 아니하도록 환관장에게 구하니
_〈다니엘서〉 1장 8절

모든 지혜의 근원이신 하나님 아버지!

모든 것보다 뛰어나신 지혜로 세상을 만드시고 사람을 만드신 하나님
을 찬양합니다. 우리는 놀라우신 하나님의 지혜를 찬양하는 것이 당연
한 피조물임을 고백합니다. 매일의 삶에서 오직 창조주 되시는 하나님
만을 찬양하며 경배하는 우리 모두가 되게 하시고 하나님을 경배하는
모든 사람들에게 하나님의 무한하신 은혜와 사랑을 베풀어 주소서.

은혜의 하나님 아버지! 하나님이 사랑하는 주님의 백성이 하나님의
뜻하심에 따라 유학을 가게 하시니 감사합니다. 모든 것이 하나님의
뜻하심이라는 것을 기억하고 오직 하나님의 뜻에 순종하게 하소서.
하나님이 귀한 자녀에게 지혜를 허락하시고 하나님 나라를 위해 사용
하시려 새로운 곳에서 공부할 수 있게 인도하셨으니 감사합니다. 새
로운 환경에도 잘 적응하게 하시고 공부하는 데 아무런 어려움이 없
도록 도와주소서.

공부하는 모든 일들이 자신의 삶의 유익이나 만족을 위한 것이 되지 않게 하시고 오직 하나님 나라와 하나님의 이름을 위한 것이 될 수 있게 하소서. 공부를 하면 할수록 스스로를 높여 교만해지지 않게 하시고 오히려 스스로를 낮추어 자신을 통해 예수 그리스도만 나타나게 하소서. 주어진 달란트를 낭비하지 않게 하시고 하나님이 자신에게 주신 것을 사용하여 하나님의 크고 놀라운 일들을 이루는 도구가 되게 하소서. 공부를 하며 스스로의 성취에 만족하여 자신이 삶의 주인이라 여기지 않게 하시고 이전보다 더욱 하나님을 사랑하며 오직 하나님만이 자신의 삶의 주인인 것을 인정하게 하소서.

공부하는 모든 과정과 환경을 지켜 주소서. 이 땅에서 배우던 환경과 언어와 문화가 다른 곳에서 잘 적응하게 하시고 좋은 선생님을 만나 잘 배우게 하시고 함께 하나님을 섬길 믿음의 사람들을 만나게 하소서. 언어와 문화의 차이로 인해 어려움을 겪지 않게 하시고 하나님의 뜻과 다른 세상의 잘못된 문화를 보지 않게 하시고 악한 것들은 조금도 용납하지 않고 언제나 선하신 하나님만을 보며 따르게 하소서.

두고 가는 가족들을 기억하소서. 멀리 유학 가는 주의 자녀와 또 사랑하는 자녀를 멀리 보내는 부모님과 가족들의 마음을 위로하소서. 어디에 있어도 서로를 위해 기도하게 하시고 언제나 주의 사랑으로 사랑하게 하소서. 우리가 함께 가지 못해도 주님이 함께 가시기 때문에 마음에 평안을 누릴 수 있게 하소서. 이제 하나님의 말씀을 듣습니다. 유학을 가는 사랑하는 주의 자녀와 보내는 가족들에게 목사님의 입술을 통해 가장 좋은 하나님의 말씀이 선포되게 하소서.

거룩하신 예수님의 이름으로 기도합니다. 아멘.

수상

두 사람이 한 사람보다 나음은 그들이 수고함으로 좋은 상을 얻을 것임이라
_〈전도서〉 4장 9절

존귀와 영광을 받으실 하나님 아버지!

가장 크고 높으신 하나님을 찬양합니다. 온 땅의 모든 입을 합하여 하나님을 찬양한다고 해도 여전히 부족한 위대하신 하나님을 경배하오니 우리의 경배를 받아 주소서. 하나님의 크신 이름 앞에 모여 하나님을 찬양하는 우리를 기억하여 주시고 하나님의 놀라운 은혜 가운데서만 살아갈 수 있게 하소서.

사랑하는 하나님 아버지! 우리에게 기쁨의 소식을 주시니 감사합니다. 사랑하는 주의 자녀를 믿음 안에서 길러 주시고 잘 배우게 하셔서 좋은 성적으로 상을 받게 하셨으니 감사합니다. 이 상을 받기 위해 얼마나 많은 시간을 노력했는지 주께서 아시고 그 노력에 귀한 선물로 응답하시니 감사합니다. 하나님이 하나님의 뜻을 행하고 하나님을 찬양하게 하시려고 주신 귀한 재능을 사용하여 수상하였으니 언제나 하나님만을 높이는 삶을 사는 주의 자녀가 되게 하소서.

주님이 주신 재능을 주님을 위해 쓰게 하소서. 혹시라도 자신의 재능이 오로지 자신의 소유라고 생각하여 하나님의 뜻을 저버리지 않게 하시고 귀한 재능을 허락하신 하나님의 은혜에 늘 감사하게 하소서. 이번 수상으로 교만하지 않게 하시고 하나님이 주신 귀한 재능을 더 갈고 닦아 주님이 더 크게 사용하는 하나님의 도구가 되게 하소서. 자신에게 주어진 재능으로 이 땅의 유익을 구하는 자가 되지 않게 하시고 하나님 나라의 유익을 위해 살게 하소서.

하나님을 위해 일하는 사람을 보고 기뻐하시는 주님! 사랑하는 주의 자녀에게 더 많은 재능과 열심을 허락하셔서 이번 수상으로 그치지 않게 하시고 더 많은 곳에서 더 큰 상을 수상할 수 있게 하셔서 그것으로 하나님께 영광 돌리게 하소서. 사랑하는 주의 자녀가 수상한 소식이 하나님 나라와 교회와 모든 성도들에게 큰 기쁨이 되게 하셨으니 감사합니다. 모두가 함께 기뻐하며 사랑하는 주의 자녀의 미래를 위해 한마음으로 기도하게 하소서.

하나님이 귀하게 사용하실 주님의 자녀이니 그의 평생을 인도하소서. 지치고 힘들 때마다 자신을 위해 십자가에서 피 흘려 죽으신 예수 그리스도를 기억하게 하시고 주님의 아름다운 사랑이 다시 일어날 힘이 되게 하소서. 이 악한 세대 속에서 살아갈 때 지켜 주셔서 죄를 범하지 않게 하시고 세상이 감당할 수 없는 믿음의 사람이 되게 하소서. 예수 그리스도의 마음을 닮게 하시고 겸손히 주님만 따르게 인도하소서. 이제 말씀을 전하시는 주의 사자의 입술을 지켜 주소서. 이제로부터 영원까지 한결같으신 하나님의 음성이 이 시간 들려지게 하소서.

온전한 감사를 올려 드리며 예수님의 이름으로 기도합니다. 아멘.

《대표기도문》은 하나님이 기뻐 받으시는
신령한 예배를 드리는 데 도움이 된다.

5장

애도와 추모
대표기도문

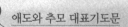

임종 1

내가 너희를 위하여 거처를 예비하러 가노니 가서 너희를 위하여 거처를 예비하면
내가 다시 와서 너희를 내게로 영접하여 나 있는 곳에 너희도 있게 하리라
_〈요한복음〉 14장 2~3절

모든 만물의 생사화복을 주관하시는 하나님 아버지!

하나님이 인간을 지으시고 모든 삶을 인도하심을 믿습니다. 하나님을 배신하고 하나님의 품을 떠나 죄 가운데 살며 결국은 영원히 죽을 수밖에 없던 우리를 구원하시려고 아들을 세상에 보내신 하나님의 은혜를 기억합니다. 그 근본은 하나님과 동등하신 예수 그리스도께서 낮고 낮은 이 땅에 오신 것은 죄로 인해 죽어야 하는 우리를 위함이었습니다. 그리고 영원히 죽어야 할 우리를 위해 십자가에서 대신 죽으시고 죄인인 우리에게 영원히 살 길을 열어 주셨습니다.

인생의 여정을 도우시는 주님! 이제 이 땅 위에서의 삶의 여정을 그치고 주님이 계신 곳에서 영원히 살아갈 사랑하는 주님의 자녀를 위해 기도합니다. 주님이 이 땅 위에서 허락하신 시간이 다하고 이제 주님에게로 가기를 소망하오니 은혜를 베풀어 주소서. 하늘 문을 여시고 주님이 친히 안아 주소서.

한평생 하나님의 은혜가 아니었다면 결국은 이 세상의 종이 되어 살다가 영원한 죽음에 이를 수밖에 없었지만 주님이 사랑하셔서 예수 그리스도를 알게 하시고 믿음으로 살게 하셨으니 감사합니다. 하나님의 크신 은혜를 받고 그 은혜를 누리며 지금까지 하나님의 선한 일들을 감당하게 하셨습니다. 하나님이 아니셨다면 누릴 수 없었던 은혜를 누렸고 하나님이 함께하지 않으셨다면 가질 수 없던 평안과 기쁨이 있었습니다. 이렇게 놀라운 은총의 삶을 살게 하시다가 이제 영원한 평화와 안식을 누리도록 부르시니 모든 것이 주님의 은혜입니다.

은혜를 베풀어 주시는 하나님 아버지! 세상의 수많은 사람들이 죽음을 앞에 두고 두려워하며 그 길을 피하기 위해 애씁니다. 죽음이 인생의 마지막이라 생각하며 이 땅 위에서의 삶을 더 살기 위해 발버둥칩니다. 하지만 우리는 죽음이 마지막이 아니며 이 땅 위에서의 죽음은 주님이 계시는 영원한 천국에서의 새로운 삶의 시작이라는 것을 믿습니다. 지금 이 시간 주님의 나라에서 주님과 함께 살기를 기다리는 사랑하는 주의 자녀가 이 놀라운 사실을 확실히 믿을 수 있게 하소서. 이 땅에서 살며 그토록 사모하던 주님의 얼굴을 뵙고 주님의 품에 안겨 주님을 찬양하는 그 순간을 기대하게 하소서. 천국에서의 아름다운 삶으로 인해 이 땅의 것에 미련을 두지 않게 인도하소서. 사랑하는 주의 자녀의 임종을 맞이하여 함께 모인 사랑하는 가족들을 지켜 주셔서 이 순간의 슬픔이 세상 사람들의 슬픔과 같지 않게 하시고 눈물을 닦아 주시는 주님의 사랑을 경험할 수 있게 하시며 모두가 영원한 천국을 소망하는 믿음을 허락하소서. 하나님의 말씀으로 위로하여 주소서.

우리의 모든 삶을 이끄시는 예수님의 이름으로 기도합니다. 아멘.

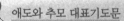
임종 2

나는 선한 싸움을 싸우고 나의 달려갈 길을 마치고 믿음을 지켰으니 이제 후로는
나를 위하여 의의 면류관이 예비되었으므로 주 곧 의로우신 재판장이 그 날에
내게 주실 것이며 내게만 아니라 주의 나타나심을 사모하는 모든 자에게도니라
_〈디모데후서〉 4장 7~8절

거룩하신 하나님 아버지!

하나님을 믿는 믿음을 지키며 끝까지 달려간 자에게 면류관을 주신다
고 약속하시니 감사합니다. 우리가 믿음을 지키는 것은 우리를 구원
하신 하나님의 크신 사랑에 감격하였기 때문이며 하나님의 은혜에 대
한 반응일 뿐임을 고백합니다. 하지만 하나님은 개의치 않으시고 믿
음을 지킨 자에게 면류관을 주시니 모든 것이 주님의 은혜입니다. 하
나님의 이 크고 놀라운 은혜를 기억하며 끝까지 믿음을 지키는 우리
모두가 되게 하소서.

이제 선한 싸움을 싸우고 모든 인생의 길을 마친 사랑하는 주의 자녀
를 위해 기도합니다. 예수 그리스도를 구주로 믿고 그 믿음을 지켜 지
금에 이르렀으니 영원한 주님의 나라에서 사도 바울에게 예비되었던
의의 면류관을 그에게도 씌워 주소서. 이것은 사도 바울뿐만 아니라
주의 나타나심을 사모하는 모든 자에게 준비된 것이라 말씀하셨으니

이 말씀에 의지하여 간구합니다. 언제나 주님을 믿고 주님을 사모하며 사셨던 주님의 자녀가 주님의 나라에 들어갈 때 주님이 친히 씌어 주시는 의의 면류관을 받게 하소서. 이 세상만을 의지하고 살았던 사람들은 자신들의 인생의 끝에서 아무것도 보지 못하고 영원한 형벌에 처해질 것이지만 주님을 믿고 의지하던 사람들의 인생의 끝은 다르다는 것을 믿습니다. 우리의 인생의 끝에서 우리는 주님을 만날 것이며 주님이 우리를 안아 주실 것을 믿습니다. 평생을 두고 사모하던 예수 그리스도를 만나 주님의 품에 안겨 영원한 천국에서 살게 하소서.

주님의 나라에 이르기까지 험한 산을 건넜고 거친 들을 지났으며 폭풍이 이는 바다를 항해하기도 했습니다. 모두가 자신의 힘으로는 견디기 힘든 시간이었지만 주님이 함께하셔서 모든 것을 이길 수 있었습니다. 주님의 나라에 이르기까지 평탄한 길을 만나며 큰 어려움이 없이 살아갈 때에도 주님은 함께 계셨습니다. 단 한 순간도 주님이 계시지 않으셨던 때가 없었음을 믿습니다. 주님의 은혜로 지금에 이르렀으니 이제 주님의 은혜로 천국 백성이 되게 하소서.

하나님 아버지! 이제 임종을 앞둔 사랑하는 주의 자녀가 고통받지 않게 하시고 주님이 주시는 영원한 안식을 누리게 하소서. 사랑하는 분의 임종을 지키는 가족들의 마음에도 함께하셔서 이 땅에서는 이별하지만 영원한 하나님 나라에서 다시 만날 것을 소망하게 하소서. 이 순간 모두가 굳건한 반석이신 예수 그리스도만을 소망하며 주님이 주시는 은혜를 기다리게 하소서. 이 시간 하나님의 말씀으로 함께하소서. 말씀으로 위로하시고 도와주소서.

우리의 유일한 소망이신 예수님의 이름으로 기도합니다. 아멘.

입관 1
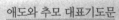

그의 경건한 자들의 죽음은 여호와께서 보시기에 귀중한 것이로다
_〈시편〉 116편 15절

자비하신 하나님 아버지!

하나님의 뜻을 따라 살지 않고 자신의 생각대로 살아가던 우리를 버리지 않으시고 오히려 자신의 아들을 버려 생명 주신 하나님의 은혜를 기억합니다. 여기 엎드린 우리 모두가 하나님의 크고 놀라운 은혜만을 따라가는 믿음의 자녀들이 되게 인도하소서.

주님이 영원한 천국으로 불러 가신 사랑하는 고인을 입관하기 위해 모였습니다. 이제 입관의 절차를 진행하며 마지막으로 이 땅에서 사랑하는 고인의 얼굴을 보고 그를 만질 것입니다. 사랑하는 고인의 육신은 이제 관 속에 안치되어 흙으로 돌아갈 것입니다. 지금 사랑하는 고인의 얼굴을 마지막으로 뵙는 유가족들의 마음을 만져 주소서. 이 시간 이별하는 아픔이 크고 무겁지만 사랑하는 고인의 영혼이 영원한 천국에서 주님과 함께 계심을 믿음으로 말미암아 위로를 얻게 하소서. 사랑하는 고인의 얼굴을 마지막으로 뵙는 슬픔으로 흘리는 눈물을 주님의 손으로 닦아 주시고 하늘의 평안을 누리게 하소서.

사랑하는 고인을 보며 많은 생각들이 주마등처럼 지나갑니다. 좀 더 많은 시간을 함께하며 하나님의 사랑을 나누지 못했던 우리의 모습이 가슴을 먹먹하게 합니다. 주여! 우리의 부족하고 모자란 마음 때문에 이 시간 너무 지나친 슬픔에 빠져들지 않게 하소서.

사랑하는 고인의 믿음을 돌이켜 생각합니다. 오직 예수 그리스도를 구주로 믿어 하나님의 백성으로 살았던 그 믿음을 기억하며 지금 함께 모인 우리도 예수 그리스도만을 구주로 믿게 하소서. 하나님을 사모하며 말씀을 듣기 위해 애쓰며 하나님을 찬양하기를 기뻐하고 늘 감사하던 고인처럼 우리도 바른 신앙 안에서 생활할 수 있게 인도하소서. 사랑하는 고인이 언제나 예수 그리스도의 십자가 앞에 엎드려 기도했던 것처럼 우리도 쉬지 않고 기도하게 하시고 사랑하는 고인이 자신의 생명을 다해 잃어버린 영혼들을 찾은 것처럼 우리도 주님을 알지 못하는 사람들에게 예수 그리스도를 전하는 자가 되게 하소서.

이 시간 입관의 절차를 진행하는 분들의 손길을 지켜 주소서. 사랑하는 고인을 입관하기 위해 수고하는 분들의 모든 수고를 기억하시고 은혜를 베풀어 주소서. 혹시라도 하나님을 모른다면 이 시간을 통해 예수 그리스도에 대해 알게 하시고 주님을 믿는 마음이 일어나게 하소서. 입관의 절차 동안 연로하신 분들과 연약하신 분들이 피곤하지 않게 하시고 온 가족이 예수 그리스도만 바라보며 입관의 절차를 치르게 하소서. 다시 한 번 간절히 원하오니 사랑하는 고인을 입관하며 애통하는 모든 유가족들에게 하나님이 친히 찾아오셔서 위로하소서.

길이요 진리요 생명 되시는 예수님의 이름으로 기도합니다. 아멘.

입관 2

이는 우리 하나님의 긍휼로 인함이라 이로써 돋는 해가 위로부터 우리에게
임하여 어둠과 죽음의 그늘에 앉은 자에게 비치고 우리 발을 평강의 길로
인도하시리로다 하니라 _(누가복음) 1장 78~79절

은혜와 긍휼이 풍성하신 하나님 아버지!

때를 따라 주시는 하나님의 놀라우신 은혜를 찬양합니다. 우리의 합
당한 자격으로 인함이 아니라 오직 하나님의 사랑이 우리에게 은혜를
베풀어주시는 이유인 것을 믿습니다. 이렇게 놀라운 주님의 사랑을
늘 마음에 새기게 하시고 주님을 따라 믿음으로 살아갈 수 있게 인도
하소서. 늘 주님을 따라 살겠노라고 결단하면서도 시시때때로 하나님
을 멀리하고 세상의 길로 걸어갔던 우리들의 어리석음을 용서하소서.
나의 의지와 공로를 예수 그리스도께서 달리신 십자가 앞에 내려놓고
주님의 힘을 의지하여 살게 하소서.

이 시간 사랑하는 고인을 주님의 품으로 돌려보내고 입관의 절차를 진
행하기 위해 모였습니다. 사랑하는 고인의 모습을 마지막으로 보고 만
지는 이 절차 가운데 주님의 은혜를 부어 주소서. 지금 우리가 뵙는 고
인의 모습을 통해 인간의 유한함을 깨닫게 하시고 모든 인간에게 결국

은 예수님이 필요하다는 것을 확실히 믿게 되는 은총을 허락하소서.

사랑하는 사람이 이 땅에서의 모든 수고를 끝내고 예수 그리스도의 품에 안기는 것은 하늘의 큰 기쁨이라는 것을 믿습니다. 그래서 우리는 마음을 다해 천국의 백성이 되는 고인을 환송해야 하지만 이별의 아픔이 우리의 마음을 사로잡습니다. 고인과 눈을 맞추고 고인의 음성을 듣고 고인께서 우리를 만져 주시기를 바라지만 그럴 수 없는 인간의 근원적인 문제로 고통스러워합니다. 사랑하는 주님! 죽음 앞에서 아무것도 할 수 없는 우리들의 연약함과 무능력함을 불쌍히 여기시고 위로하여 주소서.

사랑하는 고인을 입관하는 자리에 모인 유가족들이 하나님의 사랑으로 서로 위로하게 하소서. 고인께서는 먼저 하나님의 부르심을 받고 천국으로 가셨지만 여전히 이 땅에 남아 각자의 삶을 살아갈 유가족들의 마음을 주장하소서. 이 땅에 남아 더 많은 수고를 하며 살아가야 할 유가족들에게 주신 하나님의 선물이 여기에 함께 모인 사랑하는 가족들이라는 것을 알게 하시고 서로를 아끼며 사랑하게 하소서. 무엇보다 서로의 믿음이 약해지지 않게 돌아보게 하시고 하나님 나라를 위해 함께 동역하게 하소서. 이 땅 위에서의 남은 인생을 하나님 나라를 위해 살아가도록 영육의 건강을 허락하소서.

이제 입관의 절차를 진행합니다. 입관의 절차를 위해서 수고하시는 모든 분들의 노고를 주님이 기억하여 주소서. 이 분들의 손길을 통해 사랑하는 유가족들이 다시 한 번 위로받게 하시고 입관을 진행하는 이 시간이 하나님의 은혜와 사랑이 충만한 시간 되게 도와주소서.

우리를 위로하시는 예수님의 이름으로 기도합니다. 아멘.

하관 1

믿음으로 에녹은 죽음을 보지 않고 옮겨졌으니 하나님이 그를 옮기심으로
다시 보이지 아니하였느니라 그는 옮겨지기 전에 하나님을 기쁘시게 하는
자라 하는 증거를 받았느니라 _〈히브리서〉 11장 5절

생명의 주인이신 하나님 아버지!

영원히 죽을 수밖에 없던 우리에게 영원한 생명을 약속하시고 이루시
는 주님을 기억합니다. 주님을 떠나 살던 우리를 불쌍히 여기사 아들
이신 예수 그리스도를 보내셔서 주께서 친히 말씀하신 약속을 이루신
은혜를 찬양합니다. 이 시간 함께 모인 우리 모두가 하나님의 약속의
백성이 되게 하셔서 예수 그리스도로 말미암은 구원을 얻게 하소서.

사랑하는 고인을 천국으로 환송한 후 이제 하관의 절차를 진행합니
다. 사랑하는 고인을 하관하는 이 시간 함께하셔서 슬퍼하는 모든 유
가족들의 마음을 위로하여 주소서. 영원한 천국에서 지금은 편히 쉬
고 계시는 사랑하는 고인을 기억하며 마음의 평안을 얻게 하소서. 사
랑하는 고인과의 이별로 가슴 아파하는 유가족들에게 찾아오셔서 천
국의 소망을 주소서.

사람은 결국 죽을 수밖에 없다는 것을 모든 사람이 다 알고 있음에도

불구하고 내 말을 지키면 영원히 죽음을 보지 않을 것이라고 하신 주님의 말씀을 믿습니다. 하나님의 백성이라 말하던 유대인들은 예수 그리스도의 말씀에도 불구하고 자신들이 가지고 있던 생각을 꺾지 않았습니다. 그들은 자신들의 눈앞에 하나님의 아들이 계셨지만 그를 믿지 않았습니다. 하나님의 아들이 자신의 말을 지키면 영원히 죽지 않을 것이라고 말씀하셨지만 그 말씀을 신뢰하지 않았고 결국 자신들의 생각대로 영원한 죽음에 이르고야 말았습니다.

이 시간 우리의 생각을 다시 점검하게 하소서. 여전히 세상의 상식을 따르며 우리 자신의 소견에 따라 살아가려는 어리석은 마음을 버리게 하시고 영원한 생명을 주시는 주님만을 따르게 하소서. 언제나 자기를 부인하고 주님이 주시는 십자가를 지고 주님을 따라가게 하소서. 주님만을 신뢰함으로 영원한 생명을 누리도록 인도하소서. 하나님 나라에 들어가게 될 그날을 기대하며 예수 그리스도만을 소망하게 하소서. 인간의 모자란 지혜가 아닌 위대하신 하나님의 지혜를 따르게 하소서.

이제 고인을 땅 속에 안치합니다. 하나님이 흙으로 만드셨던 사람이기에 이제 흙으로 돌아갑니다. 하관하는 모든 절차 가운데 조금의 어려움도 없게 하시고 모든 유가족들과 성도들이 함께 하나님의 위로를 얻게 하소서. 하관의 절차를 진행하시는 분께 성령의 충만함을 주시고 돕는 분들의 손길에 한량없는 은혜를 부어 주소서. 남은 가족들이 예수 그리스도의 마음으로 서로를 더 아끼고 사랑하게 하소서. 하관 이후의 시간도 주께 의탁하며 각자의 삶의 자리에 돌아갈 때 함께하시고 어디에서 무엇을 하며 살더라도 주님을 기억하게 하소서.

슬픈 마음을 위로하시는 예수님의 이름으로 기도합니다. 아멘.

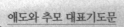

하관 2

무릇 흙에 속한 자들은 저 흙에 속한 자와 같고 무릇 하늘에 속한 자들은 저 하늘에
속한 이와 같으니 우리가 흙에 속한 자의 형상을 입은 것 같이 또한 하늘에 속한 이의
형상을 입으리라 _〈고린도전서〉 15장 48~49절

은혜로우신 하나님 아버지!

작고 보잘것없는 우리를 사랑하셔서 가장 크고 위대하신 주님이 낮고
천한 곳에 오셔서 죽기까지 하셨으니 그 은혜에 감사합니다. 주님이
우리를 부르신 그때부터 우리는 언제나 주님 안에 있었음을 믿습니
다. 주께서 우리를 주님의 품에 안아 주셨기에 세상의 유혹과 시험 앞
에서도 흔들리지 않을 수 있었고 그 어떤 위협도 두렵지 않을 수 있었
습니다. 그러므로 우리 모두의 인생을 붙잡아 주셔서 언제나 주님의
품 안에서만 살아가도록 인도하소서.

사랑하는 주님! 지금 주님의 품 안에 안겨 주님의 위로를 간절히 구하
는 주님의 백성들이 있으니 은혜를 베풀어 주소서. 자신들이 하나님
의 소유인 줄을 알고 엎드려 하나님의 도우심만을 구하오니 친히 오
셔서 도와주소서. 사랑하는 고인을 주님의 품으로 돌려보내고 모든
장례의 절차를 마무리한 후에 이제 하관의 절차를 진행하고 있습니

다. 지금 고개 숙여 주님의 위로를 구하는 사랑하는 유가족들과 모든 성도들에게 하나님의 크고 놀라운 위로를 베풀어 주소서.

하나님의 크고 놀라운 섭리를 다시 한번 생각합니다. 태초에 하나님이 사람을 흙으로 지으셨고 그들이 하나님을 배신했을 때 다시 흙으로 돌아가게 될 것이라고 말씀하셨습니다. 이후 세상의 그 어떤 사람도 하나님이 정하신 섭리를 벗어나지 못하고 모두가 흙으로 돌아가는 것이었습니다. 첫 사람 아담이 흙에서 와서 흙으로 돌아간 것처럼 우리 모두의 인생도 결국 그렇게 되어질 것이었습니다. 하지만 하늘에 속한 예수 그리스도의 은혜로 우리가 한 줌의 흙으로 끝나지 않고 새로운 생명을 얻게 하셨습니다. 예수 그리스도를 구주로 믿으면 비록 육신은 흙으로 돌아가지만 영혼은 영원한 천국으로 들어가며 마침내 주님이 다시 오시면 이 땅에서 새로운 육신으로 살아가게 될 것을 믿게 하셨습니다. 지금 주님의 은혜 가운데 하관의 절차를 진행하는 우리 모두가 이런 믿음을 갖게 하시고 예수 그리스도께서 주시는 영원한 생명을 누리는 사람들이 되게 하소서.

사랑하는 고인의 영혼을 기쁘게 받으신 주님! 이제 천국 백성이 된 사랑하는 고인을 주께서 안아 주시고 영원한 평화를 누리게 하소서. 세상의 그 무엇으로도 형언할 길이 없는 아름다운 천국에서 그보다 더 아름답고 놀라우신 예수 그리스도와 함께 영원히 존귀하시고 거룩하신 하나님을 찬양하며 살아가게 하소서. 그리고 지금 하관의 절차를 진행하는 수고의 손길들과 모든 유가족들과 성도들에게도 영원한 하나님 나라를 소망하며 예수 그리스도만 믿게 하소서.

위로하시는 하나님을 찬양하오며 예수님의 이름으로 기도합니다. 아멘.

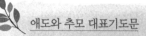

발인 1

우리 주 예수 그리스도의 아버지 하나님을 찬송하리로다 그의 많으신 긍휼대로 예수
그리스도를 죽은 자 가운데서 부활하게 하심으로 말미암아 우리를 거듭나게 하사
산 소망이 있게 하시며 썩지 않고 더럽지 않고 쇠하지 아니하는 유업을 잇게 하시나니
곧 너희를 위하여 하늘에 간직하신 것이라 _〈베드로전서〉 1장 3~4절

의로우신 하나님 아버지!

죄와 허물로 죽을 수밖에 없던 인생들을 향하신 하나님의 의를 기억
합니다. 하나님이 세우신 언약을 무너뜨리고 의로우신 하나님과 함께
살아갈 수 없는 불쌍한 존재가 되었던 인간들을 위해 하나님이 보내
신 예수 그리스도께서 하나님의 의가 되시는 것을 믿습니다. 우리 대
신 십자가를 지신 예수 그리스도를 영원토록 믿고 따르게 하소서.

하나님의 의를 따라야 하지만 우리의 믿음이 연약하고 부족하여 자신
의 의를 세우려고 애쓸 때에 불쌍히 여기사 우리를 돌이키시고 십자
가에 달리신 예수 그리스도의 그 발 앞에 세워 주소서. 바로 그곳에서
다시 우리의 죄를 회개하고 후로는 주님만을 따라 하나님의 의를 세
우는 믿음의 삶을 살 수 있게 인도하소서.

사랑하는 고인을 부르셔서 천국의 백성으로 삼으신 주님을 생각합니
다. 사람에게 무슨 자격이 있어 천국으로 들어갈 수 있었겠습니까! 이

땅에 있는 모든 재물을 다 모아 쌓아 두어도 하나님 나라에 한 걸음도 들어갈 수 없고 세상이 칭송하는 모든 선한 일을 한 몸으로 다 행한다고 해도 하나님의 의를 조금도 얻을 수 없으며 온 세상을 다 정복하고 다스리는 위대한 인물이 되어도 하나님 나라의 백성이 될 수 없음을 우리는 너무도 잘 알고 있습니다. 예수 그리스도만이 사람이 천국으로 들어갈 수 있는 유일한 길이며 우리가 내세울 유일한 자격인 것을 믿습니다. 사랑하는 고인도 예수 그리스도께서 흘리신 보혈의 공로를 힘입어 천국에서 주님과 함께 계시는 것을 믿습니다.

이제 발인의 절차를 진행합니다. 장례의 처음부터 함께하셨던 하나님이 이제 빈소에서 치르는 마지막 장례의 절차인 발인에도 함께하셔서 모든 유가족들과 성도들의 마음을 위로하여 주소서. 마치 빈소를 떠나는 것이 사랑하는 고인이 영영 우리의 곁을 떠나는 것 같아서 견딜 수 없이 아픈 마음을 주님이 만져 주시고 심령이 상하지 않도록 지켜 주소서.

발인의 절차를 마친 이후의 모든 장례의 남은 절차에도 주님이 함께하셔서 어떤 어려움도 없게 하시고 주님의 은혜 안에서 잘 마무리할 수 있게 인도하소서. 발인의 모든 절차를 진행하고 돕는 분들의 수고를 기억하셔서 주님의 선한 뜻이 나타나게 하시고 사랑하는 고인을 기억하며 유가족들의 슬픔을 위로하기 위해 모인 하나님의 백성들의 마음도 위로하소서. 함께 모인 조문객들 중 혹시라도 하나님을 알지 못하는 사람이 있다면 이 발인의 절차 가운데 임재하시는 하나님을 경험하고 하나님에게로 돌아오게 하소서.

하나님의 의가 되시는 존귀하신 예수님의 이름으로 기도합니다. 아멘.

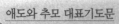

발인 2

내일 일을 너희가 알지 못하는도다 너희 생명이 무엇이냐 너희는 잠깐
보이다가 없어지는 안개니라 _〈야고보서〉 4장 14절

영원무궁하신 하나님 아버지!

영원 전부터 계시고 영원무궁하도록 계실 하나님의 이름을 찬양합니
다. 하나님 앞에서 잠깐 보이다가 없어지는 안개와 같이 짧고 연약한
인생을 살면서도 마치 자신이 무엇이라도 된 것처럼 살던 어리석은
우리들을 불쌍히 여겨 주소서. 그리고 가장 낮고 천한 곳에 겸손히 자
신을 내어놓은 우리 주 예수 그리스를 구주로 믿고 따라 살게 하소서.

한 치 앞도 모르는 사람들이 영원하신 하나님을 자신들의 생각대로
재단하고 평가하며 그저 자신들의 필요에 따라 하나님을 이용하는 어
리석은 세대를 용서하소서. 하나님의 백성이라고 말하면서도 하나님
을 왕으로 섬기지 않고 하나님 나라의 유익만을 누리려 하던 잘못을
고쳐 주소서. 오직 예수 그리스도의 십자가 앞에 나아가오니 우리의
마음이 변하지 않도록 늘 함께하소서.

이 시간 사랑하는 고인을 주님의 품으로 먼저 보내고 발인의 절차를

진행하려고 합니다. 이 땅에서 사랑하는 고인과 이별하는 유가족들과 성도들의 마음을 지켜 주시고 주님이 주시는 위로로 충만하게 하소서. 사랑하는 고인이 빈소를 떠나는 순간의 슬픔을 견디지 못하고 아파하지 않게 유가족들의 마음을 지켜 주시고 세상의 어리석은 사람들처럼 이 순간이 영원한 이별이라 여기지 않고 언젠가 주님이 우리를 부르시는 날에 우리도 주님이 계신 그곳에서 고인과 다시 만날 것을 기대하게 하소서.

이 시간 사랑하는 유가족들을 위해 기도합니다. 이제 발인의 절차와 이후에 있을 나머지 장례의 절차가 끝나면 사랑하는 유가족들은 각자의 삶을 살아가게 될 것입니다. 우선 이 장례를 치르며 피곤하고 힘들었던 육신에 새 힘을 부어주소서. 무엇보다 각자에게 주어진 삶 속에서 이제 더 이상 자신의 힘을 의지하지 않게 하시고 오직 우리 주 예수 그리스도만 의지하게 하소서. 이 땅에서 인간들이 추구하는 것은 잠시 있다 사라지는 허상에 불과한 것임을 알게 하셨으니 영원한 생명을 얻기 위해 이 땅에 있는 유한한 것들을 포기하는 일에 담대하게 하소서. 예수 그리스도로 말미암은 새 생명을 얻기 위해 날마다 자신을 죽이고 예수 그리스도만 믿는 믿음의 삶을 살게 도와주소서.

발인의 절차 중에 있습니다. 발인의 절차를 진행하고 돕는 분들의 수고를 기억하여 주시고 그분들에게 주님의 충만한 은혜를 부어 주소서. 사랑하는 고인을 주님의 품으로 돌려보내고 발인의 절차를 진행하는 모든 유가족들과 그들을 위로하는 성도들에게 참되신 주님의 사랑을 부어 주시길 원합니다.

새 생명의 근원 되시는 예수님의 이름으로 기도합니다. 아멘.

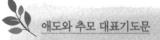

부모의 장례 1

좋은 이름이 좋은 기름보다 낫고 죽는 날이 출생하는 날보다 나으며 초상집에
가는 것이 잔칫집에 가는 것보다 나으니 모든 사람의 끝이 이와 같이 됨이라
산 자는 이것을 그의 마음에 둘지어다 _〈전도서〉 7장 1~2절

찬송과 존귀를 받으실 하나님 아버지!

어두워져가는 세상에 빛이신 예수 그리스도를 보내신 하나님의 은혜
를 찬양합니다. 예수 그리스도께서는 우리의 죄를 사하기 위해 사람
으로 오셨고 마침내 십자가에서 피 흘려 죽으셨습니다. 하지만 사흘
만에 다시 살아나셔서 결코 하나님과 함께할 수 없었던 죄인들을 하
나님과 화목하게 하셨습니다. 주님의 크고 놀라운 사랑과 은혜에 찬
송과 존귀를 드리는 우리 모두가 되게 인도하소서. 하지만 여전히 죄
의 습성이 남아 하나님의 얼굴을 피하여 어두운 곳으로 가려 했던 어
리석은 우리들을 용서하소서. 언제나 함께하시는 예수 그리스도의 십
자가 앞에 우리의 연약함을 고백하오니 불쌍히 여겨 주소서.

슬픈 마음으로 방황하는 자를 부르시는 하나님 아버지! 이 시간 사랑
하는 부모님을 천국으로 보낸 사랑하는 주의 자녀의 마음을 만져 주
소서. 슬프고 애통한 마음을 가눌 길이 없어 주님만을 의지하오니 주

께서 위로하소서. 그의 마음에 있는 한탄을 주님은 아시오니 도와주소서. 부모님과 더 많은 시간을 보내지 못하고 더 잘 모시지 못했던 것을 후회하는 자녀의 마음을 만지시고 흘리는 그 눈물을 닦아 주소서.

위로하시는 주님! 이 시간 사랑하는 부모님의 생전의 믿음을 기억합니다. 예수 그리스도를 구주로 믿어 주님을 섬기는 일을 그치지 않으셨고 하나님 나라를 위한 일이라면 그 무엇도 아까워하지 않으셨습니다. 십자가에서 대신 죽으신 주님의 사랑에 늘 감사하며 기쁠 때나 슬플 때나 모든 것이 주님의 은혜인 줄 알고 사셨습니다. 주님이 부르실 그날이 가까울수록 영원한 천국을 소망하며 사셨습니다. 사랑하는 자녀에게 예수 그리스도를 가르치셨고 말보다 행함으로 믿음의 본을 보이신 믿음의 선진이기도 하셨습니다. 이제 이 땅에서의 삶을 끝내고 그토록 소망하던 영원한 천국의 백성이 되게 하셨으니 모든 것이 주님의 은혜인 것을 믿습니다. 그리고 사랑하는 부모님의 신앙을 본받아 자녀들이 더 큰 믿음으로 살게 하소서.

부모님의 장례를 통해 사랑하는 자녀들과 모든 유가족들이 살아 계신 주님을 만나게 하소서. 세상의 많은 사람들은 장례를 끝이라 생각하지만 믿는 우리들은 시작이라는 것을 믿사오니 이 땅에서 살아갈 주의 자녀와 모든 유가족들이 주님 주시는 새 힘으로 살아가게 하소서. 죄와 사망으로부터 완전히 자유를 얻은 믿음을 주시고 구원의 은총을 늘 찬양하는 사람들이 되게 하소서. 이제 부모님의 장례를 치르며 하나님 앞에 엎드린 자녀들을 말씀으로 위로하소서. 하나님의 선하심과 인자하심이 장례의 모든 절차 가운데 충만하기를 기도합니다.

참 위로가 되시는 예수님의 이름으로 기도합니다. 아멘.

부모의 장례 2

이삭이 리브가를 인도하여 그의 어머니 사라의 장막으로 들이고 그를
맞이하여 아내로 삼고 사랑하였으니 이삭이 그의 어머니를 장례한 후에
위로를 얻었더라 _〈창세기〉 24장 67절

천국 보좌에 앉아 계시는 거룩하신 하나님 아버지!

하나님이 계신 아름다운 나라에 들어갈 자격이 없는 우리를 불러 천
국 백성으로 삼아 주신 은혜를 찬양합니다. 이 땅에 있는 그 무엇과도
비교할 수 없고 우리의 모든 언어를 다 사용해도 설명할 수 없는 하나
님이 계신 그곳을 소망합니다. 우리의 생각과 힘을 다 내려놓고 오직
예수 그리스도의 공로만을 의지하오니 우리 모두를 아름다운 하늘나
라의 백성이 되게 하소서. 어리석은 우리가 하나님 나라의 아름다움
을 노래하면서도 세상의 조그만 아름다움에 시선을 빼앗겨 하나님이
원하지 않으시는 길을 갈 때 붙잡아 주소서.

사랑하는 부모님의 장례를 치르는 주의 자녀를 기억하소서. 사랑하는
부모님을 먼저 보내고 가슴이 아파 어찌할 바를 모르며 눈물 흘리는
주의 자녀들을 위로해 주소서. 하나님의 사랑으로 그 눈물을 닦아 주
소서. 상한 심령을 내버려 두지 마시고 언제나 함께하시는 예수 그리

스도로 인해 평안을 누리게 하소서.

사랑하는 부모님이 생전에 예수 그리스도를 구주로 믿어 지금은 천국에서 살고 계심을 믿습니다. 주님의 십자가 사랑이 사랑하는 부모님을 천국 백성이 되게 하셨고 또 우리도 하나님 나라에서 살게 하셨습니다. 그러므로 사랑하는 부모님이 생전에 이 땅에 오셔서 십자가에 달려 죽으심으로 모든 죄를 사하신 예수 그리스도를 구주로 믿으셨던 것처럼 주의 자녀와 모든 유가족들이 오직 예수 그리스도만 믿고 따르며 오직 한 분으로 인해 만족하게 하소서.

사랑의 하나님 아버지! 부모님의 장례 앞에서 하나님의 도우심을 구하는 주의 자녀의 마음을 살펴 주소서. 부모님을 먼저 주께로 돌려보내고 장례의 절차를 진행하는 이 시간이 세상 사람들과 같이 헛되고 무익한 시간이 되지 않게 하시고 하나님의 크고 놀라우신 은혜와 사랑을 누리며 오직 예수 그리스도로만 살아가겠노라고 다시 한 번 결단하는 은혜의 시간이 되게 하소서. 이 시간 찾아오셔서 마음 깊숙한 곳에 있는 모든 아픔과 괴로움까지 만져 주시는 주님의 큰 사랑을 누리며 다시는 주님의 사랑을 떠나지 않는 하나님의 자녀가 되게 하소서. 하나님이 이 땅에서 주신 남은 모든 인생이 더는 자신의 것이라 말하지 않게 하시고 주인 되어 주시는 예수 그리스도만 따르게 하소서.

하나님이 함께하셔서 남아 있는 모든 장례의 절차를 은혜 중에 무사히 마치게 하시고 주의 자녀와 유가족들과 조문하는 모든 성도들이 하나님의 은혜를 누리며 하나님을 알지 못하는 분들이 하나님을 경험하게 되는 은총을 허락하소서.

거룩하신 예수님의 이름으로 기도합니다. 아멘.

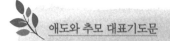

배우자의 장례 1

우리가 살아도 주를 위하여 살고 죽어도 주를 위하여 죽나니 그러므로
사나 죽으나 우리가 주의 것이로다 _〈로마서〉 14장 8절

그 무엇과도 비교할 수 없는 놀라우신 하나님 아버지!

하나님을 아버지라 부를 수 없고 그 어떤 교제도 나눌 수 없는 어리석은 우리를 사랑하셔서 구원의 길을 열어 주신 하나님의 은혜를 기억합니다. 그러나 감당할 수 없는 큰 은혜를 받았음에도 여전히 썩어져가는 구습을 따라 죄짓는 데 빨랐던 우리의 어리석은 행위들을 봅니다. 주여! 불쌍히 여기시고 긍휼을 베풀어 주소서. 생명의 빛이신 예수 그리스도만을 따라가는 은혜의 인생들 되게 하소서.

애통하는 자를 위로하시는 주님! 사랑하는 남편(아내)과 돌이킬 수 없는 이별을 하는 주님의 자녀를 기억하소서. 하나님의 뜻으로 부부가 되게 하시고 지금껏 주님의 은혜 가운데 함께 살게 하셨다가 사랑하는 고인을 먼저 부르셨습니다. 서로 사랑하며 많은 세월을 함께 살아도 때가 이르러 주님이 부르시면 이렇게 이별할 수밖에 없는 것이 사람의 인생인 것을 깨닫습니다.

함께 살아왔던 지난 시간을 돌이켜 봅니다. 서로 다른 곳에서 다른 삶을 살다가 주님이 택하신 때에 한 몸이 되었고 그때부터 함께 인생의 항해를 시작했습니다. 어떤 날은 잔잔한 바다를 항해했으며 어떤 날은 감당할 수 없는 큰 파도에 부딪히기도 했습니다. 그 어떤 순간에도 사랑하는 남편(아내)이 있어 함께 손잡고 주께 기도하며 모든 순간을 견딜 수 있었습니다. 이제 홀로 남은 인생길을 가야 하는 사랑하는 주의 자녀를 안아 주소서. 주님이 늘 함께하셔서 외롭지 않게 하시고 하나님 나라를 소망하며 더 큰 믿음으로 살아가게 인도하소서. 그의 마음속 깊은 곳까지 모두 다 아시는 하나님에게 자신의 모든 것을 내어 놓고 주님만을 따르게 하소서. 홀로 남은 슬픔으로 이 세상의 거짓된 아름다움에 미혹되지 않게 하시고 주님만을 따르게 하소서.

거룩하신 하나님 아버지! 사랑하는 고인을 장례하는 모든 시간 가운데 함께하소서. 하나님의 은혜만을 구하게 하시고 하나님을 만나 하늘의 평안을 누리게 하소서. 이 순간에는 이 땅에 남아 있는 다른 것들을 염려하지 않게 하시고 오직 영원한 하늘나라와 그곳에서 사랑하는 남편(아내)을 맞아 주실 주님과 그리고 사랑하는 주의 자녀를 기다리고 있을 고인만을 생각하며 위로받게 하소서. 하나님이 친히 찾아오셔서 애통하는 주의 자녀를 측량할 수 없는 사랑의 팔로 안아 주소서.

사랑하는 주의 자녀와 모든 유가족들을 위로하여 주시는 하나님을 찬양합니다. 무엇보다 하나님의 말씀으로 위로하여 주소서. 남아 있는 모든 장례의 절차 가운데도 함께하실 것을 믿습니다.

천국에서 기쁘게 우리를 맞으실 하나님을 찬양하며 거룩하신 우리 주 예수님의 이름으로 기도합니다. 아멘.

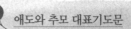
배우자의 장례 2

여호와여 나의 기도를 들으시며 나의 부르짖음에 귀를 기울이소서
내가 눈물 흘릴 때에 잠잠하지 마옵소서 _〈시편〉 39편 12절

자비로우신 하나님 아버지!

두려워하는 자를 도우시고 상한 마음으로 우는 자들을 찾아오셔서 그 마음을 만지시는 하나님의 은혜를 기억합니다. 지금 엎드려 기도하는 우리 모두가 하나님의 놀랍고도 크신 자비를 잊지 않게 하시고 언제나 우리를 지키시는 하나님의 품 안에서만 살게 하소서.

환란과 고통 속에서 부르짖을 때 응답하시는 하나님을 기억하며 엎드려 기도합니다. 사랑하는 사람과의 영원한 이별로 인해 마음이 무너져 낙심한 주님의 자녀를 기억하소서. 상한 심령을 고치시는 주님이 만져 주소서. 주께서 사랑의 팔로 안아 주시고 주님의 자녀의 귀에 세상이 줄 수 없는 위로의 음성을 들려 주소서.

위로의 주님! 사랑하는 남편(아내)을 먼저 하늘나라로 보냈습니다. 지금껏 한 지붕 아래서 함께 살며 서로 사랑하던 인생의 반려자가 영원히 주님의 품으로 떠났습니다. 언젠가 시간이 지나면 여기 엎드린 우리 모두가 주님의 나라에서 사랑하는 고인을 만나게 될 것을 알지만 먼저 보낸 그 슬픔이 너무나 큽니다. 주님의 뜻이 계신 것을 알지만 인간의 감정이 앞서 목이 메어 아무 말을 할 수가 없습니다. 이렇게 큰 고통 속에 있는 사랑하는 주의 자녀를 위로하여 주소서.

하나님이 천지를 창조하실 때 가정을 만드신 것을 기억합니다. 부부는 하나님이 서로에게 주신 가장 소중한 선물이며 어려울 때 위로가 되고 지칠 때에 기댈 언덕이 되는 영원한 친구였습니다. 먼저 주님에게로 돌아간 사랑하는 남편(아내)은 함께 예수 그리스도를 구주로 믿고 하나님을 섬기며 믿음의 길을 걸었던 믿음의 동반자였습니다. 믿음이 연약해질 때 서로를 위해 기도했고 주님이 응답하여 주셨을 때 함께 기뻐 뛰었습니다. 그런데 이제 사랑하는 주의 자녀와 함께 인생의 길을 걸었던 남편(아내)은 이 땅에서의 모든 수고를 그치고 하나님 나라에 계십니다.

위로의 주님! 그 빈 자리의 쓸쓸함을 주님으로 인해 위로받게 하소서. 신실하신 주님의 사랑으로 슬픔에 잠긴 주의 자녀의 마음을 붙드소서. 이제 이 땅에서 주님이 부르실 그날까지 주님의 손을 잡고 믿음으로 살게 하소서. 이전보다 더 철저히 자기를 부인하고 예수 그리스도께서 주시는 십자가를 지고 주님만 따르게 하소서. 더 이상 다른 근심과 걱정 속에서 헤매지 않게 하시고 언제나 주님만을 찬양하게 하소서.

사람의 인생이 하나님 없이는 헛될 뿐임을 알게 하셨으니 사랑하는 남편(아내)을 주님의 품에 돌려보내고 슬퍼하는 주의 자녀와 모든 유가족들과 성도들이 오직 하나님의 말씀으로 위로받게 하소서.

예수님의 이름으로 기도합니다. 아멘.

자녀의 장례 1

여호와의 은혜의 해와 우리 하나님의 보복의 날을 선포하여 모든 슬픈 자를 위로하되 무릇 시온에서 슬퍼하는 자에게 화관을 주어 그 재를 대신하며 기쁨의 기름으로 그 슬픔을 대신하며 찬송의 옷으로 그 근심을 대신하시고 그들이 의의 나무 곧 여호와께서 심으신 그 영광을 나타낼 자라 일컬음을 받게 하심이라 _〈이사야서〉 61장 2~3절

완전하신 하나님 아버지!

환란과 고통 중에서 부르짖는 자의 소리를 결코 외면하지 않으시는 하나님을 기억합니다. "주신 이도 여호와시요 거두신 이도 여호와시 오니 여호와의 이름이 찬송을 받으실지니이다"라던 욥의 고백을 기억합니다. 모든 만물이 주님의 소유이며 주님이 만드신 줄 믿습니다.

자비하신 주님! 그러나 마음에 차오르는 아픔과 슬픔을 어찌할 수 없어 우는 사랑하는 주님의 백성들을 기억하소서. 사랑하는 아들(딸)을 먼저 주님의 품에 보내고 그 아픔과 고통에 애통하는 하나님 백성의 마음을 돌아보소서. 오직 주님만이 이들의 마음을 위로할 수 있음을 믿사오니 친히 이들의 마음을 만져 주소서.

세상 사람들은 "부모가 죽으면 땅에 묻고 자녀가 죽으면 가슴에 묻는 다"고 말합니다. 부모님의 죽음도 슬프지만 하나님의 정한 이치에 따라 부르셨기에 그 죽음을 받아들이는 것이 자연스럽지만 자녀의 죽음

은 쉬이 받아들일 수 없어 평생 가슴에 새기며 그 슬픔을 잊지 못한다는 의미일 것입니다. 사랑하는 주님! 이 시간 아들(딸)을 먼저 주님의 품으로 돌려보낸 부모님들의 애통함을 달래 주소서. 이제는 더 이상 사랑하는 아들(딸)의 음성을 들을 수 없고 그 온기를 느낄 수 없다는 사실에 가슴이 무너집니다. 주여 불쌍히 여기시고 긍휼히 여겨 주소서! 주님이 팔을 벌려 안아 주소서.

천국의 주인이신 하나님! 이제는 아버지 되시는 하나님의 보좌 앞에 서 있을 사랑하는 아들(딸)을 생각합니다. 사랑하는 아들(딸)이 아픔과 고통과 절망이 없는 하나님 나라에서 가장 아름다운 웃음을 지으며 하나님을 찬양하고 있을 것을 믿습니다. 사랑하는 예수 그리스도의 품에 안겨 기뻐하며 행복해하고 있을 것을 믿습니다. 바라기는 영원한 나라에서 천국 백성으로 살아갈 사랑하는 아들(딸)의 모습을 믿으며 부모님들이 위로받게 하소서. 언젠가 주님이 부르시면 사랑하는 아들(딸)을 만나 영원토록 함께 주님을 찬양하며 함께 살아갈 그 날을 믿음으로 기다리게 하소서.

가슴 아픈 소식을 듣고 찾아와 위로하는 사랑하는 성도들을 기억하소서. "우는 자와 함께 울라"고 말씀하신 주님을 의지하여 위로하며 함께 슬퍼하는 성도들 각자의 마음에 주님이 주시는 충만한 은혜가 가득하게 하소서. 장례의 모든 절차 가운데 함께하시며 모든 유가족들에게 이 시간을 견딜 힘을 주소서. 우리 모두에게 하나님의 말씀으로 위로하실 줄 믿습니다.

울며 부르짖는 자에게 찾아오시는 참 위로를 주시는 거룩하신 예수님의 이름으로 기도합니다. 아멘.

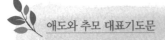
자녀의 장례 2

이르시되 너희를 위로하는 자는 나 곧 나이니라 너는 어떠한 자이기에
죽을 사람을 두려워하며 풀 같이 될 사람의 아들을 두려워하느냐
_〈이사야서〉 51장 12절

사랑의 하나님 아버지!

하나님은 아들을 대속 제물로 주시고 그 살을 찢고 피를 흘려 마침내
죽게 하셨습니다. 그리고 아들의 죽음으로 하나님을 배신한 죄인들을
살리셨습니다. 우리는 모두 하나님의 아들이 십자가에서 죽으심 때문
에 구원받은 백성이 되었습니다. 하나님의 아픔이 우리를 살리셨습니
다. 우리를 살리시기 위해 아들을 보내신 하나님의 크고 놀라운 사랑
을 영원히 누리며 살 수 있게 도와주소서.

사랑하는 아들(딸)의 죽음으로 고통받는 이들의 마음을 누구보다 잘
아시는 주님! 하나님의 아들이 죽으실 때 해도 빛을 잃어 온 땅에 그
빛을 비추지 않았던 것을 기억합니다. 하나님이 아들의 죽으심으로
아파할 때 온 땅이 흑암으로 덮였던 것처럼 지금 사랑하는 주의 백성
들의 마음이 온통 흑암으로 덮인 것을 돌아보소서.

사랑하는 아들(딸)을 주님의 품으로 보낸 부모님의 마음을 위로하소

서. 마음속 깊은 곳까지 상하여 괴로워하는 그들의 심령을 살펴 주소서. 더 이상 아무런 소망이 없어져 버린 그들의 절망을 불쌍히 여겨 주소서. 절망과 비통으로 울고 있는 그들의 눈물을 씻어 주소서. 이들의 마음을 위로하실 분은 오직 주님밖에 없음을 고백합니다. 하오니 유일한 소망이신 예수님께서 친히 찾아오셔서 이들의 슬픔을 만져 주소서.

사랑하는 아들(딸)은 주님이 이 가정에 주신 귀중한 선물이었습니다. 늘 부모님의 말씀에 순종하고 주위 사람들에게 기쁨을 주는 착한 아들(딸)이었습니다. 무엇보다 예수 그리스도를 구주로 믿어 주님을 섬기는 믿음의 사람이었습니다. 하나님이 계신 영원한 천국을 꿈꾸며 순전한 믿음으로 살아가던 소망의 사람이었습니다. 이 귀한 아들(딸)을 주님이 이제 부르셨으니 영원토록 천국 백성으로 살아가게 하소서.

존귀하신 주님! 함께 모여 사랑하는 아들(딸)을 먼저 주님의 품으로 보낸 부모님과 유가족들 그리고 위로하기 위해 모인 사랑하는 성도들을 기억하소서. 지금은 주님의 품에 안겨 있는 사랑하는 아들(딸)을 위해 함께 기도하게 하시고 서로 위로하게 하소서. 우리를 위해 아들을 주신 하나님을 기억하며 마음의 모든 고통을 주님 앞에 내려놓게 하시고 하나님께서 주시는 놀라운 평안을 누리게 하소서. 이 시간을 통해 사랑하는 주의 백성들이 주님을 만나게 도와주시고 주님께서 주시는 힘을 얻게 하소서. 하나님께서 남아 있는 장례의 절차 가운데 함께하시기를 바라며 말씀을 전하실 주의 사자에게 함께하셔서 말씀을 듣는 부모님과 유가족들 그리고 모든 성도들에게 하늘의 위로가 선포되게 하소서.

우는 자들과 함께하시는 예수님의 이름으로 기도합니다. 아멘.

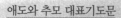애도와 추모 대표기도문

자살 1

그리스도의 고난이 우리에게 넘친 것 같이 우리가 받는 위로도 그리스도로
말미암아 넘치는도다 _〈고린도후서〉 1장 5절

위로의 하나님 아버지!

마음이 상한 자를 고치시고 애통하는 자와 함께하시는 주님을 기억합니다. 우리에게 하나님의 위로가 없다면 무엇으로 이 아픔과 슬픔을 견딜 수 있겠습니까! 하나님의 사랑과 위로만이 우리에게 닥친 이 슬픔을 견딜 수 있는 힘이 됩니다. 주여! 이 시간 하나님의 크신 위로를 구하는 우리 모두에게 찾아 오셔서 애통하는 마음을 만져 주소서.

너무나 가슴 아픈 소식을 들었습니다. 잘못 전해진 소식이었기를 간절히 바랐습니다. 결코 사실이 아니기를 기도했습니다. 하지만 바뀔 수 없는 진실로 우리의 마음은 먹먹해졌습니다. 하나님 앞에 엎드려 울고 또 울었습니다. 도대체 무엇이 그를 이렇게 만들었는지 그의 마음을 알지 못했던 우리의 잘못을 용서하소서. 그에게 어떤 아픔이 있었는지 또 어떤 어려움이 그를 괴롭혔는지를 알지 못했던 우리의 어리석음을 용서하소서. 형제의 어려움을 살펴 함께 주님의 길을 걸어

가야 했음에도 자신의 생활에만 집중했던 우리의 잘못을 용서하소서.

하나님 아버지! 이 시간 사랑하는 유가족들을 위해 기도합니다. 주님이 이들의 고통과 아픔을 만져 주소서. 다른 사람들은 이해할 수 없는 심각한 마음의 상처와 슬픔을 주께서 위로하소서. 인간의 말과 행동으로는 결코 위로할 수 없음을 알기 때문에 주님의 손길을 구합니다. 세상이 다 무너진 고통 가운데 있을 사랑하는 유가족들의 마음을 주께서 위로하시고 그들의 눈물을 닦아주소서. 이들이 겪는 고통은 여느 이별의 고통보다 훨씬 크고 심각합니다. 주님! 불쌍히 여기셔서 부디 함께하소서. 이번 일로 인해 다른 사람들의 부정적인 시선을 받지 않게 하시고 주님의 은혜로 견디게 하소서.

상한 갈대를 꺾지 않으시는 사랑의 주님! 유가족들이 재차 상처받는 일이 없게 도와주소서. 쓸데없는 소문의 대상이 되지 않게 하시고 이런 일들이 사랑하는 사람을 잃은 고통에 더해지지 않게 지켜 주소서. 지금 이 순간의 고통을 견딜 유일한 힘은 하나님을 의지하는 것뿐임을 알게 하시고 하나님만을 신뢰함으로 이 아픔의 시간을 이기게 하소서. 혹시라도 이번 일로 인해 가족들이 죄책감을 가지지 않게 하소서. 이 아픔의 시간이 마치 자신의 잘못인 것처럼 여겨 그것으로 스스로를 절망에 빠뜨리지 않게 도와주소서. 이 모든 일들은 결국 주님의 뜻에 있음을 믿게 하시고 오직 주님만을 바라보게 하소서.

이들에게 필요한 말씀을 주소서. 말씀으로 유가족들의 마음을 위로하시고 하나님이 그들을 얼마나 아끼시는지를 알게 하소서. 도저히 어찌할 수 없는 고통 중에서도 손 내밀어 주시는 하나님을 만나게 하소서.

고통 가운데 함께하시는 예수님의 이름으로 기도합니다. 아멘.

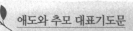

자살 2

한번 죽는 것은 사람에게 정해진 것이요 그 후에는 심판이 있으리니
_ 〈히브리서〉 9장 27절

자비로우신 하나님 아버지!

인생의 어려움 앞에 고통하며 주님을 찾는 자들을 버려 두지 않으시고 도우시는 하나님의 은혜를 기억합니다. 도저히 어찌할 수 없는 상황에서 하나님을 찾는 연약한 우리를 도와주소서. 하나님이 아니고서는 이길 수 없는 슬픔에 잠긴 우리들을 만져 주소서.

도저히 마음을 다스릴 길 없는 안타까운 일을 당했습니다. 우리와는 상관없는 이야기로 생각하며 살아왔었습니다. 우리 주위에서는 절대로 일어나지 않을 줄만 알았습니다. 그러나 주님! 사랑하는 사람들의 가정에 찾아온 이 엄청난 일 앞에서 할 말을 잃게 됩니다. 하나님 앞에 엎드렸지만 무슨 말로 어떻게 기도해야 할지 알 수가 없습니다. 인간의 말로는 결코 위로할 수 없는 아픔을 당한 이 가정을 주님이 만져 주소서. 고통받는 이 가정을 따뜻한 주님의 팔로 안아 주소서.

사랑의 주 하나님! 이 땅에 남아 온 몸과 마음으로 고통받고 있는 사랑하는 유가족들을 불쌍히 여겨 주소서. 세상의 다른 사람들처럼 지금 받는 고통에 또 다른 고통이 더해지지 않게 지켜 주소서. 남겨진 가족들의 비통함을 주위의 사람들이 알게 하셔서 이들을 위로하게만 하소서. 그리고 사랑하는 유가족들의 마음을 담대하게 하셔서 지금 당한 이 아픔이 자신들의 책임이라 여기지 않게 하소서. 스스로를 더 심각한 고통 속에 빠트리지 않게 하시고 혹시라도 죄책감에 사로잡히지 않게 하소서. 사랑하는 유가족들이 주님의 은혜로 이 아픔의 시간을 견딜 수 있게 하소서. 서로가 서로를 위로하고 배려하며 주님의 사랑 안에서 한마음이 되어 지금 닥쳐온 모든 슬픔을 이기게 하소서.

"나는 가난하고 궁핍하오나 주께서는 나를 생각하시오니 주는 나의 도움이시요 나를 건지시는 이시라 나의 하나님이여 지체하지 마소서"라는 말씀을 기억합니다. 사랑의 주님! 지체하지 마시고 찾아와 주셔서 그들의 마음을 만져 주소서. 오직 주님만이 이들의 도움이 되시고 모든 상황에서 건지실 것을 믿습니다. 지체하지 마시고 속히 도와주소서. 하나님만을 바랍니다. 하나님만이 참 위로 되심을 믿습니다. 사랑하는 유가족들에게 주님의 음성을 들려 주소서.

생각하지도 못한 아픔 속에 있는 유가족들을 위해 기도하는 성도들을 기억하시고 주님이 그들의 기도에 응답하시며 함께 슬퍼하고 있는 모든 성도들에게 동일한 은혜와 위로를 내려주소서. 오직 하나님의 말씀으로 위로해 주실 것을 믿사오니 말씀을 전하실 목사님의 입술을 주장하셔서 선포되는 말씀을 통해 하나님 주시는 평안을 얻게 하소서. 부디 한시도 눈을 떼지 마시고 가족들을 지켜 주소서.

거룩하신 예수님의 이름으로 기도합니다. 아멘.

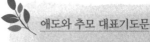

믿지 않는 사람의 장례 1

나더러 주여 주여 하는 자마다 다 천국에 들어갈 것이 아니요 다만 하늘에
계신 내 아버지의 뜻대로 행하는 자라야 들어가리라 _〈마태복음〉 7장 21절

거룩하시고 존귀하신 하나님 아버지!

모든 생명의 근원이시며 사람의 나고 죽음을 이미 알고 다스리시는
하나님의 은혜를 기억합니다. 우리가 연약하여 하나님이 원하시는 일
을 행하지 못할 때에도 함께하셔서 예수 그리스도의 십자가 앞에서
믿음을 회복하게 하시고 다시 믿음으로 살아갈 힘을 얻게 하소서.

존귀하신 하나님 아버지! 이 땅 위에서 정해진 삶을 살다가 이제 그
생명이 다하여 장례의 절차를 진행하는 주님의 백성들을 기억하소서.
육신으로 살다가 흙으로 돌아가는 사랑하는 _____ 분의 장례를 통
해 주님의 백성들이 다시 한 번 주의 은혜를 기억하게 하소서. 하나님
없이 살아가다 그 생명이 다할 때의 허무함을 알게 하시고 하나님이
주신 인생을 살아갈 때에 참 소망이 있음을 알게 하소서. 혹시라도 하
나님과 세상 사이에서 어디로 갈지 몰라 방황하지 않게 하시고 하나
님 나라로 이끄시는 예수 그리스도만을 바라보게 하소서.

인간의 삶을 돌아봅니다. 어머니에게서 태어나 자라며 젊을 때 육신을 뽐내고 점점 지혜가 깊어가지만 인생의 황혼이 다가오면 모든 것이 헛됨을 알게 되고 아무런 준비 없이 죽음을 맞이하는 것이 사람의 인생입니다. 길어도 100년이 되지 않는 유한한 인생을 살아가며 자신이 가진 모든 것을 자랑한들 그것이 무슨 소용이 있겠습니까! 솔로몬과 같이 부귀영화를 누린 사람도 이 땅에서의 모든 것들이 헛되다고 말했거늘 우리의 삶을 일러 무엇하겠습니까!

사랑하는 주님! 우리가 이 땅에서 살아가는 잠시의 삶이 죽음 이후의 영원한 삶을 결정한다는 것을 기억하게 하소서. 이 땅에서 살면서 예수 그리스도를 만나지 못한다면 영원한 생명을 누리지 못한다는 것을 깨달아 이 시간 모든 유가족들과 조문객들이 예수 그리스도만 믿어 영원한 삶을 살 수 있게 인도하소서.

사랑하는 분의 장례 절차 가운데 있는 빛 되신 주의 자녀들을 돌보아 주소서. 하나님의 자녀라는 이유로 비난받지 않게 하시고 자신의 믿음을 지켜 주님에게 영광 돌리게 하소서. 예수 그리스도를 구주로 믿어 구원받은 하나님의 자녀로서 장례의 모든 순서를 바라보게 하시고 사랑하는 주의 자녀들을 통해 아직도 하나님을 알지 못하는 분들이 주께로 돌아오는 은혜를 부어 주소서. 이후에도 이번 장례를 기억하게 하시고 믿지 않는 가족들을 위해 눈물로 기도하게 하소서. 사랑하는 주님! 사랑하는 주의 자녀들에게 말씀으로 위로하소서. 하나님의 말씀이 이들의 마음 가운데 살아 움직이게 하셔서 하나님이 주시는 참된 평안을 누리게 하소서.

길이요 진리요 생명이신 예수님의 이름으로 기도합니다. 아멘.

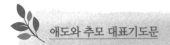

믿지 않는 사람의 장례 2

대답하여 이르시되 천국의 비밀을 아는 것이 너희에게는 허락되었으나
그들에게는 아니되었나니 무릇 있는 자는 받아 넉넉하게 되되 없는 자는
그 있는 것도 빼앗기리라 _〈마태복음〉 13장 11~12절

생명의 근원이신 하나님 아버지!

우리를 구원하시려고 아들을 내어 주신 하나님의 은혜를 기억합니다.
우리의 죄를 씻어 주시기 위해 십자가에 못 박혀 죽으신 예수 그리스
도께서는 지금도 살아 계셔서 우리를 돕고 계심을 믿습니다. 우리가
지쳐 쓰러질 때도 혼자 남아 외로워 견딜 수 없을 때도 함께하셔서 만
져 주심을 믿습니다. 여기 주님의 은혜가 필요한 가정이 있습니다. 사
랑하는 분의 죽음 앞에서 위로가 필요한 가정을 주께서 돌아보소서.

온 땅의 모든 권세를 가지신 주님! 만물의 주인이신 하나님을 잊어버
리고 오히려 스스로를 이 땅의 주인이라 여기며 살아가는 우리를 불
쌍히 여겨 주소서. 세상 사람들은 어리석게도 썩어질 것들을 소유하고
자 헛된 수고로 인생을 낭비하고 결국에는 아무것도 가지지 못한 채
생을 마칩니다. 우리 또한 하나님을 알지 못하고 하나님이 모든 것의
주인이심을 인정하지 않으면 그들과 같은 인생을 살게 될 것입니다.

지존자 하나님! 지금 사랑하는 분을 장례하는 유가족들과 함께 모인 모든 사람의 마음을 주장하셔서 하나님의 권세와 능력을 알게 하소서. 하나님이 온 세계의 주인이심을 인정하게 하소서. 이 땅에서 우리가 가진 것이 우리의 것이 아니라 하나님의 소유라는 것을 깨닫게 하소서. 하나님의 것을 가지고 자신의 것이라 말하며 살아가더라도 결국은 아무 소용이 없고 빈손으로 왔다가 빈손으로 가는 것이 인생이라는 것을 기억하게 하소서. 이 땅에서 우리의 소유를 주장한다면 결국 아무것도 가질 수 없지만 모든 것이 하나님의 것임을 인정하고 하나님의 자녀가 될 때 하나님과 함께 온 세상을 소유하게 되는 놀라운 진리를 발견하게 하소서. 그러므로 사랑하는 유가족들과 함께 모인 모든 성도들이 더 이상 이 땅의 것을 자신의 것이라 여기지 않게 하시고 심지어 자신까지도 하나님의 소유인 것을 믿게 하소서.

사랑하는 분의 장례를 하나님에게 의탁합니다. 여기 이 장례식장 가운데 주님의 은혜를 베풀어 주소서. 하나님을 알지 못하는 유가족들과 모든 조문객들이 삶과 죽음에 대해 다시 한 번 생각하게 하시고 죽음 이후의 삶을 보게 하소서. 예수 그리스도가 아니면 영원한 생명을 얻지 못한다는 것을 깨달아 주님에게로 돌아오게 하소서. 먼저 주님의 은혜를 받아 영원한 생명에 참여하게 된 주님의 백성들이 담대함으로 예수 그리스도를 전할 수 있게 하시고 하나님을 알지 못했던 사람들이 복음을 듣고 예수 그리스도를 믿어 천국 백성이 되게 하소서. 이제 사랑하는 유가족들과 성도들에게 하나님의 말씀을 전하시는 목사님과 함께하실 줄 믿사오며 주의 말씀으로 새 힘을 얻게 하소서.

값없이 은혜를 베풀어 주시는 예수님의 이름으로 기도합니다. 아멘.

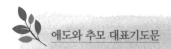

갑작스러운 사고로 인한 사망 1

우리의 연수가 칠십이요 강건하면 팔십이라도 그 연수의 자랑은 수고와
슬픔뿐이요 신속히 가니 우리가 날아가나이다 _〈시편〉 90편 10절

자비와 긍휼이 무궁하신 하나님 아버지!

자신의 죄로 영원히 죽어야만 하던 우리를 위해 아들을 주셔서 생명
을 주신 하나님의 은혜를 기억합니다. 이제 하나님이 우리를 부르셔
서 영생을 누리게 하실 하나님 나라를 기대하며 살게 하셨으니 유일
한 소망이신 예수 그리스도만 믿고 따르게 하소서.

인생의 삶과 죽음을 주관하시는 하나님! 사람의 생명이 주께 달려 있
음을 믿습니다. 그래서 우리는 언제나 주님 앞에 엎드려 우리의 생명
을 지켜 주시기를 간구합니다. 하지만 하나님의 생각은 우리의 생각
과 달라서 이렇게 갑자기 사랑하는 주의 자녀를 데려가시기도 하기에
우리의 마음이 아파 옵니다. 사랑하는 고인의 소식을 접하고 놀라며
가슴 아파하는 모든 유가족들과 성도들의 마음을 위로하소서.

마음의 준비도 하지 못했습니다. 하나님이 계시는 영원한 천국에 대
해 말씀을 나누지도 못했습니다. 지나간 인생을 돌아보며 사랑하는

고인에게 주신 하나님의 은혜에 감사할 시간도 없었습니다. 주님이 고인의 삶을 어떻게 인도하셨고 어떤 일을 하셨는지를 들을 수 있는 시간도 없었습니다. 고인에게 베푸신 하나님의 은혜와 사랑을 나누었다면 지금과 같은 고통은 없었을 것 같습니다. 하나님이 고인의 삶을 어떻게 돌보셨는지 들었다면 좀 더 기쁘게 주님의 나라로 보내 드릴 수 있었을 것 같습니다.

위로하시는 주님! 너무 갑자기 일어난 이 일 앞에서 슬퍼하는 유가족들과 성도들을 기억하소서. 사랑하는 사람과 뜻밖의 영원한 이별을 맞게 된 이들의 마음을 만져 주소서. 어찌할 바를 모르고 주저앉아 주님의 위로만을 구하는 이들을 불쌍히 여겨 주소서. 사랑하는 고인을 주님이 부르셨음을 알기에 영원한 하나님 나라에서 사실 것을 생각하며 위로받게 하소서. 이제 더 이상 세상 속에서 애통하지 않고 모든 수고를 그치고 안식을 누리고 계실 고인을 생각하며 평안하게 하소서.

갑자기 일어난 일로 당황하지 않게 하소서. 사랑하는 고인을 주님이 부르셨다는 사실을 기억하고 주님의 뜻 안에서 모든 장례의 절차를 잘 진행하게 인도하소서. 하나님이 온전히 함께하시는 장례가 될 수 있게 사랑하는 모든 유가족들의 믿음을 굳세게 하소서. 사랑하는 고인을 주님이 갑자기 부르신 이 일을 통해 인생의 유한함을 다시 깨닫게 하시고 오늘을 자랑해도 내일을 기약할 수 없는 것이 우리들의 인생이라는 것을 알게 하소서. 여기 함께 모여 주님의 은혜를 구하는 사랑하는 유가족들과 성도들에게 하나님의 말씀을 들려 주시고 말씀으로 위로를 얻게 하소서.

눈물을 닦아 주시는 거룩하신 예수님의 이름으로 기도합니다. 아멘.

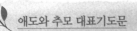

갑작스러운 사고로 인한 사망 2

깊도다 하나님의 지혜와 지식의 풍성함이여, 그의 판단은 헤아리지 못할 것이며
그의 길은 찾지 못할 것이로다 _〈로마서〉 11장 33절

인자와 자비가 풍성하신 하나님 아버지!

하나님의 지으심을 받고도 오히려 하나님을 대적했던 패역한 우리를
포기하지 않으시고 한량없는 인자하심으로 기다리셨던 하나님을 기
억합니다. 언제나 하나님의 인자하심을 구하며 믿음으로 살아가는 우
리 모두가 되게 하소서.

이 시간 사랑하는 주의 자녀를 갑자기 주님의 나라로 보내고 놀라고
두려운 마음으로 엎드려 기도합니다. 주님의 부르심이라는 것을 잘
알지만 이 땅에서 주님을 위해 더 수고한 후에야 그날이 올 줄로 여겼
기에 너무나 갑작스러운 마음을 떨쳐 버릴 수가 없음을 용서하소서.

인생의 주인이신 하나님! 우리의 인생이 결코 우리의 것이 아님을 고
백합니다. 어리석은 부자가 풍족한 소유를 두고도 더 큰 곳간을 지어
자신의 모든 소유를 쌓아 둔 성경 말씀을 기억합니다. 그는 많은 소유
를 새로 만든 큰 곳간에 쌓아 두고 스스로 만족했습니다. 그 소유를 보

며 앞으로 평안히 쉬고 먹고 마시고 즐거워할 것을 꿈꾸었습니다. 하지만 하나님의 생각은 그와 달랐음을 기억합니다. 하나님은 그 부자를 향해 "어리석은 자여 오늘 밤에 네 영혼을 도로 찾으리니 그러면 네 준비한 것이 누구의 것이 되겠느냐"라고 말씀하셨습니다. 오 주님! 우리의 인생이 이 어리석은 부자와 같이 되지 않게 하소서. 우리가 이 땅에서 무엇을 예비하며 살아가더라도 주님이 부르시면 그 모든 것이 의미 없이 되는 것을 기억하고 참된 의미가 되시는 예수 그리스도만을 따라 살게 하소서. 혹여 우리 인생 가운데 주님이 갑자기 부르시더라도 기뻐하며 주님의 나라에 들어갈 수 있는 믿음을 허락하소서.

그러나 남겨진 사람들의 아픔을 돌아보소서. 아무런 예고도 없이 사랑하는 사람이 떠나간 그 자리에서 울고 있는 사랑하는 유가족들의 마음을 만져 주소서. 하나님의 위로하심이 간절히 필요합니다. 주님이 사랑하는 유가족들을 안아 주시고 하나님의 음성을 들려 주소서. 고인은 갑자기 이 세상을 떠났지만 하나님은 결코 갑자기 사랑하는 주님의 백성들을 떠나지 않으심을 알게 하시고 늘 함께하시는 하나님의 크고 놀라운 은혜를 누리게 하소서.

무한한 사랑을 베풀어 주시는 하나님! 유가족들에게 주시는 하나님의 은혜와 사랑을 성도들에게도 동일하게 주시고 무엇보다도 예수 그리스도를 믿고 믿음으로 살아갈 수 있도록 인도하소서. 이제 사랑하는 유가족들과 성도들을 위해 하나님의 말씀을 전하실 목사님의 입술을 주장하셔서 살아 있는 생명의 말씀이 선포되게 하소서.

성령께서 친히 도우실 것을 믿사오며 예수님의 이름으로 기도합니다. 아멘.

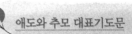
오랜 지병으로 인한 사망 1

모든 눈물을 그 눈에서 닦아 주시니 다시는 사망이 없고 애통하는 것이나 곡하는
것이나 아픈 것이 다시 있지 아니하리니 처음 것들이 다 지나갔음이러라
_〈요한계시록〉 21장 4절

사랑과 긍휼이 풍성하신 하나님 아버지!

우리에게 주신 하나님의 은혜를 기억합니다. 우리의 모든 삶 속에서
함께하셨고 기도할 때 응답하셨던 하나님을 찬양합니다. 하나님이 은
혜 주시지 않으면 고통의 눈물과 절망의 탄식으로 살아갈 수밖에 없
었던 우리들입니다. 바람이 불면 부는 대로 이리저리 흔들리며 세상
의 풍조 속에 살아가야 하던 어리석은 우리를 위해 하나님이 일하셨
습니다. 어리석고 부족한 우리를 위해 쉬지 않으시는 하나님의 놀라
우신 사랑을 기억하고 하나님 나라를 위해 살아가는 우리가 되게 하
소서. 이 시간 사랑하는 고인을 천국으로 환송하고 주님의 은혜를 구
하는 유가족들과 성도들이 함께 모였습니다. 사람의 언어로 다할 수
없는 하나님의 위로를 이들에게 들려 주소서.

사랑하는 고인이 오랜 시간 육신의 병으로 고통받았던 것을 기억합니
다. 우리는 하나님에게 고인의 오랜 지병을 고쳐 주시기를 간구했었

습니다. 그러나 하나님은 사랑하는 고인을 주님의 품으로 부르셨습니다. 우리의 바람과는 달랐지만 주님이 정하신 때에 따라 고인을 부르셨으니 우리 마음의 슬픔이 그치게 하시고 사랑하는 유가족과 성도들의 마음을 위로하여 주소서.

"오직 그만이 나의 반석이시요 나의 구원이시요 나의 요새이시니 내가 크게 흔들리지 아니하리로다"라는 말씀처럼 하나님 때문에 언제나 흔들리지 않고 의연했던 고인의 믿음을 또한 생각합니다. 오랜 지병으로 고통 속에 있으면서도 언제나 하나님을 사랑하고 하나님만 의지했던 고인을 하나님이 기쁘게 맞아주셨을 것을 믿습니다.

우리의 믿음을 지켜 주시는 주님! 오랜 시간 동안 육신의 지병으로 힘들어했을 사랑하는 고인을 떠올리면 가슴이 아픕니다. 견딜 수 없는 고통이 찾아올 때마다 눈물 흘렸을 그의 마음을 우리가 어찌 다 알 수 있었겠습니까! 그러나 육신에 아픔이 찾아올 때마다 하나님을 찾았고 하나님에게 간구했고 하나님을 의지하게 하셨으니 그의 지병이 그를 고통스럽게 했지만 오히려 하나님에게 더 가까이 가게 하는 길이었음을 알게 됩니다. 오랜 지병 가운데서도 하나님과 동행했던 고인의 생전의 믿음을 우리가 기억하게 하소서.

오랜 지병으로 투병하던 사랑하는 고인과 함께 어려운 시간을 보냈던 사랑하는 유가족들의 마음을 위로하소서. 고인이 아플 때 함께 아팠고 고인이 기도할 때 함께 기도했던 사랑하는 유가족들의 아픔을 만져 주소서. 모든 장례의 절차 가운데 함께하시는 하나님을 경험하게 하시고 하나님이 계시는 천국을 소망하는 은혜를 허락하소서.

반석이시요 구원이신 예수님의 이름으로 기도합니다. 아멘.

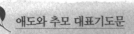

오랜 지병으로 인한 사망 2

내가 확신하노니 사망이나 생명이나 천사들이나 권세자들이나 현재 일이나 장래 일이나 능력이나 높음이나 깊음이나 다른 어떤 피조물이라도 우리를 우리 주 그리스도 예수 안에 있는 하나님의 사랑에서 끊을 수 없으리라 _〈로마서〉8장 38~39절

사랑의 하나님 아버지!

우리를 향하신 끊을 수 없는 사랑으로 아들을 세상에 보내신 하나님의 은혜를 찬양합니다. 이 세상의 그 어느 것도 우리를 향한 하나님의 사랑을 멈추게 할 수 없다는 것을 믿습니다. 여기 하나님의 그 사랑을 간절히 바라는 사람들의 마음에 주님의 풍성한 사랑을 부어 주소서.

오랜 투병 생활로 지치고 힘들었던 이 땅에서의 모든 삶을 끝낸 사랑하는 고인을 기억하며 기도합니다. 참으로 긴 세월을 아파했습니다. 많은 시간을 육신의 고통으로 힘들어했습니다. 이제 하나님이 이 모든 수고와 고통을 그치라고 하시고 아무런 고통이 없는 영원한 천국으로 인도하셨습니다. 이제 고인은 하나님이 계신 그곳에서 예수 그리스도와 함께 영원한 평화를 누리고 계실 것을 믿습니다.

자비로우신 주 하나님! 모든 것이 하나님의 사랑이었습니다. 사랑하는 고인의 모든 삶 가운데 하나님의 사랑이 거하지 않은 곳이 없음을 고백합니다. 그가 강건하게 살 때에도 그가 오랜 시간 병으로 아파할 때도 주님은 함께하셨습니다. 사랑하는 고인과 가족들이 고인의 지병을 가지고 하나님을 찾게 하셨고 오직 하나님만을 의지하게 하셨습니다. 사랑하는 고인이 갑자기 찾아온 통증으로 고통할 때 모두가 한마음으로 주께 기도하게 하셨습니다. 그리고 하나님이 계신 영원한 하늘 나라를 사모하게 하셨고 이제 그곳으로 인도하셨습니다. 이 모든 것이 고인과 우리를 향한 하나님의 사랑인 것을 믿습니다.

오, 주님! 이 세상의 그 어떤 것도 사랑하는 고인을 빼앗아 가지 못하도록 하나님이 그를 지키셨고 세상의 유혹과 거짓이 사랑하는 고인을 넘어뜨리지 못하도록 늘 고인과 함께하셨습니다. 사랑하는 고인은 이렇게 주님의 사랑을 충만히 누리셨고 이제 완전한 사랑의 나라에 가셨습니다. 이렇게 놀라운 하나님의 사랑을 받은 사랑하는 고인을 기억하며 여기 엎드린 유가족들과 모든 성도들이 위로받게 하소서. 고인의 평생에 함께하셨던 하나님이 사랑하는 이들과도 함께하소서.

사랑하는 고인께서 생전에 오랜 시간 투병하는 것을 옆에서 지켜 보며 함께 힘들어했던 모든 유가족들의 마음을 위로하여 주소서. 남겨진 모든 장례의 절차 가운데 그리스도의 향기로 가득하게 하소서. 순서마다 임하시는 하나님의 무한하신 은혜를 유가족들과 모든 성도들이 함께 누리게 하시어 장례의 절차가 진행되는 이곳이 하나님 나라가 되게 하소서. 이제 하나님의 말씀을 전하실 목사님에게 성령을 부으셔서 끊을 수 없는 사랑을 베푸시는 하나님을 선포하게 하시고 듣는 우리 모두가 그 사랑에 감격하는 은혜를 부어 주소서.

은혜가 풍성하신 예수님의 이름으로 기도합니다. 아멘.

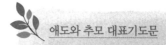

장례 후 위로예배 1

예수께서 이르시되 내가 곧 길이요 진리요 생명이니 나로 말미암지 않고는
아버지께로 올 자가 없느니라 _〈요한복음〉 14장 6절

우리를 부르셔서 지키시는 하나님 아버지!

길과 진리와 생명이 되시는 예수 그리스도를 믿기만 하면 하나님의
자녀가 되는 권세를 주셨으니 감사합니다. 오직 예수 그리스도로 말
미암아 하나님에게로 나아가는 우리 모두가 되게 하소서. 길과 진리
와 생명이신 예수 그리스도가 아닌 다른 길을 찾는 우를 범치 않게 하
시고 오직 예수 그리스도만으로 하나님에게 나아가게 인도하소서.

이 시간 사랑하는 고인을 주님의 품으로 돌려보내고 모든 장례를 마
친 후 사랑하는 유가족들과 함께 하나님에게 예배하고자 모였습니다.
예배하는 모든 유가족들의 마음을 주장하셔서 순전한 마음으로 주를
예배하게 하소서. 예배하는 이곳에 주님의 나라가 임하게 하시고 주
님이 주시는 크고 놀라운 은혜와 위로가 충만하게 하소서.

유일한 빛이신 하나님! 오직 주님만이 우리의 영혼을 바른 길로 이끄
실 것을 믿습니다. 혹여 어두운 곳을 다닐 때에도 주님의 말씀이 우리

의 빛이 되실 것을 믿습니다. 우리가 사망의 골짜기를 헤맬 때에도 주님이 함께하셔서서 모든 위협을 물리치시고 우리를 하나님 나라로 인도해 주실 것을 믿습니다. 그리고 마침내 우리가 평생 바라고 소원했던 주님의 나라에서 주님의 사랑과 은혜를 누리며 주님과 함께 살게 될 것을 믿습니다. 주님이 계신 그곳에서 사랑하는 고인과 함께 기쁨의 찬양을 부르게 될 것을 믿습니다. 지금 함께 엎드려 주님을 예배하는 우리 모두에게 예수 그리스도만을 의지하는 믿음을 허락하소서. 주님이 아니면 우리의 모든 인생이 헛될 뿐임을 알게 하소서.

장례의 모든 절차 가운데 주셨던 하나님의 크신 은혜를 기억합니다. 사랑하는 고인을 주님의 품에 먼저 보내고 슬퍼하며 고통받던 우리를 만져 주신 분이 주님이셨고 어쩔 수 없는 아픔으로 울고 있던 우리를 위로하셨던 분이 주님이셨습니다. 주님이 함께 계셨기 때문에 이 아픔의 시간을 견딜 수 있었고 주님의 위로가 있었기 때문에 평안을 누릴 수 있었습니다. 주님이 사랑하는 고인의 장례 가운데 온전히 함께하셨던 것처럼 이제 우리의 모든 삶에도 함께 계실 것을 믿습니다. 주님이 주시는 이 믿음을 잃지 않게 도와주소서. 혹시 우리의 남은 인생 길이 거칠고 힘들지라도 하나님이 함께하신다는 것을 믿고 주님의 품 안에서 기뻐하며 즐거워할 수 있도록 인도하소서.

우리의 예배를 기뻐하시는 하나님! 말씀을 전하실 목사님에게 은혜를 베풀어 주소서. 하늘보다 높고 바다보다 넓은 주님의 사랑과 위로를 선포하게 하시고 이 말씀을 듣는 사랑하는 유가족들이 이 땅에서 살아갈 힘을 얻게 하소서.

우리를 떠나지 않으시는 존귀하신 예수님의 이름으로 기도합니다. 아멘.

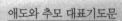

장례 후 위로예배 2

여호와의 속량함을 받은 자들이 돌아오되 노래하며 시온에 이르러 그들의
머리 위에 영영한 희락을 띠고 기쁨과 즐거움을 얻으리니 슬픔과 탄식이
사라지리로다 _〈이사야서〉 35장 10절

은혜가 풍성하신 하나님 아버지!

주님의 백성들을 사랑하시고 인도하시는 주님의 은혜를 찬양합니다.
하나님의 품을 떠나 자신의 생각대로 살았던 우리들을 구원하셨을 뿐
만 아니라 늘 함께하시고 가장 좋은 것으로 먹이시니 감사합니다. 멈
추지도 쉬지도 않으시는 하나님의 그 큰 사랑에 감사해서 주님만을
사랑하며 살아가는 우리가 되게 하소서. 하지만 여전히 부족하여 하
나님을 기쁘시게 하지 못하고 오히려 세상의 유익을 구하기에 바빴던
우리의 모습을 불쌍히 여기시고 십자가의 보혈로 정결하게 하소서.

삶의 걸음을 주관하시는 하나님! 사랑하는 고인의 장례를 무사히 마
치게 하시니 감사합니다. 주님이 베풀어 주신 은혜로 장례를 통해 우
리 주 예수 그리스도를 더욱 굳게 믿게 하셨으니 모든 것이 주님의 은
혜입니다. 그리고 이제 사랑하는 유가족들과 함께 모여 하나님에게
위로예배를 드리게 하시니 감사합니다. 지금 드리는 예배 가운데 찾

아오셔서 영과 진리로 예배하게 하시고 홀로 영광받으소서.

"우리의 연수가 칠십이요 강건하면 팔십이라도 그 연수의 자랑은 수고와 슬픔뿐이요 신속히 가니 우리가 날아가나이다"라는 말씀을 기억합니다. 사람의 살아가는 인생의 길이가 결국 칠팔십 년에 불과하며 사람이 제 아무리 건강해도 백 년을 사는 사람이 거의 없음을 우리는 잘 알고 있습니다. 그럼에도 불구하고 사람은 저마다 조금이라도 더 오래 살기 위해 발버둥을 칩니다. 그러나 그 어떤 노력도 자신의 인생의 길이를 털끝만큼이라도 길게 하지 못합니다. 사랑하는 주님! 이 시간 예배하는 우리 모두에게 성령을 부으셔서 나 자신의 의지와 힘이 아닌 예수 그리스도의 뜻을 구하는 자들이 되게 하소서. 오직 예수 그리스도를 믿음으로 잠시의 생명이 아닌 영원한 생명을 얻게 하소서.

이 시간 주님 앞에 함께 엎드려 하나님을 예배하는 유가족들이 온전히 주님만을 따라 살 수 있는 힘을 부어 주소서. 이 땅에서의 잠시 잠깐의 유익을 위해 살지 않게 하시고 주님이 주시는 영원한 생명을 누리며 살게 하소서. 사랑하는 고인의 장례를 통해 하나님이 주시는 풍성한 은혜를 누렸으니 이제 주님만을 사랑하며 주님의 나라를 위해 자신의 생명을 드리는 믿음을 허락하소서.

하나님 앞에 예배하는 이 시간 하나님의 말씀으로 우리에게 교훈하소서. 말씀을 선포하시는 목사님에게 성령의 충만함을 주시고 이 땅의 썩어질 것이 아니라 영원한 생수가 되시는 예수 그리스도를 선포하게 하소서. 그리고 그 말씀을 듣는 유가족들에게는 큰 위로와 은혜가 넘치게 하소서.

영원한 샘물이 되시는 예수님의 이름으로 기도합니다. 아멘.

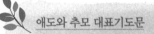

추모예배 1

그 후에 우리 살아 남은 자들도 그들과 함께 구름 속으로 끌어 올려 공중에서
주를 영접하게 하시리니 그리하여 우리가 항상 주와 함께 있으리라 그러므로
이러한 말로 서로 위로하라 _〈데살로니가전서〉 4장 17〜18절

독생자를 통해 영원한 생명을 주신 하나님 아버지!

추악하고 더러운 죄로 말미암아 결국은 죽을 수밖에 없던 우리를 그
냥 버려 두지 않으시고 아들을 보내서서 영원한 생명을 얻게 하신 하
나님의 은혜에 감사합니다. 영원한 생명이 하나님의 아들 안에 있음
을 우리가 알았으니 오직 예수 그리스도만을 믿고 살아가게 하소서.

그러나 영원한 생명이 예수 그리스도 안에 있음을 알면서도 여전히 마
음이 끌리는 대로 세상이 주는 달콤한 유혹을 따라가는 우리의 어리석
음을 불쌍히 여겨 주소서. 더 이상 죄를 따라 살지 않도록 우리를 예수
그리스도의 십자가에 함께 못 박히게 하소서. 그리하여 이제는 더 이
상 우리가 사는 것이 아니라 예수님이 내 안에서 역사하게 하소서.

인생을 주관하시는 하나님 아버지! 이 시간 사랑하는 고인을 추모하
며 주께 예배하오니 이 시간 함께 예배하는 우리 모두의 마음속에 찾
아오셔서 은혜를 베풀어 주소서. 고인을 추모하는 예배로 모였으니

사랑하는 고인의 생전의 믿음을 기억하고 영원한 천국에서 주님과 함께 계시는 고인을 추모하게 하소서. 그러나 무엇보다 온전한 마음으로 하나님을 예배하게 하소서. 지금 드리는 이 예배를 통해 하나님의 크고 놀라운 사랑을 우리 모두가 누릴 수 있게 하소서.

사랑하는 고인께서 이 땅에서 살아 계실 때의 믿음을 기억합니다. 세상의 많은 유익을 얻고 자신의 이름을 높이며 이 땅 위에서 행복하게 사는 것보다 하나님을 예배하는 것을 더 귀하게 여기고 오직 하나님만 섬겼던 분이셨습니다. 하나님을 섬기고 따르는 것에 방해가 되는 것은 단호하게 버리셨지만 가족들의 믿음의 성장을 위해 기도하기를 쉬지 않으셨습니다. 이제 사랑하는 고인의 이런 믿음을 본받게 하소서. 이 시간 고인을 추모하기 위해 모인 우리 모두가 고인의 신앙을 이어 그 믿음을 대대에 이어가게 인도하여 주소서.

주님이 사랑하는 고인을 추모하는 이 자리에 함께하소서. 고인이 이 땅에서 살아 계실 때를 기억하며 눈물짓는 사랑하는 가족들에게 주님의 사랑을 더하여 주소서. 모인 가족들이 주님의 사랑 안에서 하나 되게 하시고 서로를 위하여 기도하며 주님의 나라에 이르기까지 믿음으로 함께 걷는 믿음의 동행자가 되게 하소서. 각자의 삶의 자리에서 예수 그리스도의 향기를 전하게 하시고 주님의 이름을 증거하며 살아가는 전도자가 되게 하소서. 이제 하나님의 말씀을 전하시는 목사님에게 은혜를 부어 주셔서 그 말씀을 듣는 우리 모두가 주님만으로 살아갈 수 있게 하소서.

여기에 모인 모든 가족들의 삶 가운데 세밀하게 역사하시는 하나님을 찬양하오며 우리 주 예수님의 이름으로 기도합니다. 아멘.

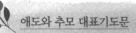
추모예배 2

예수를 죽은 자 가운데서 살리신 이의 영이 너희 안에 거하시면 그리스도 예수를
죽은 자 가운데서 살리신 이가 너희 안에 거하시는 그의 영으로 말미암아 너희
죽을 몸도 살리시리라 _〈로마서〉 8장 11절

우리를 죽음에서 살리신 하나님 아버지!

우리를 위해 아들을 보내셔서 십자가에서 죽게 하시고 다시 살리신
하나님의 은혜를 찬양합니다. 하나님이 우리의 죄를 지시고 십자가에
서 죽으신 예수 그리스도를 다시 살리셔서 그를 믿는 우리도 함께 살
게 하시니 감사합니다. 주님의 이 크신 은혜로 거듭난 하나님의 백성
이 되었으니 오직 주님의 뜻을 구하며 살아가는 자들 되게 하소서.

이 시간 사랑하는 고인을 추모하며 주께 예배합니다. 우리의 예배를
받아 주소서. 우리의 눈이 하나님을 향하게 하시고 예배하는 이 시간
영과 진리로 하나님에게 나아가게 하소서. 언제 어디서라도 하나님이
찾으시는 진정한 예배자가 되게 하시고 이 순간 고인을 추모하는 이
예배 중에도 마음과 정성을 다해 하나님만 예배하게 하소서.

사랑하는 고인을 추모하며 이 세상에서 저마다의 삶을 살아가는 수많
은 인생들을 생각해 봅니다. 그들은 하나님을 알지 못하면서 모든 것

을 다 아는 것처럼 말하며 심지어는 하나님을 조롱하며 살아갑니다. 그들의 마지막이 무엇인지 알지 못하고 알지 못하는 것을 두려워하면서도 유일한 해답이신 하나님을 믿지 않습니다. 그들에게 예수님이 절실히 필요하듯이 우리 역시 날마다 부으시는 하나님의 사랑이 절실히 필요한 사람들입니다. 하오니 주님! 하나님의 사랑을 간구하는 우리에게 언제나 주님의 무한하신 사랑을 부어 주소서.

전능하신 주 하나님! 사랑하는 고인이 자신의 믿음을 지켜 하나님의 뜻을 구하고 하나님 나라를 위해 사셨던 것처럼 지금 예배하는 우리 모두도 예수 그리스도만을 위해 살게 하소서. 어리석은 사람들처럼 세상의 것을 얻기 위해 살지 않게 하시고 세상의 가치관이나 유익을 구하는 것이 헛된 것임을 깨닫게 하소서. 사랑하는 고인의 믿음을 본받아 언제나 하나님 나라와 하나님의 의를 구하는 우리가 되게 하소서. 또한 사랑하는 고인과 같이 주님의 나라를 위해 살게 하소서. 우리들에게 하나님을 향한 열정을 허락하셔서 하나님 나라를 세우고 예수님의 이름을 전하는 데 열심을 내게 하소서. 각자가 섬기는 교회에서 맡겨 주신 직분들을 잘 감당하고 언제나 주님의 뜻에 순종하게 하소서.

하나님 앞에 예배하는 이 시간 주님의 크신 은혜가 충만하게 하소서. 예배하는 우리 모두에게 주님의 사랑을 경험하게 하소서. 말씀을 전하시는 주의 사자에게 말씀의 능력을 부어 주시고 선포되는 말씀을 통해 우리의 믿음이 그리스도의 장성한 분량에까지 이르게 하소서.

사랑하는 고인을 추모하게 하신 주님에게 감사드리며 거룩하신 우리 주 예수님의 이름으로 기도합니다. 아멘.

모든 그리스도인에게도 산소 호흡기가 필요하다.
이 산소 호흡기는 바로 기도이다.

6장

치유 및 위로와 격려
대표기도문

갑작스러운 사고로 입원 1

너는 내일 일을 자랑하지 말라 하루 동안에 무슨 일이 일어날는지 네가
알 수 없음이니라 _〈잠언〉 27장 1절

온 천하의 모든 일을 아시는 하나님 아버지!

하나님의 백성들을 향하신 하나님의 은혜를 기억합니다. 우리가 살아
가고 행하는 작은 일 하나까지 살피시고 인도하시는 주님이 우리와
함께 계심을 믿게 하소서. 쉬지도 주무시지도 않고 하나님의 백성들
을 보고 계시는 하나님을 영원토록 찬양하며 살게 하소서.

사람의 인생이 자신의 뜻과 생각대로 진행되지 않는다는 것을 우리는
잘 알고 있습니다. 세상에서 많은 유익을 얻고 그 이름이 높아지며 모
두가 부러워하는 부를 이룬다고 해도 그것이 무너지는 것은 한순간이
며 더 이상은 없을 것 같은 고통의 순간도 시간이 지나면 잊혀 지기 마
련입니다. 그래서 우리가 가진 것으로 스스로를 지키고 안전하다고
자랑할 수 없으며 오직 하나님의 도우심만을 구해야 하는 것을 알게
하셨습니다. 원하기는 하나님의 모든 백성들이 하나님의 품 안에서
평안을 누리며 살게 하소서.

거룩하신 하나님 아버지! 이 시간 갑작스러운 사고로 병원에 입원하게 된 사랑하는 주의 자녀를 위해 기도합니다. 모든 것이 하나님의 섭리 가운데 있다는 것을 믿지만 원하지 않는 사고로 입원하게 되어 근심하고 있으니 사랑하는 주의 자녀의 마음을 지켜 주소서. 주님이 친히 찾아오셔서 사고로 다친 부위를 만져 주시고 속히 회복시켜 주소서. 좋은 의사를 만나게 하시고 돕는 분들에게 은혜를 주소서. 사고 후의 후유증이 조금도 없게 하시고 잘 회복되어 이전보다 더 건강한 몸이 되게 하소서. 치료 받는 가운데 고통받지 않게 하시고 깨끗하게 나을 수 있도록 도와주소서.

이런 갑작스러운 사고가 세상 사람들에게는 아픔과 절망의 시간일 것이지만 하나님을 믿는 주의 자녀에게는 오히려 하나님을 더 가까이 만나는 은혜의 시간이 되게 하소서. 하나님이 주의 자녀를 만나시기 위해 베풀어 주신 귀한 시간이라는 것을 기억하고 아픔 중에서도 치료하시는 하나님을 경험하게 하소서.

연약한 자의 기도를 들으시는 주님! 이번 사고로 근심하며 눈물로 기도하는 사랑하는 가족들을 기억하소서. 갑자기 들려온 사고의 소식으로 놀란 마음이 주님의 손길로 진정되게 하시고 모두가 한마음으로 주께 엎드려 기도하게 하소서. 간병하는 일이 힘이 들고 불편하지만 함께하는 이 시간을 통해 가족 간의 사랑이 더욱 깊어지게 하시고 예수 그리스도께서 주시는 놀라운 은혜를 함께 누리게 하소서. 주의 백성들이 다른 사람을 위해 기도하는 것을 쉬지 않게 하시고 다른 사람을 위해 기도하는 것으로 더 큰 신앙의 유익을 얻게 하소서.

사랑하는 자와 함께하시는 예수님의 이름으로 기도합니다. 아멘.

갑작스러운 사고로 입원 2

곧 네 환난을 잊을 것이라 네가 기억할지라도 물이 흘러감 같을 것이며
네 생명의 날이 대낮보다 밝으리니 어둠이 있다 할지라도 아침과 같이
될 것이요 _〈욥기〉 11장 16~17절

언제나 변함없으신 하나님 아버지!

우리에게 언제나 변함없는 인자와 자비를 베푸시는 하나님의 은혜를
찬양합니다. 우리의 모든 삶이 하나님을 찬양하는 삶이 되도록 인도
하소서. 우리는 어떤 순간에도 하나님만 바라보아야 하지만 너무 쉽
게 세상을 바라보는 연약함을 가졌사오니 우리의 어리석음을 불쌍히
여겨 주시고 십자가의 공로만을 의지하는 우리가 되게 하소서.

참된 평안을 주시는 하나님! 사랑하는 주의 자녀가 갑작스러운 사고
로 입원하였으니 주님의 은혜를 부어 주소서. 지금까지도 지켜 주셨
던 하나님이 사랑하는 주의 자녀에게 이런 사고를 허락하셨으니 모든
것이 주님의 뜻 안에 있음을 믿습니다. 하지만 우리는 연약한 인간이
어서 갑작스러운 사고의 소식에 놀라 심한 근심과 걱정 속에 사로잡
혀 있습니다. 위로하여 주시고 사고를 당한 사랑하는 주의 자녀와 이
일로 함께 근심하는 우리 모두의 마음에 평안을 주소서.

주께서 사람들에게 허락하신 인생길을 가다 보면 물 한 방울 찾기 힘든 사막을 지날 때도 있을 것이고 한 걸음도 떼기 어려운 험한 산을 거쳐야 할 때도 있을 것입니다. 세상의 많은 사람들은 이런 순간이 오면 자신의 운명을 탓하기도 하고 또 좌절하거나 낙심하기도 합니다. 어떤 사람들은 스스로의 힘으로 그 모든 일들을 이겨 내기 위해 노력하기도 합니다. 하지만 예수 그리스도를 구주로 믿은 우리에게는 이 모든 일의 해답을 주셨으니 감사합니다. 예측하지 못한 어려움을 주신 분이 하나님이시며 그 어려움을 해결할 유일한 해답도 하나님이신 것을 믿사오니 사랑하는 주의 자녀의 마음을 주님이 만져 주소서.

사랑하는 주 하나님! 갑자기 닥쳐온 이 일로 인해 하나님의 은혜를 의심하는 잘못을 범하지 않게 하시고 오히려 하나님의 크고 놀라우신 계획이 무엇인지 기대하는 주의 자녀가 되게 하소서. 갑작스러운 사고로 놀란 마음을 주님이 위로하여 주소서. 이제 입원하였으니 다친 모든 부위를 주님의 손으로 만지셔서 아무런 후유증 없이 깨끗하게 고쳐 주소서. 입원하는 동안 잘 치료 받아 이전보다 더 강건한 몸으로 주님의 선한 사명을 감당하는 믿음의 사람이 되게 인도하소서.

사랑하는 주의 자녀의 갑작스러운 사고 소식으로 크게 놀라고 근심했을 사랑하는 가족들을 기억하소서. 주님이 그들의 놀란 마음을 위로하시고 온 가족들이 한마음으로 주님만을 신뢰하게 하소서. 이제 하나님의 말씀을 듣겠습니다. 갑자기 당한 사고로 아파하는 사랑하는 주의 자녀와 함께 근심하는 가족들에게 하나님의 크고 놀라운 위로가 선포되게 하소서.

항상 돌보시고 인도하시는 예수님의 이름으로 기도합니다. 아멘.

단기 입원 1

내 영혼아 네 평안함으로 돌아갈지어다 여호와께서 너를 후대하심이로다
주께서 내 영혼을 사망에서, 내 눈을 눈물에서, 내 발을 넘어짐에서
건지셨나이다 _〈시편〉 116편 7~8절

사랑과 긍휼이 풍성하신 하나님 아버지!

인생의 가장 낮고 어두운 곳에서 신음하며 살아가던 우리를 찾아 오
셔서 하나님의 영광의 나라로 이끄시니 감사합니다. 어쩔 수 없는 부
패와 죄악으로 세상의 가장 어두운 곳과 구석진 곳만을 다니며 하나
님의 얼굴을 피하려 했던 우리의 연약함을 버려 두지 않으시고 거룩
하신 예수 그리스도께서 직접 그곳을 찾아오셔서 우리의 손을 잡아
주셨으니 이제 그 놀라운 주님의 사랑을 영원토록 찬양하게 하소서.

우리의 어리석음을 용서하소서. 예수 그리스도께서 가장 낮은 곳에
친히 오셔서 우리를 빛 가운데로 이끄셨지만 아직도 어둠을 좇아가던
습성을 버리지 못해 빛을 피하려 들던 우리의 죄를 십자가의 보혈로
씻어 주소서.

사랑하는 주님! 주님을 사랑하고 주님의 뜻에 순종하며 살던 주님의
자녀가 병원에 입원하게 되었으니 돌아보소서. 하나님이 주셨던 삶을

열심히 살던 주의 자녀에게 하나님의 뜻이 무엇인지 알게 하소서. 자신에게 일어난 일로 하나님을 원망하지 않게 하시고 실망하거나 낙담하지 않게 지켜 주소서. 오히려 여러 가지 일들로 분주하여 하나님을 만나지 못했던 지난 시간을 돌아보게 하시고 주님이 주신 이 시간 동안 주님을 알고 만나기 위해 더 많이 기도하게 하소서.

긴 시간을 입원하지 않게 하시니 감사합니다. 하지만 짧은 시간이라도 병원에 입원해 있는 것이 사람의 마음을 힘들게 하고 불편한 점이 많으니 이 모든 것을 주님이 주시는 은혜로 잘 견디게 하소서. 진단 받은 대로 잘 치료 받게 하시고 이제 후로는 이런 이유로 병원에 입원하지 않도록 도와주소서. 퇴원한 후에는 주님이 주신 은혜에 더 감사하며 온전히 하나님의 뜻에만 순종하는 믿음의 사람이 되게 하소서.

병원에 입원하며 치료 받으며 무엇보다도 예수 그리스도의 크신 은혜를 경험하게 하소서. 하나님의 아들이 이 땅에 우리와 똑같은 사람으로 오셔서 극한 육신의 고통을 받으셨던 것을 기억하게 하시고 그 주님이 지금 사랑하는 주의 자녀의 모든 아픔을 만져 주신다는 사실을 분명히 믿게 하소서.

사랑하는 주의 자녀의 입원으로 놀랐을 사랑하는 가족들을 기억하소서. 모든 가족들이 먼저 육신의 어려움으로 입원한 사랑하는 주의 자녀를 위해 기도하게 하소서. 육신의 어려움을 치료하러 입원하였지만 오히려 이 시간이 주의 자녀와 가족들 모두의 심령이 고침 받는 귀한 시간이 될 수 있도록 인도하소서. 사랑하는 주의 자녀가 입원하여 누워 있는 이 병실이 주님의 사랑과 은혜가 충만한 곳이 되게 하소서.

육신의 고통을 만지시는 예수님의 이름으로 기도합니다. 아멘.

단기 입원 2

고난 당한 것이 내게 유익이라 이로 말미암아 내가 주의 율례들을
배우게 되었나이다 _〈시편〉 119편 71절

주의 이름으로 고난 당하는 자를 지키시는 하나님 아버지!
우리를 위해 예수 그리스도를 내어 주신 하나님의 사랑을 기억합니
다. 아들이신 예수 그리스도께서 받지 않아도 될 고난을 받으신 것은
오로지 우리의 죄악 때문임을 고백합니다. 주님이 아파하신 것으로
우리가 나음을 받았습니다. 주님이 받으신 고통 때문에 우리가 다시
살게 되었습니다. 주님이 고난받으셔서 우리가 영원한 생명을 얻게
되었습니다. 그러므로 이제 우리도 주님 때문에 고난받을 수 있는 믿
음을 허락하소서. 의를 위하여 받는 박해를 오히려 기뻐하게 하소서.

여기 고난 중에 있는 사랑하는 주의 자녀를 기억하소서. 육신의 질고
로 병원에 입원하여 근심하는 주의 자녀의 마음을 만져 주소서. 이 시
간 하나님의 말씀을 기억하게 하소서. 이 고난의 시간이 오히려 그에
게 유익이 되는 것을 알게 하소서. 사랑하는 주의 자녀가 당하는 이 아
픔의 시간이 오히려 유익이 될 수 있도록 인도하소서. 그동안 삶의 다

른 여러 가지 이유로 소홀하였던 하나님의 말씀을 읽을 수 있게 하소서. 주님이 주신 귀한 시간이라는 것을 알고 하나님의 말씀을 읽고 묵상하고 배우는 데 열심을 내게 하소서. 그래서 하나님이 주신 이 짧은 입원 기간이 사랑하는 주의 자녀가 걸어야 할 긴 인생에서 가장 소중한 시간이 되게 하소서.

고통 중에 은혜를 주시는 하나님! 육신의 고통으로 입원하였으니 주님이 친히 찾아오셔서 치유하여 주소서. 주님의 손으로 아픈 곳을 만져 주시고 깨끗하게 낫게 하소서. 의사를 통해 병을 고칠 기회를 주셨으니 다른 어떤 어려움도 없게 하시고 입원 기간 내에 깨끗하게 하소서. 하나님의 은혜로 건강하게 하시고 건강한 몸으로 주님을 위해 헌신하는 믿음의 사람이 되게 하소서. 주님이 주신 것을 주님 위해 사용하며 주를 위해 자신의 생명까지도 드리는 굳센 믿음을 허락하소서.

사랑하는 주의 자녀가 육신의 질고로 입원하였기 때문에 함께 근심하고 기도하는 사랑하는 가족들의 마음을 주장하소서. 하나님이 주신 교회에서 함께 신앙 생활하며 서로의 어려움 앞에서 한 목소리로 기도하는 주의 성도들이 입원한 사랑하는 주의 자녀를 위해 기도하오니 사랑하는 주의 자녀를 속히 치료하여 주소서. 길지 않는 시간을 입원하게 하셨으니 우리 모두가 더 간절히 부르짖게 하시고 주님의 만져 주심을 믿게 하소서.

이제 하나님의 말씀을 전하시는 주의 사자의 입술을 붙잡아 주셔서 주님의 도우심을 구하는 주의 자녀와 우리 모두에게 부으시는 하나님의 크고 놀라운 사랑을 선포하게 하소서.

우리와 함께 고통하시는 예수님의 이름으로 기도합니다. 아멘.

장기 입원 1

보옵소서 내게 큰 고통을 더하신 것은 내게 평안을 주려 하심이라 주께서
내 영혼을 사랑하사 멸망의 구덩이에서 건지셨고 내 모든 죄를 주의 등 뒤에
던지셨나이다 _(이사야서) 38장 17절

믿는 모든 자들의 방패가 되시는 하나님 아버지!

악한 세상 속에서 살아가며 닥쳐오는 일들이 무서워 어찌할 바를 모
르는 불쌍한 인생들을 구원하시고 도우시는 하나님의 은혜를 찬양합
니다. 진실로 이 세상은 부패하고 악하여 연약한 우리가 있을 곳이 없
음을 고백합니다. 하나님의 도우심을 간절히 부르짖을 때 외면하지
않으시고 피난처가 되시는 하나님을 늘 찬양하며 살게 하소서. 어리
석은 우리가 피난처가 되신 주님만을 바라보지 않고 어두운 세상을
바라볼 때 따뜻한 음성을 들려 주시고 우리의 눈이 세상을 바라보지
않고 오직 하나님만을 바라볼 수 있게 인도하소서.

여기 병원에 입원한 사랑하는 주의 자녀를 위해 기도합니다. 하나님
이 주시는 힘으로 하나님의 선한 일을 하며 살기를 원했지만 원하지
않았던 질고로 병원에 입원하게 되었으니 사랑하는 주의 자녀의 마음
을 주님이 만져 주소서. 하나님을 사랑하는 그의 마음을 기뻐 받으시

고 지금 처한 상황 때문에 낙심하거나 좌절하지 않게 하시며 이 모든 일들을 이길 새 힘을 부어 주소서.

사랑하는 하나님 아버지! 여기 병원에 긴 시간을 입원해야 하오니 불쌍히 여겨 주소서. 세상과 단절되어 홀로 있다는 생각이 들지 않게 하시고 스스로의 상황을 비관하지 않게 하소서. 병원이든 어디든 하나님이 계신 곳이 하나님 나라인 것을 알게 하시고 언제나 하나님의 임재만을 간구하게 하소서. 오랜 시간을 입원할 때 겪을 여러 가지 불편함과 어려움으로 힘들어하지 않게 하시고 사랑하는 주의 자녀를 고통 가운데서 건지신 우리 주 예수 그리스도만 생각하게 하소서.

하나님의 은혜 가운데 잘 치료 받게 하셔서 속히 낫게 하소서. 좋은 의사를 만나게 하시고 돕는 분들의 귀한 손길을 허락하소서. 하나님이 사랑하는 주의 자녀를 담당하는 모든 분들을 일일이 기억하셔서 그 분들을 통해 하나님의 치료하시는 역사가 나타나게 하소서. 무엇보다 주님이 사랑하는 주의 자녀의 모든 아픈 부분을 만져 주셔서 속히 낫는 은혜를 허락하소서.

은총의 주 하나님! 오랜 시간을 입원하는 주의 자녀의 마음을 만져 주시며 함께하는 가족들의 마음까지 안아 주소서. 자신의 힘과 시간을 내어 주의 자녀를 간병하는 모든 가족들에게 새 힘을 부어 주소서. 사랑하는 주의 자녀를 돕는 일로 가족들 간에 조금이라도 상처가 될 만한 일이 생기지 않게 하시고 오히려 주님의 사랑으로 서로를 배려하고 위하는 은혜가 충만하게 인도하소서. 사랑하는 주의 자녀와 함께하는 모든 가족들에게 주님의 말씀으로 함께하실 것을 믿습니다.

세상 끝까지 함께하시는 예수님의 이름으로 기도합니다. 아멘.

장기 입원 2

내 영혼아 여호와를 송축하며 그의 모든 은택을 잊지 말지어다 그가 네 모든
죄악을 사하시며 네 모든 병을 고치시며 네 생명을 파멸에서 속량하시고
_〈시편〉 103편 2~4절

생명을 주시는 하나님 아버지!

모든 생명의 근원이신 하나님을 찬양합니다. 죄인들을 죽음에서 건지
셔서 생명을 주신 하나님을 우리가 아버지라 부를 수 있게 하셨으니
감사합니다. 하나님의 놀라우신 은혜를 영원히 잊지 않고 주님만을
섬기며 살게 하소서.

하나님은 아들이신 예수 그리스도를 십자가에 내어 주심으로 우리의
모든 죄악을 사하셨습니다. 우리는 예수 그리스도를 믿음으로 그 어
떤 대가 없이 구원을 선물로 받았습니다. 그러나 우리는 너무 무지해
서 하나님의 값없는 구원의 선물을 알지 못하고 우리의 힘과 능력으
로 구원을 얻고자 하였습니다. 이런 우리를 불쌍히 여겨 주소서. 이제
예수 그리스도의 십자가 앞에 나아가 철저하게 자신을 부인하게 하시
고 주님이 주시는 십자가를 지고 주님만을 따라 살게 하소서.

거룩하신 주님! 사랑하는 주의 자녀를 위해 기도합니다. 육신의 질고

474

때문에 병원에 입원한 사랑하는 주의 자녀의 마음을 위로하소서. 입원해 있는 동안 주님이 주시는 은혜로 모든 힘든 시간들을 견디게 하시고 주님이 예비하신 의사의 손길을 통해 잘 치료 받아 완쾌될 수 있게 인도하소서. 짧지 않은 시간을 입원해야 하오니 자신의 처지로 인해 마음이 상하지 않게 하시고 입원하는 이 일을 통해 하나님이 원하시는 뜻이 무엇인지 발견하게 하소서. 온 세상의 그 무엇보다 크고 높은 하나님의 사랑을 경험하는 은총의 시간이 되도록 역사하소서.

주님만이 사랑하는 주의 자녀의 질고를 완전히 고치실 수 있음을 믿습니다. 이 세상 사람들이 보고 놀라 모든 것이 주님의 은혜인 것을 알고 주님의 이름을 찬양하도록 주님이 사랑하는 주의 자녀를 만져 주소서. 주님의 은혜로 깨끗하게 나아서 다시는 악한 병으로 고통받지 않도록 인도하소서. 이 고통의 시간이 지나 강건한 몸으로 주님을 섬기는 그날이 속히 오게 하소서.

주님! 어느 인생인들 아무 어려움 없이 살아갈 수 있겠습니까! 이 땅 위에서 살아 숨 쉬는 사람들 중에 생명의 위협을 받지 않는 사람이 누구이겠습니까! 결국 어려움과 고통과 생명의 위협 속에 우리가 의지해야 할 유일한 분이신 예수 그리스도를 만나는 것만이 해답이라는 것을 알게 하소서. 주님에게 우리의 모든 것을 맡기면 더 이상 세상이 주는 고통과 아픔으로 두려워하지 않아도 되는 것을 믿게 하소서. 이제 하나님의 말씀으로 위로하소서. 말씀을 전하시는 목사님에게 하나님의 풍성한 은혜를 부어 주시고 말씀을 전하는 자와 듣는 자 모두가 성령의 사람이 되게 하소서.

길이요 진리요 생명이신 예수님의 이름으로 기도합니다. 아멘.

노년의 병 – 중풍

이르되 주여 내 하인이 중풍병으로 집에 누워 몹시 괴로워하나이다
이르시되 내가 가서 고쳐 주리라 _〈마태복음〉 8장 6~7절

전능하시고 존귀하신 주님!

온 세상을 위해 일하시는 하나님의 성실하심을 찬양합니다. 감히 하나님을 바라볼 수도 없는 인생을 위해 아들을 보내시고 구원의 길을 여셨을 뿐만 아니라 늘 함께하시며 인도하시니 감사합니다. 혹시라도 부족한 우리가 하나님만을 바라보지 않고 세상의 다른 것을 바라보며 하나님의 손을 놓으려 할 때 우리의 손을 굳게 잡으시고 다시 주님만 볼 수 있게 인도하소서.

사랑하는 주님! 이 시간 사랑하는 주님의 백성을 위해 기도합니다. 주님이 허락하신 삶을 은혜 가운데 살아왔습니다. 때로는 실수하고 실패하기도 했으나 예수 그리스도를 섬기며 주님만을 믿고 살았습니다. 그런데 이제 인생의 황혼에 접어들며 중병으로 고통받고 있으니 불쌍히 여겨 주소서. 주님의 전에 나아가 항상 예배하고 싶지만 닥쳐온 육신의 어려움으로 그렇게 하지 못하는 답답한 마음을 기억하소서.

주님을 향한 열정은 여전하지만 육신이 따르지 못해 어찌할 바를 모르는 주님의 백성을 기억하소서. 비록 인생의 후반기를 살고 그의 육신에 어려움이 찾아왔지만 주님을 사랑하는 마음은 날로 더욱 깊어지게 하소서. 육신으로는 주님을 섬길 수 없지만 매 순간 기도함으로 하나님을 섬기게 하시고 하나님의 놀라우신 이름을 찬양하게 하소서.

치료의 주 하나님! 사랑하는 주님의 백성의 육신을 만져 주소서. 고통받는 모든 부분을 주님의 손으로 어루만져 주소서. 섬기던 주님의 몸 된 교회에 다시 나아갈 수 있는 건강한 다리를 주시고 하나님의 말씀을 자세히 볼 수 있는 밝은 눈을 주시며 하나님의 말씀을 귀 기울여 들을 수 있는 밝은 귀를 회복시켜 주소서. 분명하고 똑똑한 목소리로 하나님을 찬양할 수 있게 하시고 두 손으로 하나님 나라를 위해 봉사할 수 있게 인도하소서. 주님이 사랑하는 주의 백성을 고쳐 주셔서 이 가정과 주님의 몸 된 교회에 큰 기쁨이 넘치게 하소서.

사랑하는 주의 백성과 함께 살아가는 가족들을 기억하소서. 사랑하는 주의 백성의 어려움을 돕고 함께하며 주님의 크신 사랑을 경험하게 하시고 하나님이 지금 이 가정을 통해 이루시려고 하는 뜻이 무엇인지를 알게 하소서. 가족들의 모든 섬김 가운데 예수 그리스도의 십자가가 나타나게 하시고 선한 말과 선한 행동만이 이 가정에 가득하게 도와주소서. 또한 사랑하는 주의 백성을 위해 함께 기도하는 성도들에게도 동일한 은혜를 부어 주소서.

육신의 어려움으로 고통받지만 하나님의 은혜를 구하는 사랑하는 주의 백성과 그의 가정과 모든 성도들과 함께하실 하나님을 찬양하오며 거룩하신 예수님의 이름으로 기도합니다. 아멘.

노년의 병 - 치매

사람이 감당할 시험 밖에는 너희가 당한 것이 없나니 오직 하나님은 미쁘사 너희가
감당하지 못할 시험 당함을 허락하지 아니하시고 시험 당할 즈음에 또한 피할 길을
내사 너희로 능히 감당하게 하시느니라 _〈고린도전서〉 10장 13절

존귀하신 하나님 아버지!

우리를 구원하시고 모든 삶 가운데 함께하시는 하나님을 찬양합니다.
우리의 삶 속에서 우리의 어리석음으로 힘들어하고 어려움을 겪을 때
에도 함께하셔서 언제나 바른 길로 이끌어 주시니 감사합니다. 주님
만을 따라 주님이 원하시는 길을 걸어가는 우리 모두가 될 수 있도록
도와주소서.

사람들은 인생 가운데 겪는 많은 시험들로 근심하지만 하나님의 자녀
들에게는 감당할 시험 외에는 주시지 않는다고 말씀하시니 감사합니
다. 또 우리가 시험을 당할 그때에는 피할 길을 주시니 감사합니다. 과
연 우리의 인생을 돌아보니 언제나 우리의 영원한 피난처가 되신 예
수 그리스도께서 계셨습니다. 그러므로 지금도 또 후에도 항상 함께
하시며 우리를 인도하실 예수 그리스도를 굳게 믿습니다.

인생의 주인이신 하나님! 사랑하는 이 가정을 위해 기도합니다. 이 가

정의 사랑하는 주님의 자녀에게 육신의 어려움이 찾아왔습니다. 인생의 후반부가 되면 찾아올 수 있는 어려움이지만 이 일을 겪는 주의 자녀와 함께하는 가족들의 고통이 너무 큽니다. 주여! 불쌍히 여겨 주소서. 사랑하는 주의 백성을 만져 주소서. 하나님을 믿고 섬기며 하나님의 자녀로 살아왔던 그의 인생을 돌아보시고 사랑하는 주의 백성이 겪는 육신의 어려움이 더 깊어지지 않도록 도와주소서.

어쩌면 가족을 기억하지 못할까 봐 두렵습니다. 평생 살아오던 집이 어디 있는지 모르고 헤매게 될까 봐 걱정입니다. 때가 되면 찾아가 예배했던 교회를 혼자 찾아갈 수 없을까 봐 염려됩니다. 무엇보다 사랑하는 예수 그리스도의 이름을 기억하지 못할까 봐 마음을 놓을 수가 없습니다. 현대 의학에서는 이 어려움을 단순한 노화 현상이 아닌 뇌질환 중의 하나라고 주장한다 하오니 주님이 치료하여 주소서. 이것이 노화 현상이건 뇌질환이건 주님은 모든 것을 다스리시는 분이심을 믿사오니 사랑하는 주의 백성을 고쳐 주소서.

사랑하는 주 하나님! 사랑하는 주의 백성을 위해 기도하는 가족들의 마음을 위로하소서. 함께 아파하고 있는 가족들을 지켜 주소서. 사랑하는 주의 백성을 돌보며 겪는 여러 가지 어려움들을 주님은 아시오니 견딜 힘 주시고 주님을 의지해 서로 사랑하게 하소서.

모든 것을 하나님에게 의탁합니다. 하나님이 함께하지 않으시면 모두가 견딜 수 없는 어려운 시간들일 것입니다. 하지만 하나님을 믿고 따를 때 하나님의 크고 놀라운 은혜를 경험하게 될 줄 믿습니다. 이런 놀라운 은혜를 사랑하는 주의 백성과 가족들에게 부어 주소서.

사랑이 많으신 예수님의 이름으로 기도합니다. 아멘.

치유 및 위로와 격려 대표기도문

수술 전 1

두려워하지 말라 내가 너와 함께 함이라 놀라지 말라 나는 네 하나님이 됨이라
내가 너를 굳세게 하리라 참으로 너를 도와 주리라 참으로 나의 의로운 오른손으로
너를 붙들리라 _〈이사야서〉 41장 10절

영원하신 하나님 아버지!

변함없으시고 동일하신 하나님을 찬양합니다. 하나님이 쉬지 않고 베
풀어 주시는 은혜로 우리가 살아갑니다. 주님이 은혜를 주시지 않으
셨다면 잠시도 살아가지 못했을 부족한 인생들을 긍휼히 여겨 주소
서. 하나님의 영광에 조금도 보탬이 되지 못하는 우리의 연약함을 불
쌍히 여기시고 도와주소서.

육신의 질병은 우리가 이 땅 위에서 살아가는 동안 어쩔 수 없이 겪어
야 하는 고통일 것입니다. 썩어질 육신을 가지고 살며 여러 가지 질병
과 불시에 닥쳐오는 사고에 쉽게 노출되는 우리들을 불쌍히 여겨 주
시고 혹여 우리의 힘과 젊음과 건강을 과시하며 스스로의 힘으로 살
고자 하는 어리석음을 버리게 하소서. 우리는 죄의 결과로 인해 고통
과 아픔으로 가득한 이 세상을 살아가야 하는 연약한 존재라는 것을
깨달아 항상 도우시는 주님만을 의지하게 하소서.

이 시간 사랑하는 주의 자녀가 수술을 받기 전에 엎드려 기도합니다. 원하지 않는 질병으로 고통받아 이제 수술을 결정하였으니 하나님이 함께하소서. 두려워하지 않게 하소서. 하나님이 수술의 모든 과정 가운데 함께하심을 믿고 결코 두려워하거나 놀라지 않게 하소서. 수술을 집도하는 의사의 손을 주께서 잡아 주셔서 그 어떤 실수도 일어나지 않게 인도하소서. 자신의 몸을 의사의 손에 맡겨야 하는 사랑하는 주의 자녀의 걱정과 근심을 물리쳐 주소서. 육신의 고통과 마음의 두려움으로 주님 앞에 엎드린 주의 자녀의 마음을 만져 주소서.

오, 주님! 이 시간 사랑하는 주의 자녀가 자신을 위해 십자가에 못 박혀 죽으신 예수 그리스도를 기억하게 하소서. 예수 그리스도께서 주의 자녀를 위해 살을 찢기시는 고통을 당하셨고 보배로운 피를 흘리셨으며 마침내 죽으셨음을 바라보게 하소서. 주님이 십자가에 달리시기 전날 밤, 겟세마네 동산에서 하나님에게 간절히 기도하던 일을 생각하게 하소서. 우리 주님은 사랑하는 주의 자녀를 위해 모든 두려움과 고통과 슬픔을 받아들이셨고 주님이 받으신 그 아픔 때문에 주의 자녀가 생명을 얻었다는 것을 기억하게 하소서. 지금 이 순간 사랑하는 주의 자녀에게 가장 온전하고 순전한 마음으로 예수 그리스도의 십자가에 동참하게 되는 은혜를 부어 주소서.

이제 수술의 시간이 다가옵니다. "참으로 너를 도와주리라"고 말씀하시는 하나님을 신뢰하는 주의 자녀가 되게 하소서. 주님이 주신 신실하신 그 말씀을 붙잡고 이 시간을 이기게 하소서.

믿는 자의 손을 오늘도 굳게 잡아 주실 하나님을 신뢰하오며 거룩하신 예수님의 이름으로 기도합니다. 아멘.

수술 전 2

내 영혼아 네가 어찌하여 낙심하며 어찌하여 내 속에서 불안해 하는가
너는 하나님께 소망을 두라 그가 나타나 도우심으로 말미암아 내가
여전히 찬송하리로다 _〈시편〉 42편 5절

신실하신 하나님 아버지!

세상의 약한 것으로 강한 것을 부끄럽게 하시는 하나님의 은혜를 찬
양합니다. 우리가 스스로 강하다고 말할 때 사용하지 않으시고 오히
려 스스로를 약하다고 말하며 하나님의 도우심만을 간절히 구할 때
우리를 들어 사용하시는 주님을 경배합니다. 그러므로 언제나 자기를
부인하고 주께만 의지하는 우리 모두가 되게 하소서.

"여호와는 죽이기도 하시고 살리기도 하시며 스올에 내리게도 하시
고 거기에서 올리기도 하시는도다"라는 말씀을 기억합니다. 이제 수
술을 받기 위해 준비하는 사랑하는 주의 자녀에게 위로의 말씀이 되
게 하소서. 하나님은 자신의 연약함을 알고 하나님을 의지하는 자를
강하게 하신다는 것을 믿게 하소서. 지금 사랑하는 주의 자녀가 처한
모든 상황을 하나님 앞에 내려놓고 하나님의 도우심만을 겸손히 구합
니다. 오직 주님의 뜻이 무엇인지를 알게 하소서.

사랑하는 주님! 사랑하는 주의 자녀에게 담대한 마음을 허락하소서. 수술을 받기 전 불안하고 두려워하는 마음을 만져 주소서. 하나님이 사랑하는 주의 자녀와 함께하심을 믿고 근심하지 않게 하소서. 육신의 연약함으로 이제 수술을 받고 나면 하나님의 은혜 안에서 다시 강건하여져서 하나님이 기뻐하시는 선한 일을 충분히 감당할 힘을 얻을 수 있음을 믿게 하소서. 주님을 신뢰함으로 모든 근심을 버리고 수술을 잘 받을 수 있게 하소서.

소망의 주 하나님! 하나님께서 사람에게 주신 인생의 길을 걸을 때 때로는 실패하기도 하고 때로는 생각하지도 못했던 일들로 좌절하기도 합니다. 마치 하나님의 모든 복을 받은 것처럼 승승장구하던 사람이 단번에 쓰러질 때도 있고 아무런 소망이 없어 보이는 사람의 인생이 드라마처럼 달라질 때도 있습니다. 우리는 아무도 미래의 일들을 알지 못하고 저마다 자신들이 꿈꾸는 것을 이루기 위해 달려갈 뿐입니다. 그러나 그 길을 달려갈 때 자주 걸림돌에 걸려 넘어집니다. 하지만 주님 넘어졌다고 해서 그것이 끝이 아님을 알게 하소서. 여기 사랑하는 주의 자녀가 수술을 받은 것은 아마도 너무도 바쁜 인생의 길을 뛰어가는 주의 자녀에게 잠시 쉬어가게 하시는 주님의 뜻일 것입니다.

위로의 하나님! 수술을 집도하는 의사의 손을 주님이 주장하시고 모든 과정 가운데 어떤 어려움도 일어나지 않게 지켜 주소서. 수술의 전 과정이 오직 하나님의 은혜로만 충만하게 하시고 수술 이후 회복되는 모든 과정도 주님의 섭리 속에 있게 하소서.

우리의 생각보다 훨씬 크신 하나님의 생각을 기대하오며 거룩하신 예수님의 이름으로 기도합니다. 아멘.

수술 후 1

베냐민에 대하여는 일렀으되 여호와의 사랑을 입은 자는 그 곁에 안전히
살리로다 여호와께서 그를 날이 마치도록 보호하시고 그를 자기 어깨 사이에
있게 하시리로다 _〈신명기〉 33장 12절

긍휼과 자비가 무궁하신 하나님 아버지!

죄와 허물로 죽을 수밖에 없던 죄인들을 위해 아들을 보내신 은혜를
기억합니다. 우리를 위해 자신의 몸을 버리고 십자가에 달려 피 흘리
신 주님을 늘 찬양합니다. 우리에게 생명 주신 주님의 놀라운 사랑을
늘 마음에 새겨 변함없이 주님을 섬기는 우리 모두가 되게 하소서.

연약한 자들을 도우시는 하나님! 사랑하는 주의 자녀가 수술을 받은
후 주님 앞에 엎드려 기도합니다. 하나님의 은혜에 감사하며 주님을
찬양하는 주의 자녀를 기쁘게 받아 주소서. 주님의 은혜 가운데 무사
히 수술이 끝나게 하셨으니 감사합니다. 주께서 수술하는 모든 과정
가운데 함께하셔서 의사의 손길을 주장하셨으니 감사합니다.

주님이 수술의 모든 과정에 섭리하셨으니 이제 사랑하는 주의 자녀가
주님의 은혜 안에서 속히 회복되게 하소서. 수술 이후에 있는 통증을
참을 수 있는 힘을 주시고 하나님이 만져 주셔서 속히 아물게 하소서.

수술 받은 이후 어떠한 후유증도 생기지 않게 하시고 다시는 재발하지 않도록 지켜 주소서. 사랑하는 주의 자녀의 육신을 병들게 했던 모든 원인들이 사라지게 하시고 이전보다 더 건강한 몸으로 주님의 선한 뜻을 이루는 믿음의 삶을 살게 하소서.

자비로우신 하나님! 수술 이후 회복되는 동안 온전히 주님만을 바라보게 하소서. 주님이 사랑하는 주의 자녀에게 주신 은혜의 시간이라는 것을 알고 하나님이 기뻐하시는 시간을 보내게 하소서. 성경을 읽으며 하나님의 음성을 듣게 하시고 하나님을 찬양하며 감사하는 시간이 되게 하소서. 몸이 회복될 때 영이 함께 회복되는 은총을 허락하소서. 하나님에게로 더 가까이 나아가게 하시고 사랑하는 주의 자녀의 인생 가운데 가장 은혜로운 시간이 될 수 있게 인도하소서. 다른 무엇보다 자신을 위해 생명 주신 예수 그리스도를 더 굳건히 믿게 하소서.

사랑하는 주의 자녀를 통해 이 병실이 하나님 나라가 되게 하소서. 주님이 사랑하는 주의 자녀를 통해 주시는 은혜를 이 병실에 함께 있는 분들과 출입하는 모든 분들이 보게 하소서. 예수 그리스도를 알지 못하는 분들이 살아 계신 예수 그리스도를 만나게 되는 역사가 이곳에서 일어나게 하소서. 사랑하는 주의 자녀를 위해 간병하는 가족들에게 힘을 주소서. 불편하고 힘든 상황에서 하나님을 의지하게 하시고 이 시간이 예수 그리스도의 사랑으로 서로를 더욱 섬기는 복된 시간이 되게 하소서. 믿고 의지하는 자를 도우시는 하나님을 기억합니다. 하나님의 도우심을 간절히 바라는 이들에게 말씀으로 함께하소서.

구하고 찾고 두드리는 자에게 응답하실 하나님을 기대하오며 거룩하신 예수님의 이름으로 기도합니다. 아멘.

수술 후 2

은혜와 사랑이 풍성하신 하나님 아버지!

하나님을 아버지라 부르게 하시니 감사합니다. 이 시간 우리 모두를
기억하셔서 어떤 순간에서도 하나님만을 따라가게 인도하소서. 하지
만 여전히 부족한 우리들을 불쌍히 여기소서. 하나님을 아버지라 부
르면서도 죄의 자녀였던 옛 습성을 버리지 못하고 여전히 세상의 악
한 것들을 기뻐하는 우리의 잘못을 용서하소서. 예수 그리스도의 십
자가만 의지하여 하나님이 기뻐하시는 삶을 살게 하소서.

사랑하는 주의 자녀를 위해 기도합니다. 원하지 않던 육신의 병고로
수술을 받았습니다. 두렵고 떨리던 모든 마음을 주님이 만져 주셨고
근심과 걱정을 가져가심으로 주님의 은혜 속에 수술을 잘 받게 하셨
으니 감사합니다. 모든 것이 주님의 은혜인 것을 믿습니다. 이제 수술
을 받은 곳이 잘 아물게 하시고 아팠던 모든 곳이 깨끗하게 낫게 하소
서. 재발하지 않게 하시고 어떤 후유증도 생기지 않게 인도하소서. 무

사히 수술을 받게 하셨으니 회복되는 모든 시간도 함께하소서. 정해진 순서에 따라 잘 치료 받게 하셔서 속히 퇴원할 수 있게 인도하소서.

사랑의 하나님 아버지! 사랑하는 주의 자녀를 향한 하나님의 크고 놀라운 사랑을 그가 알게 하소서. 그래서 온 마음을 다해 하나님만을 믿고 따르게 하소서. 늘 자신을 향한 하나님의 말씀이 무엇인지 구하게 하소서. 혹시라도 자신을 의지하지 않게 하소서. 자신의 생각과 힘을 앞세우지 않게 하시고 모든 것이 주님의 소유인 것을 인정하게 하소서. 우리가 스스로를 아는 것보다 우리를 더 잘 아시는 주님을 확실히 믿게 하소서. 이제 온전히 회복되어 이 세상에서 주님이 주신 삶을 살아갈 때에 빈 마음으로 주님 앞에 서게 하셔서 그 말씀을 듣게 하소서.

말씀하시는 하나님! 사랑하는 주의 자녀에게 이번의 수술이 큰 교훈이 되게 하소서. 사람의 인생에 찾아오는 이런 중대하고 큰 일이 자신의 계획 속에 있었던 일이 아님을 깨닫게 하소서. 이번 일을 계기로 앞으로의 인생에서 혹시 자신의 계획이 실패하고 이 땅에서의 소망이 끊어지는 아픔이 다시 찾아오더라도 지금 함께하셨던 주님이 그때도 함께하실 것을 믿고 승리하는 믿음의 장부가 되게 하소서. 그러나 주님! 사랑하는 주의 자녀가 앞으로 살아갈 인생에서 주님의 뜻 안에서의 성공을 이루게 하소서. 삶의 주관자이신 예수 그리스도 앞에 나아가 자신의 모든 삶을 맡기게 하셔서 내가 원하는 성공이 아니라 주님이 원하시는 성공을 이루어 나가도록 도와주소서. 사랑하는 주의 자녀에게 말씀을 전하실 주의 사자를 붙들어 주셔서 생명의 말씀이 선포되게 하소서.

함께하시는 주님을 찬양하며 예수님의 이름으로 기도합니다. 아멘.

퇴원 1

주여 이제 내가 무엇을 바라리요 나의 소망은 주께 있나이다
_〈시편〉 39편 7절

존귀와 영광을 받으실 하나님 아버지!

마른 광야와 같은 인생길에서 쓰러져 가는 사람들에게 생수를 부으시니 감사합니다. 목마른 사슴이 시냇물을 찾아 헤매는 것처럼 언제나 하나님이 주시는 크고 풍성한 은혜에 목말라 하나님을 찾는 우리 모두가 되게 하소서. 우리는 하나님이 주시는 생수로 인해 무엇과도 비교할 수 없는 만족을 누리며 살아갈 수 있지만 너무도 쉽게 세상의 오염된 물을 먹기 위해 눈을 돌리는 어리석은 인생입니다. 부디 긍휼을 베푸셔서 십자가 보혈의 공로로 깨끗하게 씻어 주소서.

믿는 자에게 은혜를 부어 주시는 하나님! 사랑하는 주의 자녀와 함께하셔서 퇴원하게 하시니 감사합니다. 입원 기간 내내 함께하셨고 이제 하나님의 은혜로 퇴원하게 되었음을 믿습니다. 입원하고 퇴원하는 모든 상황 속에서 선하심과 인자하심으로 함께하신 하나님을 만나게 하셨으니 남은 일생을 주님만을 섬기며 살게 하소서. 살아가는 모든

삶의 여정에서 주님을 보게 하소서. 작고 사소한 시간이라도 주님의 뜻을 구하게 하시고 참 소망되시는 주님만을 따라가게 하소서. 하나님의 말씀을 늘 곁에 두고 읽으며 그 말씀에 순종하게 하시고 하나님을 예배하는 자리에 늘 나아가 찬양하게 하소서.

사랑하는 주의 자녀가 입원해 있는 동안 눈물로 기도했던 많은 사람들을 기억하여 주소서. 사랑하는 성도에게 닥친 아픔이 마치 자신의 일인 것처럼 여기고 하나님 앞에 나아가 쉬지 않고 눈물로 기도했던 가족들의 기도를 주께서 들으셨음을 믿습니다. 그들의 마음을 기쁘게 받으시고 언제나 기도가 필요한 곳이 어디인지 살피게 하시고 기도해야 할 제목이 있다면 믿음으로 무릎 꿇는 기도의 사람들이 되게 하소서. 자신들이 주께 기도한 제목들을 하나님이 응답하시는 것을 보고 기뻐하게 하시고 더 많은 기도의 동역자들이 일어나게 하소서. 오늘 퇴원하는 사랑하는 주의 자녀가 기도의 동역자들의 기도를 기억하게 하시고 이제 자신을 위해 기도했던 기도의 사람들처럼 다른 사람을 위해 함께 기도하는 사람이 되게 도와주소서.

사랑하는 주의 자녀가 퇴원한 이후 다른 후유증이 나타나지 않게 하시고 또 다시 아프지 않도록 도와주소서. 건강 관리를 잘 하게 하시고 건강한 몸으로 하나님 나라를 위한 일에 열심을 내게 인도하소서. 사랑하는 가족들과도 함께하셔서 퇴원하는 주의 자녀를 잘 돕게 하시고 언제나 주의 사랑으로 서로를 아끼고 사랑하게 하소서. 언제나 생명되신 예수 그리스도만 드러내는 은혜의 삶을 살게 하소서. 퇴원하는 이 시간 하나님의 말씀을 기억하며 새 힘을 얻게 하소서.

상한 심령을 고치시는 거룩하신 예수님의 이름으로 기도합니다. 아멘.

퇴원 2

그가 네 모든 죄악을 사하시며 네 모든 병을 고치시며 네 생명을 파멸에서
속량하시고 인자와 긍휼로 관을 씌우시며 좋은 것으로 네 소원을 만족하게
하사 네 청춘을 독수리 같이 새롭게 하시는도다 _〈시편〉 103편 3~5절

은혜와 사랑이 충만하신 하나님 아버지!

우리를 향한 하나님의 크고 놀라운 사랑을 찬양합니다. 하나님의 아
들을 믿는 믿음으로 구원받은 하나님의 백성들에게 하나님이 친히 찬
양의 제목이 되어 주소서. 우리의 부족한 입술을 열어 위대하시고 경
이로우신 하나님만을 늘 찬양하게 하시고 아름답고 놀라운 예수 그리
스도께서 우리 모두의 감사의 제목이 되며 십자가에서 흘리신 보혈의
은혜를 늘 노래하게 하소서.

기도하는 자에게 가장 좋은 것을 주시는 하나님! 사랑하는 주의 자녀
의 기도를 들으시니 감사합니다. 육신의 병고로 병원에 입원하였으나
주님이 친히 만져 주시고 좋은 의사와 좋은 사람들을 통해 고쳐 주시
니 감사합니다. 하늘보다 높고 바다보다 깊은 주님의 은혜를 우리의
힘으로 다 보답할 수 없지만 그 은혜에 감격하여 주님이 주신 선한 사
명을 이루는 데 충성하는 주의 자녀가 되게 하소서.

하나님의 은혜로 퇴원하게 되었으니 이제 후로는 아프지 않게 지켜 주소서. 하나님이 주신 몸을 건강하게 잘 관리하게 하시고 같은 병이 재발하지 않도록 인도하소서. 운동하는 것과 먹는 것과 건강을 지키는 모든 일을 조화롭게 할 수 있도록 도와주소서.

병원에 입원해 있는 동안 만나 주셨던 주님의 은혜를 기억합니다. 병상에서 하나님에게 간구했던 사랑하는 주의 자녀의 기도에 응답하셨던 주님이셨습니다. 말하지 않으면 아무도 알지 못했던 아픔을 주님은 아셨습니다. 육신의 고통이 극심할 때도 사랑하는 가족들이 걱정하는 것이 염려되어서 그 고통을 참고 있을 때에도 주님만은 아시고 만져 주셨습니다. 기도하며 염려해 주던 가족들과 성도들에게는 괜찮다고 말했지만 스스로의 병으로 노심초사하던 사랑하는 주의 자녀의 마음을 주께서 위로하셨습니다. 주님이 함께 계시지 않았다면 견디기 힘들었을 시간이었습니다. 모든 것이 주님의 은혜였습니다. 사랑하는 주의 자녀와 함께하셨던 주님! 이제 퇴원한 후에도 영원히 함께하여 주소서. 병상에서 언제나 주님을 만나고 주님과 대화하며 주님의 음성을 들은 것처럼 이제 삶의 자리에 돌아가서도 주님을 만나기 위해 말씀을 읽고 늘 찬양하며 무릎 꿇어 기도하게 하소서.

언제나 도우시는 주님! 퇴원하는 주의 자녀에게 성령을 부어 주소서. 성령으로 충만하여 주님이 주신 모든 삶을 살아가게 하소서. 사랑하는 주의 자녀를 성령의 도구가 되게 하셔서 그를 통해 하나님의 영광이 드러나고 예수 그리스도의 이름이 전파되게 하소서.

우리의 마음속 깊은 곳까지 다 아시고 함께하시는 성령의 도우심을 믿사오며 거룩하신 예수님의 이름으로 기도합니다. 아멘.

정신질환 1

여호와여 내가 수척하였사오니 내게 은혜를 베푸소서 여호와여 나의 뼈가 떨리오니
나를 고치소서 나의 영혼도 매우 떨리나이다 여호와여 어느 때까지니이까 여호와여
돌아와 나의 영혼을 건지시며 주의 사랑으로 나를 구원하소서 _〈시편〉 6편 2~4절

홀로 영원하신 하나님 아버지!

온갖 불의와 거짓이 가득한 세상 속에서 어떻게 살아야 할지를 알지
못해 방황하던 어리석은 우리를 불쌍히 여기시는 하나님을 기억합니
다. 하나님이 친히 찾아오셔서 우리의 마음속에 거하시고 세상의 그
어떤 것에도 흔들리지 않는 믿음을 주소서. 여전히 연약한 우리가 하
나님을 떠나 어두운 세상으로 나아갈 때도 변함없으신 사랑으로 우리
를 붙들어 주소서.

변함없는 진리이신 주님! 원하지 않는 질환으로 고통받는 사랑하는
주의 자녀를 기억하소서. 세상의 여러 가지 것들이 그의 마음을 두렵
게 하고 악한 것들이 그의 심령을 불안하게 하였으니 불쌍히 여기사
고쳐 주소서. 세상 사람들은 사랑하는 주의 자녀를 향해 이상한 시선
을 보내고 이것이 마치 큰 문제인 것처럼 떠들어대지만 하나님의 사
람에게 이것이 결코 이길 수 없는 문제가 아님을 알게 하소서. 이 세상

의 모든 사람들이 계절에 따라 여러 가지 사소한 질병을 안고 살아가는 것처럼 사랑하는 주의 자녀의 마음이 세상의 흐름에 따라 때로 아픈 것일 뿐이라는 것도 알게 하소서. 그래서 이런 문제로 마음을 닫아 하나님을 거부하는 잘못을 범하지 않게 하시고 오히려 하나님에게 자신의 모든 문제와 아픔을 낱낱이 고백하게 도와주소서. 하나님이 함께 하시면 모든 문제가 해결된다는 것을 믿고 주께로 나아가게 하소서.

세상의 많은 사람들이 이런 문제를 놓고 고민하고 무엇으로 해결할지를 찾아왔습니다. 그리고 그들은 사람의 이성과 굳은 의지와 전문가의 도움만이 해결책이라 말합니다. 그러나 그것들도 주님이 함께하시지 않는다면 아무것도 아님을 믿습니다. 그저 잠시의 회복일 뿐 영원한 해답이 될 수 없음을 우리로 알게 하시고 먼저 주께 나아와 주님의 도우심을 구할 때에야 주님이 주신 세상의 다른 것들이 의미가 있음을 믿게 하소서.

사랑하는 주의 자녀의 문제가 무엇인지 아시는 하나님이 그의 마음을 주장하소서. 문제의 근원을 뿌리째 뽑아 버리시고 다시는 이런 어려움을 겪지 않게 도와주소서. 사랑하는 주의 자녀가 이 땅 어디에서 살아가더라도 믿음의 눈을 들어 하나님을 보게 하셔서 세상이 주는 모든 두려움과 불안함을 떨쳐 버리게 하소서. 그의 마음을 굳세게 하소서. 그의 마음을 반석이신 주님에게 의탁하게 하소서. 이 일로 함께 근심하는 사랑하는 가족들의 마음을 기억하시고 혹시라도 서로에게 상처가 되지 않도록 서로가 배려하며 사랑하게 하소서. 사랑하는 주의 자녀와 가족들이 늘 하나님의 말씀 가운데 거하게 하소서.

우리를 도우시기를 기뻐하시는 예수님의 이름으로 기도합니다. 아멘.

정신질환 2

주 여호와의 영이 내게 내리셨으니 이는 여호와께서 내게 기름을 부으사 가난한 자에게
아름다운 소식을 전하게 하려 하심이라 나를 보내사 마음이 상한 자를 고치며 포로된
자에게 자유를, 갇힌 자에게 놓임을 선포하며 _〈이사야서〉 61장 1절

온 천지만물을 다스리시는 하나님 아버지!

온 세상의 모든 것 위에 뛰어나신 하나님의 이름을 찬양합니다. 위대
하신 하나님의 은혜가 죄 가운데 있던 우리를 살리셨습니다. 저마다
자신의 이름을 내기에 급급하고 자신만을 위한 삶을 살던 어리석은
우리를 위해 예수 그리스도께서 오셨습니다. 여기 함께 모인 우리 모
두에게 은혜를 베풀어 주셔서 우리를 위한 그 십자가에 주님과 함께
못 박혀 오직 예수 그리스도로 살아갈 수 있게 하소서.

능력의 하나님! 이 시간 자신에게 찾아온 인생의 고통으로 주님의 도
우심을 구하는 사랑하는 주의 자녀를 돌아보소서. 그의 아픔을 만져
주소서. 다른 사람들에게 말을 하기도 쉽지 않아 혼자 고민하며 아파
하던 사랑하는 주의 자녀를 붙들어 주소서. 다른 사람들의 눈을 의식
하며 근심하고 걱정해야 했던 그의 고통을 주님이 안아 주소서. 주님
의 도우심으로 사랑하는 주의 자녀의 문제를 해결해 주소서.

세상 사람들은 현대를 살아가는 많은 사람들이 모두 정신적인 문제를 가지고 있다고 말합니다. 그리고 자신의 상처는 숨긴 채 다른 사람에게 상처 주는 일을 서슴지 않고 행합니다. 그렇게 서로를 공격하며 더 깊은 상처로 빠져듭니다. 그러고는 어쩔 수 없는 일이라 변명합니다. 그들은 하나님을 알지 못해 하나님이 모든 일의 해답인 것을 알지 못합니다. 그러나 오늘 우리에게는 하나님이 계십니다. 하나님이 지금도 살아 계셔서 사랑하는 주의 자녀와 함께하십니다. 사랑하는 주의 자녀가 하나님을 만나 치유되게 하소서.

긍휼이 풍성하신 주님! 사랑하는 주의 자녀가 자신에게 찾아온 이런 일들로 자책하지 않게 하소서. 스스로가 더 깊은 나락으로 빠져들지 않게 하시고 하나님의 말씀으로 위로받고 하나님을 찬양함으로 기뻐하며 하나님과의 만남을 통해 회복되게 하소서. 모든 사람이 가끔씩 아파서 힘들어하듯 그도 잠시 아파서 힘들 뿐이라는 것을 알게 하시고 결국은 주님의 능력으로 회복하게 될 것을 믿게 하소서.

사랑하는 주의 자녀를 위해 기도하는 가족들을 지켜 주소서. 사랑하는 가족들이 이런 일들로 힘들어하지 않게 도와주소서. 세상의 다른 것들에 미혹되지 않게 하시고 온 가족이 함께 기도하며 서로를 도와 지금의 어려움을 함께 이기게 하소서. 사랑하는 주의 자녀를 위해 함께 기도하는 성도들의 마음도 붙잡아 주셔서 모두가 주님의 큰 은혜와 사랑을 충만하게 누리게 하소서. 이제 하나님의 말씀을 전하는 주의 사자의 입술을 주장하셔서 선포되는 말씀으로 듣는 모두가 전능하신 하나님을 만날 수 있게 하소서.

참 소망이 되시는 예수님의 이름으로 기도합니다. 아멘.

암 환자 1

이는 선지자 이사야를 통하여 하신 말씀에 우리의 연약한 것을 친히 담당하시고
병을 짊어지셨도다 함을 이루려 하심이더라 _〈마태복음〉 8장 17절

영원하신 하나님 아버지!

우리의 연약함을 아시고 아들이신 예수 그리스도를 보내신 하나님의
은혜에 감사합니다. 우리는 하나님의 품을 떠나 우리가 원하는 것을
행하며 살던 어리석은 자들이었지만 하나님이 우리의 연약함을 아시
고 품어 주셨습니다. 그리고 예수 그리스도를 구주로 믿어 영원한 생
명을 얻게 하셨습니다. 뿐만 아니라 이 땅에서 살아가며 당하는 모든
아픔과 고통을 친히 담당하셔서 인생의 문제로 고통받는 자들을 위로
하셨습니다. 이렇게 놀라운 주님의 은혜에 늘 감사하며 살아가는 우
리 모두가 되게 하소서.

자비하신 하나님! 육신의 질고로 고통받는 사랑하는 주의 자녀를 위
해 기도합니다. 우리의 연약한 것을 친히 담당하시고 병을 짊어지신
예수 그리스도를 의지하며 하나님 앞에 나아갑니다. 갑자기 닥쳐온
인생의 심각한 문제 앞에서 근심하는 주의 자녀를 주님의 사랑으로

안아 주소서. 주님을 신뢰함으로 더 큰 근심과 걱정에 빠져들지 않게 하시고 주님 때문에 마음에 평화를 누릴 수 있게 하소서.

사랑하는 주의 자녀의 병을 진단 받았으니 좋은 의사를 만나게 하시고 의사의 처방에 따라 단계를 밟아 잘 치료 받을 수 있게 도와주소서. 하나님의 은혜로 좋은 의사를 만나게 하시고 무한히 발달한 현대 의학을 바탕으로 좋은 약을 투여 받을 수 있게 하소서. 더 이상 병이 악화되지 않게 하시고 병을 치료하는 동안 고통받지 않도록 지켜 주소서. 하나님의 도우심으로 깨끗하게 나을 수 있게 인도하소서. 세상의 그 어떤 의사도 하지 못할 일을 하실 수 있는 주님이신 것을 믿사오니 사랑하는 주의 자녀에게 세상이 흔히 말하는 기적과도 같은 일이 일어나게 하소서. 세상은 그것을 기적이라 말하지만 우리는 하나님의 은혜인 것을 믿사오니 주여! 은혜를 베풀어 주소서.

사랑하는 주의 자녀가 자신에게 닥쳐온 이 일로 인해 낙심하지 않게 하시고 주님이 하실 일을 바라보게 하소서. 그의 인생에 찾아온 이 심각한 문제를 통해 하나님에게 온전히 나아가게 하소서. 주께 기도해야 하는 때라는 것을 깨닫고 쉬지 않고 기도하게 하시고 낮고 겸손한 마음으로 주님이 행하실 일을 기다리게 하소서. 사랑하는 주의 자녀가 현재 닥친 이 일만을 보지 않게 하시고 오히려 이 일을 통해 온전히 자신의 전부를 주님 앞에 내려놓게 하소서.

사랑하는 주의 자녀가 육신의 병으로 주님 앞에 엎드릴 때 함께하는 가족들을 기억하소서. 앞으로 다가올 많은 일들을 함께 헤쳐 나가게 하소서. 먼저 가족들의 영육의 강건함을 지켜 주소서.

거룩하신 예수님의 이름으로 기도합니다. 아멘.

암 환자 2

여호와여 주는 나의 찬송이시오니 나를 고치소서 그리하시면 내가 낫겠나이다
나를 구원하소서 그리하시면 내가 구원을 얻으리이다 _〈예레미야서〉 17장 14절

영화로우신 하나님 아버지!

절망과 고통 속에 방황하던 죄인을 구하시려고 아들을 세상에 보내신 하나님의 은혜를 찬양합니다. 더 이상 절망과 고통을 주는 악한 세상 속에서 살려 하지 않고 오직 하나님의 은혜 안에서만 살아가는 우리 모두가 되게 하소서. 그러나 우리는 여전히 부족하여 하나님의 품 안에서 사는 것을 지겨워하며 눈을 돌려 우리를 절망으로 이끌었던 세상을 다시 보는 어리석은 사람들이오니 또한 긍휼을 베풀어 주소서.

여기 사랑하는 주의 자녀가 있습니다. 주님이 허락하신 삶의 자리에서 예수 그리스도를 구주로 믿고 하나님만을 섬기는 믿음의 사람이었습니다. 그런데 이제 원하지 않는 질병으로 인해 아파하고 있으니 주께서 사랑하는 주의 자녀를 위로하소서. 하나님이 사랑하는 주의 자녀를 위해 예비하신 좋은 병원에서 좋은 의사를 만나 치료 받게 하소서. 치료하는 모든 과정 가운데 하나님이 함께하셔서 주님의 손으로

사랑하는 주의 자녀를 고쳐 주소서.

거룩하신 주님! 사랑하는 주의 자녀가 이제 병과 싸워야 합니다. 그것은 쉽지 않고 힘든 길이 될 것입니다. 많은 시간이 소요되고 경제적으로도 부담이 될 것입니다. 무엇보다도 치료 받는 과정이 고통스러울 수도 있을 것입니다. 이렇게 힘든 길을 가고 난 후에도 여전히 낫지 않을 수도 있을 것이라는 불안감 때문에 더 염려가 됩니다. 그러므로 주님의 은혜가 필요합니다. 참된 의사이신 하나님이 사랑하는 주의 자녀가 투병하는 모든 과정 가운데 함께하셔서 견디게 하소서. 세상 사람들이 가기 두려워하는 이 길을 주님을 믿는 믿음으로 담대히 걷게 하셔서 지금 그를 아프게 하는 병을 이기게 하소서. 근심 걱정이 결코 주의 자녀를 무너뜨릴 수 없다는 것을 알게 하셨으니 마음의 염려로 주님이 주시는 은혜를 잃어버리지 않게 하소서.

은혜의 하나님! 사랑하는 주의 자녀를 놓지 마소서. 그를 포기하지 마소서. 그가 홀로 이 병과 싸우는 것이 아니라는 것을 알게 하시고 사랑하는 가족들과 기도로 돕는 동역자들의 기도가 그에게 힘이 되게 하소서. 무엇보다 함께하시는 주님의 은혜를 누리게 하소서. 아들을 내어 주시기까지 주의 자녀를 사랑하신 하나님이 함께하신다는 사실로 만족을 얻고 모든 것을 참을 수 있게 도와주소서.

사랑하는 주의 자녀와 가족들에게 말씀을 전하실 목사님에게 성령을 부으소서. 선포되는 모든 말씀 때문에 사랑하는 주의 자녀와 가족들이 살아 계신 하나님의 음성을 듣고 위로받게 하소서. 주님의 선하신 뜻이 무엇인지 알게 되는 은총의 시간이 되게 하소서.

위로하시고 치유하시는 예수님의 이름으로 기도합니다. 아멘.

중환자 1

아무 것도 염려하지 말고 다만 모든 일에 기도와 간구로, 너희 구할 것을 감사함으로
하나님께 아뢰라 그리하면 모든 지각에 뛰어난 하나님의 평강이 그리스도 예수 안에서
너희 마음과 생각을 지키시리라 _〈빌립보서〉 4장 6~7절

모든 믿는 자들을 지켜 주시는 하나님 아버지!

믿고 의지하는 자를 절대 포기하지 않으시고 지켜 주시는 은혜에 감
사합니다. 하나님을 아버지라 부르며 살아가는 모든 자들의 삶 가운
데 역사하셔서 언제나 주님의 뜻대로만 살아갈 수 있게 도와주소서.

크고 무거운 육신의 질고로 고통받는 사랑하는 주의 자녀의 기도를
들어 주소서. 육신에 찾아온 병이 너무 무겁고 아파 힘겨워하는 그에
게 주님의 자비를 베풀어 주소서. 육신에 찾아오는 고통으로 잠을 이
루지 못하고 삶에 기쁨을 잃어버린 것 같은 상황 속에서 주께 나아와
머리 숙이는 사랑하는 자녀의 기도에 응답하소서. 지치고 상한 사랑
하는 주의 자녀의 마음에 주님의 위로를 부어주 소서.

사랑하는 주님! 지금 사랑하는 주의 자녀에게 닥쳐온 이 아픔으로 근
심하고 걱정하는 모든 마음을 하나님 앞에 내려놓습니다. 아무것도
염려하지 않고 우리의 마음과 생각을 지켜 주실 하나님에게 기도와

간구로 나아갑니다. 이미 전에도 기도와 간구에 응답하셨던 하나님을 기억하며 지금의 이 기도에도 응답하실 하나님을 믿고 감사하며 나아갑니다. 연약한 인간이기 때문에 어쩔 수 없이 찾아오는 불안과 두려움을 모두 억누르고 진정한 평화를 주시는 주님에게 겸손히 나아갑니다. 하나님이 아니시면 지금 자신에게 다가온 이 삶의 어려움을 도우실 분이 없음을 잘 알고 유일한 도움이신 하나님에게 엎드린 그의 고통을 제하여 주소서.

주님! 사랑하는 주의 자녀를 고쳐 주소서. 하나님을 섬기고 하나님을 예배하며 하나님의 뜻을 따라 살며 예수 그리스도로 말미암은 구원의 소식을 전하기 원하는 주의 자녀의 마음을 기쁘게 받아 주소서. 어떤 상황에서도 주님을 향한 이 열정이 식지 않게 하시고 주님을 만나고 주님의 음성을 들으며 주님을 찬양하는 것을 멈추지 않게 하소서. 모든 상황 속에서도 주님만을 섬기게 하소서.

육신의 고통으로 주님에게 나아와 기도하는 사랑하는 주의 자녀를 위해 함께 기도하며 함께 아파하는 가족들의 마음을 지켜 주소서. 사랑하는 주의 자녀를 간병하며 병이 나을 때까지 함께하는 것이 피곤하고 힘든 일이겠지만 언제나 하나님 앞에 엎드려 새 힘을 얻어 서로가 서로를 위로하며 모든 상황을 견디게 하소서. 무엇보다 사랑하는 주의 자녀와 이 가정을 지키시고 인도하시는 예수 그리스도를 기억하게 하셔서 어려움이 있을 때마다 예수 그리스도께서 피 흘리신 십자가 아래에 나아가 주님에게 부르짖게 하소서.

고통 중에 부르짖는 자의 소리를 들으시는 하나님을 찬양하오며 기도하는 자를 도우시는 예수님의 이름으로 기도합니다. 아멘.

중환자 2

여호와께서 히스기야의 기도를 들으시고 백성을 고치셨더라
_〈역대하〉 30장 20절

자비하시고 긍휼이 풍성하신 하나님 아버지!

삶의 참 목적이 무엇인지도 모른 채 살아가던 어리석은 인생들을 위해 아들을 보내셔서 삶의 목적이 바로 예수 그리스도이심을 가르쳐 주신 하나님의 은혜에 감사합니다.

사랑하는 주님! 우리는 참으로 많은 것을 목적으로 삼고 살았습니다. 어떤 때는 재물을 얻기 위해 열심히 노력했고 또 다른 때는 명예가 우리의 목적이었습니다. 때로는 높은 권세를 위해 달렸고 건강이 우리의 목적이 되기도 했었습니다. 하지만 우리가 목적했던 것들은 진정한 만족을 주지 못하고 오히려 우리를 더 허무하게 만들었습니다. 그러므로 주님! 이제는 더 이상 세상의 허무한 것을 따르는 어리석은 삶을 포기하고 오직 주님만을 바라보며 믿음으로 살게 하소서.

육신의 고통 속에서 이제야 주님을 찾고 부르짖으니 부르짖는 주의 자녀의 음성을 들어 주소서. 이 아픔의 시간이 세상 사람들과 같이 그

저 육신을 고치기 위한 발버둥의 시간이 되지 않게 하시고 사랑하는 주의 자녀의 삶에 참된 목적이 되시는 예수 그리스도를 만나는 은혜의 시간이 되게 하소서. 욥이 자신에게 닥쳐온 엄청난 시련 앞에서 결국은 "내가 주께 대하여 귀로 듣기만 하였사오나 이제는 눈으로 주를 뵈옵나이다 그러므로 내가 스스로 거두어들이고 티끌과 재 가운데에서 회개하나이다"라고 고백한 것처럼 이 아픔의 시간에 임재하시는 하나님을 만나 눈물로 회개하는 은총을 부어 주소서.

자비하신 주님! 간절히 원합니다. 사랑하는 주의 자녀의 병을 고쳐 주소서. 주님의 몸된 교회에 나아가 예배할 수 있도록 사랑하는 주의 자녀를 회복시켜 주소서. 이전보다 더 주님을 잘 섬기고 주님의 일을 더 잘할 수 있도록 주의 자녀의 병을 주님이 치료하여 주소서. 이 아픔의 시간이 끝이 나게 하소서. 함께 기도하며 고통을 나누어 가지는 사랑하는 가족들과 성도들이 주님 앞에 눈물 흘리며 간구하오니 응답하여 주소서. "믿음의 기도는 병든 자를 구원하리니 주께서 그를 일으키시리라"고 말씀하신 것을 의지하며 나아갑니다. 믿음으로 간구하는 우리의 소리를 들어 주소서.

이제 사랑하는 주의 사자를 통해 하나님의 음성을 듣기 원합니다. 선포되는 말씀 가운데 성령께서 함께하셔서 사람의 말이 아니라 하나님의 음성이 들려지게 하소서. 선포되는 말씀을 통해 이 세상을 버리고 오직 하나님과 벗하며 살아가는 믿음이 우리에게 충만하게 하소서.

육신의 중한 병을 가지고도 하나님을 따르기를 소망하는 사랑하는 주의 자녀와 함께 기도하는 믿음의 사람들의 기도에 응답하실 하나님을 기대하오며 예수님의 이름으로 기도합니다. 아멘.

유산 1

우리 주 예수 그리스도와 우리를 사랑하시고 영원한 위로와 좋은 소망을 은혜로
주신 하나님 우리 아버지께서 너희 마음을 위로하시고 모든 선한 일과 말에
굳건하게 하시기를 원하노라 _〈데살로니가후서〉 2장 16~17절

사랑과 긍휼의 하나님 아버지!

어두운 세상에서 슬퍼하는 사람들의 마음을 위로하시는 하나님의 은
혜를 기억합니다. 인생에 찾아오는 어쩔 수 없는 아픔으로 견디지 못
하고 절망으로 빠져드는 영혼들을 불쌍히 여기셔서 만져 주시는 하나
님! 지금 사랑하는 이 가정의 고통을 보시고 그를 만져 주소서.

하나님이 주신 귀한 선물을 받고 참으로 기뻐했습니다. 주신 새 생명
에게 하나님의 말씀을 읽어 주었고 하나님을 찬양하는 소리를 들려
주었습니다. 이제 이 땅에 태어나면 예수 그리스도께서 자라신 것처
럼 하나님과 사람 앞에서 사랑스러운 아이로 양육하려 했었습니다.
장차 하나님 나라를 위해 사용되는 하나님의 사람이 되기 위해 어떻
게 교육할 것인지를 생각했고 그것을 위해서 기도로 준비하고 있었습
니다. 그를 생각하면 세상의 다른 것들로 인한 어려움은 아무것도 아
니었습니다. 하지만 이제 주님이 주신 선물을 거두어 가셨습니다. 하

오니 주님! 사랑하는 이 가정의 아픔과 슬픔도 거두어 가소서. 하늘의 위로를 주시고 마음에 평안을 누리게 하소서.

사랑하는 주님! 이 가정을 불쌍히 여겨 주소서. 특히 엄마의 마음을 만져 주소서. 하나님이 주셨던 소중한 태의 열매가 그의 몸속에 있었기 때문에 더 큰 아픔을 겪을 엄마의 마음을 위로하여 주소서. 슬픔보다 더 큰 위로로 함께하시는 주님을 만날 수 있게 도와주소서. 주님 때문에 지금의 이 슬픔을 견딜 수 있게 하소서. 간절히 기도하오니 사랑하는 엄마의 건강을 지켜 주소서. 지금부터 몸조리를 잘하게 하시고 다시는 주님이 주시는 소중한 열매를 잃어버리지 않게 도와주소서. 하나님이 사랑하는 엄마와 함께하셔서 지금의 아픔을 잊고 더 큰 기쁨의 삶을 살 수 있도록 인도하소서.

혹시라도 이 일로 다른 상처를 받지 않게 하소서. 주변의 다른 소리에 귀를 기울이지 않게 하시고 들려오는 소리로 인해 다시 고통받지 않게 하소서. 지금 사랑하는 이 가정이 겪는 아픔이 단순히 이 가정만의 아픔이 아니라 양가의 아픔이라는 것을 알게 하시고 모든 가족들이 서로 조심하고 아끼고 배려하게 하소서. 언제나 예수 그리스도께서 우리에게 주셨던 그 사랑으로 서로를 사랑하게 하소서. 가족 모두가 지금의 이 상처를 치유하기 위해 한마음으로 기도하게 하시고 더욱더 주님 곁으로 나아갈 수 있게 하시고 슬픔이 변하여 기쁨이 되게 하시는 주님의 크고 놀라운 은혜를 경험하게 하소서.

사랑하는 이 가정에 닥친 슬픔을 위로하시는 주님이 다시 더 큰 기쁨을 주실 것을 믿사오며 절망과 고통 속에서 부르짖는 자와 함께하시는 예수님의 이름으로 기도합니다. 아멘.

유산 2

어머니가 자식을 위로함 같이 내가 너희를 위로할 것인즉 너희가
예루살렘에서 위로를 받으리니 _〈이사야서〉 66장 13절

믿는 자들의 위로가 되시는 하나님 아버지!

아픔과 슬픔으로 가득한 세상에서 하나님이 계시지 않았다면 우리는
아마도 살아가지 못했을 것입니다. 이해할 수 없는 일들과 받아들일
수 없는 고통이 우리를 찾아올 때 하나님이 계시지 않았다면 우리는
견디지 못했을 것입니다. 하나님이 때마다 우리를 안아 주시고 더 이
상 수렁과 같은 고통에 빠져들지 않도록 지켜 주셨습니다. 모든 것이
하나님의 은혜였습니다. 여기 하나님의 은혜가 필요한 가정이 있습니
다. 이해할 수 없고 받아들일 수 없는 아픔과 슬픔으로 어찌할 바를 알
지 못하는 이 가정에 하나님의 위로를 부어 주소서.

하나님이 주신 귀한 생명을 잃었습니다. 아직 세상의 빛을 보지 못한
어린 생명이었습니다. 이 가정의 큰 기쁨이었고 아빠의 자랑이자 엄
마의 생명과도 같은 아이였습니다. 이렇게 소중한 하나님의 선물을
잃고 고통 속에 있는 이 가정을 위로하여 주소서. 우리의 언어와 행동

으로 다 위로할 수 없는 이 가정의 애통을 하나님이 친히 만져 주시고 위로하여 주소서. 오직 주님의 위로가 필요하오니 주께서 안아 주소서. 하나님을 믿는 자를 위로하신다고 약속하신 그 말씀에 의지하여 기도합니다. 하나님을 믿는 이 믿음의 가정에 하나님의 크신 위로를 부어 주소서.

긍휼이 풍성하신 주님! 주님이 주신 귀한 태의 열매를 잃은 엄마를 기억하소서. 이 세상에서 무엇을 잃은 슬픔을 배 속의 생명을 잃은 엄마의 슬픔에 비교할 수 있겠습니까! 재물을 잃고 건강을 잃어도 견딜 수 있지만 이 슬픔은 너무 커서 견디기가 힘이 듭니다. 하오니 주님! 사랑하는 엄마의 마음을 지켜 주셔서 극한 슬픔으로 더 고통받지 않게 하소서. 주께서 주님의 크신 팔로 큰 슬픔을 당한 주의 자녀를 꼭 안아 주소서. 사랑하는 엄마에게 하나님으로 인한 평화를 부어 주소서.

사랑하는 아들을 대속 제물로 주신 하나님을 기억하게 하소서. 죄인들을 살리기 위해 자신의 몸을 찢기시고 피 흘리며 결국은 십자가에서 죽으신 예수 그리스도를 바라보게 하소서. 주님의 이 위대하신 사랑이 이 가정에 위로가 되게 하소서. 자신을 버리시기까지 우리를 사랑하신 주님의 사랑으로 이 가정이 모든 슬픔과 아픔을 이기게 하소서. 주님이 주신 귀한 태의 열매를 잃었으나 이 일을 통해 엄마와 아빠의 사랑이 더 깊어지게 하시고 함께 손잡고 항상 기도하는 믿음의 가정이 되게 하소서. 그리고 이제 후로는 더 이상 이런 아픔을 겪지 않게 하시고 하나님이 주시는 귀한 생명을 얻게 하소서.

머리 숙인 이 가정에 하나님의 말씀으로 크게 위로하시기를 소망하오며 존귀하신 예수님의 이름으로 기도합니다. 아멘.

대표기도는 하나님에게 찬양과 영광과 존귀를
예배에 참석한 성도들을 대표하여 드리는 의식이다.

7장

대심방과 일반 심방
대표기도문

새신자 등록

영접하는 자 곧 그 이름을 믿는 자들에게는 하나님의 자녀가 되는
권세를 주셨으니 _〈요한복음〉 1장 12절

우리를 사랑하시는 하나님 아버지!

_____님이 예수님을 구주로 영접하고 하나님의 자녀가 되게 하시
니 감사합니다. 또한 우리 교회에 등록하시어 새로운 구원 공동체의
가족이 되게 하심도 감사합니다. 이제 하나님을 인생의 주인으로 모
시는 믿음의 첫발을 내딛었사오니 주님과 함께 살아가는 하루하루가
늘 새롭게 하여 주소서.

우리의 형편과 사정을 잘 아시는 하나님 아버지, _____님에게 무엇
이 필요한지도 모두 알고 계시는 줄 믿습니다. 이제 하나님이 _____
님의 인생의 주인이 되셨으니 삶을 책임져 주시고 영육 간에 필요한
모든 것을 채워 주소서. 사도 요한은 네 영혼이 잘됨같이 범사가 잘되
게 해 달라는 기도를 드렸습니다. 그 기도가 우리 모두의 소망임을 고
백합니다. _____님이 예수님을 믿고 잘된 것처럼 _____님의 모든
일도 주 안에서 잘 이루어지도록 도와주소서.

_____님의 가정에 하나님의 은총을 부어 주소서. 하나님이 가정의 왕으로 임하셔서 통치하여 주소서. 혹여 무질서와 혼돈의 세력이 가정을 묶고 있다면 하나님의 질서와 평안으로 통치하여 주소서. 경제적 문제, 건강의 문제, 관계의 문제와 자녀의 문제가 점점 질서를 찾아가게 하소서. _____님 안에 임하게 된 하나님 나라가 가정 공동체 안으로 확장되어지게 하소서. "주 예수를 믿으라 그리하면 너와 네 집이 구원을 얻으리라"고 약속해 주신 대로 가족 중에 예수님을 모르는 분이 있다면 _____님을 통해 복음이 전파되게 하소서. _____님의 일터에 하나님의 은혜를 부어 주소서. 수고하며 땀을 흘린 대로 열매를 거둘 수 있게 하소서.

우리 교회가 _____님의 믿음의 동반자가 되게 해 주심을 감사합니다. 교회가 마련한 여러 양육 과정에 참여할 수 있는 환경과 여건을 마련해 주소서. 분주한 삶 가운데 여유를 주심으로 영혼의 양식을 공급받게 하소서. 양육 과정을 감당할 수 있는 육신의 건강도 허락하여 주소서. 성경을 배우고 익힐 때 잘 이해할 수 있는 생각의 힘도 덧입혀 주소서. 기도와 찬양의 첫걸음을 뗄 수 있는 영력도 칠 배나 더해 주소서. 하나님의 사랑을 더 깊이 느낄 수 있도록 영혼의 자리를 넓혀 주소서. 교회의 여러 지체들과 참 사랑의 교제를 누리게 하소서.

오늘부터 남은 인생이 하나님의 형상으로 회복되어지는 성화의 과정이 되게 하소서. 매일 예수님을 닮아 가는 _____님이 되게 하시고 삶의 모든 자리에 함께하여 주소서.

이 시간에도 말씀과 찬양과 기도를 통해 큰 은혜를 주실 것을 확신하며 예수님의 이름으로 기도합니다. 아멘.

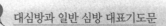

대심방과 일반 심방 대표기도문

기신자 등록

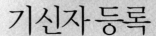

사랑하는 자여 네 영혼이 잘됨 같이 네가 범사에 잘되고 강건하기를
내가 간구하노라 _〈요한삼서〉 1장 2절

한 영혼을 천하보다 귀하게 여기시는 하나님 아버지!

_____님이 우리 교회에 등록하여 주 안에서 한 가족이 되게 하시니
감사합니다. 모든 것이 합력하여 선을 이루게 하시는 하나님이 뜻하
신 바가 있어 우리 교회로 인도하신 줄 믿습니다.

로마 교회의 아굴라와 브리스길라 부부가 고린도로 이주하여 고린도
교회에 등록했을 때 일어났던 일들을 기억합니다. 하나님은 목회자였
던 바울을 만나게 하셨고 두 사람이 바울의 동역자가 되고 교회의 기
둥이 되었던 것을 기억합니다. _____님도 우리 교회에서 그런 역할
을 감당하는 소중한 지체가 되어지길 원합니다.

예수님을 만나면 인생의 방황이 끝나고 좋은 교회를 만나면 신앙의
방황이 끝난다는 격언처럼 _____님이 우리 교회를 통해 신앙의 성
장과 성숙이 폭발적으로 일어날 수 있도록 도와주소서. 새가족부에서
인도하는 양육 과정을 잘 마칠 수 있도록 인도하여 주소서. 그 과정을

통해서 복음에 대해서 재정립하게 하시고 신앙의 기초를 다시 쌓는 귀한 시간이 되게 하소서. 양육 과정이 통과 의례의 시간이 되지 않게 하시고 우리의 믿음을 다시 한 번 점검하게 하는 시간이 되게 하소서. 하나님의 비전이 마음에 불을 붙이는 시간이 되게 하소서.

가지가 새로운 나무에 접붙일 때에도 많은 시간이 필요하고 장기가 새로운 몸에 이식될 때에도 많은 과정이 필요하듯이 _____님이 새로운 우리 교회에 정착하는 것이 수고로운 과정이 되리라 생각됩니다. 하지만 성령님이 함께하신다면 어색함의 시간들이 오히려 설렘의 추억으로 변화되리라 믿습니다. 성령의 능력으로 _____님의 정착을 도와주시고 인도하여 주소서.

목사님이 날마다 _____님의 가정과 일터를 축복하며 기도하실 때 목양의 기도에 응답하여 주소서. 목사님이 전해 주시는 말씀을 들을 때마다 꿀보다 더 달게 하시고 새롭게 드리는 예배마다 하늘의 감격으로 와 닿게 하소서.

새롭게 만나게 될 구역 식구들과도 좋은 만남을 갖게 하소서. 구역 식구들에게 다윗을 사랑했던 요나단의 마음을 부어 주시어 _____님을 환영하고 돕게 하소서. 피를 나눈 형제보다 더 친밀하게 하시고 정을 나눈 부부보다 더 가까운 주의 형제와 자매가 되게 하소서. 서로를 위해 눈물로 기도하게 하시고 서로의 문제를 내 문제처럼 여기는 참된 지체가 되게 하소서. 그래서 평생의 믿음의 동역자가 되게 하소서. 오늘도 심방하시는 목사님의 말씀을 통해 새 힘을 얻게 하여 주시고 이 예배를 통해 하늘의 복이 충만하게 임하게 하소서.

만남을 축복하시는 예수님의 이름으로 기도합니다. 아멘.

교회를 정하지 못해 갈등하는 가정

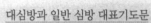

네 길을 여호와께 맡기라 그를 의지하면 그가 이루시고 네 의를 빛 같이 나타내시며
네 공의를 정오의 빛 같이 하시리로다 _〈시편〉 37편 5~6절

우리의 삶을 선하게 인도하시는 하나님 아버지!

예수님을 만나면 인생의 방황이 끝이 나듯 건강하고 좋은 교회를 만나면 신앙의 방황도 끝이 나는 것을 믿습니다. 하지만 주의 이름으로 심방하는 이 가정은 여러 가지 이유로 교회를 정하지 못하고 고민하고 있음을 긍휼히 여겨 주소서.

혹여 교회를 정하지 못하는 이유가 그동안 출석하던 교회에서 원치 않는 문제로 받은 마음의 상처 때문이라면 치료하시는 하나님이 싸매어 주소서. 더 이상 목회자를 신뢰할 수 없고 더 이상 교우들을 사랑할 수 없게 된 식어진 가슴이 있다면 주의 뜨거운 사랑으로 품어 주소서. 비둘기같이 온유한 성령님이 이 가정에 임재하셔서 모든 가족들의 거칠어진 마음과 상한 심령을 어루만져 주소서.

상한 갈대를 꺾지 아니하시고 꺼져 가는 등불을 끄지 아니하시는 신실하신 하나님. 우리는 삶의 상황을 역전시켜 주시는 하나님의 능력을 믿습니다. 욥은 인생의 모진 풍랑을 만났을 때에도 하나님만은 잃어버리지 않았음을 기억하게 하소서. 이 가정이 잠시 섬겨야 할 교회를 잃고 함께할 교우를 잃었다 해도 하나님만은 잃어버리지 않도록 지켜 보호하소서.

이 가정이 다윗처럼 하나님 여호와를 힘입어 용기를 얻게 되길 원합니다. 다윗은 시글락에서 모든 것을 다 잃어버렸을 때에도 하나님의 힘을 의지했음을 기억합니다. 마음은 크게 다급하였지만 그래도 하나님의 힘을 구하고 하나님의 용기를 구했을 때 상황이 역전되었음을 기억하게 하소서. 이 가정 또한 하나님을 의지함으로 교회를 선택하는 수고로움에 지치지 않게 하소서. 고난을 유익으로 역전시키시는 하나님의 손길을 기대하면서 고난을 잘 이겨 내게 하소서.

이 가정이 찾고 있는 교회로 속히 인도하여 주소서. 아브라함의 종이 하나님의 인도하심으로 이삭의 아내 리브가를 순적하게 만났듯이 이 가정도 건강한 교회, 정직한 교회를 속히 만나 신앙의 방황을 끝내게 하소서. 이 가정이 좋은 교회를 만나기 위해 하나님 앞에 무릎을 꿇게 하소서. 깊이 기도하게 하시고 많이 기도하게 하소서. 하나님을 깊이 만나 교회 선택을 향하신 하나님의 마음을 알게 하소서. 좋은 친구, 좋은 배필, 좋은 스승을 위해서 기도해야 하듯이 좋은 교회를 위해서 기도할 때 하나님의 인도하심이 반드시 있을 줄 믿습니다.

심방예배를 통해 귀한 통찰력을 허락해 주실 줄 믿습니다. 말씀을 전하시는 목사님에게 능력을 주시고 문제의 응답이 되는 말씀을 전하실 수 있도록 인도하여 주소서.

예배를 기뻐 받으시는 예수님의 이름으로 기도합니다. 아멘.

불신자가 있는 가정

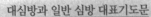

너는 사망으로 끌려가는 자를 건져 주며 살륙을 당하게 된 자를 구원하지
아니하려고 하지 말라 _〈잠언〉 24장 11절

은혜와 사랑이 풍성하신 하나님 아버지!

이 시간 _____님의 장막에서 예배로 영광을 돌리게 하시니 감사합니다. 이 가정에는 아직 예수님을 모르는 가족이 있음을 하나님은 잘 알고 계십니다. _____님이 산모가 태아를 품고 기다리듯 예수 믿지 않는 가족을 태신자로 품고 있음을 긍휼히 여겨 주소서. 가족 구원을 위해 날마다 기도하며 애타게 기다리는 _____님의 마음을 위로하여 주소서. 구원의 문이 닫히기 전에 구원받기를 바라는 _____님의 절박한 심정을 불쌍히 여겨 주소서. 심방대원들도 _____님의 가족 구원을 위해 함께 기도하오니 우리의 기도를 귀 기울여 들어 주소서.

먼저 구원받아야 할 태신자를 위해 간절히 기도합니다. 하나님 없이도 살 수 있다는 생각을 변화시켜 주셔서 이제는 하나님 없이는 단 하루도 살 수 없다고 느낄 수 있는 심장을 주소서. 태신자의 눈을 뜨게 하소서. 하나님을 볼 수 없게 만드는 세상의 비늘을 거두어 주소서. 영안을 밝히사 어둠에서 빛으로 나오게 하소서.

사랑의 하나님, 주님은 위협과 살기가 등등했던 사울에게 찾아가시어 하늘의 빛을 비춰 주시고 사울을 새 사람으로 완전히 변화시키셨습니다. 이제 속히 사랑하는 태신자에게도 찾아오셔서 하늘의 빛을 비춰 주소서. 세상에서 가장 아름다운 부름과 가장 은혜로운 회개가 태신자의 입술에서 나오게 하소서. 태신자가 꿈에서라도 주님을 만날 수 있길 원합니다. 속히 하나님의 품으로 돌아와 남은 삶을 더 많이 주님에게 드릴 수 있게 하소서.

_____님을 위해서 기도합니다. "주 예수를 믿으라 그리하면 너와 네 집이 구원을 얻으리라"는 약속을 끝까지 붙들게 하소서. 기도하며 기대하며 기다리게 하소서. 지금은 아무것도 보이지 않을지라도 태신자가 예수님을 만난 후 변화된 모습을 상상하며 기도로 인내하게 하소서. 수십 년 동안 하나님의 비전이 이루어질 것을 기다리며 고난을 이겨 냈던 요셉과 같이 믿음으로 기다리게 하소서. 우리 모두 눈물을 흘리며 복음의 씨를 뿌리게 하소서. 비가 오는 것과 바람 부는 것을 두려워하지 말고 계속해서 사랑의 씨를 심게 하소서. 하나님과 동행하는 삶이 얼마나 기쁘고 행복한지를 보여 주게 하소서. 우리의 언어로 하나님의 언어를 보여 주게 하소서. 우리의 얼굴로 하나님의 얼굴을 보여 주게 하소서. 우리의 손과 발이 하나님의 은총의 손길이 되어 태신자의 마음을 어루만지게 하소서.

오늘 드려지는 예배가 소망이 되길 원합니다. 목사님이 전하시는 말씀을 통해 힘을 얻게 하시고 하늘의 평안이 임하길 원하며 거룩하신 우리 주 예수님의 이름으로 기도합니다. 아멘.

하나님을 떠난 가족이 있는 가정

그가 우리를 위하여 목숨을 버리셨으니 우리가 이로써 사랑을 알고 우리도
형제들을 위하여 목숨을 버리는 것이 마땅하니라 _(요한일서) 3장 16절

허물과 죄로 죽었던 우리를 다시 살리신 하나님 아버지!

하나님이 사랑하시는 가정을 방문하여 예배로 영광을 돌리게 하시니
감사합니다. 베드로의 심방을 사모하는 마음으로 기다렸던 고넬료처
럼 이 가정도 대심방을 사모하며 기다렸사오니 이 예배 가운데 성령
의 기름을 충만하게 부어 주소서.

사랑의 하나님, 특별히 이 가정이 쉬지 않고 기도하는 기도 제목이 있
습니다. 이전에는 하나님을 열심히 섬기다가 지금은 낙심하여 잠시
하나님의 품을 떠난 영혼이 있습니다. 아버지의 집을 떠난 둘째 아들
처럼 하나님 아버지를 떠나 있는 영혼을 긍휼히 여겨 주소서. 탕자가
아버지 집을 그리워한 것처럼 다시 하나님의 품을 그리워하게 하소
서. 지금도 아버지의 마음으로 기다리고 계시는 하나님의 애타는 마
음을 알게 하소서. 양 무리를 떠난 잃은 양 같은 영혼. 이제는 자존심
과 아집을 내려놓고 목자 되신 주님의 어깨에 자신의 모든 것을 맡겨

드리게 하소서.

하나님은 이 가정의 형편과 처지를 잘 아시오니 가정의 필요를 채워 주소서. 영적인 필요를 채워 주소서. 이 장막이 하나님의 임재를 경험하는 성소가 되게 하소서. 왕 같은 제사장으로서 이곳에서 예배드릴 때 마다 하나님이 계신 하늘과 연결되게 하소서. 기도의 제사를 드릴 때마다 향기로운 제물로 받아 주소서. 찬양의 제사를 드릴 때마다 천군 천사의 성가대에 동참하게 하소서. 성경을 읽고 묵상할 때마다 하나님의 말씀이 임하는 진리의 터전이 되게 하소서. 삶의 여러 가지 시험을 만날 때마다 이 장막에서 만나 주시고 상담하여 주소서. 이 가정에서 먼저 믿은 자들을 통해 복음 전도의 역사가 일어나게 하소서.

일용할 양식도 채워 주소서. 온 가족이 각자의 삶의 현장에서 최선을 다해 일할 때 일한 대로 열매를 거두는 은총을 베풀어 주소서. 미래를 준비하고 있는 자녀들을 슬기롭게 하소서. 이 가정이 순종함으로 나아가도 복을 받고 들어와도 복을 받는 주님의 가정이 되게 하소서. 가족 한 사람 한 사람에게 영육 간의 강건함을 주소서. 질병으로 연약한 가운데 있는 지체가 있다면 하나님의 치료의 손으로 어루만져 주소서. 이 모든 일이 하나님의 역사임을 고백하는 가정이 되게 하소서.

하나님을 대신하여 복음의 대사로 방문하신 목사님을 통해 하나님의 말씀이 선포될 것입니다. 선포되는 말씀이 살아 있는 능력이 되어 이 가정과 이 장막을 통치하고 지배하게 하소서. 심방대원들이 주님의 이름으로 평안을 빌 때 그 평안이 이 가정을 가득 채우게 하소서.

오늘도 흡족한 은혜를 베풀어 주실 줄 믿으며 거룩하신 예수님의 이름으로 기도합니다. 아멘.

이단에 빠진 자가 있는 가정

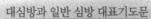

내 형제들아 너희 중에 미혹되어 진리를 떠난 자를 누가 돌아서게 하면 너희가
알 것은 죄인을 미혹된 길에서 돌아서게 하는 자가 그의 영혼을 사망에서 구원할
것이며 허다한 죄를 덮을 것임이라 _〈야고보서〉 5장 19~20절

우리의 머리털까지 세시는 전지전능하신 하나님 아버지!

이 가정이 아브라함처럼 심방대원을 맞이하며 대심방 예배를 환영하게 하시니 감사합니다. 아브라함이 하나님이 보내신 세 천사를 마음 다해 환영했을 때 하나님이 하늘의 비밀을 알려 주신 것처럼 오늘 대심방을 통해 이 가정을 향하신 주의 뜻을 선포하여 주소서.

하나님이 기뻐하시는 이 가정이 영적인 아픔을 겪고 있습니다. 사랑하는 가족 중 한 명이 이단의 미혹을 받아 영적 침륜沈淪에 빠져 있습니다. 이로 인해 가정이 커다란 상심 중에 있사오니 이단의 거센 폭풍으로 인해 난파된 가족의 영혼을 긍휼히 여겨 주소서. 비 진리의 검푸른 바다에 점점 빠져 들어가는 영혼에게 생명줄을 던져 구원해 주소서.

잃어버린 한 드라크마를 애타게 찾아다니는 여인처럼 사랑하는 가족을 구하려고 힘쓰는 이 가정에 주의 능력을 더해 주소서. 지치지 않도록 늘 독수리 날개 치며 올라감 같은 새 힘을 공급하여 주소서. 진리의 영이신 성령으로 충만하게 하사 거짓의 영을 능력 있게 대적하게 하소서. 우리가 인내하면서 한마음 한뜻으로 기도하면 하나님의 구원의 은총이 미혹받은 영혼을 변화시켜 주실 줄 믿습니다. 천육백 년 전 어머니 모니카의 오랜 기도를 들으시고 마니교에 빠져 있던 어거스틴을 구해 내 기독교 신학의 아버지로 변화시켜 주셨던 것처럼 이 가정에도 하나님의 구원의 역사가 일어나게 하소서.

이 가정이 큰 아픔에도 불구하고 이미 부어 주신 은혜에 감사하는 것을 잊지 않게 하소서. 세상의 눈으로 바라보면 원망거리뿐이지만 주님의 눈으로 바라보면 모든 것이 감사의 재료임을 고백합니다. 모든 것이 합력하여 선을 이루게 하심을 믿고 '그럼에도 불구하고'의 신앙으로 승리하게 하소서. 우리 모두가 가난함에도 불구하고 감사하게 하소서. 연약함이 있음에도 불구하고 감사하게 하소서. 가정에 아픔이 있어도 감사할 줄 아는 뿌리가 튼튼한 믿음의 가정이 되게 하소서. 감사는 상황을 변화시키지 않고 상황을 바라보는 나 자신을 변화시킨다는 것을 기억하게 하소서.

약할 때 강함 되시는 주님을 더욱 신뢰합니다. 주님이 이 가정과 함께 하시기에 소망이 있는 줄 믿습니다. 하나님을 떠난 예루살렘을 보시고 눈물을 흘리셨던 예수님이 이 자리에도 임하여 계심에 감사합니다. 주님이 이 자리에 오셔서 울고 있는 이 가정과 함께 울고 계심을 느낍니다. 오늘 예배를 통해 주님의 위로가 임하길 소망합니다. 예배가 힘이 되게 하시고 말씀이 힘이 되게 하소서.

우리의 위로자가 되시는 거룩하신 예수님의 이름으로 기도합니다. 아멘.

교회 출석률이 낮은 가정

나는 선한 목자라 나는 내 양을 알고 양도 나를 아는 것이 아버지께서 나를
아시고 내가 아버지를 아는 것 같으니 나는 양을 위하여 목숨을 버리노라
_〈요한복음〉 10장 14~15절

선한 목자 되신 하나님 아버지!

그동안 너무나 보고 싶었던 _____님과 함께 예배를 드릴 수 있게 하
시니 진심으로 감사합니다. 주일예배 때마다 비어 있던 _____님의
자리를 볼 때에 마음이 허전하고 아쉬웠음을 고백합니다. 혹여 무슨
일이 있는 건 아닌지 애를 쓰며 속을 태웠는데 이렇게 밝은 얼굴을 대
할 수 있게 하시니 감사합니다.

사랑의 하나님, 우리가 하나님 아버지의 마음을 잘 알기를 원합니다.
선한 목자가 양을 사랑하고 돌보듯 우리를 돌보시는 하나님의 마음을
알게 하소서. 특별히 밤이 되었는데도 아직 목장 안으로 돌아오지 못
한 잃어버린 양을 향한 목자의 안타까움을 알게 하소서. 선한 목자가
자신의 목숨을 걸고 잃은 양을 찾아 나섰던 것처럼 하나님이신 예수
님도 이 땅에 오셨음을 기억하게 하소서. 사랑하는 _____님을 위해
이 땅에 내려오셔서 십자가 위에서 물과 피를 다 쏟으셨던 것을 기억

하게 하소서. 우리를 위해 살이 찢기시고 창에 찔리시고 못 박혀 돌아 가셨음을 기억하게 하소서.

사랑은 오래 참는 거라는 성경 말씀처럼 하나님은 여전히 우리를 오래 참아 주고 계심을 느낍니다. 우리가 돌아올 때까지 기다리고 또 기다려 주시는 하나님의 사랑에 이제 우리도 응답하게 하소서. 마치 집 떠난 자녀의 전화 한 통을 애타게 기다리는 아버지처럼 우리를 기다리시는 아버지 하나님에게로 돌아가게 하소서.

_____님의 형편과 사정을 모두 아시는 하나님, 주일 예배를 드릴 수 있는 환경과 여건을 마련해 주시기를 원합니다. 직장에 출근하는 일, 피곤하고 분주한 삶, 가족 행사 등의 여러 가지 요건이 잘 해결되어서 주일 아침에는 하나님의 전으로 발걸음을 옮길 수 있도록 상황과 형편과 마음을 인도하여 주소서.

무엇보다 _____님이 하나님을 사랑하게 하소서. _____님을 짝사랑하고 계시는 하나님의 마음을 깨닫게 하소서. 물고기는 물을 떠나 살 수 없고 송충이는 솔잎을 먹어야 하듯이 _____님은 하나님을 떠나 살 수 없는 하나님의 자녀임을 기억하게 하소서. 장작개비 혼자서는 불타오를 수 없듯이 성령의 불이 타오르는 교회 안에서 믿음의 불이 타오르게 하소서. 몸의 지체가 몸과 분리될 수 없듯이 우리 교회와 _____님은 한 몸임을 마음에 새기게 하소서. _____님은 우리의 기쁨이며 자랑임을 고백합니다. 우리와 _____님의 믿음이 함께 성장하길 소원합니다. 천국으로 가는 여정에 동반자로 서길 원합니다.

하나님의 저항할 수 없는 사랑으로 _____님을 계속 이끌어 주시길 원하오며 예수님의 이름으로 기도합니다. 아멘.

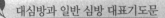
주일 성수가 힘든 가정

내 영혼이 하나님 곧 살아 계시는 하나님을 갈망하나니 내가 어느 때에
나아가서 하나님의 얼굴을 뵈올까 _〈시편〉 42편 2절

우리의 형편과 사정을 모두 아시는 하나님 아버지!

_____님의 모든 형편을 아시는 하나님, 마치 목마른 사슴이 시냇물을 찾기에 갈급한 것처럼 _____님이 얼마나 주일예배를 사모하는지 알고 계신 줄 믿습니다. 그러나 지금은 여러 가지 사정으로 인해 주일마다 예배의 처소로 나아올 수 없음을 긍휼히 여겨 주소서. 이전처럼 하나님의 집에서 주일예배를 드릴 수 있는 환경을 만들어 주소서. 이전처럼 성일에 기쁨으로 소리 높여 찬양할 수 있도록 여건을 허락하여 주소서.

_____님의 가정을 주님의 이름으로 심방할 수 있도록 인도하여 주심을 감사합니다. 특히 이 가정의 주인 되시는 하나님 앞에서 함께 신령과 진정으로 예배할 수 있게 해 주셔서 감사합니다. 이 시간 예배를 통해서 하나님의 큰 위로가 이 가정에 넘치기를 소망합니다.

원수의 압제로 말미암아 성일을 지킬 수 없었던 다윗을 기억합니다. 낙심과 불안으로 마음이 상했던 다윗처럼 _____님의 마음도 그러하리라 생각됩니다. 주님의 강한 손으로 낙망하고 불안해하는 _____님의 영혼을 붙들어 주소서. 상한 마음을 만져 주시고 치유하여 주소서. 낙망이 소망으로 바뀌게 하시고 불안이 평안으로 바뀌게 하소서. 밤낮 흘러내리는 마음의 눈물을 닦아 주시고 한숨만 나오는 입술이 찬송의 입술로 역전되게 하소서.

하나님 아버지, 비록 주일에 예배당에 나아와 예배할 수 없을지라도 _____님이 무릎을 꿇고 기도하는 그곳이 하나님이 임재하시는 성소가 되게 하소서. 사도 요한이 외로운 밧모 섬에서 홀로 기도하며 예배할 때에 임재해 주신 것처럼 _____님이 예배하는 그곳에도 임재해 주소서. 사도 요한이 열린 문을 통해 하늘 보좌를 바라본 것처럼 _____님도 그곳에서 하나님의 얼굴을 보게 하소서. 바울과 실라가 캄캄한 감옥 속에서도 기도하며 찬송했을 때 하나님이 그곳에 임재하시어 옥문을 여신 것처럼 _____님이 예배하는 그곳에도 임재하시어 모든 닫힌 것을 열려지게 하소서. 가난한 마음으로 예배할 _____님의 얼굴을 주목하여 주소서.

하나님 아버지, _____님을 위해 기도하고 있는 목사님과 교우들의 기도에 속히 응답하여 주소서. _____님이 주일을 거룩하게 지킬 수 있는 그날이 속히 오게 하여 주소서. 그래서 예배당에서 함께 찬송하며 함께 기도할 수 있는 감격스러운 날이 속히 오게 하여 주소서. 우리는 그날까지 각자의 처소에서 주의 은혜를 구하게 하소서. 끝까지 인내하며 주님만을 바라보게 하소서.

소망을 이루어 주시는 예수님의 이름으로 기도합니다. 아멘.

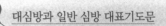

교우 간에 문제가 있는 가정

내가 주를 의뢰하고 적군을 향해 달리며 내 하나님을 의지하고 담을 뛰어넘나이다
_〈시편〉 18편 29절

공평하신 하나님 아버지!

우리를 그리스도 안에서 한 몸 되게 하시고 한 가족으로 불러 주시니
감사합니다. 우리 인생의 모든 문제를 해결하실 분은 오직 하나님밖
에 없음을 고백합니다. 예배를 통해 하나님의 얼굴을 구할 때 하늘의
위로를 부어 주시고 새 힘을 얻는 시간이 되게 하여 주소서.

사랑의 하나님, _____님의 가정이 최근 어떤 교우의 말과 행동으로
인해 마음이 상하는 일을 당했사오니 위로하여 주소서. 그 일로 인해
마음이 답답하고 억울함 가운데 있음을 고백합니다. 하나님은 우리에
게 감당할 만한 시험을 주신다고 하셨으니 이 시험을 잘 통과해서 믿
음의 장성한 분량에 이르게 하소서. 사람들은 우리의 마음을 모를지
라도 하나님은 다 알고 계심을 믿습니다. 모든 상황을 아시는 하나님
만 믿고 기도하게 하소서. 두 손을 모아 공평하신 하나님에게 상황을
말씀드리고 도움을 구하게 하소서.

우리가 주님을 사랑하기 전에 주님이 우리를 먼저 사랑해 주셨음을 기억하고 우리도 다른 사람을 사랑하게 도와주소서. 주님이 우리를 불쌍히 여겨 주신 것처럼 우리도 다른 형제를 불쌍히 여기게 하소서. 주님이 우리를 용서하여 주시는 것처럼 우리도 다른 지체를 용서하게 하소서. 우리의 마음을 아프게 하는 지체일지라도 사랑하고 용납하게 하소서. 원수까지 사랑할 수 있는 믿음의 높은 단계에 오르게 하소서.

요셉을 기억하게 하소서. 자신을 죽이려 했고 노예로 팔아 버렸던 형들을 용서한 요셉을 기억하게 하소서. 바다와 같이 모든 것을 품을 수 있는 하나님의 마음을 부어 주소서. 일흔 번씩 일곱 번이라도 용서하라고 하신 주님의 말씀에 용기 있게 순종하게 하소서. 이삭을 기억하게 하소서. 이방인들이 자신의 우물을 빼앗을 때마다 말없이 한 걸음 물러갔던 이삭을 기억하게 하소서. 오래 참으시는 하나님을 닮아 참고 기다리는 양보의 마음을 주소서. 십자가 위에서 "저들의 죄를 용서해 달라"고 기도하셨던 예수님을 기억하게 하소서. 예수님도 십자가를 지셨으니 우리도 우리의 십자가를 지고 주님을 좇아가게 하소서.

세월을 아끼라고 말씀하신 주님, 단 한 번뿐인 인생의 소중한 시간들을 원망과 미움의 늪에 빠져 보내지 않게 하소서. 지혜롭게 이 시험을 이겨 내게 하소서. 시험으로 인해 곤고할 때에는 생각하며 기도하라고 하신 주님의 말씀에 순종하게 하소서. 잘 이기는 자에게는 상을 주시겠다고 하신 약속을 붙잡고 끝까지 견디며 인내할 수 있게 하소서. 이 시험을 잘 통과한 후 승리의 개선가를 부를 수 있도록 _____님을 붙들어 주소서.

지는 것으로 이기셨던 예수님의 이름으로 기도합니다. 아멘.

헌금으로 시험에 든 가정

여호와여 나를 살피시고 내 뜻과 양심을 단련하소서 _〈시편〉 26편 2절

우리의 필요를 채워 주시는 하나님!

사랑하는 _____님의 가정에서 예배를 통해 주님의 은혜를 받게 하시니 감사합니다. 우리에게 어떠한 상황 속에서도 예배할 수 있는 믿음을 주시니 감사합니다. 예배를 통해 하나님 앞에 나아가 인생의 문제를 내려놓고 주님의 능력을 통해 해결 받을 수 있게 하소서.

_____님의 가정이 잠시 헌금의 문제로 인해 시험에 들었음을 알고계시는 줄 믿습니다. 꼬인 실타래가 풀어지듯이 복잡한 마음과 생각이 주의 말씀으로 정리되게 하소서. 우리는 연약하여 여러 가지 시험에 들게 됨을 긍휼히 여겨 주소서. 여러 가지 시험을 당할 때에는 온전히 기쁘게 여기며 인내하라고 하신 말씀에 순종하게 하소서.

재물이 있는 곳에 우리의 마음이 있다고 가르쳐 주신 예수님의 말씀을 기억하게 하소서. 우리의 마음을 재물에 두지 않게 하시고 하늘에두게 하소서. 우리의 믿음의 선배 바나바처럼 우리의 가진 것을 이 시

대의 고아와 과부에게 흘려보내게 하소서. 우리의 물질을 순결하고 깨끗하게 사용하여 하늘에 보물을 쌓아 두게 하소서.

헌금을 드릴 때에 자원하는 마음을 주소서. 부자가 교만한 마음으로 드린 많은 액수의 헌금보다 겸손한 마음으로 동전을 드린 과부의 헌금을 기뻐 받으신 것을 기억하게 하소서. 우리도 헌금을 드릴 때에 기쁜 마음으로 정성과 마음을 담아 드리게 하소서. 물질을 사랑했던 아간의 죄로부터 벗어나게 하소서. 은 30개와 예수님을 바꾸어 버린 가룟 유다처럼 돈의 유혹에 빠지지 않게 하소서. 돈에 대한 욕심을 내려놓고 온전히 주님만을 사랑하는 하나님의 자녀가 되게 하여 주소서.

우리 교회를 위해서 기도합니다. 모든 교우가 헌금을 드릴 때에 하나님만을 바라보고 드리게 하소서. 하나님이 우리의 주인이 되신다는 것을 고백하는 것이 헌금임을 기억하며 기쁜 마음을 드리게 하소서. 드려진 헌금은 투명하고 순결하게 지출되게 하소서. 헌금이 사용되는 곳마다 하나님의 놀라운 역사가 일어나게 하소서.

우리의 형편과 사정을 아시는 주님, _____님의 가정이 물질적인 어려움을 당하지 않도록 인도하여 주소서. 일한 대로 열매를 거두는 은총을 허락하여 주소서. 질병으로부터 보호하사 가족 모두 건강하게 하여 주소서. 질병으로 인해 재물이 헛되이 지출되지 않도록 인도하여 주소서. 일용할 양식을 허락해 주시고 필요한 것들을 채워 주시는 하나님의 손길을 경험하게 하소서. 오늘도 말씀을 통해 주시는 하나님의 은혜를 갈망합니다. 말씀을 통해 위로와 힘을 얻게 하시고 시험을 이겨 낼 수 있는 능력을 받게 하소서.

우리의 모든 것 되시는 예수님의 이름으로 기도합니다. 아멘.

인간관계로 시험에 든 가정

주는 나의 은신처이오니 환난에서 나를 보호하시고 구원의 노래로 나를
두르시리이다 _〈시편〉 32편 7절

우리의 피난처가 되시는 하나님 아버지!

우리를 하나의 공동체로 묶어 주시고 한마음으로 예배하며 기도하게
하시니 감사합니다. 어려울 때일수록 하나가 되어 기도했던 초대 교
회 성도들처럼 우리도 함께 모여 기도하게 하시니 감사합니다. 특별
히 ＿＿＿＿＿님의 가정을 심방하며 주님의 위로와 격려를 전하게 하시
니 감사합니다. 이 시간 이곳에 임재하시어 하늘의 신령한 복을 이 가
정 가운데 충만히 부어 주시길 원합니다.

세상에서 제일 어려운 것이 사람이라 했는데 최근 관계의 문제로 시
험을 당하고 있는 ＿＿＿＿＿님의 가정에 시험을 이겨 낼 능력을 주소서.
같은 집에 살던 브닌나가 한나를 격분하게 만들었을 때 마음이 원통
하고 슬픔이 가득했던 것처럼 이 가정에도 원통함과 슬픔이 있음을
기억하여 주소서. 하지만 한나가 눈물을 흘리면서도 여호와의 전으로
달려 나가 기도했을 때 하나님은 은혜를 주시고 한나의 근심을 사라

지게 하셨던 것을 기억합니다. 우리도 하나님의 보좌 앞으로 달려 나가 우리의 마음을 쏟아 놓게 하소서. 어려울 때일수록 더욱 기도하게 하소서. 주님만을 의지할 때 주의 능력을 경험하게 될 줄 믿습니다.

혹시 우리의 잘못이 있다면 그것을 직면할 수 있는 지혜를 주소서. 우리의 마음을 감찰하시고 은밀하게 보고 계시는 주님에게 모든 판단을 맡기게 하여 주소서. 인생의 짐을 내려놓고 주님만을 신뢰하며 시험을 잘 이겨 내게 하소서. 땅에서 풀면 하늘에서도 풀리고 땅에서 매면 하늘에서도 매인다는 법칙처럼 막혀 있는 인간관계를 풀어 낼 수 있는 능력을 주소서.

인생의 어려운 순간마다 우리의 믿음을 잃어버리지 않게 하소서. 작은 믿음이 흔들릴까 두렵사오니 우리의 믿음이 시험으로 인해 뒤로 물러가지 않도록 도와주소서. 이 시험을 넉넉히 이겨 낼 수 있는 힘을 주시고 오히려 이 시험을 통해 더욱더 주님 가까이 갈 수 있게 하소서.

다윗이 사울과 힘든 관계에 있을 때 요나단과 같은 중재자를 보내 주심으로 다윗을 구해 주신 것처럼 _____ 님에게도 돕는 손길을 베풀어 주소서. 서로 용서하고 화해할 수 있는 기회를 허락하여 주소서. 야곱이 두려움 가운데 에서를 만나러 갈 때 하나님의 군대를 보내셔서 도와주신 것처럼 우리의 문제 속에도 하나님의 군대 마하나임을 보내 주소서. 사람의 힘으로는 관계의 문제를 해결할 수 없음을 고백합니다. 요셉이 형들에게 받은 상처를 치유하고 서로 안고 울었던 것처럼 이 가정에도 치유의 역사가 일어나게 하소서. 원수를 친구로 변하게 하시는 하나님의 역전 드라마가 이 가정에 일어나게 하소서.

신실한 친구 되시는 예수님의 이름으로 기도합니다. 아멘.

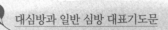

대심방과 일반 심방 대표기도문

교회 문제로 시험에 든 가정

그의 풍부한 인자하심에 따라 긍휼히 여기실 것임이라 주께서 인생으로
고생하게 하시며 그가 비록 근심하게 하시나 근심하게 하심은 본심이
아니시로다 _〈예레미야애가〉 3장 32~33절

긍휼이 풍성하신 하나님 아버지!

이 시간 주의 이름으로 _____님을 심방하며 예배드리게 하시니 감
사합니다. 때때로 우리의 삶에 여러 가지 시험을 허락해 주시니 감사
합니다. 그 시험을 통해 우리가 더욱 성숙하게 하시고 항상 시험의 끝
에서는 하나님의 긍휼과 사랑을 맛보게 하셨음을 감사합니다.

요즘 _____님이 근심하며 고민하고 있는 문제를 주님 앞에 올려 드
립니다. 교회에 대한 실망감이 점점 커지고 교회 지도자들의 모습으
로 인해 자주 시험에 빠지게 됨을 고백하오니 긍휼을 베풀어 주소서.
교회는 우리 신앙의 모체이며 중심임을 고백합니다. 지금 _____님
은 신앙의 모체와 중심이 흔들리고 있는 아픔을 겪고 있사오니 긍휼
을 베풀어 주소서.

교회를 향한 기대감이 있었기에 실망도 있는 줄 압니다. 교회 지도자
를 향한 소망이 있었기에 절망도 가능한 줄 압니다. 간절히 원하오니

532

_____님이 교회와 지도자들을 향한 기대와 소망을 포기하지 않도록 인도하여 주소서. 이 아픔의 기간이 오래가지 않게 하소서. 이 고통의 터널을 빨리 빠져나오게 하소서.

이제 에스라처럼 다시 일어나 하나님의 성전인 교회를 일으켜 세우게 하소서. 무너진 성전을 재건하기 위해 예물을 기쁘게 드렸던 이스라엘 백성들처럼 우리의 마음과 헌신을 아낌없이 드리게 하소서. 공동체의 죄와 허물을 가슴에 안고 하나님에게 나아가 울부짖게 하소서. 주께서 원하시는 것은 실망과 정죄가 아닌 기도와 헌신인 줄 믿습니다.

우리도 느헤미야처럼 교회 공동체를 위해 수일 동안 슬퍼하며 하나님 앞에서 금식하며 기도하게 하소서. 하나님이 일하시도록 간구하게 하소서. 크고 두려우신 하나님이 교회와 지도자들에게 긍휼을 베푸시도록 간절히 기도하게 하소서. "형제들아 주의 이름으로 말한 선지자들을 고난과 오래 참음의 본으로 삼으라"는 야고보의 말씀에 귀를 기울이게 하소서. 선지자들은 타락한 신앙 공동체의 모습을 보면서 가슴을 찢듯이 아파하면서도 공동체를 떠나지 않고 끝까지 공동체의 운명과 함께했던 것을 기억하게 하소서.

_____님이 이 시험을 인내로써 잘 이겨 내서 더 높은 신앙의 수준에 오르게 될 것을 기대하며 소망합니다. _____님을 사랑하며 뒤에서 눈물로 기도하고 있는 지체들이 있음을 기억하게 하소서. _____님이 다시 믿음으로 일어나며 회복되기만을 기대하며 응원하고 있는 목사님과 성도들을 생각하게 하소서.

교회의 하나 됨을 위해 기도하는 주의 사랑하는 자녀들을 기뻐하시는 예수님의 이름으로 기도합니다. 아멘.

자녀 교육에 문제가 있는 가정

마노아가 이르되 이제 당신의 말씀대로 되기를 원하나이다 이 아이를 어떻게
기르며 우리가 그에게 어떻게 행하리이까 _〈사사기〉 13장 12절

지혜가 풍성하신 하나님 아버지!

우리에게 자녀를 선물로 주시고 교육할 수 있는 특권을 허락해 주시
니 감사합니다. 특히 자녀를 통해 여러 가지 기쁨을 맛보게 하시고 행
복을 누리게 하시니 감사합니다. 자녀를 양육하면서 하나님 아버지의
마음을 조금이나마 이해할 수 있게 하심도 감사합니다.

자녀는 우리가 마음대로 할 수 있는 소유물이 아님을 고백합니다. 하
나님이 잠시 우리에게 맡겨 주신 선물임을 생각할 때 마음에 부담이
있음을 고백합니다. 우리에게는 자녀를 교육할 수 있는 지혜가 없음
을 인정하오니 하늘의 지혜를 우리에게 부어 주소서. 삼손의 아버지
마노아가 질문한 것처럼 질문하게 하소서. "이 아이를 어떻게 기르며
우리가 그에게 어떻게 행하리이까" 지혜가 풍성하신 하나님에게 지
혜를 구하게 하소서.

하나님 아버지, 자녀들이 점점 우리 곁을 떠나 스스로의 길을 걸어가

려고 할 때 두려움이 생깁니다. 우리는 그 길이 위험하다고 소리쳐 보지만 그때마다 자녀와의 갈등은 점점 더 커져만 갑니다. 자녀들이 주님이 원하시는 길을 모르는 것 같아 속상할 때가 많음을 고백합니다. 한나처럼 눈물로 간절히 기도해 보아도 자녀들은 변할 기미가 보이지 않습니다. 우리를 긍휼히 여겨 주시고 불쌍히 여겨 주소서. 하지만 포기하지 않게 하소서. 끝까지 하나님이 주신 부모의 사명을 다하도록 인도하여 주소서. 주님이 다시 오실 때까지, 우리가 주님 곁으로 가는 날까지 부모의 역할을 잘 감당하여 주 앞에 서는 날 칭찬받게 하소서.

적어도 우리의 자녀들이 홉니와 비느하스처럼 되지 않기를 간절히 소원합니다. 제사장이면서도 하나님을 멸시하고 세상 사람처럼 악행을 저지르는 자녀들이 되지 않게 하소서. 세상 문화의 거센 공격을 믿음으로 맞섰던 아브라함을 닮은 자녀들이 되게 하소서. 입시 문화와 경쟁 문화에 찌들어 있는 환경 속에서도 신앙으로 잘 버텨 내는 다니엘과 같은 자녀들이 되게 하소서.

역전의 하나님을 믿고 신뢰하게 하소서. 계속 자녀를 위해 눈물로 기도하게 하소서. 우리들의 눈에는 아무 증거가 보이지 않을지라도 믿음을 가지고 이 외로운 싸움을 끝까지 경주하게 하소서. 우리는 신실하지 않을지라도 주님은 신실하신 줄 믿습니다. 우리의 자녀들을 주님의 손에 의탁합니다. 우리의 힘만으로는 불가능함을 고백합니다. 오늘도 예배를 통해 하나님의 힘과 위로를 공급받기 원합니다. 주님의 손으로 지치고 상한 _____님의 마음을 만져 주소서.

하나님의 손이 우리를 일으켜 주실 줄 믿으며 예수님의 이름으로 기도합니다. 아멘.

낙심했다가 다시 돌아온 가정

이로 말미암아 모든 경건한 자는 주를 만날 기회를 얻어서 주께 기도할지라 진실로
홍수가 범람할지라도 그에게 미치지 못하리이다 _〈시편〉 32편 6절

한 영혼을 천하보다 귀하게 여기시는 하나님 아버지!

사랑하는 _____님의 가정이 주님의 몸 된 교회로 다시 돌아오게 하
시니 감사합니다. 형제가 다시 돌아왔다는 소식을 통해 온 교우들에
게 기쁨을 주시고 우리 교회가 더 큰 힘을 얻게 하시니 감사합니다. 이
시간 사랑하는 지체를 주님의 이름으로 심방하며 즐거운 마음으로 예
배를 드리오니 이 축제의 예배를 기뻐 받아 주소서.

잃은 양을 찾은 목자가 어깨춤을 추며 기뻐하는 것처럼 하나님도 기
뻐하시리라 믿습니다. 잃어버린 드라크마를 찾은 여인이 친구와 이웃
을 초청해서 잔치를 연 것처럼 하늘의 아버지께서도 기뻐하시리라 믿
습니다. 집으로 다시 돌아온 아들의 목을 안고 입을 맞추는 아버지처
럼 _____님의 가정을 기쁘게 환영하고 영접하시리라 믿습니다.

한 영혼이 하나님에게로 돌아올 때에 하늘에서 열리는 천상의 축제에
우리도 동참하게 하소서. 하늘의 찬송에 따라 우리도 찬송의 목소리

를 높이게 하소서. 한 영혼을 천하보다 귀하게 여기시고 다시 구원해 주신 하나님의 능력을 경배하게 하소서.

능력의 하나님, 이제 _____님의 가정이 다시 교회생활을 할 때에 오직 푯대를 향하여 앞으로 나아가게 하소서. 하나님이 부르신 그 사명만을 바라보면서 앞으로 나아가게 하소서. 바울처럼 앞에 있는 것을 잡으려고 달려가게 하소서. 과거의 아픔을 성령의 불길로 태워 주소서. 서로에게 부끄러운 흉터는 사랑으로 덮어버리게 하소서.

교우들도 _____님의 가정을 두 팔 벌려 환영하며 사랑으로 안아 주게 하소서. 빌레몬은 오네시모의 과거를 십자가 아래에 묻어 버리고 오네시모를 한 형제로 맞이했던 것을 기억합니다. 우리도 서로를 용납하고 하나 되어 하나님이 기뻐하시는 아름다운 공동체를 이루어 나가게 하소서. 세상이 만들어 놓은 모든 선입견의 장벽을 예수 그리스도의 사랑으로 뛰어넘게 하소서. 〈누가복음〉 15장에 나오는 맏아들과 같은 실수를 범하지 않게 하소서.

_____님의 가정을 주님의 이름으로 축복합니다. 이 가정이 더욱 주님을 사랑하게 하소서. 이 가정의 장막이 주님을 만나는 지성소가 되게 하소서. 이곳에서 하나님을 만나 기도하며 찬송하며 말씀을 듣게 하소서. 인생의 어려운 순간을 이겨 낼 힘을 이곳에서 얻게 하소서. 가정에 평안이 가득 넘쳐나게 하소서. 하나님의 통치로 말미암아 하나님 나라가 이루어지게 하소서. 모든 가족들이 영육 간에 강건할 수 있도록 인도하여 주소서. 오늘도 심방예배를 통해 주실 말씀을 기대합니다. 그 말씀이 새로운 신앙의 출발점이 되게 하소서.

성도의 하나 됨을 기뻐하시는 예수님의 이름으로 기도합니다. 아멘.

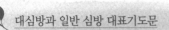

구원의 확신이 필요한 가정

네가 만일 네 입으로 예수를 주로 시인하며 또 하나님께서 그를 죽은 자 가운데서
살리신 것을 네 마음에 믿으면 구원을 받으리라 _〈로마서〉 10장 9절

_____님이 예수님을 믿고 그리스도의 몸인 우리 교회에 소속되게
하시니 감사합니다. 공동체 예배에 정기적으로 출석하게 하시고 하나
님의 말씀도 성실하게 듣고 배우게 하시니 감사합니다. 이제 그리스
도인으로서 새로운 출발을 하셨으니 예수님 안에서 누릴 수 있는 행
복의 삶을 마음껏 누리게 하소서.

무엇보다 먼저 하나님이 _____님에게 주신 선물인 구원을 확신할
수 있도록 도와주소서. 예수님의 신부로서 예수님과 결혼하였으니 지
성과 감정과 의지로 확신하게 하소서. 부활하셔서 지금도 살아 계신
예수님이 _____님을 깊이 만나 주시길 간절히 소원합니다.

엠마오의 두 제자를 만나 주신 것처럼 _____님을 만나 주소서. 예수
님이 실망과 불신이 가득한 채 엠마오로 돌아가던 두 제자를 찾아가
셨던 것을 기억합니다. 예수님이 말씀을 풀어 주실 때 두 제자의 가슴
이 뜨거워지며 구원의 확신이 생겼던 것처럼 _____님의 가슴도 뜨

거워지게 하소서. 베드로를 찾아가신 것처럼 예수님이 직접 _____ 님을 방문하여 주소서. 예수님을 세 번이나 부인한 후 절망에 빠져 있던 베드로가 예수님의 부활과 구원을 확신하며 예수님을 사랑한다고 고백한 것처럼 _____님도 예수님을 사랑한다고 고백하게 도와주소서. 예수님의 동생 야고보를 변화시키셨던 것처럼 _____님도 변화시켜 주소서. 예수님의 동생이면서도 예수님을 믿지 않았던 야고보가 부활하신 예수님을 만난 후로 완전히 변화된 것을 기억합니다. 야고보가 예루살렘 교회의 의장으로 성숙하고 변화된 것처럼 _____ 님도 부활의 주님을 만나 교회의 큰 일꾼으로 성장하게 하소서.

_____님이 마음속에 좌정하고 계신 예수님을 느낄 수 있게 하소서. 우리 안에 좌정하신 예수님이 죄를 용서하시고 새 생명을 창조하고 계심을 온 맘으로 느끼게 하소서. 내면 깊은 곳에서 말씀하시는 예수님의 음성을 듣게 하소서. 말할 수 없는 탄식으로 우리를 위해 기도하고 계시는 성령의 기도 소리가 들리게 하소서.

오늘 밤에 죽게 되더라도 하나님 나라에 들어갈 수 있다는 확신을 갖게 하소서. _____님은 예수 그리스도 안에 소속되어 있는 자로서 멸망의 심판을 받지 않게 될 것을 확신하게 하소서. 이제는 혼자가 아닌 예수님과 함께 살아가게 하소서. 먹든지 마시든지 무엇을 하든지 주님과 함께하게 하소서. 주님과 동행하는 행복을 누리게 하소서.

우리 교회의 양육 프로그램을 통해 예수님에 대해 알아갈 때에 그 시간이 행복의 시간이 되게 하소서. 양육 교사에게 지혜와 열정을 주셔서 _____님을 예수님에게로 잘 이끌어 갈 수 있도록 도와주소서.

오직 구원의 길이신 예수님의 이름으로 기도합니다. 아멘.

믿음이 연약한 가정

믿음이 연약한 자를 너희가 받되 그의 의견을 비판하지 말라
_〈로마서〉 14장 1절

우리를 온전하게 하시는 하나님 아버지!

좋은 날 우리에게 소중한 만남의 복을 허락하시니 감사합니다. 사랑하는 _____님의 가정에서 예배를 통해 하나님을 깊이 만나게 해 주시니 감사합니다. 더불어 주 안에서 한 가족이 된 식구들이 모여 영적인 교제를 나누게 하시니 감사합니다. 이 시간 우리의 마음과 마음을 이어지게 하시고 주 안에서 온전히 하나 되는 시간이 되게 하소서.

주님을 사모하는 이 가정에 주의 복을 내려 주소서. 늘 감사가 넘치는 가정이 되게 하소서. 큰 것보다는 작은 것에 감사할 수 있고 미래보다는 현재에 감사하게 하소서. 가장 가까이에서 섬기라고 보내 주신 가족에게 감사함으로 행복이 넘쳐나게 하소서. 아침에 눈을 뜰 때에 감사로 시작해서 하루를 마감할 때에도 감사로 마치게 하소서. 거창한 일을 꿈꾸기보다는 날마다 반복되는 사소한 것들에 감사하게 하소서.

이 가정에 찬송과 기도가 끊이지 않게 하소서. "호흡이 있는 자마다 여

호와를 찬송하라"고 하신 말씀에 순종하여 숨 쉬는 순간마다 찬송하게 하소서. "쉬지 말고 기도하라"고 하신 말씀에 순종하여 365일 기도하게 하소서. 그래서 이 가정이 풍성한 삶을 누리게 하소서.

한 알의 밀알이 자라나 잎을 내고 열매를 맺어 백 배의 결실을 내듯이 ＿＿＿님의 믿음도 점점 자라나게 하소서. 하나님이 심어 주신 말씀의 씨앗을 온전히 품을 수 있는 좋은 마음 밭이 되게 하소서. 기쁨으로 받은 말씀을 듣는 것으로만 만족하지 않게 하시고 삶에서 순종하고 적용하게 하소서. 어둠의 세력이 공격해 올 때에 능히 맞설 수 있는 능력을 덧입혀 주소서. 비바람이 불 때 줄기가 더 튼튼해지고 가뭄일 때 뿌리가 더 깊어지듯이 환난이나 박해가 오더라도 잘 견뎌 나가게 도와주소서.

세상의 염려가 찾아올 때에는 창조주 하나님이시며 전능자이신 주님을 기억하며 의지하게 하소서. 재물의 유혹과 쾌락의 유혹 앞에서는 십자가를 생각하며 구원의 선물이 헛되지 않도록 유혹을 잘 이겨 나가게 하소서. 말씀이 열매를 맺지 못하도록 방해하는 모든 장애물을 믿음으로 제거하게 하소서. 세상의 거센 파도가 몰려와도 주님과 함께 손잡고 그 고난의 파도를 역이용하여 날아오르게 하소서.

살아 계신 하나님, ＿＿＿님과 이 가정의 믿음을 붙잡아 주시고 하나님이 주신 삶의 재료들을 잘 사용하여 남은 삶을 멋진 작품으로 만들어 가게 하소서. 강한 믿음으로 승리하여 고넬료와 같은 가정, 브리스길라와 아굴라 같은 가정, 빌레몬과 같은 믿음의 명문 가문이 되게 하여 주소서.

우리의 믿음을 굳건하게 하시는 예수님의 이름으로 기도합니다. 아멘.

직분자 가정

나의 간절한 기대와 소망을 따라 아무 일에든지 부끄러워하지 아니하고 지금도 전과 같이 온전히 담대하여 살든지 죽든지 내 몸에서 그리스도가 존귀하게 되게 하려 하나니 _(빌립보서) 1장 20절

능력이 많으신 하나님 아버지!

우리에게 여러 가지 은사를 허락하시고 각자의 직분대로 조화롭게 봉사하게 하시니 감사합니다. 온 교우들이 자신의 직분을 묵묵히 감당함으로 교회가 든든히 서 갈 수 있게 하시니 감사합니다. 특별히 오늘은 하나님의 직분자 ＿＿＿＿님의 가정에서 함께 예배하며 교제하게 하시니 감사합니다. 이 예배를 통해 하나님의 위로와 격려가 우리 모두에게 넘쳐나게 하소서.

맡은 자에게 구할 것은 충성이라고 하신 것을 기억하게 하소서. 충성스러운 하나님의 종 예수 그리스도를 본받게 하소서. 성육신에서부터 십자가의 죽음까지 전 생애를 통해 그리스도의 직분을 감당하신 예수님을 닮게 하여 주소서. 우리도 우리에게 맡겨 주신 직분을 감당함에 있어 모든 것을 아낌없이 드리게 하여 주소서. 종의 모든 것이 주인의 소유이듯이 우리의 모든 것이 하나님의 것임을 고백합니다. 우리

의 기쁨도 하나님의 것이며 우리의 슬픔도 하나님의 것임을 고백합니다. 우리의 모습과 우리의 소유를 다 주님에게 드리게 하소서. 우리의 소망과 계획도, 꿈과 희망도 다 주님에게 드리게 하소서. 우리의 어제 일과 내일 일도 모두 드리게 하소서. 그래서 하나님이 우리를 완전히 지배하시고 통치하시도록 우리의 모든 것을 내려놓게 하소서. 우리가 사는 날 동안에 하나님의 기쁨의 제물이 되게 하여 주소서.

하나님 아버지, 때때로 직분의 십자가가 무거워서 내려놓고 싶을 때에 우리를 지켜 주소서. 늘 우리의 옆에서 함께 십자가를 지고 가시는 주님을 바라보며 즐거운 마음으로 이 십자가를 지고 가게 하여 주소서. 우리의 힘으로 직분을 감당하지 않게 하소서. 우리의 어깨와 손에서 힘을 빼게 하소서. 두 손을 들어 주님의 능력을 간구하게 하소서.

우리에게 직분을 감당하는 데 필요한 능력을 채워 주소서. 직분의 역할과 목적을 바르게 알 수 있도록 판단력과 통찰력을 주소서. 육신의 강건함을 주사 직분을 감당할 때에 피곤치 않도록 도와주소서. 직분을 감당하기에 적합한 환경과 여건도 만들어 주소서. 가정이나 일터를 함께 섬길 때 균형이 잘 잡힐 수 있도록 인도하소서. 우리의 가정과 우리의 일터를 주님의 손에 올려 드립니다. 우리는 하나님의 일을 하고 하나님은 우리의 일을 해 주시는 놀라운 역사가 일어나게 하소서.

주님이 다시 오시는 날, 주 앞에 서게 될 때에 주님으로부터 칭찬받기를 소원합니다. "잘하였다 착하고 충성된 종아"라는 말을 듣게 될 때 기뻐 뛰며 찬송하게 될 것을 소망합니다. 이 소망을 품고 주님이 주신 직분을 생명보다 귀하게 여기며 살아가게 하소서.

모든 것을 감사드리며 예수님의 이름으로 기도합니다. 아멘.

부모님을 모시는 가정

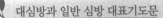

너는 네 하나님 여호와께서 명령한 대로 네 부모를 공경하라 그리하면 네 하나님
여호와가 네게 준 땅에서 네 생명이 길고 복을 누리리라 _〈신명기〉 5장 16절

우리에게 복을 주시는 하나님 아버지!

네 부모를 공경하라는 말씀에 순종하여 부모님을 행복하게 모시고
있는 _____님의 가정에 와서 기쁨의 예배를 드리게 하시니 감사
합니다. 이 가정이 온 교우들에게 아름다운 본이 되고 있음에 감사합
니다. 그동안 베풀어 주셨던 부모의 은혜에 지극정성으로 보답하는
_____님의 모습을 보며 온 교우들이 큰 도전을 받게 하시니 감사합
니다. 이 시간 잠시 머리를 숙여 _____님의 가정과 부모님을 위해
기도할 때에 우리의 기도에 응답하여 주소서.

먼저 부모님을 위해서 기도합니다. 지금까지 모든 어려움에서 건져냈
던 하나님이 앞으로 건져내실 줄 믿습니다. 이전에도 갖가지 위험으
로부터 보호해 주셨던 것처럼 장래의 위험에서도 보호해 주실 것을
믿습니다. 그동안 사랑하는 부모님이 흘리셨던 땀과 눈물을 주의 손
을 닦아 주소서. 폐허가 된 이 나라를 다시 일으켜 세우기 위해 흘렸던

땀을 기억하소서. 산업화와 민주화를 위해 흘려야 했던 눈물을 기억하소서. 가난했던 형편에도 가정을 지키고 자녀들을 공부시키기 위해 밤낮으로 뛰어야 했던 손과 발을 위로하여 주소서. 특히 대한민국의 교회를 부흥시키기 위해 헌신하고 또 헌신한 부모님들의 노고를 격려하여 주소서. 이제 남은 삶의 하루하루가 더 행복하고 보람된 나날이 되게 하소서. 부모님에게 영육 간에 강건함을 지켜 주소서.

부모님을 모시고 있는 _____님과 가족들을 위해서 기도합니다. 위로는 부모님을 모시고 아래로는 자녀들을 양육해야 하는 고단한 삶을 기억해 주소서. 자녀이자 부모로서의 두 가지 역할을 잘 감당할 수 있도록 주의 능력으로 붙잡아 주소서. 육신의 강건함을 주소서. 영력도 칠 배나 더해 주소서. 어머니 로이스를 모시고 아들 디모데를 믿음으로 잘 키워 냈던 유니게처럼 _____님에게도 힘과 능력을 내려 주소서.

부모님을 모실 때 부모님의 마음을 잘 깨달아 알 수 있는 지혜를 주소서. 때로는 보호자처럼 때로는 친구처럼 인생의 동반자 역할을 잘 감당하게 하소서. 부모님의 필요를 부지런히 채워 줄 수 있는 성실함도 허락하여 주소서. 부모님이 우리를 위해 평생 기도하셨듯이 이제는 우리도 부모님을 위해 기도하며 정성을 다해 모시게 하여 주소서.

이 가정의 재정을 위해서 기도합니다. 부모님을 모시기에 부족함이 없는 재정이 되게 하소서. 일한 만큼 벌 수 있는 아름다운 직장과 일터를 주소서. 땀을 흘린 만큼 그 대가를 받는 것도 복인 줄 믿습니다. 하나님의 복을 마음껏 누리는 이 가정이 되길 소망합니다. 오늘도 심방 예배를 통해 주실 말씀을 기대합니다.

말씀으로 새 힘 주시는 예수님의 이름으로 기도합니다. 아멘.

부모님과 불화가 있는 가정

모든 겸손과 온유로 하고 오래 참음으로 사랑 가운데서 서로 용납하고 평안의
매는 줄로 성령이 하나 되게 하신 것을 힘써 지키라 _〈에베소서〉 4장 2~3절

우리를 하나 되게 하시는 하나님 아버지!

주님의 이름으로 이 가정을 심방하며 평안을 빌게 하시니 감사합니
다. 특별히 이 가정의 기도 제목을 하나님의 보좌 앞에 올려 드립니다.
묵은 때와 같이 오래 묻어 둔 부모님과의 갈등이 점점 깊어가고 있음
을 긍휼히 여겨 주소서. 이 가정에 평화의 향기가 넘쳐나기를 소원합
니다. 가족들이 말씀의 원리로 돌아가 기초부터 다시 쌓게 하소서. 가
족들이 자신의 모든 것을 내려놓고 하나님의 치유를 바랄 때 치료의
광선을 이 가정에 비춰 주소서.

바울이 에베소 교회 성도들에게 권면했듯이 자녀들이 주 안에서 부
모에게 순종하게 하소서. 룻과 같이 부모님을 잘 따르는 자녀들이 되
게 하소서. "어머니께서 가시는 곳에 나도 가고 어머니께서 머무는 곳
에 나도 머물겠나이다"라는 순종의 고백이 이 가정의 자녀들의 고백
이 되게 하소서. 부모님이 요구하는 것이 어렵고 힘들어 보일지라도

자신의 생각과 뜻을 내려놓고 부모님의 말씀을 믿고 따르게 하소서. 아버지 아브라함의 명령에 따라 모리아 산 제단 위에 자신의 몸을 기꺼이 드렸던 이삭처럼 하나님의 대리자인 부모에게 순종하게 하소서. 겟세마네 동산에서 "나의 원대로 마시옵고 아버지의 원대로 하옵소서"라고 기도하신 예수님의 기도가 자녀들의 기도가 되게 하소서.

부모님은 자녀들을 노엽게 하지 않게 하소서. 오직 주의 교훈과 훈계로 양육하게 하소서. 부모 앞에서는 80대 노인도 아이라고 하는 격언처럼 자녀들의 모습에서는 항상 부족한 면이 보이게 됨을 알게 하소서. 그것을 지적하고 고치려고 하기보다는 하나님에게 의탁 드리고 기도하면서 기다리게 하소서. 영원한 부모이신 하나님 아버지가 우리를 용납해 주시고 용서해 주시고 사랑해 주시듯이 자녀들을 너그럽게 용납하게 하소서.

서로 사랑하기도 모자란 우리의 짧은 인생 가운데 미움으로 세월을 허비하지 않게 하소서. 서로가 보지 못할 날들이 곧 다가옴을 깨닫고 사랑하고 이해하게 하소서. 다른 것이 나쁜 것이 아님을 알게 하소서. 서로 다른 것이 보일 때면 서로를 탓하지 않게 하소서. 상대방이 변하면 내가 행복해질 것이라는 헛된 희망을 버리게 하소서. 모든 것을 우리 자신의 탓으로 돌리게 하소서. 상대방을 바꾸는 것보다 우리 자신을 바꾸는 것이 훨씬 쉽다는 것을 깨닫게 하소서.

얽히고설킨 실타래 같은 이 가정의 문제들이 성령 안에서 속히 풀려지게 하소서. 무질서와 혼돈의 세력들이 이 가정에서 떠나게 하시고 평안의 영이 이 가정을 지배하게 하소서.

가족의 하나 됨을 기뻐하시는 예수님의 이름으로 기도합니다. 아멘.

비전이 필요한 가정

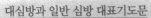

내가 너로 큰 민족을 이루고 네게 복을 주어 네 이름을 창대하게 하리니
너는 복이 될지라 _〈창세기〉 12장 2절

우리에게 꿈과 비전을 주시는 하나님 아버지!

우리를 거룩한 믿음의 경주에 초대하여 주시니 감사합니다. 사랑하는
교우들과 함께 하나님 나라를 향해 달려가는 행복을 주시니 감사합니
다. 이 시간 푯대를 향하여 함께 달려가는 _____님의 가정에서 승전
가를 높이 부르게 하시니 감사합니다.

우리는 하나님이 주신 비전을 가슴에 품고 사는 하나님의 비전의 사
람들임을 고백합니다. _____님의 가정도 비전의 가정이 되게 하소
서. 예배를 통해 우리 마음속에 그려져 있는 미래에 대한 그림을 다시
한 번 점검하게 하소서. 혹시 세상 사람들이나 가지고 있을 법한 그림
들이 우리 마음속에 그려져 있지는 않은지 살펴보게 하소서. 만약 우
리 스스로 만들어 낸 인간적인 꿈이 있다면 즉시 내려놓게 하소서. 세
상적인 가치관과 세계관으로 오염된 야망이 있다면 지금 즉시 내려놓
고 오직 하늘에서 온 순결한 비전에 이끌려 멋지게 살아가게 하소서.

가인의 후손들처럼 여호와 앞을 떠나 살지 않게 하소서. 그들은 비록 성을 쌓고 두 아내를 취하며 가축과 악기와 무기를 가지고 화려한 물질 문명을 만들며 살았지만 그 중심에는 하나님이 없었던 것을 기억합니다. 우리는 세상의 비전을 품고 사는 사람들이 아님을 기억하게 하소서. 우리는 셋의 후손들처럼 여호와의 이름을 부르는 세대가 되게 하여 주소서. 오직 하나님과 동행하는 가정이 되게 하소서.

그래서 노아의 가정처럼 구원을 받게 하소서. 이 가정이 노아의 가정처럼 어떤 것을 결정하고 선택할 때 하나님이 주신 비전을 기준으로 삼게 하소서. 선택의 연속인 인생에서 우리의 욕심에 따라 선택하지 않게 하시고 비전에 따라, 사명에 따라 선택하게 하소서. 가족 모두가 하나님의 비전을 품고 한마음으로 방주를 만들어 나갔듯이 _____ 님의 가정도 하나님이 주신 비전을 가슴에 품고 나아가게 하소서.

요셉처럼 비전으로 현실의 고난을 이겨 내게 하소서. 눈에 보이는 현실의 구덩이에 갇혀 아무것도 보이지 않을 때 우리 마음에 비추이는 한줄기 비전의 빛을 보며 인내하게 하소서. 보디발의 아내와 같은 끈질긴 유혹의 손길도 이기게 하소서. 세상이 우리를 질투하여 우리를 해하고자 하여도 하나님의 꿈만은 영원하다는 것을 신뢰하게 하소서.

〈히브리서〉 11장의 믿음의 전당에 오른 신앙의 선배들처럼 우리도 비전을 품은 나그네로 살아가게 하소서. 더 나은 본향이 있음을 바라보고 이 땅의 것들은 나그네처럼 잠시 사용할 뿐임을 알게 하소서. 우리는 주님이 다시 오시는 날 새 하늘과 새 땅에서 영원히 왕 노릇하는 비전만 품게 하소서.

승리하신 우리 구주 예수님의 이름으로 기도합니다. 아멘.

영적생활의 축복

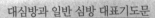

찬송하리로다 하나님 곧 우리 주 예수 그리스도의 아버지께서 그리스도 안에서
하늘에 속한 모든 신령한 복을 우리에게 주시되 _〈에베소서〉 1장 3절

좋으신 하나님 아버지!

기쁘고 좋은 날, 주님과 함께 사랑하는 _____님의 가정을 심방하게
하시니 감사합니다. 이 가정을 심방하는 우리의 마음이 매우 기쁘고
즐겁게 하시니 감사합니다. _____님이 예수 그리스도의 십자가와
부활에 대한 기쁜 소식을 마음으로 듣게 하시고 믿게 하시니 감사합
니다. 하나님 없이 살았던 지난 과거의 죄와 허물을 회개하며 하나님
이 주시는 속죄의 은혜를 믿음으로 받게 하시니 무한 감사합니다.

주님, _____님이 이제부터 영적생활의 복을 충만하게 누리게 하여
주소서. 예배생활의 축복을 누리게 하여 주소서. 주일 아침 교회로 향
하는 발걸음에서부터 예배당에 앉아 기도드릴 때에 하늘의 향기에 취
하는 행복을 누리게 하소서. 예배의 순서마다 감격을 누리게 하소서.
목사님의 말씀이 주님의 음성으로 들리고 성가대의 찬송이 천사의 노
래로 들리게 하소서. 예배 후 나누는 성도의 교제가 꿀맛 같게 하시고

성도의 사랑이 _____님의 든든한 버팀목이 되게 하소서. 주일예배 뿐 아니라 주중 예배와 새벽기도회의 기쁨도 사모하게 하소서.

하나님, _____님이 기도생활의 축복도 누리게 되길 간절히 소망합니다. 기도를 통해 하나님과 대화하고 소통이 이루어지게 하소서. 마음속에 근심이 있을 때 하나님 앞에 나아가 아뢰게 하소서. 눈물이 나며 한숨을 지을 때 기도하게 하소서. 인생의 괴로움과 두려움이 생길때에도 다 주님에게 말씀드리며 상담하게 하소서. 기도 시간의 행복과 즐거움을 충만히 누리게 하여 주소서. 기도를 통해 하늘의 위로를 맛보게 하시고 은총을 공급받게 하소서.

하늘의 아버지, _____님이 말씀생활의 능력을 맛보게 하여 주소서. 영혼의 양식인 성경 말씀을 매일 먹게 하소서. 매일 하나님의 말씀으로 무장하여 사탄과 세상과 우리 자신의 목소리를 이겨 내게 하소서. 오직 하나님의 말씀만 우리를 지배할 수 있도록 말씀에 사로잡혀 살게 하소서. 더불어 찬송생활의 능력도 맛보게 하소서. 깊고 깊은 감옥 안에 갇혀 있던 바울과 실라가 찬송할 때에 감옥 터가 흔들리며 감옥 문이 모두 열리게 된 것을 기억하게 하소서. 여호수아가 찬송을 앞세워 난공불락의 여리고 성을 무너뜨렸듯이 _____님도 삶의 현장에서 순간순간 입술의 찬송을 담아내게 하소서.

사랑하는 _____님이 영적생활의 축복을 충만히 누림으로 그 믿음이 장성한 분량에 이르러 우리 교회와 하나님 나라를 위해 큰일을 감당할 수 있는 일꾼으로 성장하게 하소서. 그날이 올 때까지 우리는 기도하고 기대하며 기다리게 하소서.

사랑이 충만하신 예수님의 이름으로 기도합니다. 아멘.

가정생활의 축복

너희가 섬길 자를 오늘 택하라 오직 나와 내 집은 여호와를 섬기겠노라 하니
_〈여호수아〉 24장 15절

사랑의 하나님 아버지!

온 세상에 하나님의 은총이 충만하게 빛나는 날에 사랑하는 _____
님의 가정에 방문하여 예배드리게 하시니 감사합니다. 오늘 예배를
통해 이 가정이 하늘의 복을 받게 하여 주소서. 이 가정이 예수 그리스
도를 왕으로 모시는 하나님 나라가 되게 하시니 감사합니다. 바라옵
기는 _____님의 가정이 하나님이 뜻하신 대로 더욱더 가정생활의
축복을 충만하게 누리는 가정이 되길 소원합니다.

사시사철 주의 은총이 넘쳐흘러 가족들 간에 사랑이 넘쳐나게 하소
서. 부부가 온전히 하나 되어 한 몸을 이루게 하소서. 함께 기도하고
함께 소통하며 함께 나아가게 하소서. 부모와 자녀 간에 평화의 강이
흐르게 하소서. 자녀들은 부모를 존경하며 공경하게 하소서. 부모님
을 하나님의 대리자로 여겨 기쁜 마음으로 부모의 권면을 따르게 하
소서. 부모는 자녀들을 노엽게 하지 않게 하시고 세상의 가치관이 아

552

닌 하나님의 비전으로 도전하게 하소서. 형제 간에도 서로를 위하여 도와주는 아름다운 가정의 모습이 되게 하소서.

이 가정의 주님을 사모하는 모습이 변하지 않게 하소서. 가정예배를 통해 하나님의 왕 되심을 인정하며 고백하게 하소서. 예배를 통해서 가족들의 마음이 하나가 되게 하소서. 어려운 일을 당할 때에 가정예배를 통해 하늘의 위로를 누리게 하소서. 기쁜 일이 있을 때에도 가정예배를 통해 감사의 제사를 드리게 하소서. 예배가 살아 있는 가정이 되게 하시고 가정예배의 축복을 누리는 가정이 되게 하소서.

가족 한 사람 한 사람의 건강을 붙들어 주소서. 한상에 둘러앉아 먹고 마시는 모든 것들이 몸에 유익이 되게 하소서. 몸에 해로운 것이 있다면 주의 손길로 제거하여 주소서. 각자의 일터에서 열심히 일할 수 있는 체력이 가정의 식탁을 통하여 재충전되게 하소서. 숙면의 은혜를 허락하여 주소서. 하나님을 사랑하는 자에게 잠을 주신다고 약속하신 것처럼 깊은 잠을 잘 때에 영육이 회복되어 날마다 은혜로운 아침을 맞이하게 될 줄 믿습니다.

주님의 교회를 섬기며 봉사하는 가정이 되게 하소서. 가족 모두 각자 받은 은사를 활용하여 교회를 든든히 세우는 일에 열심히 봉사하게 하소서. 자신을 드러내기보다 이름 없이 일하게 하시고 섬기게 하소서. 아굴라과 브리스길라가 바울에게 없어서는 안 되는 동역자였듯이 이 가정이 우리 교회에서 없어서는 안 되는 가정이 되게 하소서. 이 가정이 가정생활의 축복을 충만히 누리며 그 능력으로 교회와 세상을 변화시키는 능력 있는 가정 공동체가 되게 하소서.

가정을 세우시고 기뻐 하시는 예수님의 이름으로 기도합니다. 아멘.

이웃생활의 축복

너희가 만일 성경에 기록된 대로 네 이웃 사랑하기를 네 몸과 같이 하라 하신
최고의 법을 지키면 잘하는 것이거니와 _〈야고보서〉 2장 8절

사랑의 근원이 되시는 하나님 아버지!

하나님의 사랑이 온누리에 가득한 좋은 날에 보고 싶었던 _____님
의 가정을 심방하며 예배의 축복을 누리게 하시니 감사합니다. 전에
는 멀리 있었던 우리를 예수 그리스도라는 구원의 띠로 묶어 주시고
이제는 뗄래야 뗄 수 없는 예수 공동체로 불러 주시니 감사합니다. 우
리에게 이 놀라운 축복을 허락해 주신 이유는 우리로 하여금 세상에
나가 하나님의 아름다운 덕을 선전하라는 것인 줄 믿습니다.

"네 이웃을 네 몸과 같이 사랑하라"고 하신 예수님의 명령에 순종하게
하소서. 우리와 이웃과의 막힌 장벽을 허물게 하소서. 우리가 먼저 다
가가 손을 내밀 수 있는 담대함을 주소서. 외면받을지라도 인내를 가
지고 계속해서 나아가게 하소서. 봄 햇살이 얼어붙은 대지를 녹이듯
우리의 사랑도 얼어붙은 세상을 녹이게 하소서. 그래서 교회 공동체가
하나이듯이 이웃과도 하나가 될 수 있는 그날을 소망하게 하소서.

특별히 강도를 만난 자처럼 도움이 필요한 우리의 이웃을 돌아보게 하소서. 제사장과 레위인처럼 경건을 핑계로 외면하지 않게 하소서. 선한 사마리아인처럼 어려운 이웃을 바라보며 불쌍히 여길 수 있는 마음을 주소서. 우리의 가슴이 굳어져서 이웃을 향해 싸늘해지지 않게 하소서. 어려운 이웃에게로 가까이 가게 하소서. 어려운 이웃을 찾아가서 우리의 가진 것을 나누게 하소서. 그들을 섬기기 위해 치러야 할 대가를 기꺼이 지불하게 하소서.

주님, 바울은 마지막 때가 되면 세상 사람들은 자기를 사랑하고 돈을 사랑하며 이기적으로 변할 것이라고 예언을 했는데 세상은 정말로 그렇게 변하는 것 같습니다. 우리는 이러한 세상의 흐름에 휩쓸리지 않고 연어가 강물을 거슬러 올라가는 것처럼 하나님의 백성답게 세상 풍조에 거슬러 올라가는 힘찬 그리스도인이 되게 하소서. 말세가 가까워 올수록 사람들은 더 사나워지고 악한 것을 좋아하며 배신하고 조급해지지만 우리는 그렇게 이웃을 대하지 않게 하소서. 주님이 허락하신 이웃들을 잠잠히 사랑하게 하소서.

하나님이 우리 옆에 이웃들을 보내 주신 이유가 있다면 사랑하고 섬기라고 보내 주신 줄 믿습니다. 하나님이 계획하시고 바라시는 이웃생활의 축복을 충만히 누리게 하소서. 태초에 하나님이 계획하셨던 그 나라가 우리의 이웃생활 가운데에도 임하게 하소서. 뱀같이 지혜롭고 비둘기같이 순결하게 하소서. 세상에 지배당하지 않으면서도 세상 속에 들어가 이웃과 사랑을 나누며 친밀한 교제를 나누게 하소서. 우리를 통해 예수 그리스도의 향기와 하늘의 향기가 전해지게 하소서.

성도의 교제를 기뻐하시는 예수님의 이름으로 기도합니다. 아멘.

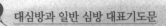

대심방과 일반 심방 대표기도문

교회생활의 축복

만일 내가 지체하면 너로 하여금 하나님의 집에서 어떻게 행하여야 할지를
알게 하려 함이니 이 집은 살아 계신 하나님의 교회요 진리의 기둥과 터니라
_〈디모데전서〉 3장 15절

교회를 사랑하시는 하나님 아버지!

시온 성과 같은 우리 교회를 통해 하나님의 영광을 충만하게 맛보게
하시니 감사합니다. 반석 위에 세운 우리 교회를 통해 우리의 삶이 흔
들리지 않도록 붙잡아 주시니 감사합니다. 모든 성도들이 교회로부터
흘러나오는 생명수를 마심으로 목마름 없이 늘 살아 숨 쉬게 하시니
감사합니다.

특별히 오늘 이 시간에는 한 몸으로 부름 받은 _____님의 가정에서
예배를 드리게 하시니 감사합니다. _____님과 우리가 한마음 한뜻
이 되어 우리 교회에 충성된 일꾼으로 헌신되게 하소서. 하나님의 부
르심에 감격하고 주신 은혜에 보답하며 최선을 다해 교회를 섬기게
하소서. 우리 모두 교회생활의 축복을 누릴 수 있도록 도와주소서.

사랑의 주님, 우리가 주 안에서 하나 되는 축복을 누리게 하소서. 오순
절 마가의 다락방에서 한 성령으로 각 지체가 연합하여 한 몸이 된 것

556

처럼 우리도 교회를 통해 한 몸이 되는 신비를 누리게 하소서. 형통한 일이 있을 때에 함께 기뻐함으로 그 기쁨이 두 배가 되게 하시고 곤고한 날에 함께 슬퍼함으로 그 슬픔이 절반으로 줄어드는 체험을 하게 하소서. 기쁜 일이 있을 때 함께 찬송하고 슬픈 일이 있을 때 함께 울어 줌으로 한 몸이 되는 경이로운 역사를 늘 경험하게 하소서.

능력의 주님, 모든 지체들이 각자의 은사대로 교회를 섬기는 축복을 누리게 하소서. 예수님처럼 성육신의 원리로 겸손히 섬기게 하소서. 값비싼 향유를 예수님을 위해 드린 여인처럼 우리의 가진 것을 기꺼이 헌신하게 하소서. 그래서 섬김으로 인해 퍼지는 사랑의 향기가 교회 공동체를 채우고 우리 자신도 그 향기에 감화되게 하소서.

연약한 자들을 힘 있게 세워 주게 하소서. 위로의 격려가 필요한 자에게 인자한 말로 세워 주게 하소서. 우리 자신의 이익이나 유익은 철저히 버리게 하시고 교회와 성도의 유익을 위해서라면 민첩하게 행동해서 봉사의 축복을 우리의 것으로 만들게 하소서.

목사님을 비롯한 교역자들에게 영적인 자양분을 받아 누리게 하소서. 양육자들의 양육을 잘 받아서 영적인 풍요를 누리게 하소서. 신앙의 선배들과도 깊은 교제를 통해 선한 영향력을 받게 하소서. 예수 그리스도를 믿음으로 새롭게 만나게 하신 예수 가족들을 사랑하게 하시고 사랑을 나누게 하소서. 교회 안에서 홀로 있지 않게 하시고 뜨거운 사귐과 교제를 통해 교회생활의 축복을 충만하게 누리게 하소서. 교회는 성도들의 어머니와 같은 곳이오니 믿음의 모태로부터 충만한 자양분을 공급 받아 능력 있는 하나님의 자녀로 살아가게 하소서.

교회를 통해 일하시는 예수님의 이름으로 기도합니다. 아멘.

공동체에 적응하지 못하는 가정

그러므로 우리는 긍휼하심을 받고 때를 따라 돕는 은혜를 얻기 위하여
은혜의 보좌 앞에 담대히 나아갈 것이니라 _〈히브리서〉 4장 16절

은혜가 풍성하신 하나님 아버지!

_____님을 우리 교회에 보내 주시고 한 가족이 되게 하시니 감사합니다. 오늘 _____님의 가정에서 함께 예배드리며 교제 나눌 수 있는 기회를 주심을 감사합니다. 이 시간이 복된 시간이 되게 하시고 모든 막혔던 문들이 열리는 시간이 되게 하여 주소서. 평화의 영이신 성령님이 각 사람 마음에 임재해 주시고 특히 _____님의 마음속에 임하사 세상이 알 수 없는 평안으로 인도하여 주소서.

우리의 속사정을 감찰하시는 하나님, 최근에 _____님이 우리 교회에 대해서 여러 가지 고민을 있음을 알고 계시는 줄 믿습니다. 주님의 몸 된 교회의 한 지체로서 공동체에 잘 적응하지 못하는 것을 솔직하게 고백합니다. 사람의 말로 문제를 해결할 수 없고 사람의 설명이 정답이 될 수 없음을 인정합니다. 이 시간 소통의 영이신 성령님을 보내 주셔서 _____님의 어려움과 아픔을 어루만져 주소서.

이전에 교회 지도자들로부터 받은 상처가 있다면 치유하여 주소서. 목회자를 신뢰하려고 해도 자꾸 의심이 가며 교회 지도자를 좋은 시선으로 보려고 해도 그렇게 되지 않는 아픔을 치유하여 주소서. 마음과 생각의 방향을 바꿔 주소서. 의심이 신뢰로 역전되게 하시고 상처받은 시선이 치유받은 시선으로 고쳐지게 하소서.

공동체 모임에 자주 나와 교제하고 싶지만 환경과 여건이 허락되지 않아 다른 교우들에게 서먹함을 느낀다면 그 마음 역시 치유하여 주소서. 교우들과 만나는 짧은 시간에 강력한 소통이 일어나게 하소서. 악수하는 그 손을 통해 몸 된 교회의 사랑이 전달되게 하소서. 함께 나눈 인사 몇 마디가 _____님의 마음을 녹이게 하소서.

교우 간의 문제가 있다면 하나님의 사랑으로 덮어 주소서. 어떤 교우의 말이나 행동으로 인해 마음이 상했다면 치유하여 주소서. 상한 갈대를 꺾지 않으시고 꺼져 가는 등불도 끄지 않으시는 하나님의 사랑이 오해를 풀어지게 하소서. 우리의 마음을 아시는 주님이 _____님의 마음을 어루만져 주시길 원합니다. 우리가 주님을 사랑하기 이전에 주님이 우리를 먼저 사랑하셨다는 사실을 알고 우리가 서로를 깊이 이해하게 하소서.

_____님이 공동체 적응하지 못하게 만드는 여러 가지 요인들을 잘 발견해 해결할 수 있도록 인도하여 주소서. 그 어떤 것도 _____님을 하나님의 사랑에서 끊을 수 없음을 확신하게 하소서. 공동체에 멋진 모습을 적응해서 공동체의 도움을 받는 위치에서 도움을 주는 위치로 성장하고 성숙하게 하소서. 그날이 속히 오기를 기도합니다.

성도의 하나 됨을 기뻐하시는 예수님의 이름으로 기도합니다. 아멘.

재혼으로 결합한 가정

다윗이 아비가일에게 이르되 오늘 너를 보내어 나를 영접하게 하신 이스라엘의
하나님 여호와를 찬송할지로다 _〈사무엘상〉 25장 32절

자비로우신 하나님 아버지!

사랑하는 주의 귀한 가정을 주의 이름으로 심방하며 예배를 드리게
하시니 감사합니다. 예배를 통해 복 주시는 하나님이 이 시간 임재하
사 이곳에 한량없는 은총을 부어 주소서. 주님의 거룩한 방문을 사모
하며 영접한 ＿＿＿＿＿님에게 예배의 은혜를 풍성히 부어 주소서.

하나님의 뜻과 섭리가 있음으로 두 사람이 새로이 만나게 되었고 아
름답게 가정을 이루게 하셨음을 고백합니다. 하나님이 이 가정의 형
편과 사정을 모두 알고 계시는 줄 믿습니다. 이 가정이 세상의 그 어느
가정보다 행복이 넘치는 가정이 되길 원합니다.

그 누구보다 남편과 아내에게 주의 은총을 부어 주소서. 부부가 서로
용납하게 하소서. 하나님의 인애로 룻을 용납했던 보아스를 닮게 하
소서. 남편과 사별한 룻은 가난한 이방 여인이었고 시어머니를 모시
고 있었지만 보아스는 그러한 룻을 조건 없이 용납했던 것을 기억하

게 하소서. 부부가 서로의 모습을 조건 없이 용납하게 하소서. 서로를 향해 이전보다 더 많이 내어 주게 하소서. 다른 것은 나쁜 것이 아님을 알게 하소서. 서로 다르다는 것은 서로 도와주라는 뜻으로 알게 하소서. 자신의 것을 내려놓고 상대방을 존중함으로 서로를 세워 주는 가정이 되게 하소서.

아직도 남은 과거의 아픔이 있다면 새로운 결혼생활로 치유되게 하소서. 총명하고 용모가 아름다웠던 아비가일의 아픔을 기억합니다. 아비가일이 완고하고 악한 나발로부터 받았던 상처와 고통을 재혼한 다윗을 통해 치유한 것처럼 이 가정에도 치유의 역사가 나타나게 하소서. 간절히 원하오니 이 가정에도 하나님의 치유의 은총을 부어 주소서. 재혼한 다윗과 아비가일 부부가 새로운 가정을 통해 하나님의 역사를 이루어 낸 것처럼 이 가정에도 은총을 베풀어 주소서.

새롭게 하나 된 자녀들을 위해서 기도합니다. 주 안에서 자녀들이 온전히 하나가 되게 하소서. 우린 이미 예수 안에서 한 가족이 되었음을 생각하게 하소서. 예수 그리스도의 십자가 아래에 서면 모든 혈통이나 육신이 아무런 소용이 없다는 것을 인정하게 하소서. 우리의 힘으로 새로운 형제자매를 사랑할 수 없음을 고백합니다. 주님의 사랑만이 우리를 온전히 하나 되게 함을 믿습니다.

여러 가지 어려움과 시험이 몰려올 때마다 인간적인 힘으로 해결하지 않게 하시고 가족 모두 기도함으로 위기를 극복해 나가게 하소서. 우리는 하나님의 백성들임을 잊지 않게 하시고 새 가정을 향하신 하나님의 비전을 품고 앞으로 전진하게 하소서.

가정을 세우시고 기뻐 하시는 예수님의 이름으로 기도합니다. 아멘.

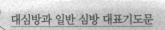

임신을 기다리는 가정

이삭이 그의 아내가 임신하지 못하므로 그를 위하여 여호와께 간구하매
여호와께서 그의 간구를 들으셨으므로 그의 아내 리브가가 임신하였더니
_〈창세기〉 25장 21절

생명의 주관자 되시는 하나님 아버지!

임신하지 못하는 아내를 위해 간절히 기도했던 이삭처럼 아내를 위해
항상 기도하는 남편 _____님을 위로하시고 격려하여 주소서. 하나
님은 기도하는 남편 이삭의 기도를 들으시고 갑절의 은총으로 응답하
사 쌍둥이를 허락해 주셨습니다. _____님의 간절한 기도에 응답하
시고 양가 가족들의 애타는 기도에 하루 속히 응답하여 주소서.

_____ 자매님을 위해서 기도합니다. 때로는 한나처럼 마음이 괴로
울 때가 있음을 고백합니다. 임신을 기다리는 시간이 점점 길어질 때
마음이 초조해짐을 고백합니다. 기다림이 고통이 될 때가 있사오니
긍휼을 베풀어 주소서. 자매님의 눈물을 잊지 마시고 은총을 베푸사
자녀를 허락하여 주소서. 하나님 앞에서 우리의 간절한 마음을 드리
오니 받아 주소서. 이 가정에 새로운 생명이 잉태됨으로 우리의 얼굴
빛이 역전되게 하소서.

이 가정을 향하신 하나님의 계획이 있음을 끝까지 신뢰하게 하소서. 이 가정을 하나님만을 섬기는 믿음의 명문가로 빚으실 하나님의 계획이 이루어지게 하소서. 아브라함과 사라 부부가 아들을 주시겠다고 하신 하나님의 약속만 믿고 순종하는 삶을 살았던 것을 기억합니다. 우리도 하나님의 약속의 말씀을 의지해 흔들림 없이 나아가게 하소서. 하나님은 약속을 신실하게 지키시는 분이심을 굳게 믿게 하소서.

성령의 능력으로 처녀의 몸에 예수님을 잉태하게 하신 하나님이 임신을 기다리며 기도하고 있는 _____님의 가정에 은총을 베풀어 주소서. 말씀으로 세상을 창조하신 하나님, 말씀 한 마디로 무에서 유를 창조하신 하나님이 이 가정을 향해 한 번만 말씀하여 주소서. 오묘한 생명 창조의 역사가 _____님의 가정에도 일어날 줄 믿습니다.

임신을 기다렸던 마노아의 가정에 나실인 삼손을 태어나게 하신 것을 기억하게 하소서. 그 기적의 아이가 자라나 이스라엘을 구하는 사사가 된 것처럼 이 가정에서 태어나게 될 아이도 나라와 민족을 구하게 될 아이임을 확신하며 찬양합니다. 우리 눈에는 아무 증거가 보이지 않을지라도 믿음만을 가지고 항상 걸어가게 하소서.

위대한 믿음의 선배들도 불임과 난임의 고통을 통해 하나님의 살아계심을 경험한 것을 기억합니다. 우리도 하나님의 영광을 위해 잠시 기다림의 고통을 겪고 있을 뿐임을 깨닫게 하소서. 우리의 기도에 응답하실 때까지 기다리며 기도하게 하소서. 이 가정에 속히 임하셔서 새 창조의 역사를 일으켜 주소서. 천하보다 귀한 생명의 탄생으로 말미암아 축제를 여는 날이 속히 오게 하소서.

새 생명을 기뻐하시는 예수님의 이름으로 기도합니다. 아멘.

상황별
대표
기도문